「古代河西走廊的地緣與社會」
学术研讨会论文集

中国社会科学院古代史研究所
武威市凉州文化研究院 编

中西书局

图书在版编目(CIP)数据

"古代河西走廊的地缘与社会"学术研讨会论文集 /
中国社会科学院古代史研究所，武威市凉州文化研究院编；
孙靖国，张国才主编；席晓喆副主编. —上海：中西
书局，2023
 ISBN 978-7-5475-2208-0

Ⅰ.①古⋯　Ⅱ.①中⋯　②武⋯　③孙⋯　④张⋯　⑤席
⋯　Ⅲ.①河西走廊－文化史－文集　Ⅳ.①K294.2-53

中国国家版本馆CIP数据核字(2023)第248084号

"古代河西走廊的地缘与社会"学术研讨会论文集

中国社会科学院古代史研究所　武威市凉州文化研究院　编
孙靖国　张国才　主编
席晓喆　副主编

责任编辑	吴志宏
装帧设计	梁业礼
责任印制	朱人杰
出版发行	上海世纪出版集团 中西书局(www.zxpress.com.cn)
地　　址	上海市闵行区号景路159弄B座(邮政编码：201101)
印　　刷	常熟市人民印刷有限公司印刷
开　　本	700毫米×1000毫米　1/16
印　　张	27.75
字　　数	426 000
版　　次	2023年10月第1版　2023年10月第1次印刷
书　　号	ISBN 978-7-5475-2208-0/K·452
定　　价	180.00元

本书如有质量问题,请与承印厂联系。电话：0512-52601369

目　录

致辞一 ·· 柳　鹏　1
致辞二 ·· 卜宪群　3

河西走廊
　　——我国走向世界的第一条通道 ················ 李并成　1
张骞"欲从羌中归"与"羌中道"无关 ·········· 刘全波　李若愚　19
"西祀金山"与"据岭之要"：十六国时期河西地区族群的
　　山岳信仰与地缘交通 ························ 李生平　32
汉末至三国时期的凉州 ·························· 李元辉　47
东魏、北齐凉州考 ······························ 冯培红　55
河西汉简乡里研究述评 ·························· 赵尔阳　78
玉门候官规模补考 ······························ 邬文玲　84
凉州高沟堡古城的前世今生 ······················ 赵大泰　94
三百年风雨沧桑　古城堡依然屹立
　　——武威清代凉州满城考述 ·················· 席晓喆　107
中国古代北疆地缘的历史转变 ···················· 赵现海　113

《镇番遗事历鉴》之环境史料价值探析 ············ 成赛男　168
20世纪甘肃民勤"移丘户"问题与地方水利建设
　　······································ 潘威　黄姣龙　178
塑造河名　构建水权
　　——以清代"石羊河"名为中心的考察 ·········· 许博　199

浅议河西走廊人口变迁	姜清基	216
中国古地图上的"西域"	成一农	222
明清河西舆图举要	孙靖国	236
北魏《沮渠树骂墓志》考释	魏军刚	249
亥母洞出土西夏文乾定酉年增纳草捆文书浅探	梁继红	260
武威西夏文物与文献的发现及研究综述	黎大祥	269
论河西墓葬壁画中的"启门图"	贾小军	281
《王杖诏书令》简的技法特征及对后世书法影响	王　冰	307
武威碑志的书法艺术价值	王其英	315
马可·波罗与麝香		
——兼论马可·波罗来华真实性	姬庆红	324
魏晋时期河西儒学的发展研究	冯晓鹃	339
分省与分闱：清代甘肃省域的形成	孙景超	352
天一阁藏明史稿《达云传》校读	陈时龙	362
郭沫若与甘肃籍学者冯国瑞交游考	李　斌	368
浅探凉州文化的形成		
——以地理环境、经济结构为中心	柴多茂	376
河西走廊传统牧业社会的现代转型与价值观念变迁		
	王海飞　马瑞丰	384
甘肃非物质文化遗产与旅游融合发展研究	魏学宏	401
钩沉多元民族共融的凉州史事	程对山	417
河西走廊上的东西交流	贾海鹏	424
后记		430

致 辞 一

中共武威市委书记 柳 鹏

(2022年8月21日)

尊敬的卜宪群所长,

尊敬的各位领导、各位专家学者,同志们,朋友们:

在这金风送爽、硕果累累的美好时节,我们相聚天马故乡、相约网络云端,隆重举办"古代河西走廊的地缘与社会"学术研讨会,这是贯彻落实习近平总书记关于弘扬中华优秀传统文化重要论述的具体行动,是探究河西走廊历史及凉州文化的生动实践。在此,我代表武威市委、市政府,向线上和线下出席研讨会的各位领导、各位专家学者、媒体记者和朋友们,表示热烈的欢迎!向长期以来关心支持武威发展的各界朋友,表示衷心的感谢!

武威位于甘肃省中部、河西走廊起点,是中国旅游标志——马踏飞燕出土地、"凉州会盟"纪念地,是国家历史文化名城、中国优秀旅游城市,既有足够的历史长度,也有足够的文化厚度。在这片热土上,多样化的自然景观与人文历史、民族风情交相辉映,汉唐文化、五凉文化、西夏文化、佛教文化、民族民俗文化等构成了凉州文化的丰富内涵,积淀了丰厚独特的文化底蕴。

迈入新时代,我们坚持以习近平新时代中国特色社会主义思想为指导,以习近平总书记对甘肃重要指示要求为统揽,牢牢把握"三新一高"导向,坚定不移"走生态优先、绿色发展之路,加快建设经济强市、生态大市、文化旅游名市,全力打造生态美、产业优、文化兴、百姓富的幸福美好新武威,努力构筑河西走廊经济社会高质量发展桥头堡",推动各项事业发展不断取得新成效。特别是充分挖掘武威历史文化资源,加快文化旅游名市建设,实施了雷台文化旅游综合体、历史文化街区保护建设等一批重大文旅项目,设立了凉州文化研究基地、五凉文化博物馆等文化研究机构,举办了凉州文化论坛、凉州讲坛等文化学术活动,出版了《凉州文化概览》《话说五凉》等文化研究著作,汇聚了一批凉州文化研究人才,推动凉州文化挖掘、研究、传承和弘扬达到新的高度,"天马行空·自在武威"文化旅游品牌不断打响,武威历史文化名城影响力和美誉度显著提升。

文明因交流而多彩,因互鉴而丰富。今天,各位专家学者进行学术交流和调研考察,必将是一次高水平、高层次研究河西走廊历史及凉州文化的学术盛宴。我们将以此为契机,进一步深入挖掘河西走廊历史及凉州文化丰富内涵,加快共建凉州文化研究基地,促进老祖宗留下的独一无二的人文遗产在新时代焕发新生、绽放光彩,为构筑中国精神、中国价值、中国力量展现武威担当、做出武威贡献。也真诚希望大家一如既往关心武威、支持武威,指导和帮助凉州文化研究及武威经济社会发展各项事业再上新台阶,以实际行动和优异成绩迎接党的二十大胜利召开。

预祝此次研讨会取得圆满成功!衷心祝愿各位领导、专家学者和朋友们身体健康、工作顺利、万事如意!

谢谢大家!

致 辞 二

中国社会科学院古代史研究所所长 卜宪群

（2022 年 8 月 21 日）

尊敬的柳鹏书记，尊敬的王国斌市长，
尊敬的各位领导、嘉宾，各位专家学者，各位朋友们：

大家上午好！

很高兴再次来到环境优美、底蕴厚重的文化名城武威参加本次"古代河西走廊的地缘与社会"学术研讨会。在此，我谨代表中国社会科学院古代史研究所向此次学术研讨会的召开表示热烈的祝贺！向莅临会议的各位领导、专家学者、朋友们，表示衷心的问候与感谢！

河西走廊是中国内地通往新疆的要道。东起乌鞘岭，西至古玉门关，南北介于南部的祁连山和阿尔金山，以及北部的马鬃山、合黎山和龙首山之间，长约 900 千米，宽数千米至近百千米，为西北—东南走向的狭长平地，形如走廊，称甘肃走廊。因位于黄河以西，又称河西走廊。

河西走廊这一区域在中国统一多民族国家形成的历史进程中扮演了重要角色，兼有自然区、行政区、经济区等多重含义。走廊内水草丰茂、绿洲相连，自古以来便是连接中原腹地和西北边疆、中亚乃至欧洲的咽喉要道，是丝绸之路上的重要节点。在中国历史的长河中，河西走廊对于促进中西方经济文化交流、中华民族多元一体格局以及大一统国家的形成发挥着重要的作用。走廊内有山地、绿洲和荒漠，汉、蒙、回、维等多民族杂居，存在多种宗教，具备多样共生、兼容并包、和谐统一的特征。

历代中央王朝都十分注重对该地区的控制、治理与开发。唐宋以前，国都基本都在关洛地区，河西走廊对政权稳定至关重要。汉武帝置"河西四郡"，以远拒匈奴、经略西域、拱卫京师。唐以河西为基地，发展对外贸易，但"安史之乱"后，唐朝丧失对河西走廊的控制，导致压力骤增。唐宋以后，河西走廊的长城沿线变得更为重要,明朝于此地设军镇卫所,以抗北元,建嘉峪关,成为明王朝西北边防第一要口。20世纪三四十年代,在全国救亡图存的背景下,政府和社会有识之士开展了"开发西北""建设西北"的大运动,包括河西走廊在内的西北经历了民族国家的重构和重建。而在分裂时期,河西之地往往形成割据政权,如十六国时期的"五凉"、两宋时的西夏等,这也证明了河西走廊与外部联系密切,又自成一域。有学者形象地将中国的走廊比为中国建筑构件"卯榫",将不同区域有机地联系在一起,河西走廊在中国历史的发展中,就是发挥了"卯榫"的作用。

河西走廊在漫长的历史演变中留下了丰富的历史资料,除传世文献外,还包括出土简牍、实物资料等,如何系统性地利用这些资料,以河西走廊为切口,去解决基本的、重大的历史问题,是学者们需要深思的。关于河西走廊,目前学界已有不少研究,涉及政治、经济、社会、文化、族群等方方面面,时段关涉先秦至民国。我们此次会议的主题是"古代河西走廊的地缘与社会",从主题来看有三个关注点,第一,我们讨论的是河西走廊问题,这就要涉及走廊内部、外部、内外关系三个层面。第二,我们讨论的是地缘与社会问题,地缘即地理缘由,河西走廊诸多问题的根源与地理密切相关,如水利社会等,而社会则广义地包含政治、经济、文化、民族、宗教等各个方面。第三,我们讨论的是古代的河西走廊,但也不能忽视其近代乃至当代的情况。

2019年8月,习近平总书记在考察甘肃期间,沿河西走廊自西向东,辗转多地考察调研,并强调要大力挖掘、传承、保护、弘扬传统文化,揭示蕴含其中的文化精神、文化胸怀,坚定文化自信。作为河西走廊内的重镇,武威市贯彻落实总书记指示精神,坚持以"凉州文化,武威名片"为基本定位,与中国社会科学院古代史研究所开展广泛合作,共建了中国社会科学院古代史研究所凉州文化研究基地,积极谋划举办系列凉州文化研讨会,在国内外产生了良好的反响。同时,双方在课题研究、人才培养、学科建设等多方面资源共享、精诚协作,在推动区域文化研究和宣传上取得了实质性进展和突破。

本次"古代河西走廊的地缘与社会"学术研讨会,我们邀请了来自全国各高校和研究机构的多位著名专家学者,就河西走廊与早期文化交流、河西走廊的佛教传播与学术发展、历史时期河西走廊水资源开发与利用以及武威市文化资源的挖掘、开发与利用等议题进行探讨和交流。希望在这两天的会议和考察中,与会专家能够畅所欲言、建言献策,充分发挥史学研究服务区域社会文化发展的作用,切实推动武威地区文化资源的挖掘利用,实现中华优秀传统文化的创造性转化和创新性发展。

最后,祝此次学术研讨会圆满成功!祝各位领导、专家学者和媒体朋友们身体健康、工作顺利!

谢谢大家!

河 西 走 廊
——我国走向世界的第一条通道

李并成
西北师范大学历史文化学院

河西走廊,位于我国西北部、甘肃省西部,在自然地理上一般指祁连山脉与走廊北山(龙首山—合黎山—马鬃山)之间呈东南—西北走向的狭长地带,长约1 000千米,宽数十至百余千米,总面积约40万平方千米(含黑河下游内蒙古额济纳旗一带)。这条走廊地处黄河上游东亚与中亚的结合部,是我国中东部腹地通往西北地区及其以远的走廊过渡地带。从世界历史上看,此地又是古老的华夏文明与两河文明、印度文明、地中海文明等的汇流之区,在历史上扮演了极为重要的角色,具有特殊的历史地位。

对于河西走廊在历史上的重要地位及其贡献,我曾撰文概括为:河西走廊是闻名于世的丝绸之路最重要的干线路段之一,是我国走向世界的第一条通道,亦是我国走向世界的象征和重要标志,是我国历史上率先对外开放的前沿之地。河西的得失与中原王朝的命运息息相关,河西诚为巩固西北边防、维护国家统一和安全的重要依托和生命线,对于中国统一的多民族国家形成和巩固发挥过无可替代的历史作用,堪称中国西部的"命门"所系。河西是多民族交流融汇、多元共生的纽带,农耕民族与诸多游牧民族的关系在时空上错综复杂、盘根错节,既是河西历史文化中的一个重要特点,又恰恰成为中华民族多元一体格局发展进程中的重要动力和组成部分,多民族的共同开发建设,赋予河西历史文化多元互嵌共生的内涵和民族浑融的斑斓色彩,形成了"你中有我、我中有你、各美其美、美美与共"的文化融合发展的民族命运共同体。河西不仅是丝绸路上东西方文化传播交流的重要通道和枢纽,而且还是东西方文化交融整合的加工场、孵化器和大舞台,是其创化衍生和发展嬗变的创新高地。今天在"一带一路"建设的伟大进程中,河西走廊是一座特殊的、极为重要的对外文化交流的桥梁与服务于"一带一路"倡议的平台。

一、丝绸之路的开拓与河西走廊主通道的形成

丝绸之路是古代沟通旧大陆三大洲间最重要的通道，数千年来曾为整个人类社会的物质文明和精神文明作出过巨大贡献，被誉为"世界文化的大运河"、"世界文化的母胎"、"推动古代世界历史车轮转动的主轴"。

一般认为，广义的丝绸之路应主要包括穿越关陇、河西、西域等地的陆上丝绸之路主道（又可称之为绿洲路、沙漠路）、草原丝绸之路、西南丝绸之路与海上丝绸之路。其中陆上丝绸之路主道以汉唐时期中国的首都长安、洛阳为起点，穿过关中平原、陇东陇西高原、河西走廊、天山南北，中亚西亚以达欧洲、北非。2014年成功进入世界文化遗产的"丝绸之路：长安—天山廊道的路网"，即是陆上丝绸之路主道中最重要的组成部分。这条路网贯通河西走廊及甘肃全境。

河西走廊虽然位处干旱地区，但由于发源于祁连山脉三大内陆河系（石羊河、黑河、疏勒河）的滋润，沿途发育了连绵的片片绿洲，构成了一条天然的形如串珠状的绿洲带，或曰绿洲桥，其自然和交通通行条件较之其北部的茫茫荒漠戈壁和南部平均海拔高达4 000多米的青藏高原无疑要优越得多，因而河西走廊始终是陆上丝绸之路国际交通大动脉中最重要的"黄金路段"，在海上丝绸之路未开通之前更是中华文明与世界交流的主通道。

除丝绸之路东西方向上的主通道外，河西走廊还是连通南北方向上青藏、蒙古两大高原的重要孔道。沿黑河、石羊河河谷而下，向北可通往蒙古高原腹地，或抵达黑河尾闾居延海后，往西通往东天山，往东连通河套平原以至华北平原及其以远。沿祁连山脉的一些隘口（如扁都口、当金山口等）向南可通往青藏高原腹地。因而河西走廊可谓中国西部西出东进、南来北往的"十字路口"。

丝绸之路的开拓，使河西成为中国历史上率先对外开放的地区。我国历史上的对外开放、走向世界，可以追溯到2 100多年前西汉时期张骞出使西域。张骞出使西域无疑是一种国家行为，是我国主动作为、走向世界的壮

举,也是中国历史上最早的对外开放,由此开拓了对于整个古代世界产生重大影响的丝绸之路,这不仅在中国历史发展上的贡献至伟至巨,而且为整个人类社会的发展进步作出划时代的巨大历史贡献,史家称其为"凿空"。由于我国东面濒临浩瀚的大海,在当时的历史条件下不可能远涉重洋,因而对外开放的主方向只能是选择向西开放,向欧亚大陆开放,即沿着丝绸之路走出国门,走向世界。而位处丝绸之路主通道"黄金路段"上的河西走廊因之而成为我国率先对外开放的地区,成为我国走向世界的第一条通道。

正因如此,河西走廊得以长时期地受丝绸之路之惠,发展成为东西方经济文化交流不可替代的孔道和桥梁。东西方文明在这里交融汇聚,西传东渐,河西各地得以吸纳、汲取这条道路上荟萃的各种文明成果来滋养自己,惠风熏染,含英咀华,啜饮东西方文明的甘露芳醇,吮吸无限丰美的营养,促进自身经济文化的发展和繁荣。

例如,佛教和佛教艺术即是自两汉之际经河西走廊传入我国内地的,十六国时众多的西域佛僧来到河西,译经授徒,蔚成风气,凉州、敦煌等地率先成了我国佛经翻译的中心。蜚声中外的莫高窟、西千佛洞、榆林窟、东千佛洞、文殊山、天梯山、马蹄寺、炳灵寺等佛教石窟群像明珠般地闪烁在河西古道上,光艳夺目,令世人惊赏。无论从石窟群和石窟的数量,所存造像、壁画的规模,还是从其艺术、历史价值来看,河西石窟不仅在国内无有可及者,在世界上也难有其匹。其中世界文化遗产莫高窟更是我国也是世界上所存规模最大、历时最长、内容最丰富、价值最高的艺术宝库,为世界上仅有的两项符合世界文化遗产全部六条标准的文化遗存之一。河西走廊可谓一条世界上独一无二的规模壮观的石窟走廊,亦是举世无双的艺术长廊,成为丝绸之路辉煌艺术成就和历史文化的杰出代表。河西还是伊斯兰教传入中国的主要通道之一,至今仍在中外伊斯兰文化交流中发挥着重要作用。

再拿物质和技术方面的交流来说,葡萄、苜蓿、石榴、红兰花、酒杯藤、胡麻、胡桃、胡瓜、胡豆、胡荽、橄榄、汗血马、珊瑚、琥珀、熏陆、苏合、郁金香、珠贝、琉璃等诸多来自西方的新的物产、特产品种,都是通过河西走廊传入内地。而来自中原的精美丝绸、茶叶、瓷器、漆器以及冶铁技术、水利灌溉和四大发明等,也大多是经由河西向西输出的。它们的输出输入,大大丰富了东西方人民的社会文化生活,促进了世界文明的进步。

著名学者季羡林曾有一段名言:"世界上历史悠久、地域广阔、自成体系、影响深远的文化体系只有四个:中国、印度、希腊、伊斯兰,再没有第五个;而这四个文化体系汇流的地方只有一个,就是中国的敦煌和新疆地区,再没有第二个。"①此处言敦煌和新疆,实际上亦是包含整个河西地区在内的。诚如其言,敦煌乃至整个河西处在从陆上将世界四大文化体系联结起来的区域,在世界文化地图中占据着举足轻重的地位。

二、河西走廊主要交通路线考

考古发掘证明,早在距今约六七千年前的新石器仰韶文化时期,河西走廊就已经发挥着东西方通道的重要作用。众所周知,黄河中下游的中原地区是中国文明的重要发祥地,中原文化在它诞生以后呈现出向四周扩展的趋势,在我国西部地区则表现为由东向西的传播方向。例如发现于甘肃东部、青海东部、河西等地的马家窑文化,即是仰韶文化向西传播的遗存,其陶器群与中原仰韶晚期的陶器组合基本相同,又可称之为甘肃仰韶文化。彩陶文化又由河西西传新疆及其以远,和田、皮山、库车、新和、拜城、且末、哈密、吐鲁番、伊犁河流域等地,均出土过彩陶器以及大量的泥质夹砂红陶器,其形制特征、制作方法、图案风格等方面都很明显地受到甘肃东部沙井文化的影响。② 与此同时,新疆和田一带的玉石也通过河西走廊而大量输往中原,例如1976年在河南安阳殷墟妇好墓中出土的756件随葬玉器,其玉料大部分就是和田玉。③ 河西走廊西端的玉门关即因其地为西域美玉输入内地的门户而得名。可见东西文明的交流早已选择河西走廊作为重要通道。

作为国家行为,将河西走廊作为我国走向世界第一条通道的正式开辟及其沿线邮驿系统的设立,始于汉武帝时张骞"凿空"西域、河西归汉之后。

---

① 季羡林:《敦煌学、吐鲁番学在中国文化史上的地位和作用》,《红旗》1986年第3期,第29—32页。
② 新疆社会科学院民族研究所:《新疆简史》(第一册),新疆人民出版社,1985年,第8—10页。
③ 中国社会科学院考古研究所:《殷墟妇好墓》,文物出版社,1980年,第114页;中国社会科学院考古研究所:《殷墟的发现与研究》,科学出版社,1994年,第324—326页。

公元前138年张骞第一次出使西域,公元前121年骠骑将军霍去病率军征讨匈奴,河西走廊正式归属中原王朝版图。河西归汉后,为了对其实施有效统治,并从根本上切断匈奴右臂,确保边境安全,进而加强对天山南北地区的控制,发展东西方经济文化交流,汉王朝遂在河西地区推行了一系列重大的政治、经济措施,武威、张掖、酒泉、敦煌四郡及其属县的设立以及交通道路的开辟即为其重要举措之一。

1972年,汉代居延甲渠候官遗址(今内蒙古额济纳旗破城子)出土了一枚珍贵的记载汉代交通道路、驿置间里程的简,即EPT59:582简。无独有偶,1990—1992年于敦煌市甜水井东南3千米的汉代悬泉置遗址,又出土了一枚珍贵的里程简,即Ⅱ0214①:130简,该简恰可与破城子里程简相互印证和补充,令人欣喜。EPT59:582简分作两栏,计4组16行,其中第一栏记从长安至高平的沿线里程。该简第二栏所记为进入河西沿线各地里程:①

　　媪围至居延置九十里　　　　删丹至日勒八十七里
　　居延置至觻里九十里　　　　日勒至钧著置五十里
　　觻里至揟次九十里　　　　　钧著置至屋兰五十里
　　揟次至小张掖六十里　　　　屋兰至氏池五十里

敦煌悬泉置遗址出土Ⅱ0214①:130简,所记皆为河西沿线里程:②

　　……仓松去鸾鸟六十五里,鸾鸟去小张掖六十里,小张掖去姑臧六十七里,姑臧去显美七十五里。……(A第一栏)

　　……氏池去觻得五十四里,觻得去昭武六十二里府下,昭武去祁连置六十一里,祁连置去表是七十里。……(A第二栏)

　　……玉门去沙头九十九里,沙头去乾齐八十五里,乾齐去渊泉五十八里。右酒泉郡县置十一·六百九十四里。(A第二栏)……

以上两枚里程简为我们研究汉代河西丝路交通提供了绝好的第一手史料。

---

① 甘肃省文物考古研究所等:《居延新简》,文物出版社,1990年,第396页。
② 甘肃省文物考古研究所:《敦煌悬泉汉简释文选》,《文物》2000年第5期,第33页;又见于胡平生、张德芳《敦煌悬泉汉简释粹》,上海古籍出版社,2001年,第56页。本文引用悬泉简文皆见于以上二著,以下不再一一出注。

笔者自1980年起,年年赴河西实地考察,对于汉代河西丝路沿途所经四郡及其属县的位置,进行了系统的调查研究,摸清了与之相关的一系列问题。① 笔者考得,河西四郡及其属县依其空间布局大体可分为三组:一组位于走廊平原中部,并多沿祁连山北麓山前洪积冲积扇前缘泉水出露带排布;另两组则分别沿石羊河和黑河河岸南北方向列置,东西、南北两组城市分别以武威郡治姑臧和张掖郡治觻得为交点展布。这种格局不单反映了自然条件对于置郡设县和绿洲开发的制约作用,为汉代河西绿洲土地开发范围的重要标识,而且是汉室将河西作为"以通西域,鬲绝南羌、匈奴"之基地来从事经营的政治战略在地理布局上的体现。其中沿走廊平原东西向分布的一组县城正当丝绸之路主道,而沿石羊河、黑河干流南北延伸的两组县城又是走廊平原沟通河套和蒙古高原的天然孔径。汉室开拓河西走廊之主旨即在于切断匈奴右臂,打通东西交通,屏卫边境安全。在丝绸之路沿线设县,且县城之间一般相距30—60千米,使其作为丝路大动脉的中继站和补给地在所必然。这些城市的盛衰与丝绸之路的兴颓有着密切的关系,绿洲地区的开发史与丝绸之路的发展史是紧密联系在一起的。同时,考定这些城址的位置又为我们研究丝绸之路的走向提供了依据,如山前洪积冲积扇前缘泉水出露带一线即为丝绸之路的主干道所经。

作为我国走向世界第一条通道的河西走廊,其交通道路,笔者考得主要有长安至武威(姑臧)北道、长安至武威(姑臧)南道、武威至敦煌段、敦煌往西域南北二道,此外还有谷水(今石羊河)河谷段、弱水(黑河)河谷段。

(一) 长安至武威(姑臧)北道

汉唐时期由长安通往河西走廊东部重镇武威有南北两条道路。敦煌悬泉Ⅴ1611③:39简A、B两面就分别记载了由悬泉置前往北道和南道一些地点的里程,其中A面记东去"安定高平三千一百五十一里",即取北道而往。北道亦即上引居延EPT59:582简所记路线,从长安出发西北行,经茂陵、好止、义置、月氏、乌氏、泾阳、平林置、高平、媪围、居延置、鰈里、揖次、小张掖等地,可直抵姑臧(武威),又由此穿过千余千米的河西走廊可一直到达西

---

① 李并成:《河西走廊历史地理》,甘肃人民出版社,1995年。

域,该道可称之为"汉代第一国道"。此条道路开辟较早,自河西郡、县设立伊始即当开通,且线路较为顺直。其具体走向为,由长安径取西北方向,大体溯泾河河谷而上,经高平、媪围等地,直抵武威(姑臧),全程长约 720 千米,约合汉里 1 730 里,较南道近约 160 千米,合汉里 385 里(详后)。但该道沿程自然条件较差、地理景观较荒凉、人烟较稀少,且位置偏北,靠近蒙古高原,距匈奴原游牧地较近,道路安全状况恐难尽如人意。

笔者考得,茂陵即汉武帝陵寝,位于今陕西省兴平市东北,好畤约在今武功与扶风交界处,义置在今岐山县东部益店镇一带,月氏道位于泾河上源今宁夏泾源县境内,乌氏县在今宁夏彭阳县东南,泾阳县在今甘肃平凉市西北安国镇油坊庄古城,平林置在今宁夏固原市东南,高平即今固原市;由此继续西北行,经宁夏海原县南部沙沟、李俊、关庄等乡,即进入白银市平川区境内;复经复兴乡、种田乡、黄峤乡、共和镇(打拉池)、平川区政府驻地、水泉镇等地,抵达靖远县石门乡哈思堡索桥,从这里渡过黄河。

索桥黄河渡口,今废址犹存,其东岸为靖远县石门乡小口子,西岸为景泰县芦阳镇大沙沟口,废址面积近 2 平方千米,并有汉代烽燧遗存。笔者曾几次来这里实地考察,并撰文《索桥黄河渡口与汉代长安通西域"第一国道"》予以考证,[①]此处不赘。早自汉武帝开拓河西道路时这里即为要渡大津。史载,西晋泰始六年(270)秦州刺史胡烈讨河西鲜卑秃树机能、东晋义熙三年(407)南凉拒赫连夏、北魏太延五年(439)拓跋焘伐北凉均在此处渡河。直到近代仍为要津。

渡过黄河后沿大沙河谷继续向西北行,经景泰县吊沟古城(汉媪围县、唐新泉军城,分山城、川城两部分,呈不规则形,山城高出河床 80 米许,墙垣断续残存;川城则被夷为农田。整个山、川城周长约 2 400 米)、寺滩乡白茨水(汉居延置,遗址见存,范围约百米见方,存石砌房屋残迹)、古浪县大靖镇古城头(汉武威郡扑䴉县城、北魏魏安郡、北周白山县、唐白山戍城,存北垣、东垣部分墙体,分别长 330、300 米,鳏里为该县城附近的一个里)、古浪县土门镇西"老城墙"(汉揖次县城,存部分墙垣,原址周长约 1 500 米)、小张掖

[①] 李并成:《索桥黄河渡口与汉代长安通西域"第一国道"》,《丝绸之路研究集刊》第 3 辑,商务印书馆,2019 年,第 17—28 页。

(汉张掖县,今武威市凉州区王景寨古城,残址长宽各约 300 米)等地,到达姑臧(武威)。①

上引汉简所记"第一国道"走向的选择,可谓颇具匠心,从长安出发径取西北方向抵达姑臧,从姑臧亦取西北向而行,穿过河西走廊到达西域,不仅路途基本顺直便捷,少有曲折,而且尽可能地避开了大的地形障碍(如横亘于关中平原以西的陇山、六盘山,黄河流域与内陆河流域的分水岭乌鞘岭等),且选择靠近水源或河谷绿洲地带行进。索桥渡口的位置恰好处于这条"第一国道"线上的黄河渡口,在这里渡过黄河是最为近便的。流经靖远、平川一带的黄河切穿长达近百千米的红山峡,两岸群峰陡立,巉崖峭壁,仅少数几处峡谷出口如索桥、北城滩等处适于渡河。索桥一带河床宽约 160 米,水流较平稳,两岸虽陡峻,但有沟壑可作通道,东岸穿过小口子可通哈思堡、石门乡以至水泉镇缠州古城(西汉鹑阴县、东汉鹯阴县②)及其以远;西岸即大沙河口,该河源于景泰县西部与古浪县交界的昌林山(主峰海拔 2 954 米)与寿鹿山(主峰海拔 3 251 米)汇集的水流,其上游一带地表径流大量下渗,水量较小,至芦阳镇以西则多有泉水露头涌入,水

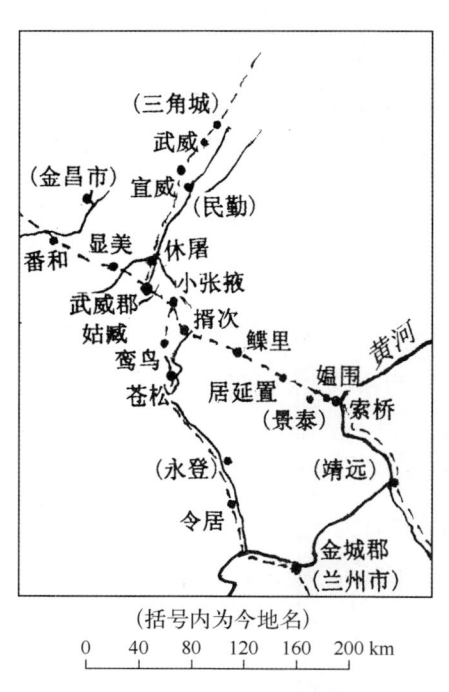

河西走廊东段汉代南北两道示意图

势渐大,形成了一条肥沃的带状河谷绿洲,宽约 2 千米许,这是黄河以西这一带方圆数百里范围内唯一的一处绿洲,笔者所考汉媪围县(即今吊沟古城,唐设新泉军,东距索桥渡口约 20 千米)就位于这一河谷绿洲上,从而也

---

① 李并成:《河西走廊历史地理》,第 38—44 页;又见《丝绸之路文化》,《华夏文明在甘肃》(下),人民出版社,2013 年,第 455—458 页。
② 李并成:《唐代会州故址及其相关问题考》,《中国历史地理论丛》2016 年第 3 期,第 47—48 页。

就自然成为"第一国道"过河后必然选择的理想通道。若舍此河谷绿洲通道，这一带数百里内皆为黄土丘陵，不仅地形起伏，曲折难行，而且干旱缺水，行旅、牲畜沿途补给困难。并且沿着大沙河通道可一直取向西北直抵武威，沿途除翻越大沙河源头蒿沟岘(海拔约2 300米)地势稍高外，一路上皆顺畅平坦，因而大沙河谷成为"第一国道"所经的不二选择。

(二) 长安至武威(姑臧)南道

武汉大学简帛网2007年12月8日登载张俊民《简牍文书所见"长安"资料辑考》一文，披露了悬泉ⅤT1611③：39简文，其中记录了以悬泉置为起点，东至冥安、张掖、武威、安定高平、金城允吾、天水平襄、凉州刺史治与长安等地的里程，提到"长安四千八十"，即悬泉置到长安4 080汉里，这应是"南道"长安至敦煌悬泉的里程。该简所记既涉及"南道"，又涉及"北道"，弥足珍贵。

考之长安至武威(姑臧)的南道上，有两处必须跨越的大的地形障碍，一处即黄河，另一处是陇山。古代的陇山包括今六盘山脉，又称陇坂、陇坻、陇首、关山，是一座纵列于陕、甘、宁三省区间的南北向山系。该条山系在大地构造上属于祁(连山)吕(梁山)贺(兰山)"山字型"构造的脊柱所在，群峰逶迤，南北雄峙，恰好挡在东西方向大道上，遂成为由长安西行的第一道地形障碍，历来被视为畏途。所谓"其坂九回，七日乃得越"，"西上陇坂，羊肠九回"等，就是对陇山交通险阻状况的真实描述。因而如何越过陇山便成为西行路线的首要选择。由当地地形条件来看，穿越陇山无非有两种选择，一是可从该山系较低矮的北端(今固原一带)穿过去，如以上所考长安至武威的北道正是从该山北端穿过的道路；另一条是选择山间较为低矮易行的垭口越过去。

南道由长安沿渭河西行，在宝鸡(虢县)附近溯千水(古称汧水)西北行，越过陇山南部的陇关(又名故关、大震关，今陕西陇县西北)，复沿渭河西行，经天水(上邽)、陇西(襄武)、临洮(狄道，汉陇西郡治)，折而向北，翻过七道梁至金城郡(今兰州)，再由金城郡渡过黄河北行，越乌鞘岭至武威。该道因翻越陇关可称为陇关道，又因位于北道之南，又可称为秦陇南道。南道大多数路段沿渭河谷地行进，沿途人烟较稠密，所经城镇较多，且安全性比北道更好;但其路途较远,取南道由长安至武威长达 880 千米,合 2 116 汉里,较北道远出 160 千米,合汉里 385 里,至少要多出 4 天的路程,且需翻越陇关和乌鞘岭,也比较艰辛。

南道的开辟应较北道稍晚。据《汉书·地理志》,该道所经的金城郡迟至汉昭帝始元六年(前 81)设置,较武帝设置的河西四郡晚了几十年,亦较北道所经武帝元鼎三年(前 114)设置的安定郡(郡治高平,今固原)晚了 30 余年。

金城郡为南道上的重镇要津,位处今兰州市区黄河南岸,扼守黄河渡口,隋唐时称作兰州。金城居于中国版图内陆几何中心,坐落在黄土高原、青藏高原、内蒙古高原三大高原的交汇过渡地带,亦为我国东部季风区、西北干旱区、青藏高寒区三大自然区的交汇带,也是主要农耕区与畜牧区的过渡带,座中四联,襟山带河,护秦联蒙,援疆系藏;"紫塞千峰凭栏立,黄河九曲抱城来",具有极为重要的交通和军事战略地位。金城一带的黄河渡口主要有金城关渡和石城津渡。金城关渡口在今中山黄河铁桥北岸西侧 1 千米许,今已辟为金城关文化园区,明洪武十八年(1385)于此建成镇远浮桥,号称"天下第一桥",1909 年耗银 30 余万两建成黄河铁桥,为黄河上最早、最重要的铁桥之一,由此大大便利了祖国内地与新、青、藏等地的联系。石城津渡口位于汉金城县北,今兰州市西固区河口镇,地处庄浪河注入黄河处,废址仍存。

金城向北至武威,由金城关渡口或石城津渡过黄河后,溯庄浪河谷(汉乌亭逆水)北上,经汉令居县,越洪池岭(今乌鞘岭),又沿古浪河谷(汉松陕水)西北行,经汉仓松县、鸾鸟县至小张掖,可与前考长安至武威北道相接而抵姑臧。笔者考得其沿程所经重要地点有:汉令居县,今兰州市永登县红城镇玉山村西 500 米许的玉山古城,残垣犹存,东西长约 400 米,南北宽 300 米许。[①] 古浪河峡谷,既是沟通兰州黄河盆地与河西走廊的必经咽喉,又是走廊平原通往南羌的要径,交通和军事地位十分重要,历来被称为中国西部的"金关铁锁"。《古浪县志》称其"足资弹压,诚万世不可废也"。汉、明长城及

[①] 李并成:《汉令居城及其附近汉长城遗迹的调查与考证》,《长城学刊》1991 年第 1 期,第 23—30 页。

今兰新铁路、连霍高速公路(G30)、国道 312 线等皆从此峡通过。汉苍松县，今古浪县龙沟乡黑松驿城，南北约 500 米，东西宽 350 余米，今龙沟乡政府即位于城内，仅存部分残垣。① 古浪县城，位于古浪河峡谷北端出口，唐于此设昌松县。汉鸾鸟县，今古浪县小桥村东南一堵城，仅余部分墙基。小张掖（汉张掖县），即前考今王景寨古城，处于由媪围而来和由金城而来的两条丝路大道，即长安通姑臧的北、南二道的交汇之地，位置十分重要。姑臧，汉武威郡治，唐设凉州及河西节度使，地处石羊河绿洲腹地，系长安连通河西南北两条丝绸之路的交汇点。由凉州西行约 5 200 汉里可达汉西域都护府驻地乌垒(今新疆轮台县东)，约 5 000 唐里可达唐安西都护府治所(今库车)，武威为中央政府控制西域之总部，其间道路无疑为当时国际交通之最重要通道。

(三) 武威至敦煌交通道路

由姑臧往西至敦煌，途经谷水(今石羊河)、羌谷水(今黑河)、籍端水(今疏勒河)、氐置水(今党河)等绿洲沃野，沿途除其西部少数地段戈壁、沙地面积较广，跋涉较艰辛外，总的来看一路上绿洲连片，农产丰富，大多数路况平坦易行，沿途亦多有城镇、堡寨、置驿分布，方便行旅补给。因而河西大道也就自然成为长安前往西域最重要的首选路段。

笔者考得，从姑臧往西，沿河西大道依次经汉张掖郡显美县(武威市永丰乡朵浪城一带)、番和县(今永昌县西焦家庄乡西寨古城，破损严重，南北 240 米，东西 300 米许，残高不足 1 米，唐设天宝县)、删丹县(今山丹县古城窊，残址犹存，平面呈方形，每边约 250 米)、日勒县(今山丹县五里墩古城，东汉末设西郡)、钧耆置(今山丹县东乐乡十里堡村一带，故址无存)、屋兰县(今张掖市碱滩乡古城村古城，清代曾设仁寿驿)、氐池县(今张掖市城南长安乡一带，故址无存)、觻得县(汉张掖郡治，今张掖市西北约 17 千米的"黑水国"北城，墙垣损毁较严重，南北 254 米，东西 228 米)、昭武县(今临泽县鸭暖乡昭武村古城，今已无存)、祁连置(今高台县渠口堡)、酒泉郡表是县(今高台县骆驼城，城垣尚存，分作南北两半城，南北 704 米，东西亦 425 米，残高

---

① 李并成：《汉代河西走廊东段交通路线考》，《敦煌学辑刊》2011 年第 1 期，第 62 页。

5—8 米。前凉至北周设为凉州建康郡郡治及其所辖表氏县城，唐代为建康军城)、乐涫县(今酒泉市下河清乡皇城遗址，唐称福禄县，故址犹存，东西 351 米，南北 298 米，残高 3—7 米)、绥弥县(今酒泉市临水乡古城村古城，长宽各 200 米许，残高 1—2.5 米)、禄福县(唐肃州，今酒泉市城)、玉石障(今嘉峪关市石关峡，残址犹存)、延寿县(东汉设置，今玉门市清泉乡骗马城，城垣多毁，南北 230 米，东西 280 米)、玉门县(存部分墙段，唐代曾设玉门县、设门军、清筑赤金卫)、池头县(东汉改称沙头县，今玉门市比家滩古城，几被夷平，平面大体正方形，每边长约 300 米)、乾齐县(今玉门市黄闸湾乡东部一带，故址已毁)、敦煌郡渊泉县(今瓜州县河东乡四道沟村古城，南北 350 米，东西 240 米许，残高 1.5—2 米)、冥安县(今瓜州县南岔大坑古城，平面基本方形，每边长约 550 米)、广至县(今瓜州县踏实破城子，南北约 280 米，东西 150 米许，残高 6.5 米，唐于此设悬泉府)、鱼离置(今瓜州县老师兔古城，南北 33 米，东西 40 米许，残高 4—6 米，唐设黄谷驿)、悬泉置(今敦煌市以东 67 千米处的火焰山北麓吊吊水沟口，残址犹存，出土大量汉简等物)、遮要置(今敦煌市大疙瘩梁古城，残垣犹存，南北 65 米，东西 56 米)等地，而至汉敦煌郡治敦煌县(唐沙州，今存断续残垣，南北 1 132 米，东西 718 米)；由敦煌再向西行即进入西域。姑臧至敦煌全程约 875 千米，合汉里 2 104 里。

(四) 敦煌往西域交通道路

位处西域门户、丝路喉襟的敦煌，作为联结中原与西域的枢纽和东西方经济文化交流的荟萃之地，在中西交通史上占有极为重要的地位。史料显示，西汉时期敦煌通西域有南、北两道，东汉中期又在此基础上新开辟伊吾道。

《汉书·地理志》："西域以孝武时始通，本三十六国，其后稍分至五十余，皆在匈奴之西，乌孙之南。南北有大山，中央有河，东西六千余里，南北千余里。东则接汉，阸以玉门、阳关，西则限以葱岭。"汉玉门关，一般认为在今敦煌市城西北约 90 千米的小方盘城，2014 年进入世界文化遗产名录。阳关在今敦煌市城西南约 70 千米的南湖古董滩。玉门关和阳关分别为当时西出西域北、南两道的重要关隘。《汉书·地理志》又记："自玉门、阳关出西域有两道。从鄯善傍南山北,波河西行至莎车,为南道;南道西逾葱岭则出大月氏、安息。自车师前王庭随北山,波河西行至疏勒,为北道;北道西逾葱岭则出大宛、康居、奄蔡焉。"据之,出阳关之南道沿南山北(昆仑山北麓)而行,至莎车(今莎车县)及葱岭(今帕米尔高原)以西。出玉门关之北道,沿北山(天山)南麓车师前王庭(今吐鲁番交河古城)至疏勒(今喀什),更向西越葱岭可至大宛(今乌兹别克斯坦费尔干纳盆地)、康居(今哈萨克斯坦锡尔河下游及其以北至咸海一带)、奄蔡(今中亚咸海至里海一带)等地。

敦煌北部的丝绸古道遗迹

笔者又考得,迨及东汉中期(汉明帝永平十七年,即74年)新开辟了一条从敦煌东边的瓜州北出玉门关(为新设的另一玉门关,今瓜州县双塔堡附近),折向西北行经约800里的莫贺延碛至西域伊州(今哈密)的道路,可称之为伊吾路或莫贺延碛道,或第五道。该道将瓜、伊二州直接连接起来,较之绕行沙州,再前往伊州的道路(唐代称稍竿道)缩短驿程近百里。然而第五道要穿越数百里的莫贺延碛,极乏水草,路况险恶,行走十分艰辛。唐贞观三年(629)高僧玄奘西行求法即取莫贺延碛道而往,一路上备受艰辛。唐代第五道中置有新井(今瓜州县石板墩)、广显(白墩子城)、乌山(红柳园古城)、双泉(大泉遗址)、第五(马莲井)、冷泉(星星峡)、胡桐(哈密沙泉子)、赤崖（哈密苦水）等驿，其走向约与今国道312线瓜州至哈密段近之。① 伊吾路的开通使得通往西域的道路更趋完善。

（五）谷水、弱水段南北向通道

汉代河西交通，除东西走向的主方向外，还有两条重要的南北向通道，即谷水段和弱水段。河西北邻匈奴，南毗诸羌，由于地理条件的限制，绿洲河流沿岸水草地带和山区大河谷地往往成为民族往来、交易的主要通道，也是游牧民族前来"骚扰"的孔道。因而这些通道的交通、军事意义就很重要。早在太初元年（前104）汉军伐大宛时，为防备匈奴乘隙而入确保后方安全，即分别在弱水下游和谷水中游以北置居延、休屠以为屏卫。② 太初四年（前101）又在谷水下游置武威县，"武威县、张掖日勒皆当北塞，有通谷水草"③，其军事、交通地位的重要性显而易见。

1. 谷水（石羊河干流）段

笔者考得，谷水段南起汉武威郡治姑臧，沿谷水（今石羊河）河岸北行，经休屠县（今武威市城北32千米处的四坝乡三岔村三岔古城，南北长约400米，东西宽200米许，大段已倾圮，残高大多不足1米，出土绳纹灰陶片、夹砂红陶片等物）、宣威县（今民勤县大坝乡文一农科队北部灌丛沙堆中的文一古城，唐代设为明威戍，甚为残破，墙垣大段坍成垄状，唯北墙被修筑明长城时所利用，保存较好。南北250米，东西280米，基宽约6米。城内城周大量散落灰陶片、红陶片、碎砖块、残铁片等汉唐遗物）、武威县（今民勤县泉山镇西北约10千米沙漠中被称为连城的古城址，其大部墙段被沙丘埋压，但轮廓仍十分清晰，南北约420米，东西370米，夯土版筑，残高一般2—3米，最高6米）三县，又经三角城遗址（南距民勤县城50千米许，汉代城郭废墟，整座城址筑于一座高8.5米的夯土台基上，台之东北部倾坍，使城垣看上去略呈三角形，因名之三角城。东西长约180米，南北宽近100米，已大段倒塌，存者不足1/3，残墙高出台面2—4米。城内及周围散落大量灰陶片、红陶

---

① 李并成：《唐玉门关究竟在哪里》，《西北师大学报》2001年第4期，第20—25页。
② 《史记·大宛列传》。
③ 《汉书·赵充国传》。

片、碎砖瓦等,城中还曾发现汉五铢钱、漆木片、铜镞等物),通往漠南、河套、漠北。姑臧一地,不仅有沟通长安的南北二道,是通往西域的丝路主干道,而且还可沿谷水北去,深入蒙古高原腹地,诚为河西东部的丝路枢纽重镇。

2. 弱水(黑河)段

弱水河谷,为河西走廊通往蒙古高原腹地的又一条要径。汉武帝元狩二年(前121)夏霍去病率军再征匈奴,出北地,"涉钧耆,济居延,遂臻小月氏,攻祁连山,扬武乎觻得"①。其进军路线即由今庆阳西北一带出发,绕行至弱水下游居延地区,再沿河挥师南下,直捣祁连山下匈奴腹地,出奇制胜。又如昭帝元凤三年(前78)春正月,匈奴右贤王、犁污王四千骑循弱水河谷南来,分三队入日勒、屋兰、番和三县,汉张掖太守、属国都尉发兵击,大破之。②

汉代沿弱水(黑河)河岸由南而北设有会水县(今金塔县城东北11千米金塔乡五星二社西部的西古城,③全城分作东西二城,西城南北80米,东西90米;东城南北80米,东西110米;全城总面积80×200平方米。墙垣多已倾圮,残高1.5—3米许,许多地段仅见残基,散落灰陶片、红陶片、碎砖块等物)、肩水都尉府(今金塔县鼎新镇营盘村黑河东岸的大湾古城,南北350米,东西250米,由外城、内城和障三部分组成,残高2—3米。其中障位于内城西北部,南北90米,东西70米,高8.5米。全城出土汉简1 500余枚)、肩水候官(今金塔县天仓乡北黑河东岸戈壁滩上,南距大湾城约15千米,平面方形,每边长约100米,城内有鄣,鄣亦呈方形,每边长约22.5米,墙厚5米,残高8.4米,出土汉简2 000多枚、帛书3件等物)、金关(又名通道厩,肩水候官城以北600米许,由关门、坞和烽燧几部分组成,坞在关门内西南侧,坞内有房宅、马厩残址。坞西南角残存烽燧和方堡,堡内有居室、灶房、仓房和院落,先后共出土简牍12 000多枚、其他物品1 300多件)、悬索关(位于金关以北约130千米的黑河东岸今额济纳旗布肯托尼,地当拱卫黑河下游居延绿洲东、北、西三面塞垣的南端点,诚为居延绿洲的南部门户。④ 金关、悬索

---

① 《汉书·霍去病传》。
② 《汉书·匈奴传》。
③ 李并成:《西汉酒泉郡若干县城的调查与考证》,《西北史地》1991年第3期,第71—76页。
④ 李并成:《汉悬索关考》,《敦煌研究》2004年第4期,第85—87页。

关遥遥相望,两关之间一河孤悬,烽燧连绵,形势险峻,为兵家必争要地,又是古居延绿洲的命脉所系。关城遗址今已无存,极有可能被沙丘埋压)、居延县城(今额济纳旗城东南34千米的绿城遗址,①城垣多半坍塌损毁,平面略呈椭圆形,周长1205米,墙基残宽3.5米,残高最高2米,城内遗物丰富,散落大量的陶片、瓷片、碎砖块等)、居延都尉府(位于绿城以北略偏东17.5千米处的K710城,②城址略呈方形,南北二垣均110米,东垣131米,西垣133米,墙体遭受严重风蚀和自然风化,残高0.5—1.2米,城内散落大量汉代砖块、陶片、石磨残块等物),并在一些重要地段筑有长城护卫。由K710城北去约45千米,经黑河下游西侧支流终间湖索果诺尔,再往北即可通向蒙古高原腹地。

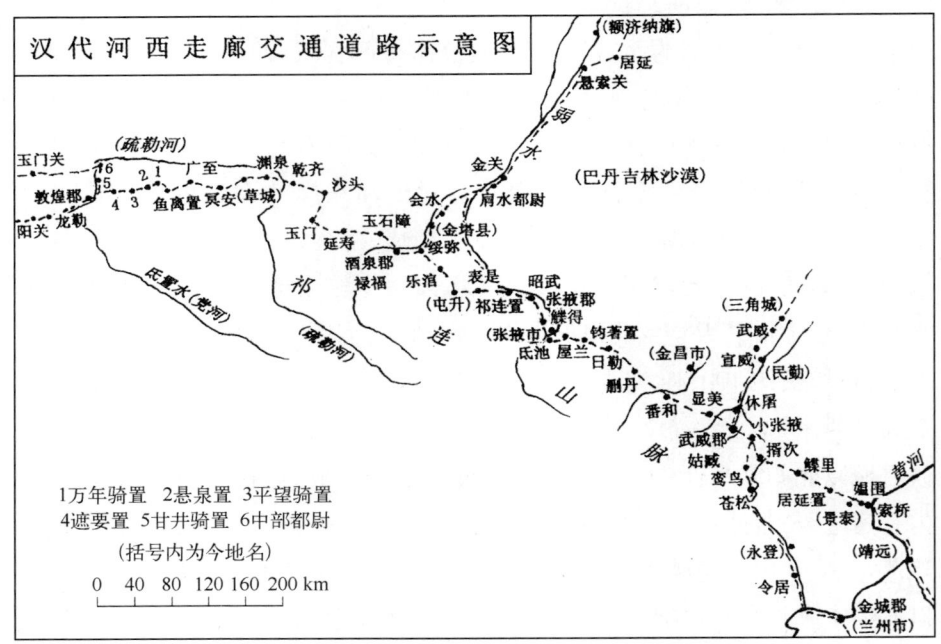

以上所考河西交通道路,为汉唐王室经营西域的极为重要的大通道,也是我国走向世界、进行东西方经济文化交流的国际大动脉,它犹如一座历史

---

① 李并成:《汉居延县城新考》,《考古》1998年第5期,第82—85页。
② 李并成:《河西走廊历史时期沙漠化研究》,科学出版社,2003年,第32—47页。

的丰碑,标志着中国人民和西方各国人民不断交流的源远流长的历史,见证着古丝绸之路昔日的辉煌,在过去两千多年间曾为我们民族、国家的发展和国际文化的交流传播建树过不朽的功绩;今天又由于保存着丰富灿烂的古代文化遗产而瞩目于世界。

三、新时代的河西走廊

迈入新时代,河西走廊又焕发出勃勃的生机和青春活力。在工业与科技上,它是我国现代石油工业以及石油人才培育的摇篮,"凡有石油处,就有玉门人";被誉为"中国核城"的404厂,是中华人民共和国成立后国家在甘肃布局的规模最大、体系最完整的核工业基地;酒泉卫星发射中心,是中华民族实现飞天梦想载人航天的基地;河西富集风能与光能,是我国新兴绿色能源基地和开发利用示范区,是全国规模最大、集中度最高、配套最完备的风光电装备制造基地,目前新能源装机容量已超过2 000万千瓦,被誉为"陆上三峡"。

走廊北山和祁连山是我国有色金属和贵金属重要的成矿带之一,金川公司是全国最大的镍钴生产基地和铂族贵金属提炼中心,酒钢公司是西北最大的钢铁和不锈钢生产基地。在交通运输上河西又发展成为"一带一路"上人流、物流、财富流等的大通道,中欧班列频繁运行的大通道,我国内陆向西开放的最重要的能源大通道,汇集了国家西气东输、西油东输、西电东送、西煤东运等密集的能源管道和线路,目前四线、五线输气管道正加紧建设,年输原油2 000万吨、成品油1 000万吨的输油管道已投运,输往湖南、河南、四川、安徽的特高压输电线路亦投运。

在农业上,河西曾是国家十大商品粮基地和西菜东(南)调基地,曾提供了全省2/3以上的商品粮和2/5以上的油料和瓜果蔬菜,农业整体水平处于全国一熟制地区先进行列。目前形成了以张掖为中心的国家杂交玉米繁种基地,玉米制种长期稳定在100万亩以上,占全国玉米用种量60%以上,蔬菜瓜果花卉种子出土量占全国的65%以上,是我国三大对外瓜菜制种基地之一,是全球公认的良种最佳繁育区,被誉为"种子生产黄金带"和"天然种子加工厂"。目前河西又在创建戈壁农业创新示范基地。

在文化与旅游上,河西是中国西部最具国际影响力的旅游目的地,拥有最具人气的旅游名城——敦煌、武威、嘉峪关、酒泉、张掖、金昌,是丝绸之路(敦煌)国际文化博览会的永久会址,已成为目前正在全力打造的"一带一路"甘肃段的"黄金区域"和甘肃华夏文明传承创新区建设的排头兵和主力军,也正在合力打造维护国家西部生态安全、通道安全、能源安全的战略支撑平台。

河西不仅在物质层面上创造了千古的辉煌,而且在精神层面上也是我国优秀传统文化一块耀眼的圣地,并且在当代又孕育产生了影响亿万人民思想和行为的"铁人精神""两弹一星"精神(热爱祖国,无私奉献,自力更生,艰苦奋斗,大力协同,勇于攀登)和载人航天精神(特别能吃苦,特别能战斗,特别能攻关,特别能奉献)。河西是中华民族当之无愧的重要精神家园和思想高地。

张骞"欲从羌中归"与"羌中道"无关*

刘全波[1] 李若愚[2]

1 兰州大学敦煌学研究所,2 新疆第二医学院

有关婼羌国与婼羌的问题,前人已做过细致的研究。桑原隲藏认为婼羌国应位于柴达木地区。① 顾颉刚认为婼羌国范围包含今新疆境内全部昆仑山脉,并越过了葱岭,东西二千余千米,实在是一个泱泱大国。② 芈一之认为婼羌国与婼羌的概念存在区别,不可一概而论,汉代婼羌国的地域在青藏高原北部的祁连山区,地跨青、新两省,中心区域应该在青海海西自治州格孜库勒湖周围,同时考证了现代的若羌县应该为汉代鄯善国王治所在。③ 周连宽认为婼羌国的王治地区应该在阿克楚克赛地区。④ 余太山认为《汉书·西域传》记载婼羌国与鄯善、且末等国相接,并且西域游牧民族游牧受地域环境、气候等因素的影响,婼羌国位于楚拉克阿干河流域更为准确。⑤ 魏迎春、郑炳林通过考证《汉书·西域传》有关婼羌的记载,认为婼羌的位置基本

---

* 国家社会科学基金中国历史研究院重大历史问题研究专项重大项目:中国古代边疆治理的实践及得失研究(22VLS010)。
① [日]桑原隲藏:《张骞的远征》,《东西交通史论丛》,弘文堂,1934年,第1—117页。[日]白鸟库吉:《西域史上的新研究·大月氏考》,《白鸟库吉全集》,岩波书店,1970年,第97—227页。余太山:《汉晋正史"西域传"所见西域诸国地望》,余太山编《欧亚学刊》第1辑,中华书局,2000年,第42页;又载于余太山《两汉魏晋南北朝正史西域传研究》,中华书局,2003年,第206页。
② 顾颉刚:《从古籍中探索我国的西部民族——羌族》,《社会科学战线》1980年第1期,第136页。
③ 芈一之:《婼羌国址考》,《西北史地》1987年第1期,第79—85页;又载于芈一之《芈一之民族历史研究文集》,民族出版社,2008年,第326—333页。
④ 周连宽:《汉婼羌国考》,中国中亚文化研究协会编《中亚学刊》第1辑,中华书局,1983年,第81—90页。
⑤ 余太山:《汉晋正史"西域传"所见西域诸国地望》,余太山编《欧亚学刊》第1辑,第42页;又载于余太山《两汉魏晋南北朝正史西域传研究》,第206页。

上是沿阿尔金山、昆仑山之南的青藏高原地区,最西南到达克什米尔东北阿里地区,东部到达柴达木盆地的东部,鄯善以东到敦煌阳关以南,祁连山以西以南都是婼羌的管辖范围,并且郑炳林认为张骞自大月氏大致是沿南道八国返回,因为这些地区与匈奴来往不密切并且大都与婼羌相接,可以随时退入羌中躲避匈奴,张骞要走羌中道最便捷的道路就是经过婼羌国区域,进入柴达木盆地到达河湟地区。① 除此之外,初世宾结合悬泉汉简与相关的文献史料认为婼羌游牧领地东西绵长,地处西域南山之下,并且南山区域的婼羌与小月氏联系紧密。② 孟凡人通过分析相关史料认为婼羌与婼羌国是两个不同的概念,婼羌在阿尔金山、昆仑山直到帕米尔高原地区,婼羌国的中心驻牧地为萨毗泽地区,同时考证了 supiya 人的问题,认为尼雅佉卢文简牍的 supiya 人族源与婼羌有一定的渊源关系。③ 虽然诸位前辈已经对婼羌问题做了考察,但是仍有诸多疑团,故我们进行了新的考察。

一、《汉书·西域传》中的婼羌国

《汉书》卷 96 上《西域传上》载:"出阳关,自近者始,曰婼羌……西北至鄯善,乃当道云。"④婼羌国是距离阳关最近的西域诸国,西与且末接,西北与鄯善相接,考证婼羌国的具体位置,就要先厘清鄯善国与且末国的具体位置。《史记》卷 123《大宛列传》载:"而楼兰、姑师邑有城郭,临盐泽。"⑤《汉书》卷 96 上《西域传上》载:"鄯善国,本名楼兰,王治扜泥城,去阳关千六百里,去长安六千一百里……西北去都护治所千七百八十五里,至山国千三百六十五里,西北至车师千八百九十里。"⑥"且末国,王治且末城,去长安六千

---

① 魏迎春、郑炳林:《汉婼羌国管辖范围与南山羌中道考》,郑炳林、尹伟先主编《2010 丝绸之路与西北历史文化学术讨论会论文集》,甘肃人民出版社,2013 年,第 1—11 页。
② 初世宾:《悬泉汉简羌人资料补述》,中国文物研究所编《出土文献研究》第 6 辑,上海古籍出版社,2004 年,第 167—189 页。
③ 孟凡人:《supiya 人与婼羌的关系略说》,《新疆大学学报》1991 年第 3 期,第 57—63 页。
④ 《汉书》卷 96 上《西域传上》,中华书局,1962 年,第 3875 页。
⑤ 《史记》卷 123《大宛列传》,中华书局,1959 年,第 3160 页。
⑥ 《汉书》卷 96 上《西域传上》,第 3875—3876 页。

八百二十里……西北至都护治所二千二百五十八里,北接尉犁,南至小宛可三日行。"①鄯善国原为楼兰国,根据史籍记载,汉代鄯善国大体占据了西域盐泽以南,南山以北的区域。且末国位于鄯善国与精绝国之间,大体位于汉代古车尔臣河以东,南山以北地区。

《汉书》卷 96 下《西域传下》载:"又去胡来王唐兜,国比大种赤水羌,数相寇,不胜,告急都护。"②颜师古注曰:"比,近也。"③由此可知,婼羌国与赤水羌距离相近,并且两者之间多次发生冲突。赤水羌是生活在青海西北部的羌族之一。④ 两国交战的地点大多位于边界毗邻或者彼此靠近的地区。赤水羌与婼羌国之间数次发生冲突,那么婼羌国与赤水羌之间可能存在相互接触的地方,这也说明婼羌国的范围很有可能到达了柴达木盆地西部地区。

根据以上史籍的记载,我们可以大体厘清汉代婼羌国的基本位置。据《汉书·西域传》的记载,婼羌国人口较少,只有户四百五十,口千七百五十,胜兵五百人。⑤ 婼羌国如此少的人口,是不能控制如此大的国土面积的,可见这片所谓的大区域,是空有其名的。

《汉书·西域传》记载:"山有铁,自作兵,兵有弓、矛、服刀、剑、甲。"⑥由此,我们可以推测出,婼羌国国内的采矿业、铸冶业是较为发达的,能够自己制造兵器,并且兵器的种类较为丰富,除有弓、矛、服刀、剑等进攻兵器以外,还有甲这种防护装备。

《敦煌悬泉汉简释粹》载:

> 简 1 一封长史私印,诣广校候,趣令言羌人反状。□在广至。闰月庚子昏时,受遮要御杨武行,东。……趣令言羌反状。博望候言:羌王

---

① 《汉书》卷 96 上《西域传上》,第 3879 页。余太山认为这里的"可三日行"约为 300 里。余太山:《两汉魏晋南北朝正史西域传要注》,中华书局,2005 年,第 90 页。
② 《汉书》卷 96 下《西域传下》,第 3925 页。
③ 《汉书》卷 96 下《西域传下》,第 3925 页。
④ 魏迎春、郑炳林:《汉婼羌国管辖范围与南山羌中道考》,《2010 丝绸之路与西北历史文化学术讨论会论文集》,第 1—11 页。
⑤ 婼羌国的户口资料统计大概为平帝元始二年之前。袁延胜:《〈汉书·西域传〉户口资料系年蠡测》,《郑州大学学报》2007 年第 3 期,第 104—107 页。
⑥ 《汉书》卷 96 上《西域传上》,第 3875 页。

唐调言并发兵在澹水上（Ⅱ0216②：80）①

简中的澹水疑为鲜水，②羌人在澹水附近发生了"叛乱"。关于该简反映的是何年闰月庚子羌人"叛乱"，一说为元帝永光二年（前42），③一说认为是神爵元年（前61）。④ 根据《汉书·赵充国传》记载："诏破羌将军武贤将兵六千一百人，敦煌太守快将二千人，长水校尉富昌、酒泉侯奉世将婼、月氏兵四千人，亡虑万二千人。赍三十日食，以七月二十二日击罕羌，入鲜水北句廉上，去酒泉八百里，去将军可千二百里。"⑤神爵元年，羌人发生"叛乱"，上文即是汉朝兵力调遣的形势图。

《汉书》中记载的鲜水与上简所载的澹水相符，上述汉简中羌王"唐调"与后来的婼羌国王"去胡来王唐兜"仅一字之差，推测此羌王"唐调"与婼羌有关，其可能为婼羌国在汉宣帝时代的首领。此外，酒泉侯召集了婼羌与月氏四千余人组成军队，婼羌与月氏共同出兵，婼羌排在前列，也就是说婼羌出兵人数可能是多于或者等于月氏的，可见婼羌的状况，就是此时至少有二千胜兵的规模。总之，我们大致可以得到这样一个认知，神爵元年，羌人发生"叛乱"，婼羌的某个部落首领，甚至就是婼羌王，向西汉戍守将领通报了"叛乱"羌人的行动情况，并且在酒泉侯的带领下与月氏共同参与了此次"平叛"行动，这其实反映了婼羌国在西汉平定羌人"叛乱"中的重要作用。

汉平帝时，婼羌受到东部的赤水羌多次侵袭，告急都护，但都护但钦不

---

① 胡平生、张德芳：《敦煌悬泉汉简释粹》，上海古籍出版社，2001年，第162页。初世宾：《悬泉汉简羌人资料补述》，《出土文献研究》第6辑，第172页。初世宾录文与《敦煌悬泉汉简释粹》句读不同，录文为："一封，长史私印，诣广校候。趣令言羌人反状。□在广至。闰月庚子昏时，受遮要御杨武，行东。……趣令言羌反状。博望候言：羌王唐调言，并发兵在澹水上。"

② 胡平生、张德芳：《敦煌悬泉汉简释粹》，第163页。

③ 郝树声、张德芳：《悬泉汉简研究》，甘肃文化出版社，2009年，第168页。张德芳：《居延新简集释7》，甘肃文化出版社，2016年，第574页。前者认为该简时间为元帝时期，后者认为该简为元帝永光二年。

④ 胡平生、初世宾、汪桂海认为该简为神爵元年。胡平生、张德芳：《敦煌悬泉汉简释粹》，第163页。初世宾：《悬泉汉简羌人资料补述》，《出土文献研究》第6辑，第173页。汪桂海：《从出土资料谈汉代羌族史的两个问题》，《西域研究》2010年第2期，第4页。

⑤ 《汉书》卷69《赵充国传》，第2980页。

救,又不获准进入玉门关,于是去胡来王唐兜率千余人亡降匈奴,直至王莽时,"诏下会西域诸国王,陈军斩姑句、唐兜以示之"①。由此可见,除中原王朝的战略思想以及统治政策外,西域都护等边疆官吏的个人素质,同样影响着对西域诸国的稳定统治,高素质的西域都护,例如郑吉、甘延寿、段会宗等,使得西汉经略西域的政策得以有效实施,西域诸国与中原的联系也日渐密切;反之,则使西域诸国叛离,使得中原王朝对西域的经营逐步瓦解。

二、丝路南道以南的婼羌部落

有关于婼羌族源的问题,诸多学者观点各有不同。黄文弼认为大夏就是吐火罗,两者是同一民族,大夏属于羌族系统,属诸羌之一,"去胡来"是吐火罗的对音,婼羌可能是大夏人所建。② 余太山认为婼羌可以认为是允姓与羌人的混血种,盖允格封都,有子都姓,允姓可溯源于允格之子。"婼""都"可通,婼羌实即都羌。临夏既有允姓又有大夏的遗址,该地又是羌人的出没地,由此沿祁连山南麓往西可达西域,阳关西南有以大夏人为宗主的婼羌部落,或非偶然。③ 而关于婼羌国的去胡来王,他认为"去胡来"是塞种部落Tochari 的对译。婼羌国臣民为婼羌人,王族为 Tochari 人,婼羌是 Asii 与羌人的混血,但其中靠近阳关的一支曾受 Tochari 人的统治,故其王号为"去胡来王"。④ 初世宾认为婼羌应是小月氏种的狼何羌,都在阳关的西南部,可能为狼何的近种,婼羌可能也是羌化了的小月氏。⑤ 杨富学认为小月氏遗留在敦煌地区,以其与当地羌人混居为主流。跻身南山羌的小月氏,在与羌人长期同居交往中逐渐被其同化,更被汉人视作羌人。⑥ 还有人认为婼羌与华

---

① 《汉书》卷 96 下《西域传下》,第 3925 页。
② 黄文弼:《重论古代大夏之位置与移徙》,《黄文弼历史考古论集》,文物出版社,1989 年,第 81—84 页;又载于黄文弼《西域史地考古论集》,商务印书馆,2015 年,第 258—266 页。
③ 余太山:《古族新考》,中华书局,2000 年,第 70 页。
④ 余太山:《两汉魏晋南北朝正史西域传要注》,第 77 页。
⑤ 初世宾:《悬泉汉简羌人资料补述》,《出土文献研究》第 6 辑,第 177 页。
⑥ 杨富学、刘源:《出土简牍所见汉代敦煌民族及其活动》,《敦煌研究》2019 年第 3 期,第 32—45 页。

夏人具有密不可分的联系,何光岳的《炎黄源流史》认为婼部族是由华夏与羌族混合而来的。这个婼部族于东周初年大概也受到秦国的压迫,其中有一支便沿着河西走廊向西北迁移,并将他们归入氐羌,约于战国时代徙入阳关以西及南部山区。① 杨宽认为允姓之戎与姒姓之夏族实本一体。也就是说允姓人出自华夏族。若字左边加女为"婼",应该与当时母系氏族尊重妇女的习俗有关。②

《汉书》卷 96 上《西域传上》载:"其余小众不能去者,保南山羌,号小月氏。"③《后汉书》卷 87《西羌传》载:"月氏王为匈奴冒顿所杀,余种分散,西逾葱岭。其羸弱者南入山阻,依诸羌居止,遂与共婚姻。"④本居敦煌、祁连间的月氏,因受到匈奴的打击被迫西迁,而一小部分月氏则南迁至南山,与南山的羌人生活在一起,经过长期的通婚生活,逐渐羌化。因此,我们可以推测,婼羌可能就是羌人和小月氏的混种。

羌人部落的命名大体有三种情况,其一是以地名为种号,例如赤水羌⑤、黑水羌、青衣羌、塞外羌、卑禾羌等。⑥ 其二是以动物名命名,例如牦牛羌、白马羌⑦、参狼羌、黄羊羌等,这类名称可能与其饲养动物种类或崇拜的图腾有关。其三主要与部落酋长名有关,例如烧当羌、研羌等。婼羌的命名显然与以上情况不同。白鸟库吉认为"婼"是藏语 tswa、tshà、chha 的对音,义为盐,婼羌为"盐地之羌"⑧。周连宽认为婼羌的命名与其祖先中有以婼为名者有关。⑨ 余太山认为婼羌可能是羌人与允姓之戎混血而成,允姓之戎郤姓,与

---

① 何光岳:《炎黄源流史》,江西教育出版社,1992 年,第 901—907 页。
② 杨宽:《中国上古史导论》,上海人民出版社,2016 年,第 76—92 页。
③ 《汉书》卷 96 上《西域传上》,第 3891 页。
④ 《后汉书》卷 87《西羌传》,第 2899 页。
⑤ 魏迎春、郑炳林:《汉婼羌国管辖范围与南山羌中道考》,《2010 丝绸之路与西北历史文化学术讨论会论文集》,第 1—11 页。作者认为赤水羌应当与地名有关,分布在羌族东部地区的河湟一带。
⑥ 《羌族词典》编委会编:《羌族词典》,巴蜀书社,2004 年,第 82—83 页。
⑦ 顾颉刚认为白马羌疑是马羌的后裔,善于养马或以马为图腾。顾颉刚:《从古籍中探索我国的西部民族——羌族》,《社会科学战线》1980 年第 1 期,第 119 页。
⑧ 周连宽:《汉婼羌国考》,《中亚学刊》第 1 辑,第 81 页。
⑨ 周连宽:《汉婼羌国考》,《中亚学刊》第 1 辑,第 81—90 页。

婼同音,"婼羌"之名大体与之相关。① 初师宾认为婼羌的"婼"为种姓,音与"狼何"连读相近,字头的辅音可相互转换。②

《说文解字》载:

婼,不顺也,从女若声。

由此,婼羌也可以理解为不顺服的羌。原因有二,其一西汉对于西域的了解多源自张骞、李广利等人,张骞第一次出使西域东返时,曾经过羌中地区,回来后向汉武帝汇报情况时,提到"羌人恶之",可见张骞对于其经过的羌中地区的羌人并没有好印象,因此,西汉将张骞东返时经过的羌人部落皆称为"婼羌",即不顺服的羌。其二,《汉书·韦贤传》载:"西伐大宛,并三十六国,结乌孙,起敦煌、酒泉、张掖,以隔婼羌,裂匈奴之右肩。"由此可知,羌人为匈奴的右肩,西汉将与匈奴关系密切的羌人称为不顺服的羌也是情理之中。之后,婼羌中的一部分,即婼羌国,因为距离敦煌较近,故较早归顺汉朝,因此西汉将其王称为"去胡来王"。颜师古注:"去离胡戎来附汉也。"③综上所述,"婼羌"可能是西汉根据张骞的所见所闻,以及当时羌与匈奴关系密切的社会背景,将今昆仑山北麓、丝路南道以南的羌称为"婼羌",即不顺服于西汉的羌。

《汉书》卷 96 上《西域传上》载:"小宛国,王治扜零城……东与婼羌接,辟南不当道。"④"戎卢国,王治卑品城……东与小宛、南与婼羌、西与渠勒接,辟南不当道。"⑤"于阗国,王治西城……南与婼羌接,北与姑墨接。"⑥"难兜国……南与婼羌、北与休循、西与大月氏接。"⑦"渠勒国,王治鞬都城……东与戎卢、西与婼羌、北与扜弥接。"⑧如此,婼羌西与小宛接,北与戎卢、于阗、难兜接,东与渠勒接,故我们可以推测,汉代丝绸之路南道以南,整个南山地

---

① 余太山:《两汉魏晋南北朝正史西域传研究》,第 112 页。
② 初世宾:《悬泉汉简羌人资料补述》,《出土文献研究》第 6 辑,第 177 页。
③ 《汉书》卷 96 上《西域传上》,第 3875 页。
④ 《汉书》卷 96 上《西域传上》,第 3879 页。
⑤ 《汉书》卷 96 上《西域传上》,第 3880 页。
⑥ 《汉书》卷 96 上《西域传上》,第 3881 页。
⑦ 《汉书》卷 96 上《西域传上》,第 3884 页。
⑧ 《汉书》卷 96 上《西域传上》,第 3881 页。

区至葱岭,都是婼羌的活动区域。总之,汉代西域除婼羌国以外,还存在婼羌,整个昆仑山北麓、丝绸之路南道之南,东起婼羌国,西至葱岭地区,皆有婼羌,《汉书·西域传》中记载的婼羌国可能只是婼羌族群中一个与汉朝联系比较密切的部落。

三、张骞"欲从羌中归"考

《史记》卷 123《大宛列传》载:"留岁余,还,并南山,欲从羌中归。"①张骞为避免匈奴的追捕,必然要选择一条不受匈奴掌控的道路东归。张骞在大夏,得知羌人聚居地中有一条路可以从西域返回中原,于是计划在返回时选择沿着南山"羌中"东行回到中原,这里的南山应该是由昆仑山、阿尔金山和祁连山山脉共同组成的一系列山脉,是一个大的地域概念,并不指代特定的一座山。如果要特指,更多地是指西域南山,即昆仑山。

根据《史记·大宛列传》和《汉书·西域传》我们可以大致推测出张骞东返的道路,即张骞从大夏东归,不再走康居、大宛,而是选择过葱岭,其首先要经过的是羌氏行国,如西夜、蒲犁、依耐、无雷。《汉书》卷 96 上《西域传上》载:"西夜国,王号子合王,治呼犍谷,去长安万二百五十里……蒲犁及依耐、无雷国皆西夜类也。西夜与胡异,其种类羌氏行国,随畜逐水草往来。"②"蒲犁国,王治蒲犁谷,去长安九千五百五十里……种俗与子合同。"③"依耐国,王治去长安万一百五十里……南与子合接,俗相与同。"④"无雷国,王治卢城,去长安九千九百五十里……衣服类乌孙,俗与子合同。"⑤

但是,张骞回来后向汉武帝汇报出使情况,提到羌中时,使用"羌人恶之"这样的词语来说明羌中地区的险恶,这也反映出,张骞在东返过程中确实经过羌中地区,对羌中地区有一定的了解,因此不建议汉武帝开通羌中地

---

① 《史记》卷 123《大宛列传》,第 3159 页。
② 《汉书》卷 96 上《西域传上》,第 3882—3883 页。
③ 《汉书》卷 96 上《西域传上》,第 3883 页。
④ 《汉书》卷 96 上《西域传上》,第 3883 页。
⑤ 《汉书》卷 96 上《西域传上》,第 3884 页。

区。《史记·大宛列传》载:"今使大夏,从羌中,险,羌人恶之。"①余太山考证西夜国应属塞种,这里的"类羌氐"大概是指其族人与羌人混血之故。② 西夜国有羌人的血统,而与之同俗的蒲犁、依耐、无雷都应有羌人的血脉。苏北海认为:"蒲犁、依耐、无雷、西夜、子合都是同属于氐羌族的游牧部落,与塔里木盆地中以农业为主的一些属国的居民种类不相同。"③张骞自大夏出来后,就是经过西夜、蒲犁、依耐、无雷等羌氐行国继续东返。

《史记》卷123《大宛列传》载:"于阗之西,则水皆西流,注西海;其东水东流,注盐泽。盐泽潜行地下,其南则河源出焉。多玉石,河注中国。"④张骞对于阗的情况有较为详细的记载,说明张骞在东返的过程中极有可能经过于阗。余太山也认为于阗、扜弥应该是张骞首次西使归途所经历的南道绿洲国。⑤ 在汉代西域,诸国之间是没有明确划分界线的,大体都是根据地形划分。因此,张骞在经过于阗、扜弥之后,大体是沿着南山羌人的活动区域与南道诸国的领地,选择合适的道路继续东行。

《史记》卷123《大宛列传》载:"而楼兰、姑师邑有城郭,临盐泽。盐泽去长安可五千里。"⑥《史记》中亦有关于楼兰的记载,说明当时张骞东行过程中确实经过楼兰,也正因此被匈奴所获,因为此时的楼兰是在匈奴的势力范围之内的。《汉书》卷96上《西域传上》载:"西域诸国大率土著,有城郭田畜,与匈奴、乌孙异俗,故皆役属匈奴。"⑦"楼兰、姑师当道,苦之,攻劫汉使王恢等,又数为匈奴耳目,令其兵遮汉使。"⑧楼兰在张骞出使西域之前,一直受匈奴掌控,"至宣帝时,遣卫司马使护鄯善以西数国……时汉独护南道,未能尽并北道也"⑨。到了汉宣帝时,汉朝才逐渐掌握南道诸国。张骞出使时,楼兰

---

① 《史记》卷123《大宛列传》,第3166页。
② 余太山:《两汉魏晋南北朝正史西域传要注》,第100页。
③ 苏北海:《两汉在西域昆仑山、喀喇昆仑山及帕米尔高原的统治疆域》,《新疆师范大学学报》1982年第1期,第35页。
④ 《史记》卷123《大宛列传》,第3160页。
⑤ 余太山:《两汉魏晋南北朝正史西域传要注》,第30页。
⑥ 《史记》卷123《大宛列传》,第3160页。
⑦ 《汉书》卷96上《西域传上》,第3872页。
⑧ 《汉书》卷96上《西域传上》,第3876页。
⑨ 《汉书》卷96上《西域传上》,第3873页。

在匈奴的掌控范围内,因此张骞在楼兰为匈奴所获。

《史记·大宛列传》记载的"并南山,欲从羌中归",余太山认为"张骞归途可能是沿着南道,经于阗、扜弥后,抵达楼兰,很有可能知道'羌人恶之'后,选择少北道路,也就是从楼兰北上至姑师"①。郑炳林认为"张骞自大月氏大致是沿南道八国返回,因为这些地区与匈奴来往不密切并且大都与婼羌相接,可以随时退入羌中躲避匈奴,张骞要走羌中道最简洁的道路就是经过婼羌国区域,进入柴达木盆地到达河湟地区"②。这两种观点,都认为"并南山"与"欲从羌中归"是两个阶段,存在先后顺序。在汉代时,西域各国与南山诸羌之间应该是没有明确界限的,张骞东返就是沿着西域南山羌人的领地与西域南道诸国的境域内选择适合行走并且不会被匈奴所获的道路行走。"并南山"与"欲从羌中归"应该是并行的,不存在先后顺序,如此更容易理解张骞东返中原的路线。

目前,学界大多数将经由河湟地区、青海湖、柴达木盆地,穿过阿尔金山山口到达鄯善的路称为"丝路羌中道",并将这条道路看作是"青海道"的重要组成部分,并且认为张骞东返"欲从羌中归"中的"羌中"指的就是这条"羌中道"。最早提出这条"羌中道"的是裴文中。③初世宾认为"羌中道,即从今甘、青交界之湟水西溯,穿行于古羌人聚居地,或北出今祁连山、抵张掖与河西大道交接,或复西进,出柴达木西缘,至新疆若羌、且末直接通连西域南道"④。吴礽骧认为所谓"羌中道",应指穿越羌人聚居之西海以西的道路,亦即由西海北、沿柴达木盆地北缘、入噶斯口至西域鄯善(今新疆若羌县),与南道相接的道路。而经由西海以东,汉已置郡县的湟中地区的道路,则不应称为"羌中道"。因此,既称之为"丝路羌中道",必须是汉人所开辟,出使西域的汉朝官吏所必由,并成为从中原至西域的重要交通线的"羌中"道路。

---

① 余太山:《两汉魏晋南北朝正史西域传要注》,第8页。
② 魏迎春、郑炳林:《汉婼羌国管辖范围与南山羌中道考》,《2010丝绸之路与西北历史文化学术讨论会论文集》,第1—11页。
③ 裴文中:《史前时期之中西交通》,《边政公论》1948年第4期;转引自张德芳《从出土汉简看汉王朝对丝绸之路的开拓和经营》,《中国社会科学》2021年第1期,第146页。
④ 初师宾:《丝路羌中道开辟小议》,《西北师大学报》1982年第2期,第42—46页。

否则,是不能称为"丝路羌中道"的。①

郑炳林认为汉代的羌中道大体如《汉书·赵充国传》所描述,是从陇西郡出发,经过羌人控制的祁连山山脉到盐泽,然后经由阿尔金山、昆仑山北麓西行到于阗,翻越葱岭进入中亚地区,由于道路险行、羌人恶之等原因,羌中道是一条存在但是没有使用过的道路。直至西汉收复河西,设四郡两关之后,羌中道就失去了其存在的意义。② 崔永红认为:"羌中道在汉代时就已出现,张骞从西域东返时为躲避匈奴打算取道羌中返汉,羌中道的名声由张骞通西域为人们熟知。"③张弘毅认为:"张骞在第一次出使西域东返时,为了躲避匈奴,选择绕行西羌部落返回中原,这里的南山一般是指西域的昆仑山,其具体路线为沿昆仑山麓进入羌地,羌地就是指青海境内的河湟及附近地区,再从河湟地区东行进入关中,这条道路国内学界称为'羌中道',源自于其通过河湟地区羌人聚集区。"④张德芳则认为两汉时期,青海湖以及柴达木盆地地区主要为羌人的游牧区,中原与西域的交流不能走羌中而要通过河西地区。⑤

将张骞的"欲从羌中归"简单和"羌中道"画等号是不合适的,并且在西汉时期"羌中道"尚未开通。根据以上的考证,西域南山地区生活着大量的羌族部落,羌人在汉代活动范围非常广阔,那么,只要是羌人活动的范围之内,都可以称之为"羌中"。张骞由大夏东返,"欲从羌中归"只能证明,在大夏与西域中间是有所谓的"羌中"地区的,并不能证明这条道路就是后来的"羌中道"。张骞第一次出使西域归来向汉武帝汇报见闻时,提到"羌人恶之",说明张骞在经过羌中地区后,认识到从羌中通西域的道路并不顺畅,因此不建议汉武帝打通这条在"羌中"地区的道路,转而从西南地区通西

---

① 吴礽骧:《也谈"羌中道"》,《敦煌学辑刊》1984年第2期,第84—90页。
② 郑炳林、曹红:《汉初羌中和羌中道考》,中央文史研究馆、敦煌研究院、香港大学饶宗颐学术馆编《庆贺饶宗颐先生九十五华诞敦煌学国际学术研讨会论文集》,中华书局,2012年,第799—813页。
③ 崔永红:《青海丝绸之路:玉石之路、羌中道研究》,《民族历史研究》2015年第3期,第39页。
④ 张弘毅:《唐代河湟地区的道路交通》,《江西社会科学》2020年第8期,第127页。
⑤ 张德芳:《从出土汉简看汉王朝对丝绸之路的开拓和经营》,《中国社会科学》2021年第1期,第147页。

域。《汉书·西域传》中记载婼羌国"辟在西南,不当孔道",也说明了当时"羌中地区"的通道并没有成为中原与西域沟通的主要道路。在《史记》《汉书》等汉代史料中都只记载"羌中",并未记载"羌中道",说明在西汉并没有一条明确的"羌中道"存在。总之,张骞东返时,"欲从羌中归"的"羌中",应是氐羌诸国与婼羌的势力范围,而并非后来的"羌中道","羌中道"在西汉时期尚未开通。两汉以后,随着时代和政治形势的发展,中原至西域的道路颇有变迁,十六国时期中原与河西战事频繁,交通阻隔,故中西交通也经由青海湖西、柴达木盆地北、入噶斯口,至若羌,①此道可称为"青海道",在吐谷浑发展强大以后这条道路逐渐形成规模,因此,这条道路亦可称为"吐谷浑道"。②

四、结　语

婼羌国作为距离西汉最近的西域诸国,在西汉经略西域过程中占据重要的地位,而在西域南山之下,除了婼羌国之外,还存在婼羌或称之为诸羌,婼羌国可能是诸羌中一个和汉朝联系较为密切的部族。婼羌是羌人与小月氏、氐等部落的混合,与于阗、小宛、难兜、戎卢等西域诸国都有接触,汉代丝绸之路南道以南,整个南山地区至葱岭都是其活动区域,并且户口甚多。对婼羌国和婼羌的区域有个大致的了解之后,就能对张骞第一次出使西域东归的路线有新的认知,根据《汉书·西域传》记载的西域诸国形势以及匈奴当时的管辖范围,可以推测出张骞自大夏,经过氐羌诸国,从西到东,大致在西域南山羌人的领地与丝路南道诸国的领土内,选择适合行走并且不会被匈奴所获的道路行走,《史记·大宛列传》中记载的"并南山"和"欲从羌中归"其实是并行的,并不存在先后顺序。而由于鄯善国在汉武帝攻破楼兰之

---

① 徐志斌:《略论若羌在汉唐时期的地位》,《敦煌学辑刊》1998 年第 1 期,第 139 页。张延清认为及至吐蕃进入青海湖周边地区后,青海道成为吐蕃融入丝绸之路的主要通道。张延清:《从考古发现看青海道与丝绸之路》,《敦煌学辑刊》2020 年第 3 期,第 104 页。
② 黄文弼:《古楼兰历史及其在西域交通史上之地位》,《西北史地论丛》,上海人民出版社,1981 年,第 173—209 页。

前,一直与匈奴的联系更为密切,因此,张骞在到达鄯善之后被抓,并没有继续沿着计划中的路线前行。《史记·大宛列传》中记载的"欲从羌中归"与后来学界所称的"羌中道"并无任何关联,在张骞出使西域之时,羌中道尚未形成,因此,将张骞东返道路称为"羌中道"是不合适的。

"西祀金山"与"据岭之要":十六国时期河西地区族群的山岳信仰与地缘交通

李生平

浙江大学历史学院

十六国时期的河西地区族群混杂,相互争夺与交融,在激烈争斗的同时,也促进了这一区域族群势力的生长与交通线路的开辟。占据山岭要地与实践山岳祭祀、山岳信仰同时并重的策略,民族遗风与华夏传统相互交融的祭祀礼仪,显示出这些民族政权不断提升自身实力、塑造政权合法性的努力。本文以南凉、北凉时期张掖郡的"金山"为例来探究这一问题。虽然金山在史籍中的记载较少,但对这些政权却有着重要的意义。学界对于传世文献所载曹魏青龙三年(235)、西晋泰始三年(267)、西晋永嘉元年(307)张掖郡三次瑞石事件的背景、意义等研究甚伙,[①]但其旨趣却并未措意于对金山位置、名称与政治军事意义的讨论。学界关注较少的"蒙逊西祀金山"之事,不仅是乌啼虏之战前的一次重要祭祀礼仪,而且在北凉历史中亦有重要意义。而早在秃发树机能开始反晋运动时,据有金山便成为其"尽有凉州之地"的重要前提。本文拟对金山的位置和名称再加以申说,并在此基础上,探讨金山及其附近山岭对于南凉、北凉等政权而言的军事意义,以及各政权

---

① [日]津田资久:《符瑞〈張掖郡玄石图〉の出現と司馬懿の政治的立場》,《九州大学东洋史论集》第 35 号,2007 年,第 33—68 页;《曹魏符瑞与司马懿的政治地位》,中国魏晋南北朝史学会、武汉大学中国三至九世纪研究所编《魏晋南北朝史研究:回顾与探索——中国魏晋南北朝史学会第九届年会论文集》,湖北教育出版社,2009 年,第 192—202 页。饶宗颐:《魏玄石白画论》,收入《选堂集林·史林》上册,中华书局香港分局,1982 年,第 308—310 页。李申:《〈河图〉考》,《儒学与儒教》,四川大学出版社,2005 年,第 265—291 页。孙英刚:《凉州瑞石与贞观政局》,余欣主编《中古时代的礼仪、宗教与制度》,上海古籍出版社,2012 年,第 471—502 页。胡晓明:《曹魏玄石图、河图与古今河图之争》,《理论月刊》2016 年第 12 期。

祭祀金山的不同礼仪传统,由此深化对十六国时期河西地区民族政权山岳祭祀、山岳信仰的内涵,及其对中原文化与民族文化交融、对形塑河西地区地缘政治及交通格局的意义。

一、金山的位置与名称

在魏晋隋唐以降,史籍中出现了诸多以"金山"为名的郡县。如与张掖郡金山较近的即有玉门县东六十里之金山,①《丝绸之路辞典》"金山"条,也仅指阿尔泰山,②对其他同名的金山未有解释。

魏晋时期张掖郡三次瑞石事件,是考证金山位置的主要线索。曹魏时期鱼豢《魏略》曰:"梁州柳谷有石无故自崩,石有文如率马之状,后司马氏得天下之应。"③东晋史家孙盛《魏氏春秋》记载"明帝青龙三年(235),张掖郡删丹县金山大柳谷有玄川溢(溢)涌宝石出焉"④。东晋习凿齿《汉晋春秋》曰:"氐池县大柳谷口,夜,激波涌溢。删丹、氐池二县,《汉志》皆属张掖,《晋志》无之,当是并省也。"⑤南朝梁沈约撰《宋书·符瑞志》言:"及魏之初兴也,张掖删丹县金山柳谷有石生焉,……至青龙三年(235),柳谷之玄川溢涌。"⑥同书《氐胡传》:安帝隆安三年(399)四月,蒙逊杀临松护军,屯金山。⑦ 可知,当时金山即在临松郡。北魏《魏书·灵征志》亦载太平真君五年(444)二月,张掖郡上言:"往曹氏之世,丘池县大柳谷山石表龙马之形,石马脊文曰'大讨曹',而晋氏代魏。"⑧唐修《晋书·武帝纪》载泰始三年(267)夏四月戊午

---

① 阚骃:《十三州志》,张澍辑,王晶波校点,刘满审订《二酉堂丛书史地六种》,甘肃人民出版社,1992年,第23页。李吉甫撰,贺次君点校:《元和郡县图志》卷40《陇右道下》,中华书局,1983年,第1024页。
② 周伟洲、王欣主编:《丝绸之路辞典》,陕西人民出版社,2018年,第36页。
③ 李昉等撰:《太平御览》卷51《地部十六·石上》,中华书局,1960年,第248页下。
④ 李昉等撰:《太平御览》卷65《地部三〇·陇蜀之水·大柳谷水》,第309页上。
⑤ 《资治通鉴》卷73,魏明帝青龙三年(235)十一月,中华书局,1965年,第2358页。《三国志》卷3《魏书·明帝纪》,中华书局,1982年,第107页。
⑥ 《宋书》卷27《符瑞志上》,中华书局,1974年,第780页。
⑦ 《宋书》卷98《氐胡传》,第2412页。
⑧ 《魏书》卷112下《灵征志八下》,中华书局,1974年,第2954—2955页。

"张掖太守焦胜上言,氐池县大柳谷有玄石一所"①。

此后的地理志书,基本多因袭以上观点。唐贞观年间撰《五代史志》曰:"张掖删丹县有金山"②,《通鉴》胡注亦曾引《五代志》曰:"甘州张掖县有大柳谷。又后周废金山县入删丹县。盖历代废置无常,疆土有离合也。"③此《五代志》当即《五代史志》。唐元和八年(813)李吉甫撰成的《元和郡县图志》:"金山,在(昌松)县南一百八十里。丽水出焉。"④北宋前期乐史撰《太平寰宇记·陇右道三·凉州》言金山"在(昌松)县南,丽水出焉"⑤。而后,《资治通鉴》载青龙三年(235)"张掖柳谷口水溢涌"⑥,《通鉴》亦载晋义熙十三年(417)二月"河西王蒙逊遣其将袭乌啼部,大破之",元代胡三省《资治通鉴音注》曰:"乌啼房居张掖删丹县金山之西。"⑦乌啼房,居今甘肃山丹南,与金山毗邻,沮渠蒙逊先后于北凉玄始二年(413)、六年(417)两次攻掠。⑧ 乌啼房即居于金山之西的乌啼鲜卑。清初顾祖禹《读史方舆纪要》言:"金山在(永昌)卫北二里。……(金)山盖亘于番和、删丹两县间也。"⑨清代学者张澍《凉州府志备考》将其置于永昌县,其余则主要援引并认同以上诸观点。⑩ 乾隆《甘州府志》载:"氐池古城:城西南一百六十里,今洪水城。汉氐池,魏晋兰池,宋金山。"⑪值得注意的是,北凉沮渠蒙逊曾在神玺

---

① 《晋书》卷3《武帝纪》,中华书局,1974年,第55页。
② 《资治通鉴》卷109,晋安帝隆安元年(397),胡三省注,第3507页。
③ 《资治通鉴》卷73,魏明帝青龙三年(235)十一月,第2358页。
④ 李吉甫撰,贺次君点校:《元和郡县图志》卷40《陇右道下·凉州·昌松县》,第1020页。张澍曾言:"近人咸以金生丽水,为云南地,不知原在凉州也。亦见《元和郡县志》。"张澍辑录:《凉州府志备考》,三秦出版社,1988年,第54页。
⑤ 乐史撰,王文楚等点校:《太平寰宇记》卷152《陇右道三·凉州·昌松县》,中华书局,2007年,第2938页。
⑥ 《资治通鉴》卷73,魏明帝青龙三年(235)十一月,第2358页。
⑦ 《资治通鉴》卷118,晋安帝义熙十三年(417),第3761页。
⑧ 参见《晋书》卷129《沮渠蒙逊载记》,第3197页;《资治通鉴》卷118,晋安帝义熙十三年(417),第3761页。
⑨ 顾祖禹撰,贺次君、施和金点校:《读史方舆纪要》卷63《陕西十二》,中华书局,2005年,第2989页。
⑩ 张澍辑录:《凉州府志备考》,第54页。
⑪ 钟赓起:《甘州府志》,甘肃文化出版社,1995年,第152页。

二年(398)得西郡,随后分而建立金山郡(图1),①至北凉永和七年(439),其辖区当不变。②

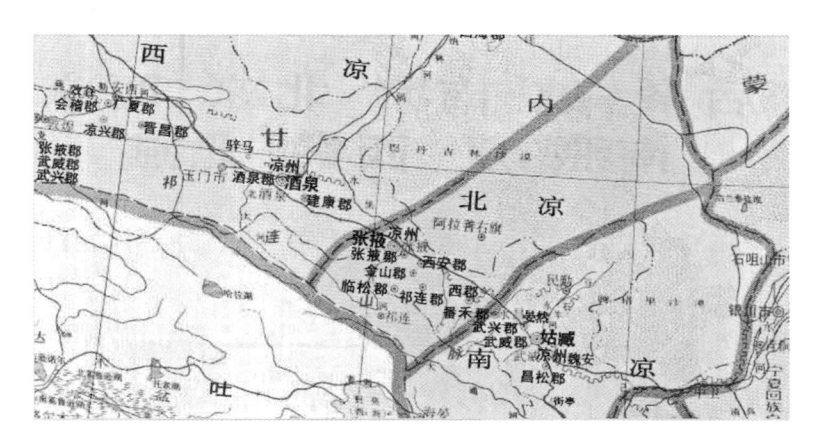

图1 北凉金山郡位置③

以上即是正史等传世文献中对河西走廊金山及金山郡的基本记载。学界对金山的注释也皆基于此,如聪喆基本上在张澍所收录材料基础上进行论证,认为金山之方位,东西不出张掖至永昌间。④ 赵向群、周伟洲在各自著作中,皆注"金山"在今甘肃山丹南。⑤ 刘森垚认为金山当在魏晋之际删丹与氐池的交界处。⑥《甘肃古迹名胜辞典》指出"柳谷奇石"即是指祁连石,"以民乐南古乡柳谷村者为最"⑦,虽未明言魏晋出瑞石之柳谷即今民乐县柳谷村,但有一定的参考意义。朱瑜章指出,临松薤谷由发源于祁连山的雨雪水冲刷成的几条山谷河道组成,古代又称为柳谷、大柳谷、大柳谷水,今人称马

---

① 《晋书》卷129《沮渠蒙逊载记》,第3194页。
② 魏俊杰:《十六国疆域与政区研究》,复旦大学出版社,2018年,第431页。
③ 谭其骧主编:《中国历史地图集》第四册,中国地图出版社,1996年,第15—16页。
④ 聪喆:《乐都郡与苕藋县》,《青海师范大学学报》1988年第4期,第116页。
⑤ 赵向群著,贾小军修订:《五凉史》,社会科学文献出版社,2019年,第218页。周伟洲:《南凉与西秦》,社会科学文献出版社,2021年,第19页注释3。
⑥ 刘森垚:《民乐沿革略考——张掖历史地理研究之一》,《甘肃广播电视大学学报》2022年第2期,第85—86页。
⑦ 西北师范大学古籍整理研究所编:《甘肃古迹名胜辞典》,甘肃教育出版社,1992年,第303页。

蹄河。① 通过传世文献对金山与邻近县里程距离的大致记载,可以逐渐将范围缩小,进而发现今张掖市民乐县南古镇确有柳谷村,也处于谷地之中,且周围山中水系较多,确易产生涌泉。2023年7月19日,笔者与张掖周进升、周进鑫先生实地踏查了柳谷村,在村南的谷地红焦泥山坡下,确有细小的涌泉(东经100.423 30度,北纬38.515 99度,海拔2 320.2米)。通过采访村干部、村民及谷地放羊老人得知,此处在较早时候是一片湖滩。沿着河谷西进,笔者登临柳谷村西侧的河牛口水库顶部及村庄高处,可以观察到该村谷地的湖泊和河流等水资源都较为丰富(图2)。此外,在柳谷村村委会东侧的牌楼上,有现代人所写村庄志之类的文字,斑驳残存着"瑞石之乡""《柳谷瑞石图》""但'瑞石'的精神是永……"等字,村民们的瑞石传说记忆,亦可作为一种旁证。

图2　民乐县柳谷村地形(李生平摄于2023年7月19日)

根据玄石所出之柳谷可以判断,金山即是指柳谷附近之山脉。曹魏时

---

① 朱瑜章:《临松薤谷:河西文化的渊薮之一》,《河西学院学报》2016年第6期,第37页。

期金山属张掖郡删丹县。从沮渠蒙逊杀临松令井祥而屯兵金山来看,①金山当在临松附近,大体前凉置临松郡后,金山属临松。北凉时期,由西郡分出设置金山郡,在乌啼虏之西。今天的张掖市民乐县南古镇柳谷村即是在南凉、北凉着力争夺的金山之中。

金山的名称是极富地域文化特点的,以金名地也是河西地区普遍现象,②那么,本文所言金山的名称有何背景呢？今引述相关史料加以推论。

《宋书·符瑞志》曾记载,魏晋鼎代之际,在河西走廊地带的金山柳谷之玄川溢涌,出现宝石,时人以为祥瑞,说明金山盛产美石、美玉。巨石上所刻"大金马",时人训为"金者,晋之行也","神马自图,金言其形",③这揭示出"金"既与金属之金有关,也与晋之金德有关。可以看出此地盛产金、玉石之宝,乃至形成相关传说。又《史记集解》引《汉书音义》曰:"白金,银也。赤金,丹阳铜也。"《史记索隐》引《说文》云:"铜,赤金也。"注云"丹阳铜"者,《神异经》云西方金山有丹阳铜也。④ 有学者即指出《神异经》"丹阳铜"并非指产于丹阳郡,⑤一般也泛指一种类型的金属。钩索史籍,《盐铁论》曾载:"西方金,而蜀、陇有名材之林"⑥,可见,陇地即是盛产"西方金"之代表。

此外,尚有一些细微的线索或可作为旁证。在民族语言学研究中,卜弼德(Peter A. Boodberg)在1936年发表的《拓跋魏的语言》一文中认为,虽然没有直接证据证明拓跋部落早期从事金属锻造,但是从4世纪后期以来拓跋部通过铸造金人来选择皇后的做法,似乎表明在拓跋社会中存在着金属

---

① 参见《晋书》卷129《沮渠蒙逊载记》,第3189—3190页。
② 郑炳林:《唐五代敦煌金鞍山异名考》,《敦煌研究》1995年第2期,第133页。
③ 《宋书》卷27《符瑞志上》,中华书局,1974年,第780页。
④ 《史记》卷30《平准书》,中华书局,1959年,第1426页。《神异经·西荒经》原作:"西方日宫之外(《广记》引作自宫)有山焉,……皆大黄之金,……上有金人,高五丈余,皆纯金,名曰金犀。……又入一丈有丹阳铜,似金可锻,以作错涂之器。"东方朔撰,张华注,朱谋㙔校,王根林校点:《神异经·西荒经》,《汉魏六朝笔记小说大观》,上海古籍出版社,1999年,第54—55页。
⑤ 徐东升:《"丹阳铜"论略》,《厦门大学学报》2019年第1期,第114、117页。
⑥ 桓宽撰,王利器校注:《盐铁论校注》卷1《通有第三》,中华书局,1992年,第42页。

锻造的传统。① 在两年后发表的《北朝史旁注》一文中，卜弼德更加直接地确认并重申了这一观点，指出早期拓跋氏的冶金习俗和传说讲述了他们走出山区进入文明的历程，印证了蒙古语中他们的名号经常被解释为 *toᵝuɣači—"冶金者"（metal-worker）或 *dabaɣači—"穿过山脉的人"。② 鲜卑语与蒙古语属同源关系，③而秃发与拓跋亦属同源，可见，南凉统治者秃发氏作为鲜卑族群有着冶金的传统。另外，《晋书·秃发利鹿孤载记》载南凉政治中曾有一位军将输勿仑，曾建言秃发利鹿孤实行"晋人""国人"分而治之的策略，④饶宗颐曾援引此文，称"南凉时，有人以输为名……西儒谈输石者大有其人，惟此一事则为向所未闻"⑤。将此一人名与西来之输石相联系，在丝绸之路物质文明传播层面确有其背景。⑥ 当然，此说尚需要民族语言学研究的进一步验证。

　　总结而言，河西走廊金山之名称，当与此地盛产金有关，抑或与波斯输金在经河西走廊向中土的流通以及鲜卑族冶金之术的盛行等因素有关。

二、挟山据岭与河西地缘交通格局的塑造

　　北凉沮渠蒙逊曾在战前祭祀金山，但是，五凉政权中靠近金山的北凉与

---

① Peter A. Boodberg, The Language of the T'o-Pa Wei, *Harvard Journal of Asiatic Studies*, Vol. 1, No. 2 (Jul., 1936), pp. 183. 中译本参见陈浩译《拓跋魏的语言》，陈浩主编《西方突厥学研究文选》，商务印书馆，2020年，第18—19页。
② Peter A. Boodberg. Marginalia to The Histories of The Northern Dynasties, *Harvard Journal of Asiatic Studies*, Vol. 3, No. 3/4 (Dec., 1938), p. 241.
③ 亦邻真：《中国北方民族与蒙古族族源》，《内蒙古大学学报》1979年第3—4期。
④ 其事迹见《晋书》卷126《秃发利鹿孤载记》，第3145页；《资治通鉴》卷112，晋安帝隆安五年(401)正月，第3573页；《资治通鉴》卷98，晋成帝咸康五年(339)五月，第3080页。
⑤ 饶宗颐：《说输石——吐鲁番文书札记》，《饶宗颐史学论著选》，上海古籍出版社，1993年，第384页。
⑥ 关于输石在中国的传播，可参看林梅村《输石入华考》，原载《考古与文物》1999年第2期，收入氏著《古道西风——考古新发现所见中西文化交流》，生活·读书·新知三联书店，2000年，第210—230页；朱雷《麴氏高昌王国的"称价钱"——麴朝税制零拾》，《魏晋南北朝隋唐史资料》第4辑，1982年，第17—24页；姜伯勤《敦煌吐鲁番文书与丝绸之路》，文物出版社，1994年，第67—68、180页。

"西祀金山"与"据岭之要":十六国时期河西地区族群的山岳信仰与地缘交通　39

南凉祭祀金山、屯聚金山,并非只是礼仪性质,更重要的是有借此在山林中整合战备、集结兵力,占据优势地形、扩大军事力量的目的。在此分述南凉与北凉政权对于金山的军事行动及其意义,以及与此相关的"据岭之要"策略。

金山是南凉重要的军事据点。早在树机能反晋之时,便注重金山的战略地位。泰始中,树机能"杀秦州刺史胡烈于万斛堆,败凉州刺史苏愉于金山,尽有凉州之地,武帝为之旰食"①。《魏书·鲜卑秃发乌孤传》记载稍详,除此之外亦载"咸宁中,又斩凉州刺史杨欣于丹岭,尽有凉州之地"②,除载金山外,亦提及丹岭,可见,金山与丹岭是当时控扼"凉州之地"的关键。树机能在万斛堆(今靖远县西)杀秦州刺史胡烈,在金山大败凉州刺史苏愉,大挫晋军锐气,这些战争的胜利具有战略意义,成为树机能领导反晋战争的开端,赵向群也认为此役是反晋战争三阶段的第一阶段。③《晋书·秃发乌孤载记》"史臣曰"亦言"秃发累叶酋豪,擅强边服,控弦玉塞,跃马金山,候满月而窥兵……"④,专门强调了"跃马金山"在南凉政权发展中的重要意义。

《资治通鉴》载隆安二年(398),梁饥进攻西平,秃发乌孤欲抵抗之,群臣畏惮梁饥兵强,唯左司马赵振劝乌孤不可错失良机,乌孤乃喜曰:"吾亦欲乘时立功,安能坐守穷谷乎!……梁饥若得西平,保据山河,不可复制。饥虽骁猛,军令不整,易破也。"遂进击梁饥,大破之。梁饥退屯龙支堡。胡注曰:"西平据湟河之要,有大、小榆谷之饶,故云然。"⑤乌孤"坐守穷谷"之言从侧面表明南凉运用了占据山川以图强的策略,而胡注更是揭示出西平大、小榆谷之于南凉的重要战略位置意义。

从南凉三位国主的发展策略来看,"保据大川"始终是一以贯之的基础方针。秃发乌孤时期曾"讨乙弗、折掘二部,大破之,遣其将石亦干筑廉川堡以都之。乌孤登廉川大山,泣而不言。石亦干进曰:'……今我以士马之盛,

---

① 《晋书》卷126《秃发利鹿孤载记》,第3141页。
② 《魏书》卷99《鲜卑秃发乌孤传》,第2200页。
③ 赵向群著,贾小军修订:《五凉史》,第278页。
④ 《晋书》卷126《秃发利鹿孤载记》,第3158页。
⑤ 《资治通鉴》卷110,晋安帝隆安二年(398),第3534—3535页。

保据大川,乃可以一击百,光何足惧也。'"①秃发利鹿孤时期,"其将输勿仑进曰:'昔我先君肇自幽朔,被发左衽,无冠冕之义,迁徙不常,无城邑之制,用能中分天下,威振殊境。……'利鹿孤然其言"②。《资治通鉴》亦载输勿仑进言之事,并系于隆安五年(401)正月。③ 从输勿仑建言及什翼犍母王氏所言来看,在秃发鲜卑尚处于"逐水草迁徙"的发展时期,便更倾向建都于山川河谷地带。迨至秃发傉檀时期,晋安帝义熙四年(408)"吏部尚书尹昭谏曰:'傉檀恃其险远,故敢违慢;不若诏沮渠蒙逊及李暠讨之,使自相困毙,不必烦中国之兵也。'亦不听"④,侧面印证了傉檀依据山川,"恃其险远"而自保的策略。又如,傉檀曾伐北凉,在若厚坞之战中不敌蒙逊而败。傉檀湟河太守文支据湟川,护军成宜侯率众降之。蒙逊下书曰:"惟傉檀穷兽,守死乐都。四支既落,命岂久全! 五纬之会已应,清一之期无赊,方散马金山,黎元永逸。可露布远近,咸使闻知。"⑤占据金山即可"黎元永逸",虽有夸饰成分,但实际上也有其现实意义。

金山也是北凉着力争夺的军事要地。南朝梁萧方等撰《三十国春秋》载晋安帝隆安元年(397)"凉沮渠蒙逊叛,据金山"⑥。《资治通鉴》记载更详,言沮渠蒙逊"遂结盟起兵,攻凉临松郡,拔之,屯据金山"。胡注曰:"沮渠蒙逊事始此"。⑦《魏书·卢水胡沮渠蒙逊传》:"吕光杀其伯父西平太守罗仇,蒙逊聚众万余,屯于金山,与从兄晋昌太守男成共推建康太守段业为使持节、大都督、龙骧大将军、凉州牧、建康公,称神玺元年。"⑧可见,"屯据金山"成为北凉沮渠蒙逊奠定基业的开始。

---

① 《晋书》卷126《秃发乌孤载记》,第3142页。
② 《晋书》卷126《秃发利鹿孤载记》,第3145页。
③ 《资治通鉴》卷112,隆安五年(401)正月,第3573页。此番言论,或是借鉴代王什翼犍之母王氏之言。《资治通鉴》载:咸康五年(339)"五月,代王什翼犍会诸大人于参合陂,议都灅源川。其母王氏曰:'吾自先世以来,以迁徙为业;今国家多难,若城郭而居,一旦寇来,无所避之。'乃止"胡三省注曰:"是后输勿仑之谏秃发利鹿孤,其说不过如此。"《资治通鉴》卷98,晋成帝咸康五年(339)五月,第3080页。
④ 《资治通鉴》卷114,晋安帝义熙四年(408),第3663页。
⑤ 《晋书》卷129《沮渠蒙逊载记》,第3195—3196页。
⑥ 汤球辑《三十国春秋辑本》,中华书局,1985年,第12页。
⑦ 《资治通鉴》卷109,晋安帝隆安元年(397),第3507页。
⑧ 《魏书》卷99《卢水胡沮渠蒙逊传》,第2203页。

后凉龙飞二年(397),吕光杀卢水胡酋豪之事,激起卢水胡部族对于后凉的激烈反抗,包括伯父罗仇、麴粥等在内的族人被杀,成为沮渠氏领导的卢水胡部族反抗吕氏后凉统治的开端。①《晋书·沮渠蒙逊载记》:"遂斩光中田护军马邃、临松令井祥以盟,一旬之间,众至万余。屯据金山,与从兄男成推光建康太守段业为使持节、大都督、龙骧大将军、凉州牧、建康公,改吕光龙飞二年为神玺元年。"②十日之内即在金山地区屯聚十万之众,既可见卢水胡之盛,亦可见金山的重要战略意义。金山成为卢水胡反抗氐族吕光的起点。随后,"业将使蒙逊攻西郡,众咸疑之。蒙逊曰:'此郡据岭之要,不可不取。'业曰:'卿言是也。'遂遣之"③。西郡据岭之要,成为蒙逊坚定攻取之策的原因。

隆安二年(398)"段业使沮渠蒙逊攻西郡,执太守吕纯以归",胡三省注曰:"(西)郡在武威西,据岭之要,蒙逊得之,故晋昌、敦煌皆降。"④同年,"段业使沮渠蒙逊攻西郡"⑤。安帝隆安三年(399)春,"吕光遣子镇东将军纂率罗仇伐枹罕庅乞佛乾归,为乾归所败,光委罪罗仇,杀之。四月,蒙逊求还葬罗仇,因聚万余人叛光,杀临松护军,屯金山。五月,光挥纂击破蒙逊,蒙逊将六七人,逃山中,家户悉亡散"⑥。但在屯聚金山后,蒙逊遭到吕纂的进攻,率领残勇逃至山中。金山的重要地位使其成为各方争夺的焦点。金山之重要,故沮渠蒙逊以沮渠罗仇之子、"从弟成都为金山太守"⑦,蒙逊以宗室亲信成都任金山郡太守之职,可见其对此地的重视。

与以上所言"据岭之要"互为表里的即是"挟山"之策。吕光曾遣其二子吕绍、吕纂讨伐段业,段业遂请救于秃发乌孤,乌孤遣其弟鹿孤及杨轨救之。吕绍以段业等实力强盛,欲从三门关"挟山而东"。吕纂乃曰:"挟山示弱,取

---

① 《晋书》卷 129《沮渠蒙逊载记》,第 3189 页。
② 《晋书》卷 129《沮渠蒙逊载记》,第 3189—3190 页。
③ 《晋书》卷 129《沮渠蒙逊载记》,第 3190 页。
④ 《资治通鉴》卷 110,晋安帝隆安二年(398),第 3524 页。
⑤ 《资治通鉴》卷 110,晋安帝隆安二年(398),第 3524 页。
⑥ 《宋书》卷 98《氐胡传》,第 2412 页。亦见于崔鸿撰,汤球辑补,聂溦萌、罗新、华喆点校《十六国春秋辑补》卷 95《北凉录一·沮渠蒙逊》,中华书局,2020 年,第 1054 页。
⑦ 《晋书》卷 129《沮渠蒙逊载记》,第 3194 页。

败之道,不如结阵卫之,彼必惮我而不战也。"①

除金山之外,南凉与北凉也在金山附近的几座山岭中屯聚兵力,与金山形成犄角之势。沮渠罗仇"弟子蒙逊叛光,杀中田护军马邃,攻陷临松郡,屯兵金山,大为百姓之患。蒙逊从兄男成先为将军,……宁戎护军赵策击败之,男成退屯乐涫。吕纂败蒙逊于忽谷"②。"忽谷"在今甘肃山丹县东,《十六国春秋辑补·后凉录》系其事于后凉龙飞二年(397),③《资治通鉴》作"怨谷"④。《晋书·沮渠蒙逊载记》:"蒙逊率骑二万东征,次于丹岭,北房大人思盘率部落三千降之。"⑤丹岭,在今甘肃山丹县燕支山。两山位置相近,同样是军事要地。而依靠山川,也常与占据军事要地相辅相成,如位于汉张掖郡番禾县的苕藋,⑥因与金山相邻近,⑦又因其险峻,故而对于北凉具有独特的重要意义。⑧ 此外,新近研究认为现今的大堵麻谷即是中古时期的大斗拔谷,⑨大堵麻谷即毗邻金山,这在中古时期也是一处军事要地。

在"挟山"示强、"据岭之要"策略的推动下,十六国时期河西地区族群与政权不断着力争夺重要山川要岭,并以此为据点壮大其势力与政权边界,加之下文将论及的山岳信仰宣传与山岳祭祀实践,进一步形塑了河西地区地缘政治与交通格局。

三、祭祀金山与河西地区族群的山岳信仰

中国古代的山川祭祀、山岳信仰是中原政权和边地族群都非常重视的

---

① 《晋书》卷129《沮渠蒙逊载记》,第3190页。
② 《晋书》卷122《吕光载记》,第3061页。
③ 崔鸿撰,汤球辑补,聂溦萌、罗新、华喆点校:《十六国春秋辑补》卷82《后凉录二·吕光》,第930页。
④ 《资治通鉴》卷109,晋安帝隆安元年(397),第3508页。
⑤ 《晋书》卷129《沮渠蒙逊载记》,第3194页。
⑥ 《资治通鉴》卷109,晋安帝隆安元年,第3507页。
⑦ 聪喆:《乐都郡与苕藋县》,《青海师范大学学报》1988年第4期,第116页。
⑧ 朱艳桐:《北凉经略河湟及其交通》,万明、杜常顺主编《中外关系史视野下的丝绸之路与西北民族》,中国社会科学出版社,2018年,第84页。
⑨ 刘森垚:《大斗拔谷新考》,《中国历史地理论丛》2022年第3辑,第75—85页。

礼仪,在山岳祭祀中,往往蕴含着重大政治意义。如选举部落领袖、盟会盟誓,舜在接受禅让时,"肆类于上帝,禋于六宗,望于山川,遍于群神"①。宣告山川群神,成为表达获得统治权正统性的重要仪式。如护佑战争,《周礼》载"凡师甸用牲于社宗,则为位。类造上帝,封于大神,祭兵于山川"。郑注云:"山川,盖军之所依止。"贾疏云:"云'山川盖军之所依止'者,以其山川众多,不可并祭,军旅思险阻,军止必依山川,故知祭军所依止者。"②如祈祖保民、宣布威仪,《管子·牧民》曰:"守国之度,在饬四维;顺民之经,在明鬼神,祇山川,敬宗庙,恭祖旧。……不祇山川则威令不闻。"③

在十六国时期的河西地区,金山便是邻近族群和政权重要的祭祀对象。《隋书·地理志》言张掖郡删丹"后周置金山县,寻废入焉。有祀山"④。删丹有"祀山",虽不能完全确认祀山即金山,但从其相近或相同的位置来看,此山即为当时重要的祭祀对象。从另一个侧面也说明,在这一区域活动的族群重视山岳祭祀,有着山岳信仰的传统。因偏居河西,五凉各政权远离五岳,故优先选择祭祀当地名山大川,而"南山"即祁连山就是河西走廊各政权山川祭祀的主要对象。但是,河西走廊族群或政权对于祁连山或其中支脉的祭祀和山岳信仰其来有自,同在这一区域活动的不同民族、政权的山岳祭祀,却可能源于不同的历史传统,展现出不同的特征和习俗。虽然边疆地区族群和政权在与华夏文化接触交流时并无限制,但具体到山川信仰,却会受各国疆域区位所限而注重祭祀本地山川,十六国时期凉州的山川祭祀即是最具地方性的。

对于北凉山岳信仰而言,最为典型的记载即是沮渠蒙逊西祀金山之事。《晋书·沮渠蒙逊载记》:"蒙逊西祀金山,遣沮渠广宗率骑一万袭乌啼虏,大捷而还。蒙逊西至苕藋,遣前将军沮渠成都将骑五千袭卑和虏,蒙逊率中军三万继之,卑和虏率众迎降。遂循海而西,至盐池,祀西王母寺。寺中有《玄

---

① 孙星衍撰,陈抗、盛冬铃点校:《尚书今古文注疏》,中华书局,1986年,第38—41页。
② 李学勤主编:《周礼注疏》卷19《肆师》,北京大学出版社,1999年,第504—505页。
③ 黎翔凤撰,梁运华整理:《管子校注》卷1《牧民》,中华书局,2004年,第2—3页。
④ 《隋书》卷29《地理志上》,中华书局,1973年,第815页。清修《重刊甘镇志》将"祀山"作"杞山",当误。杨春茂著,张志纯等校点:《重刊甘镇志·地理志》第一《沿革》,甘肃文化出版社,1996年,第25页。

石神图》,命其中书侍郎张穆赋焉,铭之于寺前,遂如金山而归。"①西祀金山,成为沮渠蒙逊战前动员的重要礼仪仪式,而沮渠氏祭西王母寺、礼玄石事也是西北诸凉政权祭祀传统的代表之一。沮渠蒙逊西祀金山,印证了金山在北凉有着浓厚的山岳信仰。其实,不止金山,山岳祭祀在北凉时期是较为普遍的传统与习俗。在西祀金山之前,"蒙逊期与男成同祭兰门山,密遣司马许咸告业曰:'男成欲谋叛,许以取假日作逆。若求祭兰门山,臣言验矣。'至期日,果然。"②《史记正义》引《括地志》曰:"兰门山,一名合黎,一名穷石山,在甘州删丹县西南七十里。"③兰门山与金山都在当时山丹县西南,同属祁连山脉。当时,南凉秃发傉檀送归李暠之女敬爱,借此向西凉示好以图夹击北凉,便是假道"北山",④北山即合黎山。又如沮渠蒙逊东平姑臧城,得石刻丹书,"丹书曰:'河西、河西三十年,破带石,乐七年。'带石,山名,在姑臧南山祀傍,泥陷不通。牧犍征南大将军董来曰:'祀岂有知乎!'遂毁祀伐木,通道而行"⑤。由此可知,祭祀南山(祁连山)是北凉传统而重要的祭祀风俗。

北凉沮渠氏山岳祭祀传统的来源,或与其源出匈奴有关。《史记·匈奴列传》曾载"汉使骠骑将军去病将万骑出陇西,过焉支山千余里,击匈奴,得胡首虏万八千余级,破得休屠王祭天金人"。裴骃《集解》引《汉书音义》曰:"匈奴祭天处本在云阳甘泉山下,秦夺其地,后徙之休屠王右地,故休屠有祭天金人,象祭天人也。"⑥同传亦载匈奴"岁正月,诸长小会单于庭,祠。五月,大会茏城,祭其先、天地、鬼神"。《史记索隐》引《后汉书》云:"匈奴俗,岁有三龙祠,祭天神。"⑦匈奴有春祭⑧与秋祭⑨之俗,集会除举行祭祀仪式外,更

---

① 《晋书》卷129《沮渠蒙逊载记》,第3197页。
② 《晋书》卷129《沮渠蒙逊载记》,第3191页。
③ 《史记》卷2《夏本纪》,第70页。
④ 《晋书》卷87《凉武昭王李玄盛传》,第2263页。
⑤ 《魏书》卷99《沮渠蒙逊传》,第2208页。
⑥ 《史记》卷110《匈奴列传》,第2908—2909页。
⑦ 《史记》卷110《匈奴列传》,第2892页。
⑧ 《三国志》裴注引《魏书》曰:鲜卑"常以季春大会,作乐水上"(《三国志》卷30《魏书·乌丸鲜卑东夷传》,第836页);《南齐书·魏虏传》:"(平)城西有祠天坛……常以四月四日杀牛马祭祀"(《南齐书》卷57《魏虏传》,中华书局,1972年,第985页)。
⑨ 《史记》颜师古注曰:"鲜卑之俗,自古相传,秋祭无林木者,尚竖柳枝,众骑驰绕三周乃止,此其遗法也。"(《史记》卷110《匈奴列传》,第2893页)

"西祀金山"与"据岭之要":十六国时期河西地区族群的山岳信仰与地缘交通　45

有清点人民和畜群、商讨重要军事行动、决定继立单于等重要内容。由此可见,休屠匈奴祭天即选在高地或依山而祀。相同例证还见于汉臣韩昌、张猛与单于及大臣俱登匈奴诺水东山祠天而盟。① 牛敬飞亦指出,沮渠蒙逊两次借祭山之机施展政治阴谋,恰从侧面展现出祁连山一带卢水胡的山岳信仰,其在祭祀金山途中还南拜西王母寺,顺便为《玄石神图》作赋,抑或是出于崇山理念。可以推论:北凉沮渠蒙逊和汉赵刘氏与十六国其他政权君主相比,有明显的山岳崇拜习俗,这或许与他们都是匈奴部族有关,甚至与他们都曾活跃于祁连山一带有关。②《晋书·沮渠蒙逊载记》中多次记载北凉卢水胡民族政权对于天文知识的重视,这与祭山习俗不无关联。

南凉的山岳祭祀传统则与秃发鲜卑民族信奉自然、山水的习俗信仰有关。鲜卑民族的山岳祭祀渊源深厚,《国语·晋语八》载:"昔成王盟诸侯于岐阳,楚为荆蛮,置茅蕝,设望表,与鲜牟守燎,故不与盟。"注曰:"望表,谓望祭山川,立木以为表,表其位也。"③鲜牟当作鲜卑,④对于秃发鲜卑建立的南凉政权而言,也保持着山岳祭祀传统。《高僧传·释昙霍传》载高僧昙霍曾说服秃发傉檀信奉佛教,而傉檀则曰:"仆先世以来,恭事天地名山大川。今一旦奉佛,恐违先人之旨"⑤,由此可见南凉对于天地山川是出于原始的自然崇拜。又如乌桓之俗,"使护死者神灵归赤山。赤山在辽东西北数千里,如中国人死者魂神归岱山也"⑥。鲜卑与乌桓言语习俗相同,⑦所以,祭山或亦有祭奠族群先祖先烈之义。

相较于五凉时期的汉族政权前凉而言,南凉、北凉的山岳祭祀及信仰确实存在差异。前凉对祁连山的祭祀,其目的主要在于其汉族政权自身的正

---

① 《汉书》卷94下《匈奴传下》,中华书局,1962年,第3801页。相关研究亦可参看[日]江上波夫《匈奴的祭祀》,载刘俊文主编,辛德勇、黄舒眉等译《日本学者研究中国史论著选译》第9卷《民族交通》,中华书局,1993年,第8页。
② 牛敬飞:《古代五岳祭祀演变考论》,中华书局,2020年,第58页。
③ 徐元诰撰,王树民、沈长云点校:《国语集解》卷14《晋语八》,中华书局,2002年,第430页。
④ 孙诒让撰,王文锦、陈玉霞点校:《周礼正义》,中华书局,1987年,第2886页。
⑤ 释慧皎撰,汤用彤校注,汤一玄整理:《高僧传》卷10《神异下·晋西平释昙霍》,中华书局,1992年,第375页。
⑥ 《后汉书》卷90《乌桓鲜卑传》,中华书局,1965年,第2980页。
⑦ 《后汉书》卷90《乌桓鲜卑传》,第2985页。

统性塑造。永和元年(345),前凉酒泉太守马岌上言:"酒泉南山,即昆仑之体也。周穆王见西王母,乐而忘归,即谓此山。此山有石室玉堂,珠玑镂饰,焕若神宫。宜立西王母祠,以裨朝廷无疆之福。"[1]显然,"以裨朝廷无疆之福"是前凉政权借祭山祈福朝廷,以示拱卫中央的政治表态。

四、结　　论

综上,十六国时期河西走廊张掖郡之金山,其位置当在今民乐县南古镇附近,魏晋时期张掖郡三次瑞石事件所在地柳谷或即现今南古镇柳谷村;其名称可能与这一地区盛产金、鲜卑民族冶金习俗以及波斯输金向中土的流通等因素有关。南凉、北凉等河西地区政权与族群多有祭祀并武力争夺金山之举,首先便是基于其"据岭之要"的军事需要,同时也表明金山的重要战略地位。在着力争夺山川、祭祀山岳的战略与实践中,逐渐塑造并巩固着河西地区地缘政治与交通格局。同为祭祀金山的行为,不同族群的祭祀习俗却表现出不同的历史传统,如北凉沮渠氏卢水胡的山岳信仰与其源出匈奴民族紧密相关,而南凉秃发氏鲜卑的山岳信仰则源于其民族对天地山川的自然崇拜。由此可以看出,在河西走廊金山及周边区域,鲜卑、匈奴等不同民族及其政权的山岳祭祀、山岳信仰展现出多元的历史传统与特色,在十六国时期可谓独树一帜。

---

[1] 《晋书》卷 86《张骏传》,第 2240 页。

汉末至三国时期的凉州

李元辉

武威市凉州文化研究院

凉州刺史部是汉代十三州刺史部之一,曾以陇县(今张家川县张家川镇)和冀县(今甘谷县)为其治所。东汉末年,为加强对河西地区的控制,分凉州河西诸郡设置雍州。后又撤销凉州并入雍州。三国时期,曹丕将河西地区复置为凉州,州治姑臧(今武威市凉州区),对凉州进行了有效的治理。

一、汉末设置雍州

东汉末年,凉州不仅遭受中原战祸的波及,还备受民族间兵戎纷扰之害,尤其是北部兴起的鲜卑族,对凉州影响最大,《后汉书·乌桓鲜卑列传》记载,"灵帝立,幽、并、凉三州缘边诸郡无岁不被鲜卑寇抄,杀略不可胜数"①,战乱给凉州社会经济带来了巨大的创伤。

汉献帝兴平元年(194),河西四郡因为离凉州州治冀县太远,而且路途常常被黄河寇贼所截断,来回办事很不方便,便向朝廷上书,要求另外设州管理。《资治通鉴·汉纪》记载:"河西四郡以去凉州治远,隔以河寇,上书求别置州。"②李傕控制下的汉献帝召集群臣商议后,便分凉州的武威、张掖、酒泉、敦煌四郡设立雍州,治所在姑臧。《后汉书·孝献帝纪》记载:"夏六月丙子,分凉州河西四郡为雍州。"③后又改居延属国为西海郡,仍属雍州管理。朝廷任命陈留人邯郸商(复姓邯郸,名商)出任雍州刺史。《资治通鉴·汉

---

① (南朝宋)范晔:《后汉书》卷90《乌桓鲜卑列传》,中华书局,1965年。
② (北宋)司马光:《资治通鉴》卷61《汉纪五十三》,中华书局,1956年。
③ 《后汉书》卷9《孝献帝纪》。

纪》记载:"(兴平元年)六月,丙子,诏以陈留邯郸商为雍州刺史,典治之。"①《典略》也记载:"诏以陈留人邯郸商为雍州刺史,别典四郡。时武威太守缺,诏又以猛父奂昔在河西有威名,乃以猛补之。"因为张猛父亲张奂昔日曾在河西有威名,朝廷便委任张猛为武威太守。

在此期间,由于张猛和邯郸商不和,导致雍州发生内乱。张猛先发制人,杀死邯郸商,并发了一道敕令道:"如果有人敢为邯郸商临丧,杀无赦。"凉州从事、破羌县长庞淯听说之后,弃官昼夜奔往武威,来到邯郸商尸体旁号啕痛哭,然后欲袭杀张猛,被张猛手下擒获。张猛知道庞淯乃当今义士,便允许他为邯郸商穿孝服居丧,庞淯自此以忠烈闻名。公元210年,凉州军阀韩遂上表讨伐张猛,武威郡的官员士卒纷纷在战场倒戈。张猛见大势已去,登楼自焚而死。

汉献帝建安十八年(213),凉州的称呼又发生了变化,原因是曹操想恢复《禹贡》的九州体制,汉献帝便下诏把十四个州合并为九个州。《后汉书·孝献帝纪》:"十八年春正月庚寅,复《禹贡》九州。"《三国志·魏书·武帝纪》也记载:"十八年春正月……诏书并十四州,复为九州。"②于是,朝廷便撤销司隶校尉及凉州,原来凉州的所有郡城并入雍州。《后汉书·孝献帝纪》注引《献帝春秋》:"省司隶校尉及凉州,以其郡国并为雍州。"当时从长安京畿地区京兆、左冯翊、右扶风三个地方直到西域,皆属雍州管辖。

卢弼《三国志集解》评论道:"操改官制,及并十四州为九州,皆借复古而以自便私图。"认为曹操这种"托古改制"的行为乃是借复古之名而"自便私图"。

二、曹操平定雍州

赤壁之战失败以后,曹操一边采取措施,稳定内部,一边养精蓄锐,伺机西进。建安十六年(211),曹操采用先取关中再克凉州、雍州的战略,开始对关中用兵。军阀韩遂、马超占据关中,《三国志·马超传》记载:"曹公用贾诩

---

① 《资治通鉴》卷61《汉纪五十三》。
② (晋)陈寿:《三国志》卷1《魏书·武帝纪》,中华书局,1982年。

谋,离间超、遂",最终马超、韩遂败走陇右,关中自此平定。

接下来,曹操命大将军夏侯渊督率众将继续西征,欲夺取陇右。

公元212年,马超在张鲁大将杨昂的相助下,共集结万余人,围攻凉州刺史韦康于冀县。马超占领冀县后,"自称征西将军,领并州牧,督凉州军事"。公元213年九月,韦康旧部杨阜、姜叙等密谋讨伐马超,马超投奔汉中张鲁。公元214年春,马超想要反攻陇右,杨阜、姜叙等向曹操大将夏侯渊求救。马超与曹军对垒,一战而败,只好撤回汉中,后投降蜀汉。

击败马超之后,夏侯渊又转击韩遂,韩遂不敌败走。十月,夏侯渊率张郃、张既等讨伐在枹罕称王的陇西人宋建,仅一月余,就大破宋建。又进攻河西诸羌部,诸羌全部投降。在两年内,夏侯渊逐马超、破韩遂、灭宋建、扫羌氐,虎步关右。至此,雍州基本平定。

三、曹丕重置凉州

公元220年曹操病逝,终年六十六岁。十月,曹丕称帝,是为魏文帝。曹魏立国后,为进一步巩固后方,开始经营河西。

由于河西地处曹魏西部边防,战略位置十分重要,鉴于此,黄初元年(220),魏文帝曹丕权衡再三,决定从雍州分出一部分地区复置凉州,州治也由冀县迁至姑臧,设凉州刺史进行管理,并任命安定太守邹岐为凉州刺史,毌丘兴为武威太守。《三国志·魏书·张既传》:"是时不置凉州,自三辅拒西域,皆属雍州。文帝即王位,初置凉州,以安定太守邹岐为刺史。"[1]为有效守卫西部边防,同年,曹丕任命大将军曹真为镇西将军,假节都督雍、凉州军事。

当时的凉州刺史部管辖范围虽然较汉代有所缩小,但仍然较广,下辖八郡。《晋书·地理志》"凉州"记载:"献帝时,凉州数有乱,河西五郡去州隔远,于是乃别以为雍州。末又依古典定九州,乃合关右以为雍州。魏时复分以为凉州,刺史领戊己校尉,护西域,如汉故事,至晋不改。统郡八,

---

[1] 《三国志》卷15《魏书·张既传》。

县四十六,户三万七百。"①八郡即金城郡、西平郡、西郡、武威郡、张掖郡、酒泉郡、敦煌郡、西海郡。戊己校尉隶属凉州刺史部,而护羌校尉多由凉州刺史兼任。

四、平定凉州"叛乱"

曹魏治理凉州经历了一个曲折的过程,那时,河西地区发生过三次大的"叛乱",最终都被平定。一是张进叛乱。曹丕设置凉州前后,占据河西的军阀主要有武威颜俊,张掖和鸾、张进,酒泉黄华,此外还有西平(青海西宁)的麴演。他们看到曹魏用主要精力对付蜀汉,无暇西顾,便以抵制魏文帝任命的凉州刺史邹岐为借口,自号将军,相互攻击,带头的便是张进。武威太守毌丘兴向金城太守苏则告急,苏则进兵河西,斩杀麴演、张进及其党羽,黄华乞降,河西平定。魏文帝因苏则的功劳,加拜他为护羌校尉,先后赐爵关内侯、都亭侯。

二是凉州卢水胡"反叛"。公元221年十月,凉州卢水胡治元多、伊健妓妾等"反叛","侵扰"河西走廊一带。魏文帝曹丕召回邹岐,任命张既为凉州刺史,并派遣护军夏侯儒、将军费曜等随军其后,出兵征讨卢水胡。张既采取声东击西的策略,急行军至武威城下。"叛军"放弃武威,退守显美县(今永昌县东)。张既一鼓作气,进攻显美,大破卢水胡,斩首俘虏以万计,一举平定了河西卢水胡"叛乱"。

三是凉州羌胡"叛乱"。公元227年春,诸葛亮北伐魏国前,凉州羌胡便与蜀汉暗中相通。蜀汉后主刘禅曾下诏鼓舞士气,诏书中记载:"凉州诸国王各遣月支、康居胡侯支富、康植等二十余人诣受节度,大军北出,便欲率将兵马,奋戈先驱。"②公元240年,蜀国大将姜维率兵出陇西,与凉州羌王迷当约定共同攻打魏国。魏国大将军郭淮打败羌王迷当之后,将凉州柔、氐等族三千余部落,迁徙到关中。公元247年,凉州胡王治无戴举兵"反叛",第二年被郭淮击败,《三国志·郭淮传》记载:"治无戴围武威,家属留在西海。淮

---

① (唐)房玄龄等:《晋书》卷14《地理志上》,中华书局,1974年。
② 《三国志》卷33《蜀志·后主传》裴注。

进军趋西海,欲掩取其累重,会无戴折还,与战于龙夷之北,破走之。"①后来治无戴投降蜀国。公元249年,郭淮升征西将军,都督雍州凉州诸军事。

经过魏军几次"平叛",凉州趋于安定。整体而言,不论是曹魏安定凉州,还是蜀汉与凉州羌胡的联系,客观上促进了凉州地区的民族交融,为我国多民族国家的形成发展作出了贡献。

五、曹魏治理凉州

曹魏在"平叛"的同时,开始了对凉州的有效治理。

魏文帝黄初年间,毌丘兴担任武威太守,励精图治,政绩卓著。这可从凉州刺史张既的上书中看出:"领太守毌丘兴到官,内抚吏民,外怀羌、胡,卒使柔附,为官所用……张掖番和、骊靬二县吏民及郡杂胡弃恶诣兴,兴皆安恤,使尽力田。兴每所历,尽竭心力,诚国之良吏。"②

苏则担任金城太守后,劝导百姓耕田种地,外安羌胡,社会迅速安定下来。《三国志·苏则传》记载:"外招怀羌胡,得其牛羊,以养贫老。与民分粮而食,旬月之间,流民皆归,得数千家。乃明为禁令,有干犯者辄戮,其从教者必赏。亲自教民耕种,其岁大丰收,由是归附者日多。"③

张既担任凉州刺史后,为彻底消除"叛乱",稳定社会秩序,处理好民族关系,一方面"治左城,筑障塞,置烽候、邸阁以备胡"④,另一方面则采取怀柔政策,注意安抚各族百姓,使之归附朝廷,从而为凉州的农牧业发展提供了一个较为安定的社会环境。

魏明帝曹叡太和年间(227—232),凉州刺史徐邈治州有方,凉州人口相比中原同期略有增长。《资治通鉴·魏纪》记载:"帝以燕国徐邈为凉州刺史。邈务农积谷,立学明训,进善黜恶,与羌、胡从事,不问小过;若犯大罪,先告都帅,使知应死者,乃斩以徇。由是服其威信,州界肃清。"⑤大意是魏明

---

① 《三国志》卷26《魏书·郭淮传》。
② 《三国志》卷28《魏书·毌丘俭传》裴注。
③ 《三国志》卷16《魏书·苏则传》。
④ 《三国志》卷15《魏书·张既传》。
⑤ 《资治通鉴》卷71《魏纪三》。

帝任命燕国人徐邈为凉州刺史。徐邈重视农业，广积粮食，开学校，显明训导，提升贤良之士，罢免邪恶之官。和羌胡之人办事，不计小过，但如犯了大罪，先告知其首领，然后才按律惩处。由此，凉州界内安定无事。《三国志·魏书·徐邈传》也记载："明帝以凉州绝远，南接蜀寇，以邈为凉州刺史，使持节领护羌校尉……河右少雨，常苦乏谷，邈上修武威、酒泉盐池以收虏谷，又广开水田，募贫民佃之，家家丰足，仓库盈溢……风化大行，百姓归心焉。"①徐邈在河西走廊修建了不少农田水利工程，招募民众耕种，百姓丰衣足食，移风易俗，促进了凉州经济和社会的发展。

公元 239 年，范粲担任武威太守，他选举贤良官吏，建设学校，发展农业生产，史书记载"选吏，立学校，劝农桑"②。当时戎夷经常"入侵"边境，范粲就设置防备，戎夷不敢"侵犯"。因为郡内太平，奢侈之风开始流行，范粲就下令管制，平息郡内奢华行为。魏嘉平年间（249—254），有个武威太守叫条茂，很重视教育，在灵渊池上盖起学宫，作讲学读书之处，对当时文化教育发展起了推动作用。

曹魏统治后期，李憙为凉州刺史，凉州更加安定。《晋书·李憙传》记载："除凉州刺史，加扬威将军、假节，领护羌校尉，绥御华夷，甚有声绩。羌虏犯塞，憙因其隙会，不及启闻，辄以便宜出军深入，遂大克获，以功重免谴，时人比之汉朝冯、甘焉。"③大意是朝廷任命李憙为凉州刺史，他戍守边防，安定一方，很有声望和业绩，当时的人们把他比作西汉的冯奉世、甘延寿。

郭绥接任凉州刺史后，勉励将帅得法，赏罚分明，凉州继续保持安定。《晋书·段灼传》记载："故刺史郭绥劝帅有方，深加奖厉，要许重报。是以所募感恩利赏，遂立绩效，功在第一。"

值得一提的是，当时蜀汉也先后以马超、魏延、姜维领凉州刺史，而当时凉州属魏国管辖，蜀汉设凉州刺史只是一种虚衔，是蜀汉北伐战略的愿景而已。

---

① 《三国志》卷 27《魏书·徐邈传》。
② 《晋书》卷 94《隐逸列传》。
③ 《晋书》卷 41《李憙传》。

六、农业经济发展

三国时期,曹魏政权对凉州的开发经营,在河西开发史上占有重要地位。当时,凉州社会安定,农业经济逐渐恢复,呈现出一派繁荣景象。从以下几则关于凉州林果业发展的史料中可见一斑。

曹魏时,从西域传入的水果经过多年的栽培,已渐有规模,凉州葡萄、白柰(一种苹果)已屡为贡品。曹丕特别喜欢凉州葡萄和葡萄酒,还把自己的喜爱和见解写进诏书,告之群臣。《凉州府志备考》记载了《魏文帝凉州葡萄诏》,全文曰:"且设葡萄解酒,宿醒掩露而食。甘而不饴,酸而不脆,冷而不寒,味长汁多,除烦解悁。又酿以为酒,甘于曲米,善醉而易醒。道之固以流涎咽唾,况亲食之耶。他方之果,宁有匹之者。"①大意是早晨放置葡萄醒酒,夜晚喝醉吃沾有露水的葡萄。甘甜适中,微酸而不易碎,微冰而不寒冽,味道悠长汁水很多,可排忧解躁。酿造成酒,比米酒甘甜,容易喝醉也容易清醒。说出来就可以让人流下口水,何况亲口吃呢。别的地方的水果,难有与它相比的。魏文帝高度评价凉州葡萄及葡萄美酒并下诏书,这种导向使凉州葡萄美酒受到王公大臣、社会名流的追捧,有力推动了凉州葡萄种植及葡萄酒酿造业的快速发展。

三国时期,凉州的水果白柰声名显赫,与三国时期著名文学家曹植有一段佳话。当时,魏明帝曹叡把凉州白柰当作珍贵礼品分送给王公贵族品尝,曹植上书表示感谢。郭义恭的《广志》记载了《曹植谢赐白柰表》,其文曰:"魏明帝时,诸王朝见,夜赐东城柰一奁,陈思王(曹植生前封陈王,死后谥号为"思")谢表云:即夕,殿中虎贲宣诏,赐臣等东柰一奁,柰以夏熟,今则冬生,物以非时即珍,恩以绝口为厚,非臣等所以荷之。蒙报植等诏曰:此柰从凉州来,道里既远,又东来转软,故柰中变色不佳耳。"大意是,魏明帝曹叡赐给王公大臣一盒凉州白柰,曹植上书致谢说:大殿宣诏,赐给臣等凉州白柰,白柰平常在夏天成熟,现在却长在冬天。物产因为没有按照时令生长而显得珍贵,此恩惠十分厚重,臣等难以承受。魏明帝对曹植等大臣们下诏

---

① (清)张澍:《凉州府志备考·艺文卷·魏文帝凉州葡萄诏》,三秦出版社,1988年。

书说,这种白柰来自凉州,因道路遥远,到洛阳又变软了,所以颜色不是太好。

　　上述几则史料,从侧面反映了经过曹魏时期一系列连续不断的治理,凉州得到了有效开发,社会安定,百姓富足,农业经济持续发展。

东魏、北齐凉州考*

冯培红

浙江大学历史学院

一、问题的提出

1999年，山西太原王郭村出土了一方《隋虞弘墓志》，记载虞弘在北齐武成帝高湛为太上皇时（565—568）：

> 寻迁使持节、都督凉州诸军事、凉州刺史、射声校尉。贾逵专持严毅，未足称优；郭汲垂信童儿，讵应拟娾（媲）①。简陪阊阖，奋咤惊遒。功振卷舒，理署僚府。②

墓志记载虞弘为北齐使持节、都督凉州诸军事、凉州刺史。查古人修撰的《魏书·地形志》《隋书·地理志》，以及今人所著的《北齐地理志》《中国行政区划通史·十六国北朝卷》，皆未提到北齐凉州。众所周知，凉州始设于西汉武帝时，位于河陇地区；以后历代均在河西设置凉州，迄无间断。张庆捷

---

* 本文为浙江省哲学社会科学冷门绝学重点项目"中古丝路鱼国、粟特、波斯胡人比较研究"（20LMJX01Z）、国家社科基金重点项目"中古粟特人与河西社会研究"（19AZS005）、国家社科基金中国历史研究院重大研究专项"草原—沙漠文化带研究专题"重大委托项目"丝绸之路与中原帝国兴衰"（20@WTS004）的阶段性成果。

① "娾"：敦煌文献 S.388《正名要录》"正行者揩（楷）脚注稍讹"类，在"媲"字之下列有"娾"，见周绍良主编《英藏敦煌文献（汉文佛经以外部分）》第1卷，四川人民出版社，1990年，第173页。可见"娾"为"媲"之讹字。

② 山西省考古研究所、太原市文物考古研究所、太原市晋源区文物旅游局编著：《太原隋虞弘墓》第七章《墓志》（张庆捷撰），文物出版社，2005年，第87—90页，图版一六。个别文字作了订正。

认为"北齐并未占领凉州,因此虞弘此职为遥领,并非实权"①;罗丰则称"虞弘墓志或许进一步印证凉州在北齐侨置的可能性"②。周伟洲、郭平梁折中以上两说,前者虽称"北齐如设凉州,应如罗丰文所说,系侨置州","但也不排除虞弘此职为虚衔,遥领而已";③后者也说"此时的凉州是在西魏的控制之下,所谓都督凉州诸军事、凉州刺史,要么只不过是一个虚衔,要么是暂寄治于某地"④。不过,以上学者大多就虞弘墓志而论,仅罗丰参引《唐康续墓志》所记康续祖父北齐凉州都督康德一例,在关联史料上显得较为孤立。

20 世纪 70 年代,河南安阳洪河屯村发现一方《齐凉州刺史范粹墓志》,学界围绕北齐凉州问题进行了同样的推测,如河南省博物馆认为"北齐的疆域未及河西凉州,志文中的凉州可能是侨置的",但又言"所谓凉州,实系空名";⑤吕树枝则说"当时凉州不在北齐范围之内,疑是当时虚设的州郡之一"⑥。

从上述虞弘、康续、范粹三方墓志看,北齐设置凉州是没有疑问的,但究竟是虚衔遥领北周的河西凉州,还是在北齐境内侨置凉州呢?若系侨州,究竟是空名还是实土?对于这些问题,学者们并未进行深入探讨,甚至在《北齐地理志》《中国行政区划通史·十六国北朝卷》中亦未言及。事实上,早在北齐之前,东魏就已经设置凉州。问题是,处在东部地区的东魏、北齐何以亦置凉州?这个凉州与河西凉州是否有关联?本文在搜罗东魏、北齐凉州资料的基础上,对此一问题进行探讨,冀补史载之阙;同时考论这个位于东部的凉州的设置原因与民众构成,以及北朝后期的胡化风气诸问题。

---

① 张庆捷:《虞弘墓志考释》,荣新江主编《唐研究》第 7 卷,北京大学出版社,2001 年,第 158 页。
② 罗丰:《一件关于柔然民族的重要史料——隋〈虞弘墓志〉考》,《文物》2006 年第 6 期。
③ 周伟洲:《隋虞弘墓志释证》,荣新江、李孝聪主编《中外关系史:新史料与新问题》,科学出版社,2004 年,第 255 页。
④ 郭平梁:《〈虞弘墓志〉新考》,《民族研究》2006 年第 4 期。所言凉州在西魏控制之下,不确,河西凉州时属北周。
⑤ 河南省博物馆:《河南安阳北齐范粹墓发掘简报》,《文物》1972 年第 1 期。
⑥ 吕树枝:《北齐黄褐釉乐舞瓷扁壶》,《历史教学》1983 年第 5 期。

二、东魏、北齐凉州之若干资料

自西汉元封五年(前106)设立十三州刺史部以来,凉州一直是历代中原王朝的西陲边州。汉代凉州刺史的治所设在陇右之汉阳郡,① 三国魏初徙治于河西之武威郡,② 以后诸朝遂沿而不改。然而到北朝后期,从一些史籍和墓志的记载可知,地处东部的东魏、北齐境内也出现了一个凉州。兹先将东魏、北齐凉州的相关资料列表于下(带*号者为存疑):

东魏、北齐凉州官员任职表

朝代	姓名	相关内容	出处
东魏	源彪	天平四年(537),凉州大中正。	《北齐书·源彪传》
	徐颖	高祖定业,除抚军将军、银青光禄大夫、直阁将军、帐内正都督、凉州刺史、新城大都督。	《北齐徐颖墓志》
	安吐根	文襄嗣事,以为假节、凉州刺史、率义侯。	《北史·安吐根传》
北齐	韩裔	天保元年(550),除开府仪同三司,别封康城县开国子,使持节、凉州诸军事、凉州刺史。	《北齐韩裔墓志》
	范粹	齐故骠骑大将军、开府仪同三司、凉州刺史范公。	《北齐范粹墓志》
	虞弘	仍使齐国……寻迁使持节、都督凉州诸军事、凉州刺史、射声校尉。	《隋虞弘墓志》
	董佛子	祖佛子,齐凉州刺史。	《隋董氏墓志铭》
	杨颖	曾祖颖,齐任凉州刺史。	《唐杨华墓志铭并序》
	皮阿输迦	假节、督凉州诸军事、辅国将军、凉州刺史、太子庶子、元喜县开国男皮阿输迦。	《北齐皮阿输迦夫人新昌郡公主高氏墓志》

---

① 《续汉书·郡国志五》"汉阳郡"条在陇县下标明"(州)刺史治";《资治通鉴》卷61东汉献帝兴平元年(194)条胡三省注曰"凉州刺史本治汉阳郡冀县"。
② 《晋书》卷14《地理志上》载"魏文帝即位,分河西为凉州"。

续表

朝代	姓名	相关内容	出处
北齐	康德	曾祖德,齐任凉州都督。	《唐康续墓志铭并序》
	康感*	曾祖感,凉州刺史。	《唐康留买墓志铭并序》《唐康磨伽墓志铭并序》
	段深	累迁侍中、将军、源(凉)州大中正,食赵郡干。	《北齐书·段荣传》
	赵德	曾祖德,齐亮(凉)州盘和县主薄(簿)。	《唐赵宗墓志铭并序》

  表中共列有 13 人,其中源彪、徐颖、安吐根 3 人仕于东魏,韩裔、范粹、虞弘、董佛子、杨颖、皮阿输迦、康德、段深、赵德 9 人任职于北齐,而康感所任之凉州刺史,其曾孙康留买、康磨伽的墓志铭均未书写朝代名。① 康留买兄弟主要活动于唐高宗时期,皆卒于永淳元年(682);其父康洛为"皇朝上柱国",祖父康延德为"安西都护府果毅"。从康洛的官名之前有"皇朝"二字,而康延德的官名前不加朝代名来看,似可判断后者所仕朝代为隋,②由此推测康感刺凉当在北朝后期或隋代。若是在北朝后期,究竟是北周抑或北齐呢? 吴玉贵认为康感家族从西域东迁后仕于北周或隋,③两方墓志均称他们为河南人,尤其针对《唐康磨伽墓志铭并序》"因官从邑,遂家于周之河南"一句,吴氏以为"周之河南"是指北周时期的吐谷浑,而与康氏兄弟归葬的唐洛州河南县无涉。④ 尽管吐谷浑在历史上曾称河南国,但北周与吐谷浑经常发生战争,双方互为敌国,康感即便担任北周

---

① 周绍良主编:《唐代墓志汇编》永淳 013、014,上海古籍出版社,1992 年,上册,第 694 页。
② 关于隋安西都护,墓志中多有记载,如《唐宋知感夫人张氏墓志铭并序》"随银青光禄大夫、安西都护廓公",《唐侯方墓志并序》"曾祖昱,随安西都护",分见北京图书馆金石组编《北京图书馆藏中国历代石刻拓本汇编》,中州古籍出版社,1989 年,第 24 册,第 28 页;第 25 册,第 106 页。并参刘森垚《隋代安西都护蠡测》,《西北民族大学学报》2016 年第 5 期。
③ 吴玉贵:《凉州粟特胡人安氏家族研究》,《唐研究》第 3 卷,北京大学出版社,1997 年,第 307 页。
④ 吴玉贵:《突厥汗国与隋唐关系史研究》,中国社会科学出版社,1998 年,第 126 页。

凉州刺史，也必不会居住在吐谷浑。因此，"周之河南"的"周"当非宇文氏北周，而是说唐洛州河南县在东周时为王都，中古墓志经常使用上古语词，是比较普遍的现象。两方墓志均称志主是河南人，与卒葬之河南县平乐之原当为同一地，而不可能分指西部之吐谷浑与中原之河南县两地。北朝后期，河南地属东魏、北齐，所以康感所任凉州刺史极有可能是在北齐。

三、东魏、北齐凉州的侨置及其辖县

北魏时期境内只设一个凉州，位于河西走廊。北魏分裂为东、西魏以后，凉州属西魏管辖。《魏书》卷一〇六上《地形志上》称"今录武定（543—549）之世以为《志》焉"，武定是东魏孝静帝的年号，可知志文载录了北魏至东魏武定年间的州郡县情况。志文仅记有河西之凉州，此后西魏、北周沿置凉州。东魏、北齐地居关东，自然不能统治河西凉州，但上表表明其境内亦设有一个凉州。据上述志文，东魏在武定以前似尚未在境内设置凉州，但实际上源彪在天平四年（537）已任凉州大中正。天平是东魏孝静帝的第一个年号，其时出现凉州比武定要早。东魏以源彪为凉州大中正，这个凉州有两种可能：一是设立虚职遥领河西凉州，借助南凉王族后裔源彪家族在河西一带的威望，聚集力量，企图收复凉州；二是在东魏境内侨置凉州，以原籍凉州西平乐都的源彪为大中正，协助管理从河西东迁来的凉州民众或其后裔。北齐沿置凉州大中正，仍以祖籍河西凉州者任之，如《北齐书》卷一六《段荣传》记其为"姑臧武威人也"，其孙段深"累迁侍中、将军、源（凉）州大中正"。"源""凉"二字形近，该书"校勘记"〔一一〕云："按'源州'不见地志。段氏郡望是凉州姑臧，疑'源'是'凉'之讹"，甚是。由此似可佐证，东魏源彪任大中正的凉州应为关东地区的凉州，而非河西凉州。

东魏除任命源彪为凉州大中正外，还以徐颖、安吐根为凉州刺史。《北齐徐颖墓志》云："高祖定业，除抚军将军、银青光禄大夫、直阁将军、帐内正都督、凉州刺史、新城大都督"，后又转任朔州刺史，并称"一从真主"云云。"高祖""真主"皆指东魏权臣高欢。志文接下来提到徐颖在"天保（550—

559)初"调任汾州刺史,①天保是北齐开国之君文宣帝高洋的首个年号。由此可知,徐颖早在东魏高欢执政时就已出刺凉州。② 此后到高澄执政时,安吐根任凉州刺史。他在《北史》中有个小传,附在卷九二《恩幸·和士开传》之后。安吐根在北魏末出使柔然,留居塞北;到东魏天平(534—537)初,又受柔然派遣经常出使东魏,后来投奔高欢。传称"在其本蕃,为人所谮,奔投神武。文襄嗣事,以为假节、凉州刺史、率义侯"。"神武""文襄"分别是东魏权臣高欢、高澄父子死后追封的谥号。安吐根在高欢执政时投奔东魏,并被继任的高澄任命为凉州刺史。

继东魏之后,北齐沿置凉州。《北齐韩裔墓志》记载高洋建立北齐之初,"天保元年(550),除开府仪同三司,别封康城县开国子,使持节、凉州诸军事、凉州刺史"③;上举《北齐范粹墓志》的标题全文作"齐故骠骑大将军、开府仪同三司、凉州刺史范公墓志",志文记载他在后主高纬武平六年(575)四月廿日薨于邺都之天宫坊,此时距北齐亡国仅有一年半多,可证北齐一朝始终设置凉州。如果说东魏设立凉州尚有遥领河西之可能的话,那么四十多年后北齐依然沿设凉州,经过东西方政权的长期对峙,很难说仍属遥领之举措,而更可能是在境内设立侨州。这种情况与《魏书·地形志上》"灵州"条所记东魏"天平中置,寄治汾州隰城县界"相类似。凉、灵二州均侨置于东魏初天平年间,疑为高欢设立侨州的统一性措施。

与安吐根经历类似的是虞弘,《隋虞弘墓志》记其代表柔然出使北齐,为文宣帝所扣留,不令返国。565年武成帝退位当了太上皇,给虞弘授予直突都督之职,命令他继续从事两国间的通使交往,加轻车将军、直斋、直荡都督,复迁使持节、都督凉州诸军事、凉州刺史、射声校尉。墓志拿汉魏时期的地方良吏郭汲(伋)、贾逵来与虞弘作比,且云"简陪闾阖,奋咤惊遒。功振卷舒,理署僚府",是说北齐凉州有闾阖城墙,凉州刺史有僚佐、

---

① 山西省考古研究所、太原市文物考古研究所:《太原北齐徐显秀墓发掘简报》,《文物》2003年第10期。
② 刘丹在校释《北齐徐颖墓志》时,引《魏书·地形志》河西凉州作解,与徐颖(字显秀)所刺东魏凉州不符。见《徐显秀墓志、厍狄回洛夫妇墓志校释——兼论北齐政治中的"胡汉"问题》,南京大学2011年硕士学位论文,第13页。
③ 陶正刚:《山西祁县白圭北齐韩裔墓》,《文物》1975年第4期。

衙府,表明北齐在境内侨置凉州是实有其地,确有建置,而绝非空名。《唐杨华墓志铭并序》追述其"曾祖颖,齐任凉州刺史。……光临凉部,有徐敦仁义之风;不避雄豪,践王敏独坐之称"①。志文中的"光临凉部"一语甚堪注意,是说刺史杨颖赴任到达凉州地界,在州内教化民众,力行仁义,打击豪强。这些话当非虚语,进一步证实了北齐凉州确有实际的统辖区域。《隋董氏墓志铭》记其"祖佛子,齐凉州刺史。敦仁博洽,标誉乡闾"②。志文对董佛子一生的评价仅有八字,称述他在凉州刺史任上的仁政,与杨颖一样推行仁义,赢得了乡闾的赞誉。"乡闾"一词也透露出北齐凉州是有其领地及百姓的。

上表所列诸位凉州长官,除刺史之外还有都督,《唐康续墓志铭并序》追记其"曾祖德,齐任凉州都督"③。都督的地位比刺史略高,设立都督的目的是加强对当州的统治,这也说明北齐凉州地位之重要。州都督始置于北魏末,④东魏、北齐沿置,甚至还出现了大都督,如张保洛在东魏元象(538—539)初为西夏州刺史、当州大都督,暴显在元象二年为北徐州刺史、当州大都督。⑤ 凉州都督就是在这样的情况下设立的。

东魏、北齐凉州所辖之郡县,大多难以考知,今仅见有盘和县的设置。《唐赵宗墓志铭并序》记其"曾祖德,齐亮(凉)州盘和县主薄(簿)"⑥。北齐似未设置亮州,⑦张琛认为"亮"字为"凉"之误,甚是;但又云"凉州是西魏北周的辖地,赵德任职当在北周朝,'齐'当更为'周'",并说赵宗的儿辈与赵德有五代之差,对赵德的任职情况有可能记错,甚至认为墓志所记"祖荣,齐始州黄安县令"中的"齐"字亦当更为"周",⑧则持论颇危。西魏、北周境内确有凉

---

① 北京图书馆金石组编:《北京图书馆藏中国历代石刻拓本汇编》第 11 册,第 136 页。
② 浙江省博物馆编:《金石书画》第 1 卷,西泠印社出版社,2016 年,第 52 页。
③ 北京图书馆金石组编:《北京图书馆藏中国历代石刻拓本汇编》第 16 册,第 108 页。
④ 《魏书》卷 113《官氏志》记北魏永安(528—530)以后,"复立州都督,俱总军人"。
⑤ 《北齐书》卷 19《张保洛传》、卷 41《暴显传》。
⑥ 北京图书馆金石组编:《北京图书馆藏中国历代石刻拓本汇编》第 15 册,第 7 页。
⑦ 施和金《北齐地理志》(中华书局,2008 年)和牟发松、毋有江、魏俊杰《中国行政区划通史·十六国北朝卷》下编《东魏北齐、西魏北周行政区划》(复旦大学出版社,2017 年第 2 版,下册,第 595—1029 页)均未载录亮州。
⑧ 张琛:《河南洛阳出土唐赵宗墓志铭考释》,马明达、纪宗安主编《暨南史学》第 9 辑,广西师范大学出版社,2014 年,第 116—117 页。

州、始州及其所辖之黄安县,但是并无盘和县。关于河西凉州的盘和,其建制沿革如下:汉代张掖郡下设番和县,西晋改隶于武威郡,①皆属河西凉州辖域;至晚从十六国后凉起升格为番禾郡,②北魏更名为番和郡,③甚至一度设过番和军;④北周废郡置镇;隋代复为番和县;⑤唐天宝三载(744)更名为天宝县,《元和郡县图志》卷四〇记载凉州天宝县:"汉番音盘禾县",另外还设置番禾(蕃禾、磻和)府。⑥ 由此可知,盘和即番和,亦曰番禾,位于河西走廊张掖、武威之间,隶属于河西凉州。当北齐之时,河西属西魏、北周统治,先后设置番和郡、番和镇,但无盘和县;考虑到北齐有侨置凉州的存在,则北齐凉州下辖盘和县,属于侨州侨县,自然亦可理解。

那么,东魏、北齐侨置的凉州究竟位于何处呢?施和金在编撰《北齐地理志》时说:"至于北齐的各州、各郡、各县,位于今日何地,更有不少史无记载,地无踪迹,要想明确指出,真是十分的困难。"⑦考定东魏、北齐凉州的位置,确实存在一定困难,但也并非没有一点蛛丝马迹。赵超、王连龙在整理北齐墓志时,收录了一篇曹礼墓志,皆录文为:"君姓曹,名礼,凉州东平郡寿张县人也。"⑧据此,

---

① 《汉书》卷28下《地理志下》;《续汉书·郡国志五》;《晋书》卷14《地理志》。
② 据《晋书》卷122《吕纂载记》、卷117《姚兴载记上》、卷126《秃发傉檀载记》记载,后凉吕纂时有"番禾太守吕超",后秦以"郭将为番禾太守",南凉秃发傉檀"袭徙西平、湟河诸羌三万余户于武兴、番禾、武威、昌松四郡"。北凉设番禾郡,见李吉甫《元和郡县图志》卷40《陇右道下》,中华书局,1983年,下册,第1020页。
③ 《魏书》卷106下《地形志下》。
④ 李吉甫:《元和郡县图志》卷40《陇右道下》记"后魏太武帝平凉,罢郡置军",下册,第1020页。
⑤ 《隋书》卷29《地理志上》。
⑥ 《新唐书》卷40《地理志四》"凉州武威郡"条下注曰:"有府六,曰明威、洪池、番禾、武安、丽水、姑臧";《隋宋永贵墓志铭》记开皇九年(589),"加授仪同三司,出为蕃禾镇将",见王其祎、周晓薇编著《隋代墓志铭汇考(繁体版)》,线装书局,2007年,第6册,第385、387页;《唐康太和墓志铭并序》记"祖锋,武威郡磻和府果毅",父庆"擢授武威郡磻和府折冲",见陕西省考古研究院编《陕西省考古研究院新入藏墓志》,上海古籍出版社,2019年,第74、272页。参冯培红、冯晓鹃《唐代粟特军将康太和考论——对敦煌文献、墓志和史籍的综合考察》,《敦煌研究》2021年第3期。
⑦ 施和金:《北齐地理志》"绪言",上册,第5页。
⑧ 赵超:《汉魏南北朝墓志汇编》,天津古籍出版社,1992年,第506页;王连龙编撰:《南北朝墓志集成》,上海人民出版社,2021年,上册,第1003页。

北齐凉州似乎设在东平郡一带。① 但查该墓志之图版,"凉"字漫漶不清,②难以确读。另外陆继煇则录作:"君姓曹名礼,济州东平郡寿张县人也。"③ 韩理洲等人在整理北朝补遗文献时,在东魏、北齐部分重复收录此篇墓志,但是一作"凉"、一作"齐",④自相矛盾。仔细审读图版,并承张小艳、梁春胜教授提示,当为"济州",而非"凉州"。

《魏书·地形志上》记载蔚州附恩郡下领三县,其中之一为西凉县。"蔚州"下面有小字注曰:"永安(528—530)中,改怀荒、御夷二镇置,寄治并州邬县界。"蔚州辖领始昌、忠义、附恩三郡,前二郡及所辖四县下面均有小字注"永安中置",而后一郡及所辖西凉、利石、化政三县下面则皆注"天平中置"。这一区别提示我们:蔚州及所辖始昌、忠义二郡应该是北魏末(永安)从怀荒、御夷二镇迁置的,而附恩郡设置于东魏初(天平),来源似乎不同。颇疑寄治在并州邬县界的附恩郡西凉县,其人口主要来自西部的河西凉州。

四、东魏、北齐凉州的由来——兼说元魏河西凉州民众的东徙及安置

东魏、北齐境内的凉州属于侨置州,所辖盘和县为侨置县,这些侨置州县的设立显然与河西凉州有关,其治下百姓也有不少来自河西走廊。北魏、东魏时期,河西凉州民众主要有两次东徙:一是北魏灭北凉以后,太武帝将大批凉州人东迁至代北平城及北部缘边各地;二是北魏分裂为东、西魏以后,高欢招诱包括凉州在内的西魏西北缘边诸州军民,绕经河套来到东魏境内。这些河西凉州民众或后裔极可能被高欢安置在新侨立的凉州境内。

公元439年,北魏太武帝率军亲征河西,击灭北凉,统一北中国,结束了

---

① 据《魏书》卷106中《地形志中》,东平郡隶属于兖州,下有寿张县。
② 赵万里编:《汉魏南北朝墓志集释》卷7《北齐》,《石刻史料新编》第3辑,台北新文丰出版公司,1982年,第4册,第15页,图版三四六《北齐曹礼暨妻李氏墓志》。
③ 陆继煇:《八琼室金石补正续编》卷13《隋二》所收《曹礼妻李氏造像铭》,《续修四库全书》编辑委员会编《续修四库全书》第899册《史部·金石类》,上海古籍出版社,2002年,第441页。
④ 韩理洲等辑校编年:《全北魏东魏西魏文补遗》,三秦出版社,2010年,第411页;《全北齐北周文补遗》,三秦出版社,2008年,第129页。

十六国分裂割据的时代。魏军班师东归时,"徙凉州民三万余家于京师"①。以一家五口计,三万余家超过了15万人,数字甚巨。凉州姑臧城内原有20余万人,②其中绝大部分人口被魏军掳走。③他们大多被徙至魏都平城,其中的知名人物集中见载于《魏书》卷五二,有宋繇、张湛、宗钦、阚骃、刘昞、阴仲达,以及他卷所载之程骏、江强、王桥、赵黑等人,④学界对此论述颇多,⑤兹不赘述。在平城所在的司州境内,北魏设有平凉郡,⑥严耀中认为是北魏平定北凉以后,为了安置河西民众而专门设立的郡,与置于平城西北的平齐郡相类,到孝文帝迁都洛阳后才被解散。⑦也有一些河西凉州人被安置在北部边境地区,如段信"以豪族徙北边,仍家于五原郡";孙通入魏后"因居北边";司马子如自叙其家族"徙居于云中";史灌"随例迁于抚宁(冥)镇,因家焉";⑧辽宁朝阳出土的《张略墓志》记其卒于北魏皇兴二年(468),但却罗列了一长串北凉官衔,罗新、叶炜认为"张略就是被徙至和龙的北凉旧人"⑨。从史灌迁往抚冥镇属于"随例"来看,当时被迁徙到北部缘边郡镇的凉州民众数量也不少。此外还有被迁徙到内地的,如西晋末避地河右的武功苏湛,"世祖平凉州,还乡里";陇西狄道人辛绍先,"世祖之平凉州,绍先内

---

① 《魏书》卷4上《世祖纪上》。《十六国春秋钞》云"十万户",不可取,见《资治通鉴》卷123刘宋文帝元嘉十六年(439)条胡三省注引《考异》,第3876页。
② 《魏书》卷4上《世祖纪上》记魏军攻克姑臧后,"收其城内户口二十余万"。张金龙认为是二十余万户,而非口数,故云"三万余家仍然只是极小的一部分",见《北魏政治史》,甘肃教育出版社,2008年,第3册,第137页。但若按二十余万户算,每户五人,姑臧城人口超过百万,断不可能,故应指口数。
③ 《魏书》卷52《刘昞传》云:"世祖诏诸年七十以上听留本乡,一子扶养。"北魏迁徙北凉遗民,除70岁以上及一子外,其余皆在东徙之列。
④ 《魏书》卷60《程骏传》、卷91《术艺·江式传》、卷93《恩幸·王叡传》、卷94《阉官·赵黑传》。
⑤ 这一方面以陈寅恪《隋唐制度渊源略论稿》(中华书局,1963年,第27—42页)为代表。
⑥ 《魏书》卷110《食货志》记"司州万年、雁门、上谷、灵丘、广宁、平凉郡"以麻布充税。平凉郡属司州,司州治平城,见卷106上《地形志上》"恒州"条注:"天兴(398—403)中,置司州,治代都平城,太和中(477—499)改。"
⑦ 严耀中:《北魏平凉郡考》,《魏晋南北朝史考论》,上海人民出版社,2010年,第221—225页。
⑧ 《北齐书》卷16《段荣传》、卷18《孙腾传》《司马子如传》,《周书》卷28《史宁传》。
⑨ 罗新、叶炜:《新出魏晋南北朝墓志疏证(修订本)》,中华书局,2016年,第49页。

徙,家于晋阳"。① 在史籍中,我们很少见到东徙入魏的凉州人回归河西本土,②他们基本上都留居在了中原内地。

尽管公元 439 年东徙的河西凉州民众多达三万余家,但在河西凉州之外并未设立另一个凉州。494 年北魏孝文帝大举迁都洛阳,平城的凉民后裔当有不少随同南迁,定居在洛阳或邺等地;而北边郡镇的凉民后裔则长期居住在那里,直到北魏末发生六镇之乱,才开始大批举族南奔。上述史灌之子史遵,"六镇自相屠陷,遵率乡里二千家奔恒州",后来进至洛阳;家于五原郡的段信之孙段荣,"遇乱,与乡旧携妻子南趣平城",后又投奔尔朱荣、高欢;"北州沦陷,(司马)子如携家口南奔肆州"。③ 史载,自孝昌(525—527)末以来,"豪家大族,鸠率乡部,托迹勤王,规自署置",导致"牧守令长,虚增其数",甚至出现"百室之邑,便立州名;三户之民,空张郡目"的局面。④ 史遵率领乡里二千家辗转流徙,是原籍河西、流寓关东的极有势力的粟特豪族,⑤其宗族乡亲直到北魏末依然未被打散。这些举族流徙的流民集团往往"规自署置",但同时也希望获得官方的正式任命;而政府为了安抚难民并使这些势力为其所用,最好的办法是采取侨置州郡县的政策,划出一片土地供他们定居生活,才能收到稳定民心、加强统治的效果。至晚在东魏时已经侨立的凉州,有可能就是在这种流民移徙的背景下成立的,原北凉亡国后东徙的河西凉民的后裔成了此时侨置凉州的民众。

534 年北魏亡,高欢拥立元善见为孝静帝,建立东魏;翌年初,宇文泰在

---

① 如《魏书》卷 45《韦阆传》记苏湛祖籍武功,"世祖平凉州,还乡里";《辛绍先传》记其"内徙,家于晋阳"。
② 仅见到个别人因做官而回到河西,如《魏书》卷 52《赵柔传》记其子赵默为武威太守。而卷 72《贾思伯传》记其祖籍武威,被任命为凉州刺史,"思伯以州边远,不乐外出,辞以男女未婚"。
③ 《周书》卷 28《史宁传》、《北齐书》卷 16《段荣传》、卷 18《司马子如传》。
④ 《北齐书》卷 4《文宣纪》。
⑤ 关于史遵、史宁家族的粟特性格,近年来得到越来越充分的揭示,参见吴玉贵《凉州粟特胡人安氏家族研究》,《唐研究》第 3 卷,1997 年,第 307 页;罗丰《胡汉之间——"丝绸之路"与西北历史考古》,文物出版社,2004 年,第 231—232 页;毕波《中古中国的粟特胡人——以长安为中心》,中国人民大学出版社,2011 年,第 64 页;冯培红《北朝至唐初的河西走廊与粟特民族——以昭武九姓河西诸郡望的成立为出发点》,刘进宝主编《丝路文明》第 1 辑,上海古籍出版社,2016 年,第 64—66 页。

关中拥立元宝炬为文帝,建立西魏。高欢极力招诱西北地区的军民人口,最早响应投奔东魏的是凉州刺史李叔仁,他于534年"除凉州刺史,遣使密通款于东魏,事觉见杀"①。李叔仁秘密勾结东魏,企图东奔,然因计划泄露而被杀。这次行动尽管未能获得成功,但却产生了很大的影响,"凉州刺史李叔仁为其民所执,氐、羌、吐谷浑所在蜂起,自南岐至瓜、鄯,跨州据郡者不可胜数"②,并对稍后西魏渭、灵、凉、秦、豳五州刺史接连投奔东魏也起到了催化作用。

东、西魏对峙时期,双方都在想方设法招引敌国人口,以达到瓦解对方、壮大自身的目的。高欢曾对亲信僚佐杜弼说过:"天下浊乱,习俗已久。今督将家属多在关西,黑獭常相招诱,人情去留未定。江东复有一吴儿老翁萧衍者,专事衣冠礼乐,中原士大夫望之以为正朔所在。我若急作法网,不相饶借,恐督将尽投黑獭,士子悉奔萧衍,则人物流散,何以为国?"③宇文泰(字黑獭)辅佐西魏,经常招诱关东督将,原本徙自河西的移民后裔自然也是招诱西奔的绝佳对象,如祖籍河西凉州的史宁即为其例,他是建康郡表氏县人,祖父史灌在北凉亡国后东迁,上述史遵即为其父。史宁生活在关东地区,东魏初先奔南梁、后归西魏,历经艰险,辗转多方,最终投奔宇文泰,并且两度被任命为西魏凉州刺史。当史宁在南梁时,梁武帝萧衍对他说"我当使卿衣锦还乡",梁臣朱异亦谓之曰:"桑梓之思,其可忘怀?"史宁终于在大统二年(536)投归宇文泰。④ 这里所说的桑梓故乡,是指河西走廊的凉州建康郡表氏县,此时距离史灌迁徙至代北抚冥镇将近百年。类似史宁这样的情况,正是高欢所担心的。为了不使这些凉民后裔流散西奔,在东魏境内侨置

---

① 《北史》卷37《李叔仁传》。传文未记李叔仁刺凉及通东魏谋泄被杀的时间。卷5《魏本纪五》文帝元宝炬条系于西魏大统三年(537)"十二月,司徒李叔仁自凉州通使于东魏,建昌太守贺兰植攻斩之";但卷49《雷绍传》则记"以功授大都督、凉州刺史。绍请留所领兵以助东讨,请单骑赴州。刺史李叔仁拥州逆命,绍遂归。永熙三年(534),以绍为渭州刺史",凉州刺史李叔仁拥州逆命又在534年之前。《周书》卷1《文帝纪上》系于北魏永熙三年四月:"时凉州刺史李叔仁为其民所执,举州骚扰。"兹取534年说。
② 《资治通鉴》卷156梁武帝中大通六年(534)条。
③ 《北齐书》卷24《杜弼传》。
④ 《周书》卷28《史宁传》。

凉州,任命原凉州人源彪为凉州大中正、祖籍酒泉的安吐根为凉州刺史,[①]自然是最佳的安顿举措。

与宇文泰招诱关东督将及原河西凉州裔民一样,高欢也在极力拉拢跟随宇文泰入关的诸将及西魏的地方势力,特别是宇文氏控制薄弱的灵州及河陇地区,取得了积极的效果。这也正是高欢招诱西魏离心势力之一环。534年李叔仁事件后,宇文泰重新部署了原、渭、秦等州刺史,其中渭州刺史可朱浑元于535年初也率部投奔东魏。可朱浑元的东奔路线十分迂曲,最堪注意的是他与凉州刺史刘丰交情甚深,并借由刘丰而得到其岳父灵州刺史曹泥的资助,顺利地穿过西魏的封锁线,成功抵达东魏境内。《北史》卷五三《可朱浑元传》云:

> 元乃率所部三千户,发渭州,西北度乌兰津,历河、源(凉)二州境,乃得东出。灵州刺史曹泥待元甚厚。泥女婿刘丰与元深相结,遂资遣元。元从灵州东北入云州界。

《北齐书》卷二七本传对此有类似的记述。对于"源"字,因元魏并无源州,两书"校勘记"都认为该字有误,但《北史》点校者疑为"凉"字,而《北齐书》点校者疑为"原"字,[②]皆属形近,容易传讹。除前引祖籍武威姑臧的段深为"源(凉)州大中正"外,吐鲁番雅尔湖沟西墓葬出土的《高昌延昌卅三年(593)卫孝恭妻袁氏墓表》记其为"源(凉)州武威袁氏"[③],从"武威"二字可证"源"字必为"凉"字之误。与之相类,《可朱浑元传》中的"源"字亦应作"凉"。可朱浑元从渭州经乌兰津西渡黄河,进入河州、凉州地界,不可能重新东返至宇文泰重兵布防的原州,尤其是考虑到他与凉州刺史刘丰关系近密,当从凉州说。《北齐书》还加了一段可朱浑元向高欢举荐刘丰的话,云:

> 灵州刺史曹泥女婿刘丰与元深相交结,元因说丰以高祖英武非常,

---

① 东魏时另一位凉州刺史徐颖,虽与河西无关,但其墓中有大量与祆教有关的图像,参见郎保利、渠传福《试论北齐徐显秀墓的祆教文化因素》,《世界宗教研究》2004年第3期。北朝时期,河西凉州有大量粟特胡人居住,信奉祆教;东魏凉州是河西凉民的侨居地,自然也有不少人信奉祆教。
② 《北史》卷53《可朱浑元传》"校勘记"〔三〕;《北齐书》卷27《可朱浑元传》"校勘记"〔三〕。
③ 黄文弼:《高昌砖集》,中国科学院印行,1951年,第55页。

克成大业，丰自此便有委质之心，遂资遣元。元从灵州东北入云州。

曹泥之所以厚待可朱浑元，就因为女婿刘丰的关系；而可朱浑元向高欢举荐刘丰，才坚定了刘丰投奔东魏的决心，甚至连曹泥也一同归顺东魏。可朱浑元辗转跋涉，绕经河、凉、灵三州，三次渡越黄河，终于成功抵达东魏云州；高欢派人前往迎接，引至晋阳，对可朱浑元及其部将大加封赏。

高欢封赏可朱浑元之举，对西魏政权中的离心分子起到了极大的激励作用，吸引着西魏西北缘边地方势力前来投奔东魏。536年初，刘丰与其岳父曹泥反叛宇文泰，最终投向高欢的怀抱。《北齐书》卷二七《刘丰传》对此有简略但却十分重要的记载：

丰远慕高祖威德，乃率户数万来奔。

《北齐书》《北史》本传均记刘丰为灵州镇城大都督，而两书的神武帝高欢本纪则记其为凉州刺史：

西魏灵州刺史曹泥与其婿凉州刺史刘丰遣使请内属。周文围泥，水灌其城，不没者四尺。神武命阿至罗发骑三万径度灵州，绕出西军后，获马五十匹，西师乃退。神武率骑迎泥、丰生，拔其遗户五千以归，复泥官爵。①

列传与本纪记述刘丰所率投奔东魏的户口数字有异，前者所言"户数万"，数字颇巨，尽管这一数字可能包括了灵州人户，但显然也有大量凉州人，这是继439年北魏迁徙凉州人口以后数目最大的一次人口迁徙。但当刘丰从凉州到达灵州时，遭到宇文泰所率西魏军队的围城水攻，后来得到高欢所命高车阿至罗三万军队的救援，才击退西魏军队。曹泥、刘丰翁婿二人遂得以东归东魏，此时他们率领的部众只剩下5 000户。以一户五口计，也有25 000人之多。稍后，高欢联合高车夹攻西魏秦州，又招诱西魏新任的灵州刺史万俟受洛干、秦州刺史万俟普拨、豳州刺史叱干宝乐及朔州附化郡守破六韩常等人东归。②

高欢对西魏西北缘边诸州的招诱策略无疑取得了巨大成功，东魏不仅获得万余户西魏降众，大大增强了自身实力，而且高欢对这些投诚者十分信

---

① 《北齐书》卷2《神武纪下》；《北史》卷6《齐本纪》。
② 《北齐书》卷2《神武纪下》、卷27《万俟普传》《破六韩常传》。

任,给予极高的礼遇,如他临死前对其子高澄说:"可朱浑道元、刘丰生,远来投我,必无异心。"①道元、丰生分别是可朱浑元、刘丰之字,他俩深得高欢的信任,死后与万俟受洛干一起配飨文襄帝高澄的庙庭。② 刘丰在西魏担任凉州刺史,投奔东魏后被任命为南汾州刺史,但其所率之凉州部众则可能被迁居到侨置的凉州境内。或者,东魏凉州也有可能是为了安置刘丰所率的原河西凉州部众而设置的。天保元年(550)五月甲寅,高洋建立北齐,过了十一天:

> 乙丑,诏降魏朝封爵各有差。其信都从义及宣力霸朝者,及西来人并武定六年(548)以来南来投化者,不在降限。③

所谓"西来人",即指上述曹泥、刘丰、可朱浑元、万俟普拨、万俟受洛干、叱干宝乐、破六韩常等原西魏地方官所率之东归之众。他们在北齐受到特别的重视,不在普降爵位之限。这些西来人除了上层人物在朝廷或各地任职外,其他大多很可能就被安置在侨置的凉州。

除上述北魏灭北凉、东魏初两次大规模迁徙河西凉州民众到关东地区外,北魏统治时期大力招徕西域胡人,有些粟特人曾在河西凉州居停,之后继续东迁至中原,如《史思礼墓志铭并序》记其为"武威人也",祖上"佐魏理邺,绾百里之印",④是指在元魏时担任过邺县令;《安神俨墓志铭并序》记其为"河南新安人也。原夫吹律命系,肇迹姑臧。因土分枝,建旟强魏"⑤,也在北魏时一度居住在武威姑臧,后来移居到河南郡新安县。不过,这样的例证资料比较零星,不像上述两次大规模迁徙那么集中。

五、从凉州官员窥探东魏、北齐凉州的民众构成

由于材料来源的限制,目前所见东魏、北齐凉州的资料全都集中于官员,其中10人为长官(刺史、都督),2人为凉州大中正,1人为盘和县主簿。

---

① 《资治通鉴》卷159萧梁武帝中大同元年(546)条。
② 《北齐书》卷6《孝昭帝纪》。
③ 《北齐书》卷4《文宣纪》。
④ 吴钢主编:《全唐文补遗》第3辑,三秦出版社,1996年,第75页。
⑤ 北京图书馆金石组编:《北京图书馆藏中国历代石刻拓本汇编》第16册,第121页。

需加注意,这些人当中,有的是原河西凉民之后裔,有的出自西域的粟特或鱼国,且所占比例不小。高氏政权为什么要委派他们来担任侨置凉州的官员呢?这显然不是毫无缘由的。

源出河西凉州的有 5 人:源彪、段深、安吐根、康德、康感。前二人皆为凉州大中正。《北齐书》卷四三《源彪传》记其为"西平乐都人也",北魏末为员外散骑常侍,东魏天平四年(537)任凉州大中正,到北齐时官至秘书监。对于源彪的祖先,传文仅记载到其父源子恭,但据《魏书》卷四一《源贺传》可知,源彪是源贺之曾孙,为南凉国主秃发氏的后裔。南凉为西秦所灭后,源贺自乐都投奔北魏,被太武帝赐姓为源。西晋、十六国时期,秃发氏(源氏)在河西凉州一带势力极大,秃发树机能发动长达十余年的反晋斗争,南凉秃发傉檀一度定都于姑臧,北魏进攻凉州时以源贺为向导,招慰姑臧城外四部鲜卑三万余落,为魏军攻克姑臧立下大功。北魏统治时期,源贺之子源怀、孙源子雍与源纂均任凉州大中正,世世代代都是河西凉州的中正官。到了东魏,虽然河西凉州为西魏所有,但高欢也侨置凉州,并以祖籍西平乐都的源彪为凉州大中正,这透露出东魏凉州境内应有不少从河西凉州迁徙到关东地区的民众,其中包括像源彪这样的鲜卑人。《北齐书》卷一六《段荣传》记其为"姑臧武威人也",北凉灭国后被迁徙至北部缘边的五原郡,其孙段深在北齐时任凉州大中正,或为汉人,但也有可能是鲜卑人。[1] 韩裔为昌黎宾徒人,其父韩贤、子韩凤在《北齐书》《北史》中皆有列传。从韩凤所骂朝士"狗汉大不可耐,唯须杀却"来看,俨然以鲜卑人自居;"凤母鲜于,段孝言之从母子姊也",[2]段孝言即段深之叔,韩凤之姑为高欢的养女阳翟公主,[3]无

---

[1] 林宝著、岑仲勉校记:《元和姓纂(附四校记)》卷 9 "段"条诸望中,有武威、辽西二望,段文振被列在辽西望,为辽西令支人,是鲜卑族。中华书局,1994 年,第 2 册,第 1283—1295 页。段文振在《隋书》卷 60 有列传,其父《北周段威墓志铭》称"其先自武威徙焉",其孙《唐段蔺璧墓志铭并序》亦称"辽西令支人",并记载到曾祖段威、祖父段文振。可知段威、段文振是辽西鲜卑族,攀附了武威段氏。参见罗新、叶炜《新出魏晋南北朝墓志疏证(修订本)》,第 419—421 页。

[2] 《北齐书》卷 50《恩幸·韩凤传》;《北史》卷 92《恩幸·韩凤传》。关于鲜于氏,参见姚薇元《北朝胡姓考(修订本)》外篇第四《高车诸姓》,中华书局,1962 年,第 338—340 页。

[3] 《北史》卷 41《杨播附燕子献传》。《北齐书》卷 34《杨愔附燕子献传》作"淮阳公主"。罗新认为阳翟公主是韩裔之妹而非姐,见《北齐韩长鸾之家世》,《北京大学学报》2006 年第 1 期。

不打上鲜卑化的烙印。

后三人均担任凉州刺史,而且都是粟特人。《北史》卷九二《恩幸·和士开附安吐根传》记其为"安息胡人,曾祖入魏,家于酒泉"。史籍虽称安吐根为安息胡人,但实际上出自粟特安国,其曾祖父在北魏时迁居酒泉。安吐根本人在北魏、东魏和柔然之间充当使节,自称"臣本商胡"。充使、经商是粟特人的两大特点,在安吐根身上兼而有之。东魏初,安吐根投奔高欢,并在文襄帝高澄执政时被任命为"假节、凉州刺史、率义侯"。后藤胜将"文襄"误作为高洋,又把"假节"错录作"假设",并解释"假设"是因为河西凉州此时已为西魏所统治,是流寓中原的安吐根之故乡,因此东魏给他授予假节、凉州刺史之职。① 事实上,"假节"代表一种权力身份,可杀犯军令者,②后藤氏理解为"假设"显然有误。③ 如前所论,东魏凉州刺史并非是对西魏河西凉州的虚领,而是在东魏境内设立侨置凉州,用以安置从河西迁徙来的凉州民众或后裔。高澄以祖籍酒泉的安吐根为东魏凉州刺史,目的显然是为了便于对迁徙至该州的原河西凉民的统治。

及至北齐,康德被任命为凉州都督,都督的地位略高于刺史,更加强了对侨置凉州的统治。《唐康续墓志铭》记载其祖先也是从河西凉州东迁而来的:

公讳续,字善,河南人也。昔西周启祚,康王承累圣之基;东晋失图,康国跨全凉之地。控弦飞镝,屯万骑于金城;月满尘惊,辟千营于沙塞。举葱岩而入款,宠驾侯王;受茅土而开封,业传枝胤。曾祖德,齐任凉州都督。祖暹,齐任京畿府大都督。父老,皇朝左屯卫翊卫。斯并九皋腾韵,千里标题。或衣锦维桑,据白门而露冕。……乃作铭云:分周

---

① 后藤胜:《ソグド系帰化人安吐根について——西域帰化人研究その3》,《圣德学园岐阜教育大学纪要》第16集,1988年。
② 杜佑:《通典》卷14《职官典三十二·州郡上》"都督"条云:"使持节为上,持节次之,假节为下。使持节得杀二千石以下。持节杀无官位人,若军事,得与使持节同。假节,唯军事得杀犯军令者",中华书局,1988年,第1册,第893页。
③ 后藤胜在《東魏·北斉朝の西域人——西域帰化人研究その4》(《圣德学园岐阜教育大学纪要》第19集,1990年)一文中仍持"假设"说。

演绪,据凉承家。门升列岳,业嗣流沙。①

与安吐根类似,康德是来自粟特康国的胡人后裔,其祖上东迁时率领部落入华,"举葱岩而入款",即越过葱岭东来,在十六国五凉时居住在"全凉之地",屯兵万骑于金城,形成军事聚落,且被封为王侯,墓志称作"康国",足见极有势力。铭文中有"据凉承家""业嗣流沙"等语,亦证实其家族一度定居于河西凉州。志文未言康德家族是如何继续东徙的,但显然是在元魏时迁至中原,并仕于北齐。从康德、康遑父子所任北齐凉州都督、京畿府大都督等官来看,此时康德家族的势力仍不可小觑。尤应注意的是,墓志中有"衣锦维桑"一语,"桑"指桑梓。康德出任北齐凉州都督,衣锦还乡的桑梓自然不是西魏或北周统治下的河西凉州,而是北齐境内侨置的凉州。钟盛曾考察过西魏、北周"作牧本州"的现象,②事实上这一现象在东魏、北齐也同样存在,甚至出现世袭本州刺史的情况,如"(封)隆之素得乡里人情,频为本州",其子"子绘祖、父世为本州,百姓素所归附。……仍敕子绘权行州事";③"(毕)义云盛称门阀,云我累世本州刺史",他自己亦"除兖州刺史,给后部鼓吹,即本州也"。④ 康德家族从粟特康国经河西凉州东迁至中原,东魏、北齐侨立凉州以安置凉土裔民,这里就成为他们的桑梓故乡。东魏、北齐起用安吐根、康德等河西凉民或后裔担任凉州刺史,"作牧本州",能够起到有效的统治效果。⑤

除了安吐根、康德之外,康感也是一位出自河西凉州的粟特人,这从其曾孙康磨伽、康留买的姓名及《唐康磨伽墓志铭并序》所记"其先发源于西海"可以证实其粟特身份;而《唐康留买墓志铭并序》称"本即西州之

---

① 北京图书馆金石组编:《北京图书馆藏中国历代石刻拓本汇编》第 16 册,第 108 页。
② 钟盛:《西魏北周"作牧本州"考析》,武汉大学中国三至九世纪研究所《魏晋南北朝隋唐史资料》第 25 辑,武汉大学文科学报编辑部,2009 年,第 85—104 页。
③ 《北齐书》卷 21《封隆之传》。
④ 《北齐书》卷 43《羊烈传》、卷 47《酷吏·毕义云传》。
⑤ 《北史》卷 53《张保洛传》后面附有《康德传》,云:"从神武出山东,又有贺拔仁、魏珍、段琛、尉摽、子相贵、康德、韩建业、封辅相、范舍乐、牒舍乐,并以军功至大官,史失其事。……德,代人。历数州刺史,并省尚书左仆射、开府仪同三司,封新蔡王。"不过,《北齐书》卷 19《张保洛传》则作"王康德"。这位康德是否为康续的曾祖父尚难定论,姑且存疑。

茂族"①,"西州"当指河西凉州,以后又东迁到关东地区,康感在北齐时出任凉州刺史。

上文提到投奔东魏的曹泥及其女婿刘丰,前者当为粟特人,出自曹国;后者疑出自与粟特关系密切的匈奴,且所刺之凉州向为粟特人聚居之地。北魏灭北凉后将凉州民众大批东迁,致使河西走廊人口锐减,漠北、西域等地民族趁机涌入,尤其是在北魏政府的四夷招徕政策下,粟特胡商不断东来,许多定居在河西走廊。刘丰率领数万户凉州军民先奔灵州,与其岳父粟特人曹泥一起东投东魏,凉州部众中必有不少粟特人。② 曹、刘翁婿二人率部归顺高欢,将灵、凉二州的大批粟特人带到东魏,大大增强了关东地区的胡化因素,以至于在东魏、北齐境内出现了明显的西胡化倾向。

北齐时任凉州刺史的虞弘是西域"鱼国尉纥驎城人",曾代表柔然出使波斯、吐谷浑等国。他有一个粟特化的字"莫潘",后来在北周时还曾"检校萨保府",③其墓葬中的汉白玉石椁图像有大量反映祆教的内容。④ 虞弘的经历与安吐根颇为相似,他们的家族均从西域东迁,迁徙路线皆经由柔然再至东魏或北齐,两人都当过外交使节,均担任侨置凉州的刺史。作为信奉祆教的西域鱼国人后裔,北齐命虞弘管理从凉州及其他地方迁徙来的信仰祆教的西域胡人,是完全可以理解的。《北齐皮阿输迦夫人新昌郡公主高氏墓志铭》记其于"武平六年(575)二月廿四日薨于邺城之第",标题中云"假节、

---

① 北京图书馆金石组编:《北京图书馆藏中国历代石刻拓本汇编》第 16 册,第 176、177 页。
② 冯培红:《北朝至唐初的河西走廊与粟特民族——以昭武九姓河西诸郡望的成立为出发点》,《丝路文明》第 1 辑,2016 年,第 55—61 页。
③ 山西省考古研究所等编著:《太原隋代虞弘墓》,第 87—91 页。
④ 张庆捷:《太原隋代虞弘墓石椁浮雕的初步考察》,姜伯勤:《隋检校萨宝府虞弘墓石椁画像石图像程序试探》,皆载巫鸿主编《汉唐之间文化艺术的互动与交融》,文物出版社,2001 年,第 3—50 页;姜伯勤:《隋检校萨宝府虞弘墓祆教画像石图像的再探讨》,中山大学艺术史研究中心编《艺术史研究》第 4 辑,中山大学出版社,2002 年,第 183—198 页;杨巨平:《虞弘墓祆教文化内涵试探》,《世界宗教研究》2006 年第 3 期。而有的学者则强调波斯文化元素,如张庆捷《虞弘墓石椁图像中的波斯文化因素》,叶奕良主编《伊朗学在中国论文集》第 3 集,北京大学出版社,2003 年,第 237—255 页;齐东方《虞弘墓人兽搏斗图像及其文化属性》,《文物》2006 年第 8 期。

督凉州诸军事、辅国将军、凉州刺史、太子庶子、元喜县开国男皮阿输迦"。①墓志记载高氏先逝,则其夫皮阿输迦在575年尚在凉州刺史任上,此时距离北齐灭亡仅剩两年。阿输迦为梵语Ashok之音译汉字,意为无忧,又译作阿育王,北齐凉州刺史皮阿输迦的取名或与西域天竺有关。

徐颖、韩裔、范粹虽以汉人出任凉州刺史,但他们的墓葬中有明显的袄教胡风特点,如徐颖墓门上雕刻有神鸟形象,东、西两壁的人物图像中有联珠纹,尤其是东壁绘有胡人形象,以及出土辫发骑兵俑、镶嵌蓝宝石的金戒指、银耳环等;②韩裔墓出土的陶俑"也有深目高鼻的少数民族形象",主要是家奴和武士俑;③范粹墓出土了三件斜背囊包的胡人俑、四件有胡腾舞图案的黄釉扁壶,以及骆驼俑。④ 这些都呈现出鲜明的以粟特为主的西域文化元素,⑤应当跟东魏、北齐社会的西胡化,特别是侨置凉州境内有大量来自河西凉土的粟特裔民有较大关系。

此外,北齐凉州刺史董佛子、杨颖及盘和县主簿赵德亦均为汉人,其中盘和县为原河西凉州所辖之县,北齐设立侨县,主簿作为县级佐官,多由本地大族出任,⑥这表明北齐凉州及盘和县也有不少汉族民众,其中不乏来自河西凉州者。

前文所列表中的东魏、北齐凉州资料记载的都是州县官员,尤其是凉州长官,这虽然对分析凉州民众的构成造成了不便,但通过凉州都督康德"衣锦维桑"、北朝后期普遍出现的"作牧本州"乃至家族世袭的现象,以及侨置州县的特殊情况,可以窥探出东魏、北齐凉州的民众主要来自原河西本土,包括粟特、鲜卑、汉族及其他西域人。

---

① 赵君平、赵文成编:《秦晋豫新出墓志蒐佚》,国家图书馆出版社,2012年,第1册,第71页。
② 山西省考古研究所等:《太原北齐徐显秀墓发掘简报》,《文物》2003年第10期。
③ 陶正刚:《山西祁县白圭北齐韩裔墓》,《文物》1975年第4期。
④ 河南省博物馆:《河南安阳北齐范粹墓发掘简报》,《文物》1972年第1期。
⑤ 郎保利、渠传福:《试论北齐徐显秀墓的袄教文化因素》,《世界宗教研究》2004年第3期;古花开:《北齐范粹墓及同期墓葬中的西域文化》,《中原文物》2013年第5期。
⑥ 严耕望:《中国地方行政制度史》乙部《魏晋南北朝地方行政制度》,"中研院"历史语言研究所,1997年景印第4版,下册,第862—867页。

六、东魏、北齐侨置凉州与粟特胡风的关系
——陈寅恪所持北齐西胡化说申论

陈寅恪曾指出北齐的鲜卑化及西胡化现象,认为西胡化的首要条件是要有西域胡人,但仅论及北魏孝文帝迁都洛阳以来的西胡后裔进入北齐政权。[1] 李建栋进一步考察了北齐时期的西域胡乐、歌舞、戏剧,探讨其与北齐诗风之转变、戏剧之蜕变的关系,以及对北齐政治的影响。[2] 然而,北魏的西胡后裔何以迟至半个多世纪以后,才在北齐掀起西胡化浪潮呢?笔者认为,这种西胡化现象并不仅限于北齐,其实在高欢、高澄父子执政的东魏时期就已经出现了。

史载高欢执政时,祖珽"自解弹琵琶,能为新曲,招城市年少歌舞为娱,游集诸倡家。与陈元康、穆子容、任胄、元士亮等为声色之游。诸人尝就珽宿,出山东大文绫并连珠孔雀罗等百余匹,令诸姬掷樗蒲赌之,以为戏乐";"后为神武中外府功曹,神武宴僚属,于坐失金叵罗,窦泰令饮酒者皆脱帽,于珽髻上得之"。这里提到的连珠孔雀罗、金叵罗等物,都是来自西域的舶来品或是西域风格的仿制品。祖珽是范阳人,虽是华夏世族,但生长边地,"善音律,解四夷语",[3]他改革音乐,"始具宫悬之器,仍杂西凉之曲","杂乐有西凉鼙舞、清乐、龟兹等。然吹笛、弹琵琶、五弦及歌舞之伎,自文襄以来,皆所爱好"。[4] 尔朱"文略弹琵琶,吹横笛,谣咏,倦极便卧唱挽歌","世宗尝令章永兴于马上弹胡琵琶,奏十余曲,试使文略写之,遂得其八"。[5] 文襄、世宗分别是高澄死后追封的谥号和庙号,可见在他执政时胡乐在东魏社会的

---

[1] 陈寅恪著、万绳楠整理:《陈寅恪魏晋南北朝史讲演录》第十八篇《北齐的鲜卑化及西胡化》,黄山书社,1987年,第292—300页;陈寅恪:《隋唐制度渊源略论稿》五《音乐》,第116—123页。
[2] 李建栋:《北齐时代的西域胡戏乐东渐及其对政治的影响》,《安徽大学学报》2011年第1期;《西域歌舞戏剧东渐与北齐戏剧之蜕变》,《民族文学研究》2011年第1期;《西域胡乐流播与北齐诗风的转变》,《安徽大学学报》2017年第1期。
[3] 《北齐书》卷39《祖珽传》。
[4] 《隋书》卷14《音乐志中》。
[5] 《北齐书》卷48《外戚·尔朱文畅传》。

流行程度。东魏西胡化现象的出现，固然与北魏时期河西凉民及西域胡人的东徙有关，但更直接的原因应是东魏初高欢对西魏西北缘边诸州民众的招诱。粟特人灵州刺史曹泥及其女婿凉州刺史刘丰所率军民来到东魏境内，进一步加剧了东魏社会的胡化程度。

后藤胜根据史籍的记载，探讨了东魏、北齐的粟特胡人。①《隋书》卷二七《百官志中》记载北齐官制，其中说到中书省有负责管理伶官西凉部、伶官龟兹部等音乐的官员：

> 中书省，管司王言，及司进御之音乐。监、令各一人，侍郎四人。并司伶官西凉部直长、伶官西凉四部、伶官龟兹四部、伶官清商部直长、伶官清商四部。

东宫部分也提到伶官西凉部：

> 典书坊，庶子四人，舍人二十八人。又领典经坊，洗马八人，守舍人二人、门大夫、坊门大夫、主簿各一人。并统伶官西凉二部、伶官清商二部。

比较中书省与东宫的伶官配置，很显然西凉音乐比龟兹音乐更为盛行，前者应当与北齐侨置凉州中的粟特胡人有关，后者则与黄河以北的龟兹人聚居区相关。②《隋书》卷一四《音乐志中》在谈到东魏文襄帝高澄时代后续云：

> 至河清（562—564）以后，传习尤盛。后主唯赏胡戎乐，耽爱无已。于是繁手淫声，争新哀怨。故曹妙达、安未弱、安马驹之徒，至有封王开府者，遂服簪缨而为伶人之事。后主亦自能度曲，亲执乐器，悦玩无倦，倚弦而歌。别采新声，为《无愁曲》，音韵窈窕，极于哀思，使胡儿阉官之辈，齐唱和之，曲终乐阕，莫不殒涕。虽行幸道路，或时马上奏之，乐往哀来，竟以亡国。

北齐的西凉乐舞自然不是从敌国北周河西凉州学习引进的，而是北魏灭北凉后所获西凉乐之遗音，特别是东魏初高欢招诱西魏凉州刺史刘丰等人所

---

① 后藤胜：《東魏・北齐朝の西域人——西域帰化人研究その4》，《圣德学园岐阜教育大学纪要》第 19 集，1990 年。
② 《资治通鉴》卷 171 陈宣帝太建五年（573）条。

率的粟特胡人带来的胡乐新声。北齐的胡乐十分兴盛,以粟特为主的西域胡人在艺坛乃至政坛上都极为活跃。这一点在《北齐书》《北史》的《恩幸传》及陈寅恪的论述中已有揭示,兹不赘言。北齐的胡乐甚至还影响到隋代,牛弘曾上奏罢停北周音乐,"令齐乐人曹妙达于太乐教习,以代周歌"①,于此足见北齐胡乐的生命力与影响力。

  北齐邺都浓厚的胡化风气,虽然从史籍看主要体现在朝廷的恩幸大臣身上,但也与各地普遍设置萨甫(即萨保)有关。② 20 世纪在安阳、益都、太原等地出土了北齐时代的粟特墓葬,以及其他墓葬中具有西域风格的文物,便是北齐流行粟特胡风的形象证据。③ 尤其是在侨置的凉州,更多的粟特民众被集中安置在一起,势力很大,自然更加助长了东魏、北齐的西胡化风气。《唐康续墓志铭并序》云:"曾祖德,齐任凉州都督;祖遇,齐任京畿府大都督。"不仅康德出任凉州都督,其子康遇甚至还担任京畿府大都督,后一官职基本上由高齐皇族或重臣所垄断,④粟特出身的康遇能够侧身于此,表明其家族地位非同一般。而安吐根也从凉州刺史调到朝中任职,并与高叡等人一起向胡太后弹劾权臣和士开。这些原本出自河西的粟特胡人及其统辖的凉州民众,对东魏、北齐的胡化风气产生了至为重要的影响。

---

① 《隋书》卷 15《音乐志下》。
② 《隋书》卷 27《百官志中》记北齐鸿胪寺典客署有"诸州萨甫一人"。
③ 参见荣新江《粟特与突厥——粟特石棺图像的新印证》《略谈徐显秀墓壁画上的菩萨联珠纹》《中古贵族墓室壁画上的胡风——猎豹、杂服及其他》,均收入荣新江《中古中国与粟特文明》,生活·读书·新知三联书店,2014 年,第 357—362、390—410 页。
④ 张金龙:《东魏、北齐京畿大都督考》,《文史哲》2001 年第 1 期。

河西汉简乡里研究述评[*]

赵尔阳

清华大学出土文献研究与保护中心

河西屯戍汉简中记载了大量的乡里名称,这些乡里名是《史记》《汉书》等两汉传世史籍所未载的,可补史书之缺,借此也可窥探汉代县以下的乡里情况。关于汉简中的乡里,前人做过不少研究,重点是乡里名称的辑录。随着肩水金关汉简、地湾汉简、悬泉汉简等的陆续公布,汉简乡里资料更加丰富,学界的研究也不断累积。回顾河西汉简乡里研究的学术史,总结前人的成就和存在的不足,将汉简乡里研究推向深入,是我们今后面临的重要任务。笔者不揣浅陋,尝试对近几十年来河西汉简乡里研究的主要成果进行简单总结,不妥之处,敬祈方家批评指正!

一、以居延汉简乡里为主的研究

居延汉简中记载的乡里很多,尤其是各种簿籍类文书中记录了众多的"里",这些里名往往是伴随着人物的籍贯出现的。简中对吏卒民籍贯的记录格式常为:郡(国)名+县(邑)名+里名,张掖郡的百姓一般不书郡名,直书县里名。居延汉简中乡名较少见,乡的记录一般出现在由乡官申报的出入通行文书中,且汉代的乡常以都乡和方位词命名,如东乡、西乡、南乡等。因此,汉简记载的县以下行政组织名称中,里名多见,乡名少见。

居延汉简公布后,学界对简中的乡里名称进行了不断统计与梳理。吴昌廉《居延汉简所见郡国县邑乡里统属表》汇录了居延旧简中所见的乡里名

---

[*] 本文是国家社科基金青年项目"新出西北汉简地理史料的整理与研究"(编号22CZS009)的阶段性成果。

称,并把"里"归属在相应的郡国县邑下。① 由于吴文成文较早,利用的释文材料比较原始,故对里名的辑录容有差误,例如吴文认为居延县有当益里、死山里、善人里、中官里等,皆误。此缘于作者当时利用的释文还是劳榦的《居延汉简考释·释文之部》,原释文受当时条件的限制,今天看来误释、错讹较多,导致吴文在里名的辑录方面难免存在历史的局限。

何双全《〈汉简·乡里志〉及其研究》汇总了1980年代末以前所公布汉简中的乡里,按郡国县邑列其归属,并探讨了里的性质、职能、建筑结构和规模,是一篇颇有深度的论文。② 作者利用的材料相当齐全,包括居延旧简、居延新简、敦煌汉简等,所收里名堪称大备,然受当时技术条件的限制,文中错讹之处依然不少。例如作者辑录西汉时居延82里、东汉时14里,扣除相同的里,何文共辑录两汉居延县87里。何文虽对居延县"里"罗列众多,但许多里皆经不起推敲,如始驾、长亲、居富、鄣河、少壮、当阳、朱华等里,这些里或释文有误,或难以确定归属,皆非居延之里,故何文辑录的许多里名还需再作探讨。

日本学者大庭脩《居延汉简索引·地名索引》收录了额济纳河流域出土汉简中所见的州郡、县、乡、里名,依据的资料主要是居延旧简和1970年代在甲渠候官出土的新简。作者整理了大量的里名,按照乡里名的首字笔画多少进行分类辑录,在每个乡里名后标有其所属郡县及简号,方便读者检索。③ 对一些隶属郡县不确定的里,作者在里名后标注"不明",这种严谨审慎的治学态度无疑是极为可贵的,值得吾辈学习。然当时居延汉简还未有红外线图版照片,许多乡里名的释文还不够准确,一些里名也存在因首字笔画模糊而缺释的遗憾,故作者专门列了初字不明的乡里名。随着技术条件的进步,今天我们可以对大庭脩辑录的乡里名进行再审视,对其标示隶属关系"不明"的里仔细研判,对缺释或释文不准确的里名重新讨论。

周振鹤《新旧汉简所见县名与里名》按《汉书·地理志》的体例,将当时所见汉简(主要是居延旧简、甲渠候官新简)的县里名分别归入相应的郡国

---

① 吴昌廉:《居延汉简所见郡国县邑乡里统属表》,《简牍学报》1980年第7期。
② 何双全:《〈汉简·乡里志〉及其研究》,收入《秦汉简牍论文集》,甘肃人民出版社,1989年,第145—235页。
③ 大庭脩主编:《居延汉简索引》,关西大学出版部,1995年。

之下。① 作者对县、里名进行辑录时校正了原释文中一些文字的释读和文意理解错误，对之前吴文、何文中一些错讹之处也进行了纠正，故该文收录的县里名准确度较高。但该文对每个里名只标注其最先出现时的简号，失之简约。该文辑录的里名和简号亦存在一些错讹、疏漏和误排。

马孟龙《〈新旧汉简所见县名与里名〉订补》在周振鹤文章的基础上，利用汉简不同版本的释文和新公布的汉简资料，对周文的讹误进行了校正补充。② 作者订正了周文中的文字、简号错讹；增补了新的县、里名；删除了释读和编排有误的县名里名。马文基本解决了之前学界辑录河西汉简乡里名时存在的错讹与疏漏，使汉简的乡里名更加精准，但作者未利用当时正在公布的金关汉简等材料。

吴昌廉《汉居延县"里"新考》专门考证了居延县所辖之里，作者在检讨何双全、大庭脩、周振鹤等人成果的基础上，先确定了简文明云"居延某里"的41个里，然后又据相关文例判断出属于居延的16个里。作者还对居延里的地理位置、与边境军事地名的关系等问题进行了讨论。③ 吴文是近年来学界对居延县里研究的较新成果，梳理考证出了较多的居延里，但作者总结的几个判断居延里的文例或有错讹，据之推断的朱华、槐里、鄣河、少壮、步昌、长亲等里当是误读。随着居延汉简红外线照片及最新释文的公布，汉简乡里名有重新辑录、考证之必要。

吴昌廉《关于汉居延县"里"之地理问题》从不同角度论述了居延县"里"的地理位置，如从里程、相同地名推测一些里的大体位置，从甲渠塞与卅井塞防线看一些里的地理分布，从通泽至临木沿线观察一些里的位置等，对居延县所辖之里的大体方位进行了一些推测和分析。④ 作者所论虽有所创新，但推测成分较多，对一些里地理位置的判断证据不足，里与部隧同名并不意味着里一定在部隧附近，亦可能远离烽隧。吴昌廉《汉张掖郡县

---

① 周振鹤：《新旧汉简所见县名与里名》，《历史地理》第12辑，上海人民出版社，1995年，第151—165页。
② 马孟龙：《〈新旧汉简所见县名与里名〉订补》，《历史地理》第30辑，上海人民出版社，2014年，第151—160页。
③ 吴昌廉：《汉居延县"里"新考》，《白沙历史地理学报》2007年第3期，第155—190页。
④ 吴昌廉：《关于汉居延县"里"之地理问题》，《简牍学报》2008年第20期。

"里"新探》，在居延县里的基础上，进一步探讨了张掖郡各县之里数，并对一些里的大体位置进行了推断。① 庄玱逸《汉简里名初探——冠"市"里名研究》，对汉简及其他出土文物上的冠"市"里名进行了分析归纳，总结了此类里名的特点，并对"市阳里"的方位进行了蠡测。② 刘欣宁《居延汉简所见住居与里制——以"田舍"为线索》分析了居延汉简中的"田舍"一词，认为"田舍"指城邑外之民居，与"邑中舍"对称，并对居延汉简中的里制进行了重新探讨，认为居延边地亦有邑中舍和田舍之区别，住居不一定皆位于城邑之里。③

二、肩水金关汉简乡里研究

肩水金关汉简中记录了大量的乡里名称，目前学界的研究多数是里名的辑录。黄浩波《肩水金关汉简地名简考（八则）》附录了金关简前五册中所见的郡国县邑乡里名称，对金关简中的绝大多数里名都进行了辑录，并按所属郡国县邑列表排列，订正了一些简的释文，初步奠定了学界后续的研究。④ 但黄文还存在一些遗漏和错讹：比如简牍未残损但不书郡县名只书里名的一些里，黄文并未辑录，这些里大部分是觻得或居延辖下之里；还有些里名存在释文有误或简号错讹等情况。李炳泉《肩水金关汉简所见县名与里名》仿照周振鹤文章体例，对金关简中统属关系明确的里进行了辑录，并将里名置于所属的郡国县邑下。⑤ 田炳炳《肩水金关汉简所见地方政区研究》对金

---

① 吴昌廉：《汉张掖郡县"里"新探》，《东海大学文学院学报》第 48 卷，2007 年。
② 庄玱逸：《汉简里名初探——冠"市"里名研究》，《简牍学报》2002 年第 18 期。
③ 刘欣宁：《居延汉简所见住居与里制——以"田舍"为线索》，收入李宗焜主编《古文字与古代史》第 3 辑，"中研院"历史语言研究所，2012 年，第 435—452 页。
④ 黄浩波：《肩水金关汉简地名简考（八则）》，《简帛研究二〇一七秋冬卷》，广西师范大学出版社，2018 年。其对金关简郡国县邑乡里名的梳理最初陆续发表在简帛网上，详参黄浩波《肩水金关汉简所见郡国县邑乡里表》（壹），简帛网 2011 年 12 月 1 日；黄浩波《肩水金关汉简所见郡国县邑乡里表》（贰），简帛网 2013 年 9 月 18 日；黄浩波：《肩水金关汉简所见郡国县邑乡里表》（叁），简帛网 2014 年 7 月 22 日；黄浩波《肩水金关汉简所见郡国县邑乡里表》（肆），简帛网 2016 年 3 月 9 日；黄浩波《肩水金关汉简所见郡国县邑乡里表》（伍），简帛网 2016 年 9 月 7 日。
⑤ 李炳泉：《肩水金关汉简所见县名与里名》，《甘肃简牍》第 1 辑，西南交通大学出版社，2021 年，第 79—100 页。

关简前三册的县里名进行了梳理,并对里的命名进行了简单分析。① 晏昌贵《增补汉简所见县名与里名》在周振鹤文章的基础上,增补了周文遗漏的居延旧简所见里名和新出的金关汉简(壹)中的里名。② 孙兆华《〈肩水金关汉简〉(贰)所见里名及相关问题》汇总了金关简(贰)中的"里",并探讨了里的命名,认为里的命名方式有嘉名、前置方位词、姓氏命名等特点,并对长安的里名进行了整理。③ 孙家洲《〈肩水金关汉简〉所见汉武帝"茂陵邑"探微》整理了金关汉简所见茂陵邑的 15 个里名,并对茂陵邑的官员配置、特殊地位进行了分析。④ 赵海龙《肩水金关汉简(壹)地名订补》在黄浩波和晏昌贵的基础上,对金关简(壹)所见地名进行了修订和补充,主要是订补了一些里名。⑤ 赵海龙《肩水金关汉简(贰)地名补释》在黄浩波基础上,对金关简第贰册中的地名作了一些补充解释。⑥ 赵海龙《肩水金关汉简(叁)所见地名补考》在黄浩波、田炳炳的基础上,对两文疏漏和辑录错误的一些县里名进行了补录和修正。⑦ 赵尔阳《肩水金关汉简地理及相关问题研究》结合新旧居延汉简,对汉代居延县乡里进行了新考,辨析了一些存在争议的乡里名,并对里的命名方式、里名特点进行了探讨。⑧

三、其他汉简中乡里之研究及汉代乡里的综合研究

张俊民《悬泉汉简所见西汉效谷县的"里"名》梳理了悬泉汉简中所见效

---

① 田炳炳:《肩水金关汉简所见地方政区研究》,武汉大学 2015 年硕士学位论文。
② 晏昌贵:《增补汉简所见县名与里名》,《历史地理》第 26 辑,上海人民出版社,2016 年。
③ 孙兆华:《〈肩水金关汉简〉(贰)所见里名及相关问题》,《鲁东大学学报》2014 年第 2 期,此文又收入中共金塔县委、金塔县人民政府等编《金塔居延遗址与丝绸之路历史文化研究》,甘肃教育出版社,2014 年,第 118—131 页。
④ 孙家洲:《〈肩水金关汉简〉所见汉武帝"茂陵邑"探微》,《中国人民大学学报》2018 年第 3 期。
⑤ 赵海龙:《肩水金关汉简(壹)地名订补》,简帛网 2014 年 8 月 23 日。
⑥ 赵海龙:《肩水金关汉简(贰)地名补释》,简帛网 2014 年 8 月 24 日。
⑦ 赵海龙:《肩水金关汉简(叁)所见地名补考》,简帛网 2014 年 8 月 31 日。
⑧ 赵尔阳:《肩水金关汉简地理及相关问题研究》第 1 章,武汉大学 2020 年博士学位论文。

谷县的"里",对记载"里"的文书形式进行了归纳,对明确属于效谷县的"里"名数量进行了统计辨析,并对效谷县的社会生活状况进行了探讨。① 张俊民《西汉效谷县基层组织"乡"的几个问题》探讨了效谷县所辖之乡及相关问题,认为西汉时效谷县明确存在三个乡,即西乡、安乐乡、鱼离乡,对乡的职能以及乡与边塞防御和邮驿路线的关系进行了推断。② 王子今《汉代长安乡里考》结合史籍及出土文献,考得汉代长安辖有建章乡、卢乡、东乡等三乡,尚冠里、修成里等 23 个里,对陈直关于汉简里名有"省称""省文"的说法提出质疑。③ 张春树《汉代边地上乡和里的结构——居延汉简集论之二》首先辨析了汉代地方行政组织上乡、亭、里的关系,作者引用宫崎市定的观点对里的结构进行了简单分析,对居延汉简中所记"东入""北入"等与里的方位相关的问题进行了推断,张文最后对里的重名问题进行了讨论,认为属于地名的迁徙,表达了移民思恋故乡的情愫。④ 邢义田《从出土资料看秦汉聚落形态和乡里行政》,对居延汉简中的里制进行了探讨和分析,认为居延等新辟的县其乡里或许是整齐规划的结果。⑤

目前学界对河西汉简乡里的研究还存在一些不足。多数学者都是对简中的"里"进行辑录,鲜有深入分析和探究。当前所公布汉简中,张掖郡的"里"相对丰富,尤其是居延县和觻得县,可分析乡里人物及其生活工作情形。河西汉简中有些简文只书里名,不书郡县名,这些里绝大部分都隶属于当地之县。目前学界对简中乡里的空间布局、机构职能及编民身份等问题进行的研究较少,对河西边塞乡里组织与军事组织之间的关系也未开展深入探究。

---

① 张俊民:《悬泉汉简所见西汉效谷县的"里"名》,《敦煌研究》2012 年第 6 期。
② 张俊民:《西汉效谷县基层组织"乡"的几个问题》,《鲁东大学学报》2013 年第 1 期。
③ 王子今:《汉代长安乡里考》,《人文杂志》1992 年第 6 期。
④ 张春树:《汉代边地上乡和里的结构——居延汉简集论之二》,收入氏著《汉代边疆史论集》,食货出版社,1977 年。
⑤ 邢义田:《从出土资料看秦汉聚落形态和乡里行政》,收入氏著《治国安邦:法制、行政与军事》,中华书局,2011 年,第 286—294 页。

玉门候官规模补考

邬文玲

中国社会科学院古代史研究所、
"古文字与中华文明传承发展工程"协同攻关创新平台

西汉敦煌郡曾设置有玉门、阳关、中部、宜禾等四部都尉。其性质为部都尉，受郡节制。① 北部长城塞垣自东向西由宜禾、中部、玉门三都尉分段统辖：宜禾都尉领有宜禾、鱼泽、昆仑、美稷、广汉五个候官；中部都尉领有平望、破胡（后改为步广）、吞胡、万岁四个候官；玉门都尉领有大煎都、玉门两个候官。南部塞垣和西部防御由阳关都尉统辖，领有雕秩、博望等候官。② 其中玉门都尉设置于龙勒县北境，管辖龙勒北塞部燧，关于其所领大煎都、玉门两个候官下辖部隧的设置情况，吴礽骧等学者最初考证指出，大煎都候官领有候长六人：大煎都、万世、广武、高望、通望、步昌；士吏三人：厌胡、步昌、富昌；候史二人：广昌、斥地；隧长十五人：广昌、厌胡、大煎都、凌胡、步昌、益昌、广武、富昌、获虏、斥地、美水、服胡、破胡、莫当、延年。③ 后白军鹏又补充考证出大煎都士吏和美水士吏。④

玉门候官的驻地在候官燧。所属吏员曾有五十二人。敦煌汉简806号云："玉门部士吏五人，候长七人，候史八人，隧长廿九人，候令史三人。"⑤吴礽骧等学者最初考证认为，汉简资料中记载的玉门候官领有候长九人，即：显明、诛房、临泽、玉门、虎猛、大福、西塞、将候、候□，多出二人，

---

① 陈梦家：《汉简所见居延边塞与防御组织》，《汉简缀述》，中华书局，1980年。
② 关于宜禾都尉、中部都尉的管辖范围、治所、候望隧次等，参见李并成《汉敦煌郡宜禾、中部都尉有关问题考》，《西北师大学报》1995年第2期。
③ 《敦煌马圈湾遗址发掘报告》，吴礽骧、李永良、马建华释校《敦煌汉简释文》，甘肃人民出版社，1991年，第337页。吴礽骧：《河西汉塞调查与研究》，文物出版社，2005年，第49页。
④ 白军鹏：《敦煌汉简校释》，上海古籍出版社，2018年，第16、205、206页。
⑤ 甘肃省文物考古研究所：《敦煌汉简》，中华书局，1990年。

可能是因为有时代早晚的区别;有候史六人,即:却适(敌)、诛房、广汉、玉门、远望、推贤等;有隧长二十四人,即:显明、临泽、广明、诛房、威严、千秋、临要、候官、广汉、却敌、当谷、止寇、远望、玉门、虎猛、宜秋、勇敢、察适(敌)、富贵、受降、仓亭、止奸、推贤、步偷等。① 后白军鹏补充考证出西塞士吏、千秋士吏、玉门士吏,斥胡隧、遮要隧。② 随着汉简资料再整理工作的推进,尤其是红外图版和新校订释文的公布,为重新认识以往讨论的问题提供了契机。本文拟根据相关简牍资料,对玉门候官的规模再做一些补充考订。

一、玉门候官所领候长

关于玉门候官所领部候长,以往学者们所说九人中的"将候""候□"两个候长可能并不存在,所得结论有误是因为墨迹漫漶,释文不准确所致。释文不够准确的主要是敦煌汉简 483 号,整理者原释文为:

六月甲戌玉门候丞予之谓西塞候长可渊将候候长福将□候长□等记到谓☐

望府檄惊备多虏入塞未□塞追还前毋令吏卒离署持七月候记将卒禀毋忽臧记令可课☐(敦煌汉简 483A)

西塞以记遣(敦煌汉简 483B)③

张德芳《敦煌马圈湾汉简集释》根据红外图版,对部分释文做了订正,改释如下:

六月甲戌玉门候丞予之谓西塞候长可得将候候长福将□候长□等记到课☐

望府檄惊备多虏党来重正甚数毋令吏卒离署持七月府记将卒禀毋忽臧记令可课☐(敦煌汉简 483A)

---

① 《敦煌马圈湾遗址发掘报告》,吴礽骧、李永良、马建华释校《敦煌汉简释文》;吴礽骧:《河西汉塞调查与研究》,第 55 页。
② 白军鹏:《敦煌汉简校释》,第 17 页。
③ 甘肃省文物考古研究所:《敦煌汉简》。

西塞以记遣（敦煌汉简 483B）①

其中仍有部分释文不够准确，白军鹏、张俊民分别做了校订。② 这里综合他们的意见，再做一些梳理。从图版来看（见图一），《集释》所改第二行"党""来""重""甚""数""府""记"等字可从；但所改第一行"得""课"和第二行"正"字，仍未安。据图版字形，第一行"得"字写作"▨"，应释作"择"；末尾的"课"字，写作"▨"，应释作"谨"；③该简下部略有残缺，根据相关文例和下文的内容判定，"谨"后可能残缺了"候"字，与下文连读作"谨［候］望"。第二行"正"字，写作"▨"，仍应释作"追"，整理者原来的释文可从。

另外，第一行"将候"之"候"字，以往诸家的释文皆不准确。从图版来看，此字写作"▨"，与同简"候"字作"▨"的写法明显不同，应释作"作"字。"将作"在文献中多指工程建筑营造，但从前后文来看，此处"将作"为动宾结构，"将"为率领之意，"作"意指劳作。比如居延汉简 279.3"……卒成边，远去父母亲戚，居寒苦，吏将作任人力，谨愚（遇）以文理"。因此，这里的"将作候长"，可能是泛指带领劳作的候长，而不是指玉门候官下设有"将作部"。

图一

"将□"之"□"，以往诸家皆未释，从图版来看，此字写作"▨"，应释作"茭"。"茭"字在敦煌汉简中的写法有好几种，比如 169 简作"▨"，539 简作"▨"，838 简作"▨"等。其中 838 简的写法与本简相同。"将茭"亦为动宾结构，"将"为率领之意，"茭"意指伐茭。因此，这里的"将茭候长"，同样可能是泛指带领伐茭的候长，而不是指玉门候官下设有"将茭部"。"将茭候长"之名，从图版来看，墨迹较为漫漶，似可

---

① 张德芳：《敦煌马圈湾汉简集释》，甘肃文化出版社，2013 年。下文简称《集释》。本文所引敦煌汉简释文和图版，如未特别说明，皆出自此书。不另注。
② 白军鹏：《敦煌汉简校释》；张俊民：《马圈湾汉简整理与研究》，甘肃教育出版社，2023 年。
③ 参见白军鹏《敦煌汉简校释》，第 234 页。

释作"明"。

背面"记遣",从图版来看,应有三个字,其中"记"写作"▨",与同简"记"的写法明显不同,应释作"次";"遣"字写作"▨",颇类"续"字;末尾一字写作"▨",应释作"追"。① 综合上述补正,本简释文应改作:

> 六月甲戌,玉门候丞予之谓西塞候长可择、将作候长福、将茭候长明等:记到,谨[候]☑
>
> 望。府檄:惊(警)备多虏党来,重追,甚数,毋令吏卒离署,持七月府记将卒禀,毋忽,臧记令可课☑(敦煌汉简483A)
>
> 西塞以次续追(敦煌汉简483B)

如果排除"将作候长"和"将茭候长",那么目前所见玉门候官所部候长仍为七人,即:显明、诛虏、临泽、玉门、虎猛、大福、西塞,与806号简文所记"候长七人"相合。见诸敦煌汉简中可考的七候长信息如下:"显明候长古"见于632简,1187简亦提及显明候长,惜因墨迹漫漶,姓名无法识别;"诛虏候长崇"见于194简,"诛虏候长李子沙"见于490简;"临泽候长董贤"见于1044简;"玉门候长高辅"见于1057简,亦见于玉门关汉简Ⅱ98DYT5:22简,②"玉门候长尤延寿"见于1870简;"虎猛候长异"见于1974简;"大福候长张武"见于684简;"西塞候长可择"见于上文所论483简。

二、虎猛部所辖烽燧

玉门候官所领虎猛部的规模,根据新校订释文,可以基本确认。敦煌汉简2093号记载了八座烽燧的戍卒名籍,这八座烽燧很可能是玉门候官虎猛部的管辖范围。由于墨迹较为漫漶,以往诸家对该简所做的释文有的不够准确,有的未能辨识。这里根据国际敦煌项目(IDP)网站所公布的简牍图版

---

① 正面"候""追""作""茭",背面"次""续""追"等字的改释,参见张俊民《马圈湾汉简整理与研究》,第68、69页。另外,张俊民还指出"予之"当作"赐之","多"当作"有",由于字形还有些可疑之处,暂时仍从《集释》。
② 张德芳、石明秀主编:《玉门关汉简》,中西书局,2019年。

（见图二），参照既有的研究成果，对 2093 号简的释文重新进行校订。为了方便起见，先将新校订的释文录写如下，再展开讨论：

  • 步偷卒厨解
  贾愿
  厨勇镡　程益雠

        （以上为第一栏）

  • 止奸卒王将
  郭得
  郭存亲
  李所欲

        （以上为第二栏）

  • 虎猛卒赵逸仑
  霍贤
  贾广
  李步进

        （以上为第三栏）

图二

• 宜秋卒弓归
李抵
韩雠
郭益亲

        （以上为第四栏）

• 察适卒李破胡
郝长寿
段免

郑禄

（以上为第五栏）（敦煌汉简2093A面）

・富贵【卒】李定国
张奉世
阎益宗
李赋之

（以上为第一栏）

・受降卒带不疑
公叔民
张毋伤
郭施

（以上为第二栏）

・禽虏卒张贤良
靳案异
张庄耐
乐去疾

（以上为第三栏）

神爵四年戍卒

（以上为第四栏）（敦煌汉简2093B面）

正面第一栏第一行"步偷"，整理者原作"□□"，未释出，今据图版补。步偷，烽燧名。敦煌汉简1256"步偷隧六石具弩一，完"①。

第二行"贾愿"之"愿"，整理者原作"应"，今据图版改。第三行"厨勇镡"，整理者原作"□□钟"，今据图版改；"程益雠"之"雠"，整理者原漏释，今据图版补。厨勇镡、程益雠，应为两个人名。

① 甘肃省文物考古研究所：《敦煌汉简》。

第二栏第一行"止奸",整理者原作"□□",未释出,今据图版补。"止奸",烽燧名,敦煌汉简1012"止奸隧卒陈充"。"王将"之"将",整理者原作"均",今据图版改。第二行"郭存亲"之"存",整理者原作"广",今据图版改。

第三栏第一行"虎猛"之"虎",整理者原作"□",未释出,今据图版补。"虎猛",烽燧名,玉门候官虎猛部的治所所在地。敦煌汉简1974号"玉门官隧次行。永和二年五月戊申朔廿九日丙子,虎猛候长异叩头死罪敢言之:官录曰:今朝宜秋卒胡孙诣官[留迟],虎猛卒冯国之东部责。边塞卒成不得去离亭尺寸……□代适卒有不然负罚当所□□"①。第三行"李步进"之"步",整理者原作"□",未释出,今据图版补。

第四栏第一行"弓归"之"归",整理者原作"阳",今据图版改。第二行"李抵"之"抵",整理者原作"谨",今据图版改。第三行"韩雠"之"雠",整理者原作"觚",今据图版改。第四行"郭益亲"之"益",整理者原作"发",今据图版改。

第五栏第一行"李破胡"之"李破"二字,整理者原作"□□",未释出,今据图版补。第二行"郝长寿"之"长寿",整理者原作"皋□",今据图版改。第三行"段免"之"免",整理者原作"先",今据图版改。第四行"郑禄"之"郑",整理者原作"贰",今据图版改。

背面第一栏第一行"李定国"之"李",整理者原作"卒",今据图版改,"李定国",为人名。从图版来看,"富贵"之下原简漏书"卒"字,可据文例补。第二行"阎益宗"之"阎益",整理者原作"关盍",今据图版改。第三行"李赋之"之"赋",整理者原作"□",未释出,今据图版补。

第二栏第一行"带不疑",整理者原作"□不亲",今据图版改。第二行"公叔民",整理者原作"张叙民",今据图版改,"公叔"为复姓。第三行"张毋伤"之"毋",整理者原作"无",今据图版改。第四行"郭施"之"施",整理者原作"健",今据图版改。

第三栏第一行"禽房"之"禽",整理者原作"□",未释出,今据图版补。"禽房",烽燧名,敦煌汉简1117"禽房隧卒宜秋里鲁罢军,八月食"。"张贤良",整理者原作"□□□",未释出,今据图版补。第二行"靳案异"之"案",

---

① 甘肃省文物考古研究所:《敦煌汉简》。

整理者原作"乐",今据图版改。第四行"乐去疾",整理者原作"梁共掾",今据图版改。

经过上述校补,简文全部释出。可见该简完整记载了神爵四年敦煌玉门都尉玉门候官虎猛部所辖八座烽燧的戍卒名籍:

- 步偷卒:厨解、贾愿、厨勇镡、程益雒。
- 止奸卒:王将、郭得、郭存亲、李所欲。
- 虎猛卒:赵逸仑、霍贤、贾广、李步进。
- 宜秋卒:弓归、李抵、韩雒、郭益亲。
- 察适(敌)卒:李破胡、郝长寿、段免、郑禄。
- 富贵【卒】:李定国、张奉世、阎益宗、李赋之。
- 受降卒:带不疑、公叔民、张毋伤、郭施。
- 禽房卒:张贤良、靳案异、张庄耐、乐去疾。

八座烽燧的名称是:步偷燧、止奸燧、虎猛燧、宜秋燧、察适(敌)燧、富贵燧、受降燧、禽房燧。每一个烽燧驻守戍卒四人,共三十二人。

三、步偷燧名含义蠡测

虎猛部所辖八座烽燧的名称,皆有意涵,"察适"即"察敌","禽房"即"擒房",其他如"止奸""受降""虎猛""宜秋""富贵",含义皆明白易知。但其中的"步偷燧",恐不宜以"偷"之本义来理解该燧名的含义。在西北汉简中,"偷"字频见,使用比较广泛的语境是表示疾病痊愈与否,比如居延汉简52.12:"当遂里公乘王同即日病头愿寒炅……饮药廿齐不偷,它如爰书,敢言之。"此为报告戍卒疾病情况的爰书残简,其中"不偷"应读作"不愈",意即王同患头痛寒热病,服药二十剂,仍未痊愈。[①] 居延汉简58.26:"病年月日署所,病偷不偷,报名籍候官,如律令。"此为候官下发的命令文书,要求各下属机构统计戍卒疾病状况、制作名籍回复呈报给候官,其中"病偷不偷"应读作"病愈不愈",统计事项不仅包括戍卒生病的年月日、所在的机构地点,而

---

① 简牍整理小组:《居延汉简(壹)》,"中研院"历史语言研究所专刊之一〇九,2014年。本文所引居延汉简,如未特别说明,皆出自此书。不另注。

且包括疾病痊愈与否的情况。在书信中描述自身疾病好转则常用"少偷",比如肩水金关汉简73EJT30∶28A:"宣伏地言稚万足下:善毋恙,劳道决府,甚善。愿伏前,会身小不快,更河梁难,以故不至门下拜谒,幸财罪。请少偷伏前……"①其中"少偷"应读作"少愈",此为宣致稚万书的开头部分,大意是说宣本来打算去拜见稚万,但恰逢身体不适,加上交通困难,所以没能去门下拜谒,希望稚万恕罪,允许自己身体好转后再前去拜谒。除了"偷"之外,也有写作"愈"者,比如居延汉简4.4B"第卅七隧卒苏赏,三月旦病两胠箭急,少愈",居延新简EPT59∶269"饮药五剂,不愈"②。也有写作"愈"者,如敦煌汉简360B"病今愈"。这些用例表明,"偷""愈""愈"可通。

  参照西北汉简中表示痊愈之意的"愈"多写作"偷"的用例,燧名"步偷"之"偷",或也当读作"愈"。汉代有不少人名、地名作"步某"。比如"步昌",既作人名,也作地名。史书所载人名有"李步昌"③"赵步昌"④,敦煌汉简687简有"韩步昌";史书中所载地名有"步昌县",乃王莽改蜀郡屏陵县而来,⑤敦煌汉简185简有"步昌隧",居延新简E.P.T52∶269简有"步昌里"。关于"步昌"的含义,《急就篇》"史步昌",颜师古注曰:"步昌,言高步而昌盛也。"⑥除了步昌之外,"步广"亦兼作地名、人名,地名如敦煌汉简1151简"步广隧"、1272简"步广候官"、1933简"步广亭";⑦人名如史书所载卫步广。⑧据魏宜辉统计研究,见于汉印、汉简资料中的"步某"的双字名,大致包含:"步安、步舒、步吉、步可、步乐、步昌、步大、步高、步登、步众、步胜、步广、步光、步强、步容、步贤、步迁、步券、步进、步利"等。⑨刘钊认为这类名字与数术、五行思想影响之下的出行禁忌有关。⑩魏宜辉指出"步安""步可""步舒"这

---

① 甘肃简牍博物馆等:《肩水金关汉简(叁)》,中西书局,2013年。
② 张德芳主编,肖从礼著:《居延新简集释(五)》,甘肃文化出版社,2016年。
③ 《汉书》卷30《艺文志》,中华书局,1962年,第1727页。
④ 《汉书》卷16《高惠高后文功臣表》,第604页。
⑤ 《汉书》卷28《地理志》,第1598页。
⑥ 张传官:《急就篇校理》,中华书局,2017年,第22页。
⑦ 甘肃省文物考古研究所:《敦煌汉简》。
⑧ 《史记》卷111《卫将军骠骑列传》,中华书局,1959年,第2921页。
⑨ 参见魏宜辉《秦汉玺印人名考析(续七)》,复旦大学出土文献与古文字研究中心编《出土文献与古文字研究》第9辑,上海古籍出版社,2020年。
⑩ 刘钊:《古文字中的人名资料》,《吉林大学社会科学学报》1999年第1期。

几个名字可能与"出行"有关,而还有一些"步某"名的取义明显与"出行"无涉,如"步众""步贤"等。认为"步众""步贤"当分别读作"辅众""辅贤"。理由是,"步""辅"字古音皆为并母鱼部字。"辅"字从"甫"得声,古书中有"步"与从"甫"声之字相通的例子,如《周礼·地官·族师》:"春秋祭酺亦如之。"郑玄注:"故书酺或为步。""辅"有"依附、亲附"义。《逸周书·柔武》:"四曰维势是辅,维祷是怙。"朱右曾校释:"辅,附也。""辅众""辅贤"可以理解为"使众人依附""使贤人依附"的意思。①

从以"步某"为人名、地名的情况来看,"步"后跟随的"某",皆为表示快乐、舒适、强大、高升、胜利等正面的、吉祥美好的语词。因此,或可立足于"步"之"行"的本义,将"步某"理解为向某种吉祥美好的状态行进,表示对达到某种吉祥美好境地的祝愿。"步偷(愈)"隧名亦可作此解。

---

① 参见魏宜辉《秦汉玺印人名考析(续七)》,复旦大学出土文献与古文字研究中心编《出土文献与古文字研究》第 9 辑。

凉州高沟堡古城的前世今生

赵大泰

武威市凉州文化研究院

一、引　言

凉州城东五十里,是长城镇。这是一个因长城而得名的乡镇,汉长城、明长城分布境内,述说着金戈铁马的沧桑。这是一个腾格里沙漠边缘的绿洲,一条碧玉锁链,锁住了肆虐的黄龙。人们传唱着治沙英雄王银吉的赞歌,闲暇时也可以在头道槽的沙海中放飞梦想。红水河是长城镇人民的母亲河,一个个村庄沿着河岸排列,依偎在母亲的怀抱,享受着哺育与滋润。往南是古浪,往北是民勤,更远是黄河的渡口,是宁夏内蒙,是新疆西域,也是骆驼客的诗和远方。这里是凉州城的东部门户,也是丝绸之路的交通要冲。然而,长城、绿洲、大漠、红水河,这一个个的华美标志,都算不上长城镇的灵魂。长城镇的灵魂与心脏,毫无疑问,是那神秘莫测的高沟堡。

高沟堡古城,位于武威市凉州区长城镇镇政府向西一千米处。1995年,王宝元在《西北史地》上发表文章《武威高沟堡古城考察记》,详细论述考证了高沟堡古今概况、历史渊源,并提出了符合当时社会情况的开发意见。

2003年,王宝元《凉州春秋》一书由兰州大学出版社出版,《武威高沟堡古城考察记》收入其中。兰州大学地理系魏晋贤教授指出高沟堡古城是"休屠都尉治所熊水障",王宝元先生接受了意见,对文章进行了修改。不料,魏晋贤教授第二次来信又指出高沟堡古城是"汉简记载之小张掖",王宝元先生因年迈,未再进行进一步的考证,便将魏教授信件也收在书中,以供后人参考。

时至今日,世事变迁,物是人非,我们有必要在前辈专家的研究基础上,重新阐释高沟堡的前世今生,揭开其神秘的面纱。

然而，普通大众往往对学术界的争议并无兴趣，王宝元先生1995年的考证结果在民间广为流传，在高沟堡古城内的石碑匾额上被广为引用。所以，本文暂以1995年文章为依据论述，其他学界观点待后续研究。

二、基本情况

高沟堡古城由于被沙漠包围，原貌尚在，是凉州区境内唯一幸存的古城。王宝元先生对高沟堡进行了详细的考察和测绘。

高沟堡古城分为外城和内城。外城仅存夯筑的残墙断垣露出地面，东西南北各300米，面积达到9万平方米。外城为方形，方位正南正北，出土文物有汉代砖瓦、石磨、碌碡，汉代至宋元的陶片、铜佛、珍珠、珊瑚、玛瑙、陶瓷等，城周围遍布汉墓群，多为砖室墓，出土器物有灰陶罐、五铢钱等。

内城建在外城内北部，也是夯筑，保存相对完好，城墙墩台均在。内城也是方形，东西南北各130米，面积16 900平方米。内城开南门，门外有瓮城。城内东南角有古井一口，北部有上殿台，上面修建有宗教建筑。内城方位呈西北东南形，与外城相交偏45度。

三、汉晋时期

（一）汉代的揟次县城

在汉晋时期，长城镇一带没有大沙漠，也没有经常断流的红水河，而是水草丰美的宜居宜牧之地。据王宝元先生考证，高沟堡外城是汉代的揟次县城遗址，大约修筑于汉武帝元鼎年间。

西北民族学院（今西北民族大学）少数民族语言系的多识教授认为，"揟次"读作"许咨"（XiuZi），古羌语即今之藏语，意为"放牧人"。这个解释很恰当，古代这里居住着放牧的羌族部落。

清代顾祖禹的地理名著《读史方舆纪要》写道："揟次城，在（庄浪）卫西北。汉县，属武威郡，揟读胥，次读咨。后汉因之。"

书中还讲述了三国时期魏国名将张既转道揟次城平定卢水胡"叛乱"的故事。"三国魏黄初二年（221），凉州卢水胡反，遣张既讨之，贼逆拒既于鹯阴口。既扬声军从鹯阴,乃潜由且次(揟次)出武威,贼以为神,引还显美(永昌县东),既击平之。"

张既讨伐卢水胡采取了声东击西、出奇制胜的战术,他为了避开卢水胡的防线,没有从靖远一带的鹯阴口过河,经景泰、古浪、武威至永昌,而是从兰州过河,经松山、大靖、土门,从高沟堡一带至民勤县,然后从民勤向南攻入永昌县东之显美县,抄了卢水胡的后路。这里的"潜由且次出武威",正是由高沟堡辖境至民勤县。

卢水胡是匈奴的一支。公元397年,卢水胡的首领沮渠蒙逊拥戴段业创建了北凉,之后杀段业自立,成为北方"十六国"之一。

(二)先有高沟堡,后有凉州城

武威民间有谚语"先有高沟堡,后有凉州城",表明高沟堡的历史之悠久,地位之重要。

汉武帝元狩二年(前121),霍去病击败匈奴,为显示大汉帝国的"武功军威",在原休屠王领地置武威郡,武威由此得名。汉帝国先后设立武威、张掖、酒泉、敦煌四郡,从此河西走廊尽归版图。

汉武帝元封五年(前106),分天下为十三州,各置一刺史,史称"十三部刺史"。其中凉州下辖陇西、天水、安定、北地、酒泉、张掖、敦煌、武威、金城、西海十郡,治在姑臧(今武威市区)。凉州之名自此始,意为"地处西方,常寒凉也"。

如前所述,高沟堡所在的揟次城大约修筑于汉武帝元鼎年间(前116—前111)。显而易见,正如"先有武威郡,后有大凉州","先有高沟堡,后有凉州城"符合史实。

(三)汉代长城的遗存

为了巩固对河西走廊的控制,"凿空西域"并"隔绝南羌匈奴",大汉帝国在河西四郡修建长城,并与原来的秦长城连通,数千里之地,"五里一燧、十里一墩、卅里一堡、百里一城",筑起了一道完善的边防屏障。戍卒在烽燧发现敌情,即点燃柴火、苇炬报警。

武威境内沿沙漠边缘走向的汉长城,按墙体和壕沟(壕堑)两种形式修筑，大体为东南——西北走向。汉长城历经两千多年的沧桑岁月，绝大部分已经消失，但遗址尚存。其中长城镇月城墩一段保存良好，残高6米，基宽2.5米，20余座烽燧现仍清晰可见。这些遗址均系黄土版筑，有些烽台燧墩保存得比较完整。墩呈圆锥形或正方形，墩下还可以寻觅到古城堡残迹和灰烬瓦砾。

从高沟堡古城出长城塞外，南起古浪县土门镇的"高字一墩"，北至民勤县蔡旗镇的"岔字八墩"，共有间距2.5千米的25座烽墩，外围还有旧二墩、新二墩、十七墩等墩台，由于沙漠肆虐，居民被迫弃耕弃牧而保存至今。这些烽墩，在清代乾隆年间《武威县志》收录的《武威县疆域之图》中被清晰地绘制下来。

（四）凉州城东的黑墨湖

在高沟堡一带，如今的清源镇王家新庄境内，曾经有凉州城东最大的湖泊——黑墨湖。黑墨湖原名黑木林湖，俗名龙王泉。曾经的黑墨湖，东西宽2千米，南北长4千米，泉水涌出，水头高4米，北流灌溉唐家营、高沟堡后进入二十里大沙，西北流入石羊河，直至1962年干涸。

黑墨湖在魏晋南北朝时期即有文献记载，当时叫作"长泉水""嘉泉""文车泽"。

北魏郦道元校注的《水经注·都野泽》中记载："……河水又与长泉水合，水出姑臧东揟次县……西北历黄沙阜，而东北流注马城河。"出自姑臧东揟次县的"长泉水"，即指黑墨湖。

《晋书·张骏传》中记载："太宁元年（323），……有黄龙见于揟次之嘉泉。"揟次境内的嘉泉出现了黄龙，这与俗名龙王泉相吻合。前凉国主张骏心向晋室，西晋灭亡后仍然沿用晋愍帝的年号"建兴"。黄龙出现，是为祥瑞，手下便劝说张骏乘机改换年号，以示自立，但张骏拒绝了这个建议。

唐宪宗元和八年（813）由宰相、地理学家李吉甫编撰完成的《元和郡县志》中记载："文车泽，在（姑臧）县东三十里，前秦苻坚遣将军苟苌、毛盛伐北凉，造机械冲车于此，因名。"讨伐北凉的前秦军队在黑墨湖附近制造机械冲车，可能是因为当时此地林木繁盛，可就地取材。

（五）古浪河流入邓马营湖汤家海

《汉书·地理志》中记载："武威郡苍松县，南山松陕水所出，北至揩次入海。""苍松县"是今古浪县，"松陕水"是今古浪河。经考察，古浪河的古河道，从土门镇流经永丰滩，后进入旱麻岗、八十里大沙，由邓马营湖入汤家海。汤家海古名"北海"，是古浪河的终端湖，后因水干泽枯，变为盐池。

（六）凉州畜牧为天下饶

汉代凉州畜牧业非常发达。《汉书·地理志》称："凉州之畜为天下饶。"《后汉书·列传·西羌传》中记载："《禹贡》雍州之域，厥田惟上。且沃野千里，谷稼殷积，又有龟兹盐池，以为民利。水草丰美，土宜产牧，牛马衔尾，群羊塞道。"

汉代揩次县一带，水草丰美，可耕可牧，是羌、月氏、乌孙、匈奴、鲜卑诸族的天然牧场，也是凉州畜牧业发展最好的区域。

这里军屯、民屯措施得力，生产了丰富的农牧产品，由于其优越的地理位置，同时也是商贸中心。蒙古、宁夏等地的商旅往来频繁，官府也积极开办街市，在古城南有"官街"的地名就是佐证。

四、隋 唐 时 期

（一）隋末的大凉政权

隋朝末年，天下大乱，时任武威郡鹰扬府司马的李轨于617年率众抓捕隋朝官员，占据了武威城，自称"河西大凉王"，建元安乐。618年，李轨正式称帝，立儿子伯玉为太子，设置百官，史称"大凉政权"。

619年，唐高祖李渊派遣安兴贵前往大凉，说服李轨归唐，不料李轨不依，安兴贵遂同其弟安修仁起兵发动政变，围攻武威。5月，安氏兄弟攻克武威，擒拿李轨，将其押解长安。李轨在长安被李渊下令斩首，大凉灭亡。

（二）唐代的赤水军驻地

唐朝消灭大凉后，将武威郡改为凉州，置河西节度使，并在高沟堡外城内部修筑了新城，驻扎赤水军，这就是高沟堡的内城。

《元和郡县志》载:"武德二年(619)讨平李轨,改为凉州,置河西节度使(都管兵七万三千人,马万八千八百匹)。备羌胡。统赤水军(在凉州境内,管兵三万三千,马万三千四)。本赤乌镇,有青赤泉,名焉。军之大者,莫如赤水,幅员五千一百八十里,前拒吐蕃,北临突厥者也。"

清代张澍所著《凉州府志备考》写道:"红泉:《一统志》:'红泉在凉州城东。'按即赤泉也,唐立赤水军。"

由以上资料可知,高沟堡一带还有"赤乌镇"的古名,"青赤泉""赤水""红泉""赤泉"等都是黑墨湖的别名。唐朝时期高沟堡一带是赤水军,幅员5 180里,管兵33 000人,马13 000匹。

(三)七十二座唐营

高沟堡周围地区至今遗有唐营(分东营、西营)、牛头营、头墩营、前营、上营、下营、邓马营等地名,故老相传:"沙压七十二座唐营。"这些营寨对防御吐蕃、突厥的进攻,保卫凉州的安全有着重要的意义。

其中的头墩营,位于长城镇红水村,现夯土城堡遗址尚存。头墩营紧邻长城,扼守关口,地理位置十分重要,即使到了明长城时代也是兵家必争之地。

唐朝在凉州的牧马监,主要设在高沟堡一带,至今仍然遗存有"前营马场""西湖马场"等地名。

(四)清水镇的张清古槐

在毗邻长城镇的清水镇,有一棵树龄约1383年的千年老槐树——张清古槐。古槐树高15米,树围6.9米,树冠繁茂,苍劲挺拔,每年都有新枝抽发。古槐位于张清堡村,民间传说很久以前,张义、张掖、张清三兄弟因为天灾从山西洪洞县迁至此地定居,张清创建的堡寨便名为张清堡。古槐大约栽植于640年,也就是唐太宗贞观十四年。相传古槐是唐代名将尉迟敬德的拴马桩,因此也被称作"唐槐""将军槐"。

有趣的是,鸠摩罗什寺的沧桑经历也与敬德有关,似乎在印证着敬德确实来过武威。传说,在大唐贞观年间,尉迟敬德大将军统兵远征西域,行至武威地界,看到城内一座古塔顶上放射金光,宛若千佛降世,祥云生处,花雨飞舞,于是前往礼拜。这座古塔正是鸠摩罗什舍利塔。敬德见到罗什舍利塔后大生敬仰,遥想罗什大师功德,于是下拨饷银,召集能工巧匠,亲任监工,修复寺院。几年之后,鸠摩罗什寺初具规模,重现辉煌。为彰此德,敬德在塔下立碑为记,刻"罗什地基,四至临街,敬德记"。

传说毕竟是传说,张清古槐是否与敬德有关,史籍无考,但可以推断,这棵唐槐与驻扎在高沟堡一带的赤水军应该有着密切的关系。

五、明 朝 时 期

(一) 冯胜平定河西与凉州卫的设立

1368年初,朱元璋称帝,国号大明,年号洪武。八月,大将军徐达攻克元大都。洪武五年(1372)六月,宋国公冯胜率军进入兰州,修造黄河浮桥,解决了向河西进军运输上的困难。这时,武威属元朝永昌路的西凉州,由元太尉朵儿只巴和大将失剌罕驻守。冯胜以傅友德为前锋从浮桥通过黄河,以破竹之势击败了失剌罕,又在永昌击溃了元太尉朵儿只巴。元将上都驴率领所部兵民8 300余户投降。冯胜乘胜率军继续西征,河西诸路依次平定。冯胜在酒泉西面的嘉峪山西麓依险要的山势地形,筑城设关,修筑边墙,建造了历史上有名的万里长城的终点嘉峪关。

冯胜平定河西之后,西凉州改设为凉州卫。明朝廷一直未能根除残元势力以及后续瓦剌、鞑靼的威胁,所以凉州卫一带成为边塞前线,战事不断。

(二) 长城镇境内的明代长城

明朝时期,将长城作为重要的军事防御系统,在其立国期间,几乎没有停止过修筑。当时,长城叫作"边墙"。武威境内的长城,有"旧边"和"新边"之分。"新边"指靖远哈思堡至古浪泗水堡的边墙,修筑于明万历二十七年(1599)。"旧边"修筑于明朝中叶,到明正德年间(1506—1521)进行过修复加固。旧边贯穿武威三县一区,全长657.3里,大致与汉长城相向而行,除一小段与汉塞分道外,大部分与汉塞或并行、或合拢、或叠加。

旧边始于永登县武胜驿,经过天祝县、古浪县进入凉州区境内,经过黄羊镇、清源镇、长城镇、九墩镇等地,进入民勤县,后延伸至永昌县。

在凉州区内,西北走向经黄羊镇土塔村、黄羊河农场一分场、黄羊镇长丰村、黄羊河农场牧场、四分场,东北向经甘肃农垦农场、甘肃农业大学农场、皇台酒厂葡萄基地、清源镇新东村、新地村、长城镇前营村、岸门村,在月城墩转为南北走向,经新庄村、上营村、十二墩村、长城村、五墩村,穿越红水河,经九墩滩开发指挥部富民村、洪水河村,在洪水河东岸向西北延伸至民武公路进民勤县,全长116.8里。

显而易见,明长城几乎贯通长城镇全境,在前营村、岸门村、新庄村、上营村、十二墩村、长城村、五墩村都有分布。明代的长城不仅仅是"边墙"本身,它其实是一个系统性的军事防御系统,包括边墙周边的卫所堡寨。明代的高沟堡是凉州卫东部最重要的城堡。

(三) 明代始建高沟堡庙

高沟堡是汉代的县城,唐代的军营,尚无记载显示当时有寺庙道观之类的建筑。到了明代,高沟堡内城北部修筑了高沟堡庙。该庙原建于明代洪武十四年(1381),有铁钟一口,上面铸有修庙会首、花费银两及建筑规模等,可惜的是此钟毁于1958年"大炼钢铁"时期。

参照凉州区境内初建于明代的其他宗教建筑,如永丰镇四十里堡的祖师宫、洪祥镇陈春堡的三官庙、金塔镇老爷山山顶的祖师宫,高沟堡庙在明代初建时,很可能是一个道观,而非佛教寺庙。

六、清 朝 时 期

(一) 千里草原变沙漠,洪水冲开红水河

汉唐时期,高沟堡一带并没有沙漠,也没有现在的红水河。高沟堡境内的沙漠是逐渐形成的,原因有祁连山水源涵养林的砍伐破坏,宋元时期的战乱等。至明初,凉境空虚,从兰州等地移来军队防守,开始大量从内地移民屯垦,造成水源紧张,加速了沙漠化。到了清代初年,高沟堡也被废弃于荒漠之中。

如前所述,汉代时古浪河流入邓马营湖汤家海。随着沙漠的南移,古浪河的古河道被埋没,河水沿着沙漠前缘冲开了"红水河",在现在的民勤境内

则叫作"洪水河"。长城镇境内的红水河,南起头墩营,北至五墩村,河身长26千米,平均宽400米,流域面积达15 600亩。五墩村的长城也被红水河拦腰冲断,变成了河床,于是形成长城在五墩以上位于红水河西岸,五墩以下却到了东岸的局面。

（二）从扒里寨到高沟堡的湮没

由于高沟堡的重要地理位置,清代仍然驻军防守,设有守备。清代顾祖禹编撰的《读史方舆纪要》记载:"扒里寨在武威县东北,与县东之暖泉寨及庄浪卫之扒沙城,俱为甘肃寇来门户。"这里的扒里寨就是高沟堡。

据清代乾隆年间《武威县志》记载:"高沟堡:县东北五十里,周围二百四十丈,高三丈,厚一丈,门一座。牧场在红水河。"

《武威县志》亦记载,高沟堡设守备一员,步兵45,骑兵20,枪支27,大小炮10门。清末沙进人退,守备衙门搬迁到今新地村。

在2010年所立"重修高沟堡庙第二功德碑"上记述:"高沟堡古城始建于东西两汉年间,庙内有砖窑一口,并有东西两汉砖头做证。明朝洪武十四年(1381),因战争需要又重新增补军防戍边设施。到清朝嘉庆十一年(1806)前,被沙压房屋庄田,被迫万民离乡,迁往刘广、中沙、清源、王庄、新地、长城、红水河西岸,挖窑洞居住,繁衍生息。"

此碑中称,清朝嘉庆十一年前高沟堡被沙漠侵占,人口大量外迁到周边地区,但不知道撰文之人依据何在。

（三）高沟堡的管辖范围

关于高沟堡的管辖范围,《武威县志》中《武威县疆域图说》指出:"庙堂多胜算,重镇之内,益以旗兵,正为此也。邑之正东,古浪营汛足为藩屏。自是而北,外连沙漠,内无险阻,一线长城,半借洪河,环绕内外,似宜多置营堡。乃自高字一墩,至岔字八墩,一百一十五里,止设高沟一堡者,何也?盖堡外新旧墩,昔为夷人出没之区,今者一统,蒙古内附,凉州之兵民安堵无恐,已百年矣。所以境外一百八十里水头,十三井探哨,仅存空名,而沿边一带烽墩,以一营堡辖之而有余。"

上述记载表明高沟堡辖区:南至古浪县土门镇,北至民勤县蔡旗镇,西至清源镇的新地（有高沟沿地名）、王家新庄、刘广寨，东至水头、十三个井（在今九个井、炭糟刺湾、马家圈一线内有高沟寨刺湾），南北、东西各约60千米，面积3600平方千米，包括今之二十里大沙和八十里大沙。

清朝时期，疆域拓展至新疆，蒙古内附，凉州不再是边塞前线，而是成为了内地，所以如此广大的地域，仅以高沟堡一个城堡统辖便绰绰有余，军力配置也仅为一名守备，65名士兵。

（四）光绪年间的一起争水诉讼

清代光绪七年（1881），武威、镇番两地的农民因为红水河灌溉用水发生争执，诉讼到了前分守甘凉兵备兼管水利道铁珊处。铁珊于八月二十日发了《前分守甘凉兵备兼管水利道铁（珊）发给武（威）镇（番）互控洪水河水源判案》，其中提到："查高沟堡、唐营二沟，自明季以来原浇黑木林湖泉水，自南北引始达其地，嗣因地被风沙拥压，水亦为沙所阻。康熙六十一年（1722）间，遂于边墙外官荒地内讨照开垦，以弥赋额，爰截洪水河之水由东西引逆流灌溉，曾经镇（民勤）民以断绝咽喉申诉奉宪饬禁。况唐、高两沟居民在彼业经祖孙递聚，沿渠树木均已合抱延逾为岁，重土久安，一旦必欲使其田地荒废，三千丁口迁徙流离，国赋因之无着。……泄水河身，即《武志》所载之红水河，《镇志》所载之洪水河也。此河自东南而流西北，经二百余里，至蔡旗堡附近，始与石羊河汇入大河。"

以上说明，清康熙六十一年，沙漠已埋没黑木林湖泉水河道及周边大量良田，生计所迫，当地农民讨得官府准照后，开垦耕种长城外的官荒地，截断红水河水浇灌土地，导致下游的民勤农民提起诉讼。

（五）高沟堡"沙和尚"的传说故事

相传，在距今300多年前的清朝康熙年间，高沟堡还是一个房舍严整、人烟稠密、街市热闹、繁华兴旺的大堡寨。黑墨湖、红水河提供了丰富的水源，周围树木繁盛，水草丰美，良田万顷，农业牧业都非常发达。

高沟堡城能在风沙线下存在，全靠城内数丈高的土台子上的龙王庙。庙里是管治风沙的黄龙，肚子里藏着一颗"逼沙珠"，因此才能镇得住流沙的侵袭，保得这一方绿洲。

那时节,高沟堡里有个外号叫"沙和尚"的大地主,家财万贯但贪得无厌,时常派出奴仆大肆砍伐林木,为自己建造亭台楼阁。老百姓深知林木是防风挡沙的墙壁,便联合起来,竭力阻挡地主毁坏林木。沙和尚气急败坏,但慑于百姓人多不敢公然冒犯。他日思夜想,终于想出了一条毒计。他打发儿子偷偷窜到龙王庙里,掏开龙王的肚子,盗出逼沙珠。老地主认为这样必定造成风沙肆虐,就可以赶走穷苦百姓,然后凭借逼沙珠,把堡周围的林木田地,尽数据为己有。逼沙珠被盗,激怒了天上的黄龙,一场万劫不复的灾祸从天而降。一场亘古未见的黑风暴卷地而来,瞬间刮得天昏地暗,房倒树拔,水干草枯。黑风暴直刮了三天三夜,方才渐渐消停。沙和尚鼠目寸光,自恃有高墙大院可以抵御风沙,不料那黑风暴来势凶猛,只刮得天昏地暗,鬼哭神惊,地主全家和庄园都被埋在了沙丘之下。

灾难之后,高沟堡中只有极少数的人幸存下来,但已经无家可归,只好到别处流浪讨饭。也正是有他们,才将这个神奇故事流传了下来。

(六) 清代重修高沟堡庙

高沟堡庙内原存清代康熙四十八年(1709)"重修高沟堡庙碑",前半部分已经损毁,后半部分碑文记述了高沟堡庙在清代的兴废。似乎是老天爷特意开了一个玩笑,清代以前高沟堡庙的历史,只能让后人去猜测,没有碑文可考据。

碑文记载:"原昔戊子年(清顺治五年,1648年)逆回变乱(指甘州总兵丁国栋、米喇印反清复明),焚者无存。于辛卯岁(顺治八年,1651年)榆杨僧海清云游到此,募化创修大殿、中殿、山门,前后厢廊,其功未周。本寺四至:东至月城,南至官街,西至李天惠房墙,北至月城,四至分明。后蒙渊白和尚引众塑像,金庄丹丽巴周。次康熙四十四年(1705),比丘性觉创建弥勒阁中拜殿三间,常驼殿一间,两廊六间,绘塑金庄,重补山门,丹丽巴周大殿,拜殿,两廊一十五间,倚廊两间,托西方丈一处,小园一处,东西廊房七间,山门西小房三间半,外有坐西向东铺面两间;赎铺小房价银六百二十一两三钱整。四十八年(1709)九月内告竣。……本城南街信士李占元同子李宗、李宏,将原与南街候晋接坐东向西铺面三间,典剥价银一百两,外修地窖一座,功银二十两,并文约舍送本寺以为香火之费,共成莫大因果。无量功德,勒之碑记，永为不灭。"

据上述碑文记载，明代修建的高沟堡庙于清顺治五年毁于战乱，焚烧殆尽。顺治八年，僧人海清云游到此，化缘募集资金重修了高沟堡庙，创修大殿、中殿、山门、前后厢廊，可惜其功未周。后来僧人渊白又增加金装佛像。到了康熙四十四年，僧人性觉扩建高沟堡庙，至康熙四十八年竣工，形成了规模宏伟的建筑群。

此时，高沟堡庙明显是佛教寺院，而且香火旺盛，自有铺面可以获取租金收入，更有大量信士，如李占元和儿子李宗、李宏，捐赠商铺、银两供养寺院。

七、民国时期及当代

（一）1927 年大地震

清代之后，高沟堡就隐没在沙海之中，鲜有外人知晓。民国十六年（1927）武威大地震，具有 546 年历史的高沟堡庙再次被严重损毁，仅遗存山门、北城墙中部两座庙台。记载高沟堡庙于明代洪武十四年始建历史的大铁钟也流落民间，最终毁于 1958 年的"大炼钢铁"。

（二）高沟堡一带的移民开发

高沟堡古城在两千年的历史长河中，历经沧桑，最终淹没在沙漠之中。中华人民共和国成立以来，经过人民群众长期造林治沙，长城内外、大漠南北，出现了"人进沙退""瀚海变绿洲"的良好局面，使沉睡在风沙中的良田沃土重现生机。

1975 年前后，武威市还实施了大规模的移民搬迁，将原来张义乡、上泉乡、中路乡、天祝祁连乡等地的农民安置在吴家井乡、长城乡、新地乡一带。

（三）高沟堡古城的发现

在 1970 年代，几位考古工作者在长城镇进行文物普查时，发现一个村子的农田中散落着许多大大小小的瓷片，出于职业敏感性，随即对周边进行了走访和勘查，最终在附近的沙漠腹地发现了一座古城，这就是高沟堡古城。

1980年代中期，考古工作者对这座古城进行了考古发掘，又发现了汉代至宋元明清朝代的瓷器碎片以及汉砖瓦、五铢钱币、石磨、铜佛、珍珠、珊瑚、玛瑙、玉器、陶瓷等大量文物，还发现了极其罕见的、写有西夏文字的瓷器碎片。

1987年，高沟堡古城被当时的县级武威市人民政府（今天的凉州区人民政府）公布为县级文物保护单位。2014年勒碑保护，铭文为"高沟堡故址"。

（四）高沟堡庙的重建

王宝元先生曾经建议要整修恢复古城原貌，修复高沟堡庙，如今他的想法已经变成现实。

自1992年以来，当地农民赵有全等人积极筹措资金，准备重建高沟堡庙。2000年以来，先后建成了"无量祖师殿"（也叫"玄天宫"）、"娘娘殿""神农殿"（也叫"药王殿"）、"水母三娘殿""四海龙王殿"等宗教设施。"无量祖师"也叫"无量寿佛""北方真武玄天上帝"，本是上古三皇五帝中的颛顼，是道教中镇守北方的"玄武之神"，也是斩妖除魔的剑仙。

中国传统的寺庙道观等建筑，是多种非物质文化遗产的汇聚之地。建筑的选址、规划、格局、朝向，四梁八柱的框架结构，榫卯结构的营造技艺，木雕彩绘，楹联匾额，泥塑壁画，等等，都散发着古典文化的气息。

通过匾额、石碑、壁画等信息，我们知道清源镇中沙村的凉州皮影戏、木偶戏省级传承人马登岐老人，凉州水陆画传承人杨文桂女士等都参与了高沟堡庙的修建，前者精通佛像雕塑，后者擅长壁画。

八、结　　语

高沟堡古城从汉代到当代两千年的历史，是凉州历史的一个缩影，也是凉州文化的集中体现。依托前辈学者，尤其是王宝元先生的丰硕成果，再加上实地考察，我们对高沟堡古城的前世今生有了一个初步的了解。更好地研究保护高沟堡，开发利用高沟堡，是每一个凉州人的责任。

三百年风雨沧桑　古城堡依然屹立
——武威清代凉州满城考述

席晓喆

武威市凉州文化研究院

满城是清代八旗兵的驻防城,是清代驻防全国各地的八旗官兵及其眷属的居住地。满城的建制随着清朝军事推进,在从顺治初到乾隆末的140余年间陆续建成,顺康间在直省,雍末乾初在西北,乾隆中后期在新疆藩部。因凉州满城修建时,全国大部分满城已建成运营多年,所以凉州满城在修建时,一方面清政府有成熟的营建模式可供参考,另一方面对建成后的军事建制、武器装备、粮饷供给、驻防大员调配等都有严格的标准和规制。

一、凉州满城的建城规模

凉州满城位于今武威市凉州区金羊镇窑沟村北侧。据有关史料记载,凉州满城从雍正十三年(1735)开始修建,到乾隆二年(1737)九月九日重阳节竣工并投入使用,历时三年。

凉州满城军事防御功能非常突出,从选定地点、制定规划、具体分工到最后建成,都严格按照清政府政治意图和既定方针进行,既要突出军事防御功能,还要突出满城的威严和作为权力的象征。

凉州满城形制十分规范,四面城墙的高度、厚度、长度基本相同,城中主要干道南北笔直走向,每条干道宽度相等,城门设置、内部布局错落有致,对称整齐,基本为中轴线贯穿全城,完全符合中国传统的建城体制。同时,凉州满城除设有各种军事设施、行政衙署外,还设有关帝庙等,充分体现了满族人马上得天下的尚武特征,是满族文化的一个缩影。

《五凉全志》载:满城,城东北三里许。乾隆二年置。砖包,周围七里三分。东、南、西、北四门,大城楼四,瓮城楼四,角楼四,箭楼八。每门官厅各一,房各一十三。会府一,房二十五。关帝庙一,房二十七。大什字牌楼四。教场一处,演武庭五楹,在城西北隅。将军官廨一,房一百二十三。副都统官廨一,房六十四。印房公署一,房六。左右二司署二,房各八。笔帖式署三,房各一十九。协领署六,房各四十。佐领署二十四,房各三十。防御署二十四,房各二十三。步军章京署四,房各二十二。骁骑署二十四,房各一十二。领催委前锋校、前锋、领催、马兵、炮手,每名房二。步兵、匠役,每名房一。

另据修筑凉州满城碑载,有"城垣一千三百一十四丈""兵符二千三百八十八处""大小衙署九十二所"等内容。在碑文最后记载:总理建筑凉州城工的是陕西分守凉庄道阿炳安,协办城工事务的有陕西凉州知府王守曾、武威知县何世宠等7位地方官员。

从以上史料可以窥得,凉州满城建筑主要由三部分构成,一是将军等高级军官的衙署,它是满城的军政中心;二是军事设施,如瓮城、演武庭等;三是官兵居住区和文化生活场所,如关帝庙等。从建筑规模可以看出,凉州满城耗费巨资修建,建筑规模宏大,城防体系坚固,军事防御功能完善。也可以看出,凉州在雍乾时期军事战略位置非常重要。

二、凉州满城的军事建制

满城的实质其实就是清政府为巩固统治,在驻扎地设置的一个大的军营。凉州满城的驻军主要由满洲八旗和汉军八旗构成,城内不仅居住军队,还有官兵家眷,可以说凉州满城就是独立于武威城的另外一座城市。由于满城重要的军事属性,因此凉州满城内的军事设施十分庞大,管理运行十分缜密。

《五凉全志》记载:满城,将军一员。副都统一员。九品笔帖式三员。协领六员。佐领二十四员。防御二十四员。步军章京四员。骁骑校二十四员。领催委前锋校一十六名。前锋一百八十四名。领催一百四名。马兵一千六百九十六名。炮手五十二名。弓匠、箭匠、铁匠头目各三名。步兵六百名。弓匠、箭匠、铁匠各二十一名。官员战坐、亲丁以及马兵,共马六千五百八十二匹。配炮驼六十只。子母炮六位。威远炮二十位。官军盔甲二千六百八十七副。鸟枪一千杆。手枪一百六十八杆。腰刀二千六百八十九口。长枪一千三百杆。牧厂〈坊〉在永昌县南黄城子。镇属与满城旗纛、撒袋、角号、金鼓、帐房、锣锅、刀矢、火药、铅子，俱以时制备，数不赘。

从以上史料可见，凉州满城的最高行政长官为正一品的将军和正二品的副都统，这种高规格的设置在全国的满城中是不多见的。满城驻有官兵2 800余名，马匹等6 600余匹只，盔甲2 687副，枪支1 168杆，火炮26位等，在当时看来，凉州满城可谓兵强马壮、装备精良、战斗力极强。

三、凉州满城的粮饷供给

粮饷是保证军事行动的前导。凉州满城驻防的八旗官兵是严格按照职务等级领取饷银和俸米的。在经济上，清政府优待满城兵丁生活，凉州满城从修建之初到光绪二十一年间，一直享受着"双口双粮"的待遇。同时，清廷为了安抚官兵，还对旗人孀妇孤寡者提供基本生活保障。

《五凉全志》记载：凉之满、汉饷，借给于他省，而领之自藩库。粮则出诸地之正供，及柳湖屯，更与采买。盖缘土素干燥，积储可越三十年，用备不虞，其所减于挽运者正不少。

满城官员，岁需俸薪银七千三百七十六两，朱红纸张银一十五两七钱，养廉银一千六百五十两。月食饷三两兵三百四人，岁需银一万九百九十四两。月饷二两兵一千七百四十八人，岁需银四万一千九百二十两。月食饷一两兵六百七十二人，岁需银八千六十四两。官兵家口二万二千七百三十八口，内五百七口，应需粳米岁一千七百七石七斗零，共折银二千五百六十一两零。外孤寡增减无定数，应需米麦岁三万四千八百四十五石。武、镇、古、张掖四县采买。马六千五百八十二匹，驼六十只，岁需料半本色二万八百四十一石零，半折银七千八十四两零。岁需草半本色八十七万七百七十束零，半折银八千七百七两零。有闰增。

从以上史料看出，凉州满城当时可谓家大业大，官兵和家眷大约就有2.6万人，加之战马6 000多匹等，每年耗银在9万两左右，所需银两由清政府直接从外省调拨到甘肃藩库，再由甘肃藩库下拨到凉州满城。凉州满城所需粮草等，由专人从武威、镇番、古浪、张掖四县采购供应。

四、凉州满城的驻防大员

清代的军事官制为八旗兵制，分满、蒙、汉军共 24 旗，每旗设都统 1 人，副都统 2 人，下设参领、副参领、佐领等。副都统的官阶与总兵同，正二品。其驻守之地区若有将军者，则由将军兼辖。若无将军者，则独立行使权力，其防务可直达兵部，甚至可向皇帝奏事。乾隆初设能独立行使权力的副都统 4 人，分别驻防于直隶密云、山海关、山东青州和甘肃凉州。4 个副都统衙门，各有笔帖式 2—3 人，协助副都统办理所属事务。

经查阅《清代各地将军都统大臣等年表（1796—1911）》（章伯锋著）和《满族大辞典》（孙文良主编）等资料，梳理出凉州满城副都统之职在近 300 余年间，更换者达 34 人，可见清代凉州满城八旗驻防大员调动较为频繁。

附：清代历任凉州副都统

黑　　色：蒙古镶黄旗，乾隆二年（丁巳，1737）任。

都隆额：满洲正红旗，乾隆十二年（丁卯，1747）任。

敷伦泰：（一作敷楞泰）。完颜氏。满镶蓝。嘉庆元年（丙辰，1796）命，嘉庆三年（戊午，1798）五月授宁夏将军。旋卒。

和星额：葛济勒氏，满镶白。嘉庆三年（戊午，1798）五月由广州汉军副都统调任，嘉庆五年（庚申，1800）五月降。

明　　禄：嘉庆五年（庚申，1800）五月命，嘉庆六年（辛酉，1801）正月调杭州副都统。

成　　明：满正蓝。嘉庆六年（辛酉，1801）正月命。嘉庆十一年（丙寅，1806）五月革。

富色铿额：嘉庆十一年（丙寅，1806）五月命。嘉庆十五年（庚午，1810）七月授宁夏将军。

穆特恩额：嘉庆十五年（庚午，1810）八月命，嘉庆二十三年（戊寅，1818）三月解。

穆兰岱：颜札氏。满正蓝。嘉庆二十三年（戊寅，1818）四月命，道光二年(壬午,1822)三月调甘肃西宁镇总兵。

庆　廉：伊而根觉罗氏,满镶白。道光二年(壬午,1822)三月命,道光五年(乙酉,1825)十二月调乌什办事大臣。

乌尔卿额：瓜尔佳氏,满镶蓝。道光五年(乙酉,1825)十二月由西安右翼副都统调任。道光七年(丁亥,1827)十一月休致。道光九年(己丑,1829)卒。

乌尔滚布：瓜尔佳氏,满正白。道光七年(丁亥,1827)十一月命,道光十年(庚寅,1830)三月病解。同治三年(甲子,1864)卒。

寿　昌：瓜尔佳氏,满正红。道光十年(庚寅,1830)三月命,道光十三年(癸巳,1833)十一月调,道光二十年(庚子,1840)卒。

舒凌阿：道光十三年(癸巳,1833)十一月命,道光十四年(甲午,1834)九月调任乌什办事大臣。

壁　昌：额勒德特氏,字星泉,号东垣。蒙镶黄。道光十四年(甲午,1834)九月命,道光十七年(丁酉,1837)十一月调阿克苏办事大臣。咸丰四年(1854)卒。谥勤襄。

萨隆阿：觉尔察氏。满镶蓝。道光十七年(丁酉,1837)十一月命,道光十九年(己亥,1839)三月卒。

文　样：道光十九年(己亥,1839)五月命,道光二十五年(乙巳,1845)九月病解。

兴　泰：道光二十五年(乙巳,1845)九月命,咸丰元年(辛亥,1851)十一月调吐鲁番领队大臣。

绵　洵：宗室,满镶白。咸丰元年(辛亥,1851)十一月命,咸丰三年(癸丑,1853)二月调江宁副都统。

庆　昀：满正白。咸丰三年(癸丑,1853)二月命,九月调察哈尔副都统。同治四年(乙丑,1865)卒。

魁　玉：富察氏,字时若。满镶红。咸丰三年(癸丑,1853)九月命,咸丰四年(甲寅,1854)七月革。谥果肃。

全　泰：满正黄。咸丰四年(甲寅,1854)七月命,咸丰九年(己未,1859)六月卒。

库克吉泰：字仁兔。蒙正黄。咸丰九年(己未,1859)六月命,十一月调广州满洲副都统。同治十二年(癸酉,1873)卒。谥勤毅。

春　英：宗室,满正红。咸丰九年(己未,1859)十一月命,同治元年(壬戌,1862)八月丁忧。

瑞　云：字代华。满镶白。同治元年(壬戌,1862)八月署,二年(癸亥,1863)正月实授,同治十年(辛未,1871)十二月病解。

额尔庆额：格何恩氏,字蔼堂。满镶白。同治十年(辛未,1871)十二月命,光绪三年(丁丑,1877)五月调。光绪十九年(癸巳,1893)卒。

崇　志：满正蓝。光绪三年(丁丑,1877)五月命,光绪十年(甲申,1884)四月革。

德　奎：(一作德魁)。满正白。光绪十年(甲申,1884)七月命,光绪十八年(壬辰,1892)五月病解。

施宝成：汉镶红。光绪十八年(壬辰,1892)五月命,光绪二十一年(乙未,1895)九月召。

依楞额：布库尔氏。蒙镶红。光绪二十一年(乙未,1895)九月命,光绪二十五年(己亥,1899)十二月卒。

明　惠：字菊人,满镶黄。光绪二十五年(己亥,1899)十二月命,光绪二十七年(辛丑,1901)七月病解。

恒　寿：字介眉。满正红。光绪二十七年(辛丑,1901)七月命,光绪二十八年(壬寅,1902)十月授绥远城将军。光绪二十九年(癸卯,1903)卒。

玉　昆：字石轩。满镶红。光绪二十八年(壬寅,1902)十月命,宣统元年(己酉,1909)十月授成都将军。

恩　志：满正红。宣统元年(己酉,1909)十月命,宣统三年(辛亥,1911)十月止。

中国古代北疆地缘的历史转变

赵现海

中国社会科学院古代史研究所

一、北中国的地理差异

中国古代汉人政权、北族政权之所以形成长期对峙局面,根源于北中国的地理环境。在北中国亚洲内陆与北方平原接壤地带,自东而西大体并列分布着两大山系,"外山系"自东而西依次为大兴安岭、阴山山脉、阿尔泰山脉、天山山脉;"内山系"自东而西依次为小兴安岭、长白山脉、太行山脉、六盘山、贺兰山脉、祁连山脉、阿尔金山、昆仑山脉(为省略起见,下文皆将山脉简称为山。在论述支脉时,直接称谓支脉名称。支脉名称与山系名称一致时,如太行山、长白山等,在其前面冠以"狭义"之称)。

两大山系不仅将北中国分隔成为三大地理空间,由北至南依次为亚洲内陆、内陆平原过渡地带、内新月平原地带;而且由于先后阻隔太平洋暖湿气流之北进,从而导致三大地理空间形成不同气候特征,即分属干旱气候、半干旱季风气候与温带季风气候;而且受到地形与气候条件影响,三大地理空间经济方式与政治组织亦呈现截然不同的面貌。[①] 在典型亚洲内陆干旱

---

① "由于燕山阻隔,直到明代,东北与中原之间的经济地理特征差别一向很显著。同时,也造成了两大区域间在民族与政权分布上的差异,并影响到其间的经济、文化联系。"辛德勇:《论宋金以前东北与中原之间的交通》,《古代交通与地理文献研究》,商务印书馆,2018年,第1页。"由于燕山山脉、松岭山脉的阻挡,来自温带海洋的暖湿气团大多在山前平原地区发挥作用,这里温度、湿度宜人,四季分明,日照条件理想,土壤较为肥沃,水分充足,是开展农牧业尤其是大规模农耕的理想场所。不过,对于西拉木伦河以南、七老图山和努鲁儿虎山以北的丘陵漫岗地带而言,这里更容易(转下页)

气候条件下,北方族群发展出单一游牧经济;在内新月平原地带温带季风气候下,华夏与后来的汉人发展出精耕细作的农业经济。元人修《辽史》,指出:"长城以南,多雨多暑,其人耕稼以食,桑麻以衣,宫室以居,城郭以治。大漠之间,多寒多风,畜牧畋渔以食,皮毛以衣,转徙随时,车马为家。此天时地利所以限南北也。"①除地方政权之外,中国古代王朝政权基本皆分布于这两大地带。其中外山系阴山(包括狼山、乌拉山、大青山、灰腾梁山、大马群山)以北、内山系太行山(包括支脉燕山)以南之地,分属典型亚洲内陆东部、内新月平原地带的中心地带,尤其是王朝政权集中分布之地,中国历史上较为著名的王朝政权皆分布于此,也即中国古代历史变迁的主线索便存在于这一地区,可将这两大地带视为中国古代政治中心。

依照王朝、政权地理空间、经济方式与疆域观念之不同,可将这两大地带的政权分别称为"农业政权"与"内陆政权"。② 农业政权是华夏、汉人在崛起之时或弱小之际,于太行山以南,依托农业经济,所建立之较为纯粹或单一的华夏政权、汉人王朝,包括三代、魏晋、五代、北宋。与之相似,内陆政权是北方族群在崛起之时或弱小之际,于阴山以北,依托亚洲内陆地理环境,所建立的较为纯粹或单一的北族政权。依据经济方式与组织规模的不同,又可将之细分为游牧行国、草原部落与渔猎部落三种类型。所谓游牧行国,是指北方族群在游牧经济基础上,所建立的大型社会组织,包括匈奴、突厥、回纥、蒙古在典型亚洲内陆所建立的政权类型。所谓草原

(接上页)受到来自蒙古高原的冷干气团的影响,全年相对干旱少雨,春秋两季较为短暂,秋冬两季风沙活动强烈。虽然在新石器时代、青铜时代,当地也曾经孕育出诸如红山文化、夏家店下层文化这般高度发达的农业社会文明,但是在燕秦汉时期,偏于寒冷干燥的气候条件似乎更有利于畜牧业甚至游牧业的发展。"王海:《燕秦汉时期辽西走廊社会研究》,黑龙江出版社,2019年,第3—4页。

① (元)脱脱等:《辽史》卷三二《营卫志中·行营》,点校本二十四史修订本,中华书局,2016年,第423页。
② 赵鼎新将中国古代政权分为"农业政体"与"草原政体",有一定启发性。赵鼎新:《国家、战争与历史发展:前现代中西模式的比较》,浙江大学出版社,2015年,第102页。但东北政权其实并不单纯建立在草原经济之上,而是一种混合经济。因此以这作区分与界定,并不准确。

部落是指北方族群在游牧经济基础上,所建立的小型社会组织,比如猃狁、犬戎、羯、氐、羌与明代蒙古。所谓渔猎部落是指崛起于大兴安岭的东胡系部落,在典型亚洲内陆所建立的小型社会组织。这些政权形式至少游牧行国、草原部落被时人称为国家。比如清天聪年间,便称蒙古的察哈尔部为"察哈尔国"。① 日本、朝鲜也称兀良哈为国。"(加藤)清正乃问(鞠)景仁曰:'朝鲜北境尽于此乎?'对曰:'然。'曰:'北邻何国?'曰:'兀良哈。'"②

而在内陆平原过渡地带,由于地形、气候呈现出非典型与过渡性特点,呈现平原、草原、森林③、山地、沙漠各种地形、地貌交错的特征,虽然具备发展游牧④、农业的条件,⑤但又非普遍推广地带。⑥因此之故,在中

---

① 比如皇太极便说:"明国屡背盟誓,蒙古察哈尔国残虐不道,皆当征讨。"(清)图海:《清太宗实录》卷五,天聪三年冬十月丙寅,中华书局,1985年,第75页。对于清初察哈尔国的游牧地域,乌云毕力格进行了讨论。乌云毕力格:《五色四藩:多语文本中的内亚民族史地研究》第十二章《清初的"察哈尔国"游牧所在》,上海古籍出版社,2016年,第281—296页。
② [日]赖山阳著,[日]久保天随订:《重订日本外史》卷一六《德川氏前记·丰臣氏中》,北京大学出版社,2015年,第353页。
③ 这一地区的连绵山脉,培育了广袤的森林。比如东汉末年,董卓鉴于关东兵起,有迁都关中之议,指出"陇右材木自出,致之甚易",作为宫室易于营建的根据。(宋)范晔著,(唐)李贤等注:《后汉书》卷五四《杨彪列传》,中华书局,1965年,第1787页。北魏太和时期,营建洛阳的木材都来自吕梁东麓的西河郡(今山西汾阳)。"授(王罴)右将军、西河内史。辞不拜。时人谓之曰:'西河大邦,俸禄殷厚,何为致辞?'罴曰:'京洛材木,尽出西河,朝贵营第宅者,皆有求假。如其私办,即力所不堪,若科发民间,又违法宪。以此辞耳。'"(唐)令狐德棻等:《周书》卷一八《王罴传》,中华书局,1971年,第291页。明末夏完淳认为:"草木之富,莫盛于代北,莫远于河冀,岳种名材,连疆蔽地。"(明)夏完淳:《夏完淳集》卷八《燕问》,上海:中华书局,1959年,第139页。
④ 浑、斛薛归降唐朝后,被安置于灵州(今宁夏灵武)。高宗麟德年间,被迁至黄河以北,借助当地的草原,逐渐发展起来。"牧地膏腴,水草不乏,部落日富。"(后晋)刘昫等:《旧唐书》卷一八五上《良吏上·崔知温传》,中华书局,1976年,第4791页。
⑤ 比如隋文帝开皇年间,朔州总管郭衍便在朔州开垦农田。"所部有恒安镇,北接蕃境,常劳转运。衍乃选沃饶地,置屯田,岁剩粟万余石,民免转输之劳。"(唐)魏徵等:《隋书》卷六一《郭衍传》,中华书局,1973年,第1469页。同样在这一时期,朔州总管赵仲卿也在当地屯田。"于时塞北盛兴屯田,仲卿总统之。微有不理者,仲卿辄召主掌,挞其胸背,或解衣倒曳于荆棘中。时人谓之猛兽。事多克济,由是收获岁广,(转下页)

国古代历史上,内陆平原过渡地带便成为农业经济、游牧经济过渡并

(接上页)边成无馈运之忧。"《隋书》卷七四《酷吏·赵仲卿传》,第 1696 页。武则天时期,凉州都督、陇右诸军州大使郭元振在凉州开展屯田。"又令甘州刺史李汉通开置屯田,尽其水陆之利。旧凉州粟麦斛至数千,及汉通收率之后,数年丰稔,乃至一匹绢籴数十斛,积军粮支数十年。元振风神伟壮,而善于抚御,在凉州五年,夷夏畏慕,令行禁止,牛羊被野,路不拾遗。"《旧唐书》卷九七《郭元振传》,第 3044 页。唐德宗贞元四年,陇右节度支度营田观察、林洮军使李元谅镇守地处陇东的良元,也在这一地区推广军屯。"良原古城多摧圮,陇东要地,房入寇,常牧马休兵于此。元谅远烽堠,培城补堞,身率军士,与同劳逸。艾林薙草,斩荆榛,俟干,尽焚之,方数十里,皆为美田。劝军士树艺,岁收粟菽数十万斛,生植之业,陶冶必备。仍距城筑台,上彀车弩,为城守备益固。无几,又进筑新城,以据便地。房每寇掠,辄击却之,泾、陇由是乂安,房深惮之。"《旧唐书》卷一四四《李元谅传》,第 3918 页。作为河西走廊最大的绿洲,武威又称凉州,十分适合开垦灌溉农业,自古便有"凉州不凉米粮川""凉州畜牧甲天下"的美名,直到气候干冷时期的清代仍然如此。"凉州畜牧甲天下,谷贱年年盗贼寡。汉时风俗今犹然,吏不苛刻所致也。"(清)张玿美修,(清)曾钧等纂:《五凉全志》卷一《武威县志·文艺志·海藏寺》(杨应琚),中国方志丛书影印清乾隆十四年刊本,成文出版社,1976 年,第 205 页。民国时期,范长江游历西北,根据沿途所见,也指出西北地区多有适于开展农业经济者。"东南人士,每谓西北荒凉,意识中似乎认西北都是沙漠一样,想起都可怕。其实,西北沃野正多,宜于人类生活之地区甚广,只因地位不同,气候有别,它的外形表现与生活方式,和东南各省区有若干异趣处而已。以甘肃而论,我们普通在地图上所看见的,伸在蒙古青海间长长的一块地区,酒泉(肃州)、张掖(甘州)、武威(凉州)一带,西面延伸到嘉峪关、玉门关,似乎应该是最不宜人生存的地区,然而事实上这是甘肃省内最肥沃的地区。这里雨水很少,然而却有雪山溶解下来的雪水,可资灌溉,致成异常宜于种植的地方。甘凉肃的主要出产是米,即南方的大米,这在东南人士听起来多么诧异。陇南一带,因为有渭水上游及其支流的灌溉,白龙江、西汉水、洮河、大夏河更纵横其间,农田之利,所在皆是。只有陇东平原一带,因无河流之利,农事比较困难。如能凿井开渠,陇东之前途,仍未可限量。"范长江:《中国的西北角》,新华出版社,1980 年,第 42—43 页。

⑥ 比如隋文帝命镇守凉州的工部尚书贺娄子干在陇西屯田筑堡。"高祖以陇西频被寇掠,甚患之。彼俗不设村坞,敕子干勒民为堡,营田积谷,以备不虞。"《隋书》卷五三《贺娄子干传》,第 1352 页。贺娄子干指出当地缺乏大规模推广农业经济的条件。"陇西、河右,土旷民稀,边境未宁,不可广为田种。比见屯田之所,获少费多,虚役人功,卒逢践暴。屯田疏远者,请皆废省。"《隋书》卷五三《贺娄子干传》,第 1352 页。在中古时期北方族群长期南下的时代背景下,当地实以畜牧为生,无法推广大规模农业经济。"但陇右之民以畜牧为事,若更屯聚,弥不获安。只可严谨斥候,岂容集人聚畜。"《隋书》卷五三《贺娄子干传》,第 1352 页。

存、商贸往来的中间地带,①汉人与北方族群争夺拉锯的缓冲地带,山河交错之地尤成为经济生机蓬勃、又潜藏军事危机的地区,也相应是汉人(华夏)拓展农业经济、防御北方族群的历代长城分布地区。汉人北上亚洲内陆时,可以借助当地农牧经济,不仅有利于获得给养,②而且也可发展

① 比如中古时期,"安定、北地、上郡、陇西、天水、金城,于古为六郡之地,其人性犹质直。然尚俭约,习仁义,勤于稼穑,多畜牧,无复寇盗矣"。《隋书》卷二九《地理志上》,第817页。其中部分生态环境较好的地带相应是农牧经济较为发达的地区。王莽禅汉,天下大乱,冯衍对鲍永称:"夫并州之地,东带名关,北逼强胡,年谷独孰,人庶多资,斯四战之地,攻守之场也。"《后汉书》卷二八上《冯衍列传下》,第968页。这一时期,邓禹鉴于陕北地区农业、畜牧业皆甚发达,从而在此屯居休养。"诸将豪杰皆劝禹径攻长安。禹曰:'不然。今吾众虽多,能战者少,前无可仰之积,后无转馈之资。赤眉新拔长安,财富充实,锋锐未可当也。夫盗贼群居,无终日之计,财谷虽多,变故万端,宁能坚守者也? 上郡、北地、安定三郡,土广人稀,饶谷多畜,吾且休兵北道,就粮养士,以观其弊,乃可图也。'于是引军北至栒邑。"《后汉书》卷一六《邓寇列传》,第603页。"(窦)融见更始新立,东方尚扰,不欲出关,而高祖父尝为张掖太守,从祖父为护羌校尉,从弟亦为武威太守,累世在河西,知其土俗,独谓兄弟曰:'天下安危未可知,河西殷富,带河为固,张掖属国精兵万骑,一旦缓急,杜绝河津,足以自守,此遗种处也。'兄弟皆然之。融于是日往守萌,辞让巨鹿,图出河西。萌为言更始,乃得为张掖属国都尉。融大喜,即将家属而西。既到,抚结雄杰,怀辑羌虏,甚得其欢心,河西翕然归之。"《后汉书》卷二三《窦融列传》,第796页。

② 比如两汉鉴于河南地保障关中的战略地位,致力于在这一地区大力发展农牧经济。东汉顺帝永建四年,尚书仆射虞诩上疏称:"《禹贡》雍州之域,厥田惟上。且沃野千里,谷稼殷积,又有龟兹盐池,以为民利。水草丰美,土宜产牧,牛马衔尾,群羊塞道。北阻山河,乘陀据险。因渠以溉,水舂河漕。用功省少,而军粮饶足。故孝武皇帝及光武筑朔方,开西河,置上郡,皆为此也。"《后汉书》卷八七《西羌传》,第2893页。唐代宗大历八年,中书侍郎、同中书门下平章事,加集贤殿大学士,兼判度支元载,向代宗建议在原州经营农田,作为西北经略的基础。"今国家西境极于潘源,吐蕃防戍在摧沙堡,而原州界其间。原州当西塞之口,接陇山之固,草肥水甘,旧垒存焉。吐蕃比毁其垣墉,弃之不居。其西则监牧故地,皆有长濠巨堑,重复深固。原州虽早霜,黍稷不艺,而有平凉附其东,独耕一县,可以足食。请移京西军戍原州,乘间筑之,贮粟一年。"《旧唐书》卷一一八《元载传》,第3411—3412页。明初在北部边疆实行军屯的同时,也推广牧业,以补充这一地区因气候寒冷、降雨较少、土壤贫瘠而造成的低产量。洪武后期,地方军权已过渡至诸王手中,朱元璋遂赐予诸王,尤其北疆九王大量包括马、牛、羊在内的牲畜,明初北疆遂呈现浓厚的游牧化趋向。洪武二十六年七月二十三日,朱元璋圣旨称:"燕府拨羊一万只,其余府都是二千。钦此。"(明)朱元璋:《太祖皇帝钦录》,载张德信《太祖皇帝钦录及其发现与研究辑录——兼及〈御制纪非录〉》,《明清论丛》第6辑,紫禁城出版社,2005年,第93页。"洪武二十七年(转下页)

骑兵,[①]为与北方族群一决高下提供了战术基础。反之,北方族群南下北方平原之时,借助当地农牧经济,不仅人马可以获得给养,而且农业经济也可

(接上页)二月十七日,钦差驸马欧阳伦、王宁等到来,传奉圣旨:拨与燕府羊一万只。钦此。"《太祖皇帝钦录》,载《太祖皇帝钦录及其发现与研究辑录——兼及〈御制纪非录〉》,《明清论丛》第 6 辑,第 93 页。九月"初六日一件,辽、宁、谷府,每府拨羊一万"。《太祖皇帝钦录》,载《太祖皇帝钦录及其发现与研究辑录——兼及〈御制纪非录〉》,《明清论丛》第 6 辑,第 94 页。北部边疆牧放之牲畜又不限于北疆九王之所有,还包括内地诸王寄养者。"周、楚、湘、韩、沈、唐、郢、伊,牧放在内;其周、楚、湘、韩、沈、唐、郢、伊,头匹牧放,不止此卫。其东镇云、玉、定、镇、高、大、阳、天、怀、万、宣,周、楚、湘、韩、沈、唐、郢、伊八王,牧放头匹,听其往来,不拘时月。"《太祖皇帝钦录》,载《太祖皇帝钦录及其发现与研究辑录——兼及〈御制纪非录〉》,《明清论丛》第 6 辑,第 99 页。朱元璋甚至对牧放牲畜的具体细节也多有关注与指导。洪武二十八年七月初九日,"今后护卫军出塞牧羊马时,带老小去"。《太祖皇帝钦录》,载《太祖皇帝钦录及其发现与研究辑录——兼及〈御制纪非录〉》,《明清论丛》第 6 辑,第 97 页。洪武二十八年,"一,大小马要控到汗出尽了,油不浸了蹄。一,羊群都俵军养,牛也一般。……一,大马孳生不孳生,都要鞍子。……一,调教马匹,死了的,休又调马人。一,羊毛扞毡、毡袄,除宫殿中用外,余者赏军"。《太祖皇帝钦录》,载《太祖皇帝钦录及其发现与研究辑录——兼及〈御制纪非录〉》,《明清论丛》第 6 辑,第 98 页。"洪武二十九年十二月初六日,殿下(晋王)赴京回还,赍到圣旨:多出哨马,无所不知。一,各府调马驹。一,孳生羊羔,一年二次,羔一次,共三次。一,多养牛。……一,群马要鞍辔全。……一,所在去处牧放,栏圈地窖土洞。一,既有群羊,休于市中取肉以供内用,为百姓所嗤。"《太祖皇帝钦录》,载《太祖皇帝钦录及其发现与研究辑录——兼及〈御制纪非录〉》,《明清论丛》第 6 辑,第 98 页。"洪武三十年三月二十八日,钦差驸马李坚到代州,捧到圣旨:一、王府养只,若要便当长远就养得军发迹了,护卫里军都发在口外屯种。每军一户,或养孳生羊十只,带羝共十二只。说与军知道,教又达达一般短,当着羔儿吃他的奶。且如一户三口、四口,但种些田,收些粟米。一夏天,挤羊奶,搅和着吃,军省力气。十个羊下十个羔,年终带羔生羔,得三倍儿利,恰好三十个羊。每十个,与军两个,不三四年,军的羊也成群了。这般,军多少不发迹?依着这般行,这军每种着田,收着草,更砍些秋青野草,一冬大雪里,人羊都不在雪里。因这般分开养,各家收拾的草,勾一冬头口用,不见亏折。若护卫军养不了,大军屯种处,也俵去养。"《太祖皇帝钦录》,载《太祖皇帝钦录及其发现与研究辑录——兼及〈御制纪非录〉》,《明清论丛》第 6 辑,第 100—101 页。

① "其(焉支山)水甘草美,宜畜牧。"(宋)曾公亮、(宋)丁度等:《武经总要·前集》卷一九《西蕃地理》,《中国兵书集成》第 4 册,解放军出版社、辽沈书社、中华书局,1988 年,第 955 页。

补充游牧经济单一匮乏的不足。① 这一地区的商贸往来也可以壮大北方族群实力,形成相对于内亚腹地深处族群的经济优势,借此北方族群更易在中国北疆建立较为长久的统治。② 不仅如此,北方族群占据这一区域,一方面可以获得南下北方平原的地理跳板,③另一方面能够借助当地山林密布的自然地形,退可隐藏而保全自身,进可突然到达北方平原,从而形成巨大的威慑效应。④

内陆平原过渡地带开阔而富有山形的地理空间,不仅使这一区域成为大规模野战展开的天然战场,而且这一地区的人群,呈现出多族群混杂的特征。比如唐天宝十三载(754),岑参在去北庭都护府任职途中,途经凉州,写下了如下诗句:"凉州七里十万家,胡人半解弹琵琶。"⑤由于夹在南北政权之间,相对于处于南北政权核心腹地的人群而言,政治立场不仅相对呈现模糊性与摇摆性,较易成为可资利用的军事工具;⑥而且在长期的艰苦环境与频

---

① 北魏初期便是如此。"命督屯田于河北,自五原至棝杨塞外,分农稼,大得人心。"(北齐)魏收:《魏书》卷一五《昭成子孙传》,点校本二十四史修订本,中华书局,2017年,第431页。
② "辽朝在其本地以及与之南部相接的奚地,谋求以牺牲同族而实现农耕的地带化,以此作为向中原进攻的根据地。"[日]岛田正郎著,何天明译:《大契丹国:辽代社会史研究》,内蒙古人民出版社,2006年,第69页。努尔哈赤初兴时,据"抚顺、清河、宽甸、瑷阳四处关口,互市交易,以通商贾,因此满洲民殷国富"。《满洲实录》卷二,戊子年四月,中华书局,1986年,第73页。
③ 比如北魏昭成帝拓跋什翼犍时期,燕凤出使前秦政权,便指出秋季之时,鲜卑骑兵便布满云中川,伺机南下。"云中川自东山至西河二百里,北山至南山百有余里,每岁孟秋,马常大集,略为满川。"《魏书》卷二四《燕凤传》,第684页。
④ 北魏太宗拓跋嗣神瑞二年,围绕是否将都城由盛乐(今内蒙古呼和浩特市和林格尔县)迁移到邺(今河南安阳北至河北临漳南),北魏内部存在争议,博士祭酒周浩、特进周澹反对迁都,理由之一是留居旧都,有助于保持北魏对中原的军事威慑。"今居北方,假令山东有变,轻骑南出,耀威桑梓之中,谁知多少?百姓见之,望尘震服。此是国家威制诸夏之长策也。"《魏书》卷三五《崔浩传》,第896页。
⑤ (唐)岑参著,陈铁民、侯中义校注:《岑参集校注》卷二《编年诗·凉州馆中与诸判官夜集》,上海古籍出版社,1981年,第144页。
⑥ 建中二年,司徒李晟鉴于泾州地处边境,军队多次发生兵变,主张加以惩罚,被唐德宗允准。"晟以泾州倚边,屡害戎师,数为乱阶,乃上书请理不用命者,兼备耕以积粟,攘却西蕃,上皆从之。"《旧唐书》卷一三三《李晟传》,第3671页。朱泚发动叛乱的同时,泾州兵也发生兵变。"初,朱泚乱时,泾州亦杀其帅冯河清,立别将田希鉴。"(转下页)

繁战争中,易于生成具有坚强意志与广泛号召力的英雄人物,甚至是世代相袭的家族集团,从而便于形成强大而持久的军事力量。①

比如东汉末年,六郡良家子的董卓,出身于陇西郡临洮,便团聚周边羌帅,而逐渐在地方树立起威望。"董卓字仲颖,陇西临洮人也。少好侠,尝游羌中,尽与诸豪帅相结。后归耕于野,而豪帅有来从之者,卓与俱还,杀耕牛与相宴乐。诸豪帅感其意,归相敛,得杂畜千余头以赠卓。"②东汉末年,马腾、马超父子之所以成为割据一方的重要势力,与得到边疆族群的支持有关。曹操谋士杨阜如此评价马超,"超有信、布之勇,甚得羌胡心,西州畏之"③。三国曹魏文帝时期,酒泉汉人苏衡与羌人邻戴、丁零胡一同发动"叛乱"。"酒泉苏衡反,与羌豪邻戴及丁令胡万余骑攻边县。"④曹魏灭蜀,凉州蕃汉军马扮演了关键角色。"昔伐蜀,募取凉州兵马、羌胡健儿,许以重报,五千余人随艾讨贼,功皆第一。"⑤

唐初魏徵等撰《隋书》,指出西北边疆族群性格坚强,崇尚武风。"雕阴、延安、弘化,连接山胡,性多木强,皆女淫而妇贞,盖俗然也。平凉、朔方、盐川、灵武、榆林、五原,地接边荒,多尚武节,亦习俗然焉。河西诸郡,其风颇同,并有金方之气矣。"⑥他们又认为其实整个北部边疆都是如此。"俗与上

(接上页)《旧唐书》卷一三三《李晟传》,第 3671 页。李晟时为西平郡王,鉴于泾州游离汉、蕃之间,对其加以惩罚。"'近者中原兵祸,皆起泾州,且其地逼西戎,易为反覆。希鉴凶徒,将校骄逆,若不惩革,终为后患。'从之。晟至凤翔,托以巡边,至泾州,希鉴迎谒,于坐执而诛之,并诛害河清者石奇等三十余人,具事以闻。上曰:'泾州乱逆泉薮,非晟莫能理之。'"《旧唐书》卷一三三《李晟传》,第 3671 页。明长城守兵也受到了明朝、蒙古两方面的影响。"边人大都五分类夷,五分有京师习气。"(明)戚继光:《陈边情及守操战车》,(明)陈子龙等《明经世文编》卷三五〇《戚少保文集五》,中华书局,1962 年,第 3764 页。

① 比如北朝时期,"库狄峙,其先辽东人,本姓段氏,匹䃅之后也,因避难改焉。后徙居代,世为豪右。祖凌,武威郡守。父贞,上洛郡守。峙少以弘厚知名,善骑射,有谋略。仕魏,位高阳郡守。"《周书》卷三三《库狄峙传》,第 569 页。
② (晋)陈寿撰,(宋)裴松之注:《三国志》卷六《魏书·董卓传》,中华书局,1964 年,第 171 页。
③ 《三国志》卷二五《魏书·杨阜传》,第 701 页。
④ 《三国志》卷一五《魏书·张既传》,第 476 页。
⑤ (唐)房玄龄等:《晋书》卷四八《段灼传》,中华书局,1974 年,第 1340 页。
⑥ 《隋书》卷二九《地理志上·雍州》,第 817 页。

党颇同,人性劲悍,习于戎马。离石、雁门、马邑、定襄、楼烦、涿郡、上谷、渔阳、北平、安乐、辽西,皆连接边郡,习尚与太原同俗,故自古言勇侠者,皆推幽、并云。"①隋末薛举之崛起,与能够团聚西北雄杰密切相关。"薛举,河东汾阴人也。其父汪,徙居金城。举容貌瓌伟,凶悍善射,骁武绝伦,家产巨万,交接豪猾,雄于边朔。"②唐高宗时,鉴于关中、河东风气尚武,专门在此招募士兵,讨伐吐蕃。"(仪凤二年)十二月乙卯,敕关内、河东诸州召募勇敢,以讨吐蕃。"③

近世时期,在南北政权频繁战争中,燕山区域的族群夹在中间,伴随双方势力的浮沉,呈现随风摇摆的灵活立场。大定十三年(1173),世宗对户部右司员外郎贺扬庭指出燕山南北的所谓"汉人",呈现出立场灵活的特征。④金大定二十三年(1183)六月,世宗再次指出燕人这一群体特征。曰:"燕人自古忠直者鲜,辽兵至则从辽,宋人至则从宋,本朝至则从本朝,其俗诡随,有自来矣。虽屡经迁变而未尝残破者,凡以此也。南人劲挺,敢言直谏者多,前有一人见杀,后复一人谏之,甚可尚也。"⑤金宣宗南征,对淮河流域宋军顽强抵抗与朔州望风而降形成的鲜明对比,十分感慨。"江淮之人,号称选愞,然官军攻蔓菁崤,其众困甚,胁之使降,无一肯从者。我家河朔州郡,一遇北警,往往出降,此何理也?"⑥

明代九边军镇之一的大同镇,地处山西高原与蒙古高原接壤的开阔地带,是明朝与蒙古军事冲突的前沿阵地,在长期的军事冲突中,一方面成为明代九边长城作战能力最强的军队之一,"今各边之兵,大同为最悍"⑦,另一方面由于时刻面临蒙古的冲击,与之频繁接触,因此有阴结蒙古以避祸,甚

---

① 《隋书》卷三〇《地理志中·冀州》,第860页。
② 《旧唐书》卷五五《薛举传》,第2245页。
③ 《旧唐书》卷五《高宗纪下》,第103页。
④ "世宗喜其刚果,谓(贺)扬庭曰:'南人矿直敢为,汉人性奸,临事多避难。异时南人不习词赋,故中第者少,近年山东、河南人中第者多,殆胜汉人为官。'"(元)脱脱等:《金史》卷九七《贺扬庭传》,中华书局,1975年,第2151页。
⑤ 《金史》卷八《世宗纪下》,第184页。
⑥ 《金史》卷一五《宣宗纪中》,第342页。
⑦ (明)林希元:《同安林次崖先生文集》卷三《献愚计以制边军以御强胡疏》,四库全书存目丛书影印辽宁省图书馆藏清乾隆十八年陈胪声诒燕堂刻本,齐鲁书社,1997年,第491页。

至与之展开走私贸易之地缘取向。"臣闻近年以来,渐与胡虏交通,不相为害。胡马犯边,其害在民,彼不相救。前年引胡虏以拒官军,往事可验也。"①嘉靖时期大同镇下级军官与士兵甚至发动叛乱,意欲归附蒙古。

而常年处于战争漩涡中的这一中间社会,也呈现出浓厚的军事化色彩,是中国古代崇尚武风、善于作战的区域社会,是中国古代的军事重心。比如元人修《辽史》,便指出:"并(州)、营(州)以北,劲风多寒,随阳迁徙,岁无宁居,旷土万里,寇贼奸宄乘隙而作。营卫之设,以为常然。其势然也。"②"轩辕氏合符东海,邑于涿鹿之阿,迁徙往来无常处,以兵为营卫。飞狐以北,无虑以东,西暨流沙,四战之地,圣人犹不免于兵卫,地势然耳。"③而在秦汉时期,"山西"即太行山以西或"关西"即函谷关以西成为武将集中涌现的区域。比如秦汉立都关中,在太行山以西至今甘肃地区,也就是中国古代所称"关陇"一带,与匈奴长期展开战争,这一区域社会遂深染武风,形成"山西出将"或"关西出将"的历史传统。

汉文帝鉴于实行"和亲"后,匈奴仍不断进攻边境,有发动战争之念,遂从关陇六郡良家子中挑选将领,训练军队。"赫然发愤,遂躬戎服,亲御鞍马,从六郡良家材力之士,驰射上林,讲习战陈,聚天下精兵,军于广武。"④西汉许多名将皆出身这一区域。比如李广。"李广,陇西成纪人也。其先曰李信,秦时为将,逐得燕太子丹者也。广世世受射。孝文十四年,匈奴大入萧关,而广以良家子从军击胡,用善射,杀首虏多,为郎,骑常侍。"⑤再如赵充国。"赵充国字翁孙,陇西上邽人也,后徙金城令居。始为骑士,以六郡良家子善骑射补羽林。为人沉勇有大略,少好将帅之节,而学兵法,通知四夷事。"⑥又如甘延寿。"甘延寿字君况,北地郁郅人也。少以良家子善骑射为羽林,投石拔距绝于等伦,尝超逾羽林亭楼,由是迁为郎。试弁,为期门,以

---

① 《林次崖先生文集》卷三《献愚计以制边军以御强胡疏》,第491页。
② 《辽史》卷三一《营卫志上》,第409页。
③ 《辽史》卷三四《兵卫志上》,第449页。
④ (汉)班固撰,(唐)颜师古注:《汉书》卷九四下《匈奴传下》,中华书局,1962年,第3831页。
⑤ 《汉书》卷五四《李广传》,第2439页。
⑥ 《汉书》卷六九《赵充国传》,第2971页。

材力爱幸。稍迁至辽东太守,免官。"①西汉对外征伐,多调发这一地区的军队。比如汉宣帝时,"西羌反,发三辅、中都官徒弛刑,及应募佽飞射士、羽林孤儿,胡、越骑,三河、颍川、沛郡、淮阳、汝南材官,金城、陇西、天水、安定、北地、上郡骑士、羌骑,诣金城"②。对于关西出将的历史现象,东汉班固进行了系统评述。班固指出秦汉时期关西地区涌现出大批杰出将领。

> 秦汉已来,山东出相,山西出将。秦将军白起,郿人;王翦,频阳人。汉兴,郁郅王围、甘延寿,义渠公孙贺、傅介子,成纪李广、李蔡,杜陵苏建、苏武,上邽上官桀、赵充国,襄武廉褒,狄道辛武贤、庆忌,皆以勇武显闻。苏、辛父子著节,此其可称列者也,其余不可胜数。③

在班固看来,这一现象产生的根源是关西人群与北方族群接壤而居,在长期的战争中,培育出尚武的社会风气。"何则?山西天水、陇西、安定、北地,处势迫近羌胡,民俗修习战备,高上勇力鞍马骑射。故《秦诗》曰:'王于兴师,修我甲兵,与子偕行。'其风声气俗自古而然,今之歌谣慷慨,风流犹存耳。"④班彪也指出先祖班伯"家本北边,志节慷慨,数求使匈奴"⑤。

东汉时期,关西出将的地缘传统仍在延续。凉州刺史管辖关陇六郡中的陇西、天水、安定三郡,在世人的眼中,一方面"凉州寡于学术"⑥,另一方面却是猛士云居之地。安帝永初四年(110),东汉鉴于羌人"叛乱","残破并、凉"⑦,曾有放弃凉州,集中力量对付北方族群之议。"大将军邓骘以军役方费,事不相赡,欲弃凉州,并力北边,乃会公卿集议。骘曰:'譬若衣败,坏一

---

① 《汉书》卷七〇《甘延寿传》,第3007页。
② 《汉书》卷八《宣帝纪》,第260页。
③ 《汉书》卷六九《赵充国辛庆忌传》,第2998页。
④ 《汉书》卷六九《赵充国辛庆忌传》,第2998—2999页。在《地理志》中,班固也有相似的评论。"天水、陇西,山多林木,民以板为室屋。及安定、北地、上郡、西河,皆迫近戎狄,修习战备,高上气力,以射猎为先。故《秦诗》曰'在其板屋';又曰'王于兴师,修我甲兵,与子偕行。'及《车辚》《四载》《小戎》之篇,皆言车马田狩之事。汉兴,六郡良家子选给羽林、期门,以材力为官,名将多出焉。"《汉书》卷二八下《地理志下》,第1644页。
⑤ 《汉书》卷一〇〇上《叙传上》,第4199页。
⑥ 《后汉书》卷五八《盖勋列传》,第1880页。
⑦ 《后汉书》卷五八《虞诩列传》,第1866页。

以相补，犹有所完。若不如此，将两无所保。'议者咸同。"①郎中虞诩却指出"关西出将"，凉州士兵勇敢善战。"谚曰：'关西出将，关东出相。'观其习兵壮勇，实过余州。今羌胡所以不敢入据三辅，为心腹之害者，以凉州在后故也。其土人所以推锋执锐，无反顾之心者，为臣属于汉故也。"②放弃这一地区将会导致这一军事力量反过来成为巨大威胁，因此不应放弃凉州。"若弃其境域，徙其人庶，安土重迁，必生异志。如使豪雄相聚，席卷而东，虽贲、育为卒，太公为将，犹恐不足当御。议者喻以补衣犹有所完，诩恐其疽食侵淫而无限极。弃之非计。"③最终东汉听从了虞诩的意见。《资治通鉴》也记载虞诩曰："关西出将，关东出相。烈士武臣，多出凉州，土风壮猛，便习兵事。"④

灵帝时期，东汉再次鉴于羌人"叛乱"，又有放弃凉州之议。"会西羌反，边章、韩遂作乱陇右，征发天下，役赋无已。司徒崔烈以为宜弃凉州。诏会公卿百官，烈坚执先议。"⑤议郎傅燮延续虞诩的观点，仍反对放弃凉州。"燮厉言曰：'斩司徒，天下乃安。'"⑥傅燮之所以如此主张，在于他与虞诩观点一样，也认为凉州军队战斗力强悍，该区域之得失关系东汉国运。"若使左衽之虏得居此地，士劲甲坚，因以为乱，此天下之至虑，社稷之深忧也。"⑦最终灵帝也接受了傅燮的意见。"帝从燮议。由是朝廷重其方格，每公卿有缺，为众议所归。"⑧东汉末年一代枭雄董卓，便为陇西临洮人。"汉桓帝末，以六郡良家子为羽林郎。卓有才武，旅力少比，双带两鞬，左右驰射。"⑨鉴于山西良将猛士世代迭出的现象，范晔著《后汉书》，发出"山西多猛"⑩的感叹。十

---

① 《后汉书》卷五八《虞诩列传》，第1866页。
② 《后汉书》卷五八《虞诩列传》，第1866页。
③ 《后汉书》卷五八《虞诩列传》，第1866页。
④ （宋）司马光编著，（元）胡三省音注：《资治通鉴》卷四九，安帝永初四年二月乙丑，中华书局，1956年，第1582页。
⑤ 《后汉书》卷五八《傅燮列传》，第1875页。
⑥ 《后汉书》卷五八《傅燮列传》，第1875页。
⑦ 《后汉书》卷五八《傅燮列传》，第1875页。
⑧ 《后汉书》卷五八《傅燮列传》，第1875页。
⑨ 《三国志》卷六《魏书·董卓传》，第171页。
⑩ 《后汉书》卷六五《皇甫张段列传赞》，第2154页。

六国后秦皇帝姚兴也慨叹："古人有言,关东出相,关西出将,三秦饶俊异,汝颍多奇士。"①

秦汉时期"关西出将"的历史现象,也引起了后世的广泛关注。明人丘濬便指出："六郡者,陇西、天水、安定、北地、上郡、西河也。古人谓关西出将,即此地。"②并一方面尝试从"地气"角度加以解释,"西方属金,金主肃杀,人生其地者,多壮勇,耐寒苦,自古以武勇奋者,多在于斯"③,另一方面又隐约认识到这一现象背后有着更为深刻的历史根源。"虽然,此论其常耳,若夫天地生才,无往而不有,此又不可专以地气拘也。"④

王莽禅汉,天下大乱,铫期向刘秀指出河北民众临边善战,获得这一地区能在军事上占据优势。"河北之地,界接边塞,人习兵战,号为精勇。今更始失政,大统危殆,海内无所归往。明公据河山之固,拥精锐之众,以顺万人思汉之心,则天下谁敢不从?"⑤十六国前赵刘曜时,平西将军弋钟指出"陇上多豪"⑥。南梁时期著名的"侯景之乱"发动者侯景,便出身于内陆平原过渡地带,深染武风。"侯景字万景,朔方人,或云雁门人。少而不羁,见惮乡里。及长,骁勇有膂力,善骑射。以选为北镇戍兵,稍立功效。"⑦北魏献文帝拓跋弘时期,下诏镇西将军、秦益二州刺史吕罗汉,指出地处陇南的仇池地临边境,当地族群长期处于战乱之中,"仇池接近边境,兵革屡兴,既劳士卒,亦动民庶"⑧,因此民风刚悍,"陇右土险,民亦刚悍,若不导之以德,齐之以刑,寇贼莫由可息,百姓无以得静"⑨。北魏孝明帝元诩正光末年,员外散骑侍郎李

---

① 《晋书》卷一一八《载记十八·姚兴下》,第 3000 页。
② (明)丘濬:《大学衍义补》卷一三〇《严武备·将帅之任中》,周伟民、王瑞明、崔曙庭、唐玲玲点校《丘濬集》第 5 册,海南出版社,2006 年,第 2024 页。
③ 《大学衍义补》卷一三〇《严武备·将帅之任中》,《丘濬集》第 5 册,第 2024 页。
④ 《大学衍义补》卷一三〇《严武备·将帅之任中》,《丘濬集》第 5 册,第 2024 页。
⑤ 《后汉书》卷二〇《铫期列传》,第 732 页。
⑥ "刘曜之平陈安也,以弋仲为平西将军,封平襄公,邑之于陇上。及石季龙克上邽,弋仲说之曰:'明公握兵十万,功高一时,正是行权立策之日。陇上多豪,秦风猛劲,道隆后服,道洿先叛,宜徙陇上豪强,虚其心腹,以实畿甸。'季龙纳之,启勒以弋仲行安西将军、六夷左都督。"《晋书》卷一一六《载记十六·姚弋仲》,第 2959—2960 页。
⑦ (唐)姚思廉:《梁书》卷五六《侯景传》,中华书局,1973 年,第 833 页。
⑧ 《魏书》卷五一《吕罗汉传》,第 1253 页。
⑨ 《魏书》卷五一《吕罗汉传》,第 1253 页。

苗同样指出"陇兵强悍"①。北魏末年,万俟丑奴据秦陇而起事,引起北魏朝廷的巨大震动。"时万俟丑奴僭称大号,关中骚动,朝廷深以为忧。荣将遣(贺拔)岳讨之。岳私谓其兄胜曰:'丑奴拥秦、陇之兵,足为勍敌。若岳往而无功,罪责立至;假令克定,恐谗愬生焉。'"②并州在北魏至北齐时期,属于牧放战马、骑兵训练之所,为武将团聚、风俗激昂之处。"州既齐氏别都,控带要重。平定甫尔,民俗浇讹,豪右之家,多为奸猾。"③北周末年,常山太守庞晃向杨坚指出:"燕、代精兵之处,今若动众,天下不足图也。"④而中古时期的北方战乱,加重了整个北部边疆的尚武风气。⑤

尤为体现内陆平原过渡地带武风之盛,影响及于整个国运者,是北朝末年,建都于关中的西魏、北周,凝聚周边胡汉族群,尤其西汉以来盛产武将的"六郡良家子",⑥形成了崇尚武风的"关陇集团",⑦最终灭掉北齐,统一中国。唐人撰《周书》,在评论北周崛起时,一方面肯定了宇文泰的个人作用,"太祖接丧乱之际,乘战争之余,发迹平凉,抚征关右。于时外虞孔炽,内难方殷,羽檄交驰,戎轩屡驾。终能荡清逋孽,克固鸿基"⑧,另一方面也指出其背后有关陇集团襄助,才能建立如此功业,"虽禀算于庙谟,实责成于将帅"⑨,尤其是达奚武在其中发挥了重要作用。"达奚武等并兼资勇略,[咸]会风云。或效绩中权,或立功方面,均分休戚,同济艰难。可谓国之爪牙,朝

---

① 《魏书》卷七一《李苗传》,第1730页。
② 《周书》卷一四《贺拔岳传》,第222页。
③ 《周书》卷四〇《宇文神举传》,第715页。
④ 《隋书》卷五〇《庞晃传》,第1321—1322页。
⑤ 这可由杨处纲的事例看出。"杨处纲,高祖(杨坚)族父也。生长北边,少习骑射"。《隋书》卷四三《杨处纲传》,第1214页。
⑥ 北周武帝宇文毓武成初年,大司马向吐谷浑发布讨伐檄文,指出军队骨干由汉代以来盛产武将的六郡良家子构成。"武臣猛将,天张雷动,皆六郡良家,三秦精锐,挥戈擐甲,同萃龙沙。"《周书》卷二〇《贺兰祥传》,第338页。
⑦ "(长孙)晟字季晟,性通敏,略涉书记,善弹工射,矫捷过人。时周室尚武,贵游子弟咸以相矜,每共驰射,时辈皆出其下。"《隋书》卷五一《长孙晟传》,第1329页。"周太祖见而器之,引为中外府礼曹,赐以衣马珠玉。时国家草创,百度伊始,朝贵多出武人,修定仪注,唯(辛)彦之而已。"《隋书》卷七五《儒林·辛彦之传》,第1708页。
⑧ 《周书》卷一九,第320—321页。
⑨ 《周书》卷一九,第321页。

之御侮者也。而武协规太祖,得俊小[关],周瑜赤壁之谋,贾诩乌巢之策,何能以尚。一言兴邦,斯近之矣。"①隋时河西仍然是精兵所在之地。隋炀帝命王世积之凉州,"其所亲谓世积曰:'河西天下精兵处,可以图大事也。'"②

而受尚武风气的影响,隋、唐两朝在建立之初,都有积极向外开拓的政治愿望,虽然隋朝功亏一篑,但唐朝却获得空前成功,开创中古盛世。而唐代武将来源的主要地区,仍然一在关中,另一在河东。

> 秦雍之部,俗称劲勇,汾晋之壤,人擅骁雄。宜令关内、河东诸州,广求猛士,在京者令中书门下于庙堂选试,外州委使人与州县相知拣练。有膂力雄果、弓马灼然者,咸宜甄采,即以猛士为名。③

而在"安史之乱"冲击唐朝统治之时,西北军队扮演了中流砥柱的角色。在其支持之下,不仅唐肃宗即位于灵武,而且郭子仪、李光弼、仆固怀恩等将领最终平定了来自东北边疆的族群叛乱。有鉴于此,唐代宗宝应二年(763),郭子仪在奏疏中对于雍州之地,有十分重要的评价。他指出雍州地处战略枢纽。"臣闻雍州之地,古称天府,右控陇、蜀,左扼崤、函,前有终南、太华之险,后有清渭、浊河之固,神明之奥,王者所都。"④军事力量强大。"地方数千里,带甲十余万,兵强士勇,雄视八方。"⑤是适宜开展战争的重心地带。"有利则出攻,无利则入守。此用武之国,非诸夏所同。"⑥前代王朝得失此地,对政权兴亡具有直接影响。"秦、汉因之,卒成帝业。其后或处之而泰,去之而亡,前史所书,不唯一姓。"⑦唐朝之所以兴盛,便在于将这一区域作为战略重心。"及隋氏季末,炀帝南迁,河、洛丘墟,兵戈乱起。高祖唱义,亦先入关,惟能翦灭奸雄,底定区宇。以至于太宗、高宗之盛,中宗、玄宗之明,多在秦

---

① 《周书》卷一九,第321页。
② 《隋书》卷四〇《王世积传》,第1173页。
③ (清)董诰等编:《全唐文》卷一四《高宗皇帝四·令举猛士敕》,中华书局,1983年,第168页。
④ 《旧唐书》卷一二〇《郭子仪传》,第3457页。
⑤ 《旧唐书》卷一二〇《郭子仪传》,第3457页。
⑥ 《旧唐书》卷一二〇《郭子仪传》,第3457页。
⑦ 《旧唐书》卷一二〇《郭子仪传》,第3457页。

川,鲜居东洛。"①唐朝之所以能够平定"安史之乱",也是借助了这一地区,即"西土"之师。"间者羯胡构乱,九服分崩,河北、河南,尽从逆命。然而先帝仗朔方之众,庆绪奔亡;陛下藉西土之师,朝义就戮。岂唯天道助顺,抑亦地形使然,此陛下所知,非臣饰说。"②大历九年(774),郭子仪再次指出朔方军在平定"安史之乱"中发挥了主力作用。"朔方,国之北门,西御犬戎,北虞猃狁,五城相去三千余里。开元、天宝中,战士十万,战马三万,才敌一隅。自先皇帝龙飞灵武,战士从陛下收复两京,东西南北,曾无宁岁。"③中唐以后,"关西将家子"仍然在保障西北安定中,扮演了重要角色。诗人李益咏叹道:"腰悬锦带佩吴钩,走马曾防玉塞秋。莫笑关西将家子,只将诗思入凉州。"④

元人修《辽史》,指出契丹之所以崛起,与占据了幽、并这片深染武风的区域,具有密切关系。"幽州在渤、碣之间,并州北有代、朔,营州东暨辽海。其地负山带海,其民执干戈,奋武卫,风气刚劲,自古为用武之地。"⑤《金史·西夏传》"赞"对西夏立国的区域优势进行了评论,指出西夏所在区域民风尚武是其优势之一。⑥ 金贞祐二年(1214),彰化军节度使移剌塔不也上言,指出河东步兵为当时诸军之冠。"河东地险人勇,步兵为天下冠,可尽调以戍诸隘。"⑦正大时期,宣宗有迁都之意,有朝臣建议迁都河中府(今山西永济),理由是当地不仅有黄河之险,而且军事力量更强。"河中背负关陕五路,士马全盛,南阳大河,可建行台以为右翼。"⑧明茅坤则指出内陆平原过渡地带民间风气普遍尚武敢战。"山西者,西则属秦陇,北则连朔方,又东北则渔阳、上党。其地多劲侠沉鸷、嫖姚跳荡之士;其州郡塞垣,亦颇与虏之斥堠烽

---

① 《旧唐书》卷一二〇《郭子仪传》,第3457页。
② 《旧唐书》卷一二〇《郭子仪传》,第3457页。
③ 《旧唐书》卷一二〇《郭子仪传》,第3464页。
④ (唐)李益著,郝润华整理:《李益诗集》卷四《边思》,中华书局,2014年,第79页。
⑤ 《辽史》卷三七《地理志一》,第495页。
⑥ "其地初有夏、绥、银、宥、灵、盐等州,其后遂取武威、张掖、酒泉、敦煌郡地,南界横山,东距西河,土宜三种,善水草,宜畜牧,所谓凉州畜牧甲天下者是也。土坚腴,水清洌,风气广莫,民俗强梗尚气,重然诺,敢战斗。自汉、唐以水利积谷食边兵,兴州有汉、唐二渠,甘、凉亦各有灌溉,土境虽小,能以富强,地势然也。"《金史》卷一三四《外国上·西夏传》,第2876—2877页。
⑦ 《金史》卷一〇六《移剌塔不也传》,第2347页。
⑧ 《金史》卷一一一《完颜讹可传》,第2445页。

燧相纷拿。"①"窃惟幽、并、燕、赵之墟,古今来称天下劲兵处也。"②是难以被同化与征服的一片区域。③

可见,从地理与社会两个层面来看,内陆平原过渡地带都是汉人、北方族群强化自身的充电场所。汉化的北魏政权在讨论经略边疆时,以征讨北部柔然为先,其中便有获利阴山的考虑。④唐诗人张籍作《陇头》,王建作《凉州行》,司空图作《河湟有感》,杜牧作《河湟》,刘景复作《梦为吴泰伯作胜儿歌》,皆记载了"安史之乱"后,吐蕃东进河西走廊带来的农牧涵化情形。⑤

---

① (明)茅坤:《茅鹿门先生文集》卷四《与靳两城中丞书》,张大芝、张梦新校点《茅坤集》,浙江古籍出版社,1993年,第264页。
② 《茅鹿门先生文集》卷四《与谭二华督府书》,《茅坤集》,第266页。
③ 崔浩为北魏太宗拓跋嗣分析刘裕进攻关中的形势时,指出秦地为虎狼之地,实难控制。"秦地戎夷混并,虎狼之国,裕亦不能守之。风俗不同,人情难变,欲行荆扬之化于三秦之地,譬无翼而欲飞,无足而欲走,不可得也。若留众守之,必资于寇。"《魏书》卷三五《崔浩传》,第898—899页。
④ "(世祖)诏问公卿,赫连、蠕蠕征讨何先。(长孙)嵩与平阳王长孙翰、司空奚斤等曰:'赫连居土,未能为患,蠕蠕世为边害,宜先讨大檀。及则收其畜产,足以富国;不及则校猎阴山,多杀禽兽,皮肉筋角,以充军实,亦愈于破一小国。'"《魏书》卷二五《长孙嵩传》,第720页。
⑤ "陇头已断人不行,胡骑夜入凉州城。汉家处处格斗死,一朝尽没陇西地。驱我边人胡中去,散放牛羊食禾黍。去年中国养子孙,今着毡裘学胡语。谁能更使李轻车,收取凉州属汉家。"(清)曹寅等奉敕编:《全唐诗》卷一八《横吹曲辞·陇头》,中华书局,1960年,第180页。"凉州四边沙皓皓,汉家无人开旧道。边头州县尽胡兵,将军别筑防秋城。万里人家皆已没,年年旌节发西京。多来中国收妇女,一半生男为汉语。蕃人旧日不耕犁,相学如今种禾黍。驱羊亦着锦为衣,为惜毡裘防斗时。养蚕缫茧成匹帛,那堪绕帐作旌旗。城头山鸡鸣角角,洛阳家家学胡乐。"《全唐诗》卷二九八《凉州行》,第3374页。"元载相公曾借箸,宪宗皇帝亦留神。旋见衣冠就东市,忽遗弓剑不西巡。牧羊驱马虽戎服,白发丹心尽汉臣。唯有凉州歌舞曲,流传天下乐闲人。"《全唐诗》卷五二一《河湟》,第5951页。"一自萧关起战尘,河湟隔断异乡春。汉儿尽作胡儿语,却向城头骂汉人。"《全唐诗》卷六三三《司空图二·河湟有感》,第7261页。"我闻天宝十年前,凉州未作西戎窟。麻衣右衽皆汉民,不省胡尘暂蓬勃。太平之末狂胡乱,犬豕崩腾恣唐突。玄宗未到万里桥,东洛西京一时没。汉土民皆没为虏,饮恨吞声空呕咽。时看汉月望汉天,怨气冲星成彗孛。国门之西八九镇,高城深垒闭闲卒。河湟咫尺不能收,挽粟推车徒兀兀。今朝闻奏凉州曲,使我心神暗超忽。胜儿若向边塞弹,征人泪血应阑干。"《全唐诗》卷八六八《梦为吴泰伯作胜儿歌》,第9833页。

二、"核心边疆"的历史角色

由此可见，从中国古代政治地理来看，内陆平原过渡地带属于"五服"中的"绥服地带"。"《禹贡》五服之制：曰甸服，曰侯服，曰绥服，曰要服，曰荒服。内而甸、侯二服，为华夏之地；外而要、荒二服，为夷狄之区。而绥服居乎其中，则介乎华夷之间也。"① 从经济形态来讲，属于中国古代农牧过渡带。② 依其最重要的历史标志——长城来命名的话，可以称之为"长城边疆"。③ 而从其历史作用来看，是在中国历史上，扮演主体作用的中原王朝、

---

① 《大学衍义补》卷一四三《驭夷狄·内夏外夷之限上》，《丘濬集》第 5 册，第 2228 页。
② 在中国历史上，由于气候与南北政权力量对比的变化，农牧分界线不断向南北分别游移，大体在中古以前呈现不断北移的趋势，在近世呈现南移的趋势。"西周时的(农牧)分界线是由陇山之东北行，绕今甘肃的灵台县，折向东南行，由今陕西泾阳县越过泾河，东北经白水县而至于韩城市龙门山下，再越过黄河，循汾河西侧，至于霍太山南，又折而南行，过浍河上源，至于王屋山，更循太行山东北行，绕现在北京市，东南达到渤海岸边。……春秋时显然和西周时有很多的不同。陇山西南，今四川云南等处仍难作出具体说明，陇山以东，则由今陕西凤翔、泾阳、白水、韩城诸县市之北，直抵龙门山下，再东越黄河，循吕梁山东麓东北行，至于今山西阳曲县之北，又东南绕今盂县之南，东至太行山上，再循太行山东麓，绕今北京市北，东南达到渤海岸边。战国时的农牧业地区之间的分界线，司马迁曾作过具体的规划。他所规划的分界线是由龙门到碣石。这条界限是由龙门山下东北行，斜贯吕梁山脉的南端，经今山西阳曲县之北，再东北行越过太行山，绕今北京市北，又东北到碣石山的海边，碣石山则在今河北昌黎县。"史念海：《论两周时期农牧业地区的分界线》，《中国历史地理论丛》1987 年第 1 辑。"本文论述的地区，主要是黄土高原和鄂尔多斯高原、河套平原，间及秦岭以南今甘肃省东南部的一些地方。这是唐代的关内道、河东道和陇右道的东部。文题以黄河上中游相称，是为了较易明了，实则已经超出黄河上中游的范围。这几个地区是农牧兼宜的地区，由于人为的作用不同，因时而有差异。"史念海：《隋唐时期黄河上中游的农牧业地区》，《唐史论丛》1987 年第 2 辑。但农牧过渡带一直基本分布于内陆平原过渡地带。"中国北方农牧交错地带的范围很广，大致走向从大兴安岭东麓经辽河中上游，循阴山山脉、鄂尔多斯高原东缘至祁连山，直抵青藏高原东缘，延绵于辽宁、内蒙古、河北、山西、陕西、宁夏、甘肃数省区，东西长达数千公里。"韩茂莉：《中国北方农牧交错带的形成与气候变迁》，《考古》2005 年第 10 期。
③ 贺娄子干便指出隋朝在陇西最适宜的政策是修筑长城，加以防御。"请要路之所，加其防守。但使镇戍连接，烽候相望，民虽散居，必谓无虑。"《隋书》卷五三《贺娄子干传》，第 1352 页。

北方族群争夺的资源稀缺、作用关键的"核心边疆",占据了这一地带,便在南北关系中处于主动,可以驱逐对方或夺取政权。清代张曾的一段议论揭示了"核心边疆"在中国古代的整体地位。"云朔以北,沙漠以南,为华夷交界,从古战争之地。……西北边防较别处尤重,此间属南北管钥,中外强弱之势,即以其地之属南、属北定之。"① 丘濬则讨论了河北在中国古代历史变迁中的关键角色,指出在上古时期,河北是政权崛起、称王争霸所资凭借的关键地区。"今京畿之地,乃古幽冀之域、河朔之区,昔人所谓王不得不王,伯不得不伯之所也。考之史传,乐毅以燕兵下齐七十城,光武以幽冀兵平定天下,天下兵甲之强,莫逾于此也。"② "惟今圣朝建国幽燕直隶八府之地,盖古幽冀之域也。杜牧所谓山东、河北,王不得不王、霸不得不霸之所。"③ 这既与当地民风尚武有关,"其人沉鸷多材力,重许可,耐辛苦,敦五种,本兵矢,他不能荡者"④,也与当地盛产健马,可以培育大规模骑兵,形成相对于其他地区的军事优势有关。"复产健马,下者日驰二百里,所以兵常当天下。"⑤ 唐朝在"安史之乱"后由盛转衰,与丧失这一地区密切相关。"唐自天宝末失此地,其后罄天下之力以经营之,不能得其尺寸,人望之若回鹘、吐蕃,无有敢窥者。必欲使生人无事,其要先去兵,不得山东,兵不可去,是兵杀人无有已也。"⑥ 再如宁夏,在明代被视为"关内之北门,胡人之前户",明阁臣彭时认为宁夏"背山面河,四塞险固。中国有之,是以御外夷;外夷窃之,足以抗中国;其形势之重如此"⑦。日本学者松田寿男指出天山在西域历史上,长期扮演

---

① (清)张曾:《归绥识略》卷三〇《人部·史鉴》,绥远通志馆编纂《绥远通志稿》第12册,内蒙古人民出版社,2007年,第317页。(明)朱元璋撰,胡士萼点校,刘学锴审订:《明太祖集》卷八《劳宁夏卫指挥敕》,黄山书社,1991年,第184页。
② (明)丘濬:《琼台诗文会稿》卷八《会试策问》,周伟民、王瑞明、崔曙庭、唐玲玲点校《丘濬集》第8册,海南出版社,2006年,第4014页。
③ 《大学衍义补》卷一一七《严武备·军伍之制》,《丘濬集》第4册,第1841页。
④ 《大学衍义补》卷一一七《严武备·军伍之制》,《丘濬集》第4册,第1841页。
⑤ 《大学衍义补》卷一一七《严武备·军伍之制》,《丘濬集》第4册,第1841页。
⑥ 《大学衍义补》卷一一七《严武备·军伍之制》,《丘濬集》第4册,第1841页。
⑦ (明)胡汝砺编,(明)管律重修:(嘉靖)《宁夏新志》卷一《宁夏总镇·形胜》,宁夏人民出版社,1982年,第11页。

着重要角色。①

地理空间不仅是历史事件发生的舞台,而且更具有相当的主动作用。同样的资源,处于不同的位置,便具有完全不同的历史能量。从中原王朝角度而言,秦汉、隋唐、明朝夺取"核心边疆",不仅将之建成坚固的军事屏障,而且为进取漠北、驱逐北族奠定了基础。从北方族群而言,夺取了"核心边疆",便拥有了逼临中原王朝的广阔空间,从而建立起对中原王朝的军事优势,比如匈奴、突厥;甚至进一步转化为政治优势,得以统治黄河流域,乃至全中国,比如北魏、辽、金、元。反之,失去这一地带,便在南北关系中处于被动,被驱回本部或失去政权。

从中原王朝角度而言,比如汉武帝鉴于阴山长期是匈奴威逼西汉的战略前沿,"北边塞至辽东,外有阴山,东西千余里,草木茂盛,多禽兽,本冒顿单于依阻其中,治作弓矢,来出为寇,是其苑囿也"②。从而竭力夺取这一地区,由此将匈奴逐回漠北,甚至逼迫匈奴进一步西迁,从而在蒙古高原建立起战略优势。"至孝武世,出师征伐,斥夺此地,攘之于幕北。建塞徼,起亭隧,筑外城,设屯戍,以守之,然后边境得用少安。"③中唐即"安史之乱"以后,汉人丧失了对"核心边疆"的实际控制,至五代、两宋更正式失之异域,从而呈现先后受到沙陀、契丹、女真、蒙古压制的历史格局。元人修《辽史》,也指出北宋未获取幽云十六镇,是对契丹处于战略劣势的根源。对此,南宋王应麟评价称:"河湟复而唐衰,燕代割而辽炽。"④"宋惟太宗征北汉,辽不能救,余多败衄,纵得亦不偿失。良由石晋献土,中国失五关之固然也。"⑤西夏占据了关陇地区、河西走廊,是其在契丹、北宋夹缝之间,长期生存下来的重要因素。"西夏弹丸之地,南败宋,东抗辽。虽西北士马雄劲,元昊、谅祚智勇过人,能使党项、阻卜掣肘大国,盖亦襟山带河,有以助其势耳。"⑥蒙古灭金

---

① [日] 松田寿男著,陈俊谋译:《古代天山历史地理学研究》,中央民族大学出版社,1987年。
② 《汉书》卷九四下《匈奴传下》,第3803页。
③ 《汉书》卷九四下《匈奴传下》,第3803页。
④ (宋)王应麟著,傅林祥点校:《通鉴地理通释·序》,中华书局,2013年,第3页。
⑤ 《辽史》卷三六《兵卫志下·属国军》,第489页。
⑥ 《辽史》卷三六《兵卫志下·属国军》,第489页。

进程中关键的一步,也是夺取了"核心边疆"。①

从北方族群视角而言,比如在汉武帝多次发动的北征打击之下,匈奴失去了阴山地带,从而丧失了进入中原地区的地理通道,由此在战略态势中处于被动地位。"幕北地平,少草木,多大沙,匈奴来寇,少所蔽隐,从塞以南,径深山谷,往来差难。边长老言匈奴失阴山之后,过之未尝不哭也。"②再如祁连山"水草茂美,山中冬温夏凉,宜牧牛羊","焉支山东西百余里,南北二十里,亦有松柏五木,水草茂美,宜畜牧,与祁连山同"。匈奴被逐出此山,从而有"亡我祁连山,使我六畜不蕃息;失我焉支山,使我妇女无颜色"③之悲歌,匈奴也随之由盛转衰、西走中亚。吐蕃占据河西走廊黄河九曲之地,从而在中古长期雄踞西北。"吐蕃既得九曲,其地肥良,堪顿兵畜牧,又与唐境接近,自是复叛,始率兵入寇。"④

可见,为得到"核心边疆",中国古代中原王朝、北方族群在这一地带投入了最多的精力与资源。与之相比,漠北地区与华北地带一般情况下只是南北政权各自内部力量争雄的历史舞台。

在"核心边疆"中,"阴山边疆"地位尤其重要。阴山是中国北部著名山脉,西端以低山没入阿拉善高原,东端止于多伦以西的滦河上游谷地,长约1000千米,其支脉由西至东依次为狼山、乌拉山、大青山、灰腾梁山、凉城山、桦山、大马群山,不仅是横亘内蒙古中部的天然屏障,而且是季风气候与非季风气候、半干旱与干旱气候、草原与荒漠草原、农业与牧业的分界线,阴山南部界限在河套平原北侧的大断层崖和大同、阳高、张家口一带盆地、谷

---

① "欧亚大陆干旱地区的战争,胜负的关键归根结底在于马匹。为此,金国一方也从阴山一带经戈壁的南缘一直到遥远的东北方的呼伦贝尔草原,绵延建造了称为'界壕'的土墙和壕沟构成的长城,守卫着军马场牧群。由于全部落入了蒙古之手,双方的胜负已见分晓。"[日]杉山正明著,乌兰、乌日娜译:《疾驰的草原征服者:辽西夏金元》,广西师范大学出版社,2014年,第266页。
② 《汉书》卷九四下《匈奴传下》,第3803页。
③ (清)张澍编辑:《西河旧事》,《丛书集成初编》,上海:商务印书馆,1936年,第2页。
④ 《旧唐书》卷一九六上《吐蕃上》,第5228页。

地北侧的坝缘山地。① 由于处于黄河水系、海河水系外流地带,并有乌梁素海、岱海、黄旗海等天然湖泊,地理、生态、经济丰富多样,兼有农田、草原、林业,既是中原王朝汉人地区以北的天然屏障,也是北方族群获得物资以维持生存的重要地区,因此历来是中原王朝、北族政权争夺的核心地带。比如岱海在明代称"威宁海子",明中后期蒙古盘踞于此,对大同镇构成了长期威胁。"塞外威宁海子,水草肥美,林木茂盛,北敌珍倚之,群聚于此,数为大同患。"②

"阴山边疆"不仅是中原王朝抵御北方族群的连绵屏障,而且由于具有广阔纵深与众多缺口,也为北方族群提供了南下通道与潜藏之所。"阴山千余里,草木茂盛,多禽兽,为匈奴苑囿。今大同起西阳河堡,边外之山皆斥卤,惟此山土暖而幽深,夏多奇花卉,山脉甚长,知即古阴山也。"③为弥补阴

---

① 日本侵华时期,编纂有官话教材。最迟在1935年,由宫岛大八编纂的《官话续急就篇》第三十一章《蒙古人民生活状况》,便记述了阴山南北不同的生态、水文状况。

"像这蒙古地方儿都是草地么?
也不尽然。内站还算少,一过了阴山大半就全都是草地了。
怎么又分内站呢?
凡归察哈尔管的就叫内站。
我常见唐人的诗文里头提论阴山,那个阴山是不是这个阴山?
是的,一出口没有几台所看见的那山,就是提论的阴山。
我还听说口外很缺水,倘或要是走渴了,可怎么办呢?
虽说水缺少,可是到了站上,那附近总有水井。若没一点儿水,岂不把人都给干死了么?
怪不得他们老逐水草而居呢。"
[日]宫岛大八:《官话续急就篇》第三十一章《蒙古人民生活状况》,[日]北边白雪等编著,陈颖、翟赟校注《〈燕京妇语〉等八种》,北京大学出版社,2018年,第172—173页。"内站"是内驿站的简称,指清代存留的驿站。

② (明)韩邦奇:《苑洛集》卷一九《见闻考随录》,魏冬点校整理《韩邦奇集》,西北大学出版社,2015年,第1709页。

③ (清)姜宸英撰,(清)黄叔琳编:《湛园集》卷一《古香斋集序》,《文渊阁四库全书》,台湾商务印书馆,1983年,第609页。再如阴山中段大青山。"高数千仞,广三百余里,袤百余里。内产松柏林木,远近望之,岚光翠霭,一带青葱,如画屏森列。"《归绥识略》卷五《地部·山川·阴山》,《绥远通志稿》第12册,第26页。"至于山岭之区,则北界大青、乌拉诸山,固皆有大森林也。省之面积,约八十七万六千四百余方里,中间山岭约占全境百分之三十五。在古昔森林极盛,故《史记》谓居此地之民族为林胡。"绥远通志馆编纂《绥远通志稿》卷二三《地部·林业》,内蒙古人民出版社,2007年,(转下页)

山地形缺陷,中原王朝通过修筑长城,以堵塞缺口,"阴山边疆"相应成为中国古代长城重点分布之处。而北方族群也屡以越过阴山长城,打通"阴山边疆",将其改造为"阴山走廊"作为军事重点。①

由于地位重要,阴山在中国历史上极受关注。唐人王昌龄有"秦时明月汉时关,万里长征人未还。但使龙城飞将在,不教胡马度阴山"之诗,②以阴山作为军事成败的表征。北魏之所以能够长期统一北方,在于一直将阴山作为大本营,不仅首都盛乐、平城皆位于这一区域,而且历代皇帝皆经常巡游这一地区,军力最强的六镇也分布于这一区域。而北魏之衰落与内乱,源于魏孝文帝南迁洛阳后,政治重心远离阴山,失去了这一军事重心的支持。明人著《九边考》,从整体上概括了"阴山边疆"的战略地位。指出阴山是生态环境的分界线,阴山以北为戈壁、沙漠。"自阴山而北皆大碛,碛东西数千里,南北亦数千里,无水草,不可驻牧。"③因此,中原王朝获取阴山之后,北方族群只能北徙至漠北草原,缺少了逼近中原王朝的地理条件。"中国得阴山,则乘高一望,寇出没踪迹皆见,必逾大碛而居其北,去中国益远,故阴

(接上页)第 330 页。乾隆四年正月十八日,修筑绥远城所需的三十余万根木料,便在大青山砍伐而成。内蒙古土默特左旗档案馆藏档案,乾隆四年三月二日归化城都统为修新城所剩穆纳山木料运至大炮营地方按时价卖出入官事咨文工部(满文),全宗号—目录号—件号:80-31-6,转引自牛淑贞《归绥城市地理研究》,黑龙江人民出版社,2014 年,第 24 页。

① 翦伯赞指出游牧民族在优良的草原呼伦贝尔完成组织之后,便西进至阴山地区。"这些牧人、骑手或战士总想把万里长城打破一个缺口,走进黄河流域。他们或者以辽河流域的平原为据点,或者以锡林郭勒草原为据点,但最主要的是以乌兰察布平原为据点,来敲打长城的大门,因而阴山一带往往出现民族矛盾的高潮。两汉与匈奴,北魏与柔然,隋唐与突厥,明与鞑靼,都在这一带展开了剧烈的斗争。一直到清初,这里还是和准噶尔进行战争的一个重要的军事据点。如果这些游牧民族,在阴山也站不住脚,他们就只有继续往西走,试图从居延打开一条通路进入洮河流域或青海草原;如果这种企图又失败了,他们就只有跑到准噶尔高原,从天山东麓打进新疆南部;如果在这里也遇到抵抗,那就只有远走中亚,把希望寄托在泑水流域了。"翦伯赞:《内蒙访古》,《人民日报》1961 年 12 月 13 日。关于中国古代不同政权在阴山辉腾锡勒的军事经营,以及修筑长城、城池,可参见张文平、袁永明主编《辉腾锡勒草原访古》,文物出版社,2017 年。

② 《全唐诗》卷一八《横吹曲辞·出塞》,第 184 页。

③ (清)顾祖禹撰,贺次君、施和金点校:《读史方舆纪要》卷六一《陕西十·榆林镇》,《中国古代地理总志丛刊》,中华书局,2005 年,第 2927 页。

为御边要地。"①反之,如果北方族群获取阴山,便拥有了不断威逼中原王朝的地理空间。"阴山以南,即为漠南,彼若得阴山,则易以饱其力而内犯。"②这也是建都于关中的中原王朝,都要将防线北移于阴山的地理根源。"此秦、汉、唐都关中,必逾河而北守阴山也。"③

清顾祖禹也认为阴山是中原王朝与北族政权的界限所在。"(黄)河之外阴山横亘,中外大限,常以此分。"④梳理了战国以至宋代,中原王朝在"阴山边疆"的军事经营。

《史记》:"赵筑长城,自代并阴山下。"又始皇西北斥逐匈奴,自榆中傍河以东属之阴山,以为三十四县。或谓之阳山。《蒙恬传》:"恬筑长城,渡河据阳山逶迤而北。"是也。汉元帝竟宁初,呼韩邪愿保塞,因议罢边备塞吏卒。郎中侯应曰:"北边塞至辽东,外有阴山,东西千余里,草木茂盛,多禽兽。本冒顿依阻其中,治作弓矢,来出为寇,是其苑囿也。孝武出师征伐,斥夺此地,攘之于幕北,建塞徼,起亭隧,筑外城,列屯戍以守之,然后边境得用少安。幕北地平少草,多大沙,匈奴来寇,少所蔽隐;从塞以南,径深山谷,往来差难。边长老言:'匈奴失阴山之后,过之未尝不哭也!'"……唐贞观四年,李靖破突厥颉利于阴山,军于碛口,遂斥地自阴山北至大漠。景龙二年,张仁愿筑三受降城,阴山皆为塞内地。至德以后回鹘盛强,阴山为所侵据。宋初属于契丹,后属女真,不复为郡县也。⑤

清朝疆域大为开拓之后,阴山已不复政权界限,但仍被视作不同族群之间的分界,而不断引起时人关注与慨叹。"我国家临统万宇,列塞在阴山之南;先可汗总率本部,建牙于大漠之北;各安土宇二百余年,此天所以限隔内外,不可逾越。"⑥

---

① 《读史方舆纪要》卷六一《陕西十·榆林镇》,第 2927 页。
② 《读史方舆纪要》卷六一《陕西十·榆林镇》,第 2927 页。
③ 《读史方舆纪要》卷六一《陕西十·榆林镇》,第 2927 页。
④ 《读史方舆纪要》卷六一《陕西十·榆林镇》,第 2926 页。
⑤ 《读史方舆纪要》卷六一《陕西十·榆林镇》,第 2926—2927 页。
⑥ 《全唐文》卷六九九《赐回鹘可汗书》,上海古籍出版社,1990 年,第 3182 页。

可见,"核心边疆"是中原王朝、北族政权扩张权力、统一全国的"地理阶梯"与"经济过渡区",可以合称为"过渡阶梯"。以"阶梯"名之,不仅含有"核心边疆"不只是空间上的中间跳板,还在于在地形上呈现逐层升高之意。可见,"核心边疆"与"过渡阶梯"所指地域为一,只是后者进一步强调了"核心边疆"所具有的历史动态特征。无论中原王朝,还是北族政权,在占据这一区域之后,都获得了地理优势与经济补充,从而极大地壮大自身实力。由此可以看出,中国古代中原王朝、北族政权得"核心边疆"者得天下,失"核心边疆"者失天下。中国古代南北政权对河西走廊或山后地区的高度重视,也充分显示了"核心边疆"在中国古代历史变迁中的这一主体作用。

"核心边疆"对南北政权的正面作用既已彰显,其对南北社会的负面影响同样不可忽视。"核心边疆"由于地处从半干旱到干旱的生态过渡区,抗干扰能力差,自动恢复能力弱,因此在气候发生变化时,最易受到冲击而产生剧烈变化。"核心边疆"由于战争频繁、经济落后,社会机制在应对自然灾害方面,同样显得软弱而无力。不仅如此,"核心边疆"相对平坦而广阔的地理空间,为自然灾害的蔓延提供了广阔天地。以上因素相结合,导致"核心边疆"不仅容易发生自然灾害,而且经常造成大规模蔓延。强烈的自然灾害不仅摧毁了"核心边疆"的本地社会,而且促使该区域社会的军民群体为了自保,很快便形成一种高度的社会动员,越过"核心边疆",造成大规模"叛乱",成为动摇整个中国社会秩序的动乱之源。

中国古代中原王朝之灭亡,大都有"核心边疆"自然灾害及由此催生的社会动乱的因素在内,比如汉末、唐末、明末与清末发生于西北、华北的旱灾、蝗灾、洪涝、风雪、霜雹与瘟疫等灾害,以及由之引发的内亚族群、北方汉人"叛乱",都从根本上动摇、瓦解了已经存在不同程度危机的社会秩序,成为瓦解政权统治的最后狂潮。在世界历史上,鼠疫是传播最快、危害最大的一种瘟疫。鼠疫是鼠疫杆菌借鼠蚤传播为主的烈性传染病,是广泛流传于野生啮齿动物间的一种自然疫源性疾病。鼠蚤寄生于羊、兔、骆驼、狼,尤其鼠等动物之上,蒙古草原是各种动物、牲畜集聚之处,气候又变化剧烈,生态环境不稳定,容易造成牲畜死亡与鼠类扩散,因此是鼠疫的主要发源地之一。14世纪弥漫欧洲的"黑死病"与17世纪弥漫中国北方的明末大疫,都起源于蒙古草原。①

可见,"核心边疆"在中国古代历史上,不仅是南北政权壮大自身的充电器,还是摧毁南北政权历史能量的衰变器,衰变过程产生出巨大的破坏力量。无论释放的是正能量还是负能量,"核心边疆"都是催动南北秩序发生剧变、推动中国历史发生整体变迁的蜕变器。这一历史变迁无论正面抑或负面,都开创出全新的历史格局,使中国历史进入新的历史阶段。

因此,对"核心边疆"与中国古代历史变迁的关系进行整体考察,便系从地理的角度,构建中国古代历史解释模式的尝试。考虑到地理相对于历史,是客观而更为根本的存在,这一解释对于理解中国古代历史的长时段、整体性、结构性特征,具有十分明显的意义。

依照南北位置的不同,又可将"核心边疆"分为内外两层,"内山系"辐射地带可称为"内核心边疆","外山系"辐射地带可称为"外核心边疆"。当中原王朝、北族政权分据内、外"核心边疆"之时,各自依靠经济优势与军事优势,大体形成长期对峙、均势格局。在内、外"核心边疆"之间不断摇摆的长城,便是中原王朝维护"核心边疆"最为长期的措施。

在较为保守的汉人士人看来,"内山系"是中原王朝的界山。"自大河以东,由石、隰、岢岚、静乐、宁武至雁门,历紫荆、居庸,直抵山海关一带界山,崇冈峻岅,固天所以限封疆而保障生民者也。"②"盖中外之界限,本在宁武至山海关一带界山。"③"于是临边一带界山,自山海至居庸、紫荆、雁门、宁武,自岢岚、保德、偏关,直抵黄河岸,自北南视,如千仞崇垣,拔地而起,固天所以限中外也。"④

但"外核心边疆"由于是地理、经济两方面弥补漠北草原牧业经济不足、铺设进入"内核心边疆"之广阔道路的过渡阶梯,因此在"核心边疆"中具有更为重要的地位。中原王朝若欲保持对蒙古草原的长期控制,只能充分控

---

① 关于明末大疫,可参见曹树基《鼠疫流行与华北社会的变迁(1580—1644 年)》,《历史研究》1997 年第 1 期。
② 《苑洛集》卷一六《钦遵敕谕因时察势益兵据险以防敌患以卫中华事》,《韩邦奇集》,第 1659 页。
③ 《苑洛集》卷一八《见闻考随录》,《韩邦奇集》,第 1684 页。
④ 《苑洛集》卷一八《见闻考随录》,《韩邦奇集》,第 1686 页。

制"外核心边疆",将北方族群困于漠北草原,使其在经济、军事上都陷入困境,才能长保"内核心边疆"乃至整个汉地的安全。中原王朝为了掌握战略优势,往往竭力控制"外山系"。"中古以来,类皆守于险外,以为重险之固。"① 中原王朝强大之时,长城主线皆在"外核心边疆"一线,是一种具有主动与进攻姿态的军事设施。明朝在开国之初,致力于在漠南草原构建起庞大的军事攻防体系,虽然伴随国力逐渐衰弱,防线逐渐内徙,但在首都北京的正北,却一直保留宣府镇,作为军事屏障。"紫荆、居庸之外,则有宣府一镇,镇城既设重兵,复设五路参将,大小城堡各设守备、操守、把总等官,原额旗军一十二万。"②

而北方族群也不断向"外核心边疆"渗透,以打破漠北草原的封闭困境,借助"外核心边疆"的过渡阶梯,东西往来寻找中原王朝防御薄弱之地,从而将"核心边疆"演变成为自由出入、东西奔驰的"核心走廊"。一旦北方族群占据"外核心边疆",中原王朝在骑兵发展受阻的情况下,野战能力与机动性都随之下降,从而丧失了在长期战争中的主动权,便逐渐在战略态势上处于被动地位,从而在"内核心边疆"修筑长城,比如北宋堡寨、明代长城皆是如此,通过长期屯驻重兵、分地守御,以资应对。但这又与"核心边疆"脆弱的生态、经济条件相冲突,最终导致财政危机与内部"叛乱",北族政权从而趁势入主、统一中国。可见,中国古代中原王朝与北方族群围绕"核心边疆"的争夺,尤其集中于"外核心边疆","外核心边疆"是关系中国古代中原王朝、北方族群战略态势的地理分水岭。可见,"核心边疆"实为关系中国古代汉人、北方族群兴衰的根本之地。

三、"核心边疆"的横向差异

依照东西位置的不同,又可将"核心边疆"分别划为中、东、西三部分。居于内外山系中心地带的阴山,与太行山、河套中间之地可称为"中部边

---

① 《苑洛集》卷一六《钦遵敕谕因时察势益兵据险以防敌患以卫中华事》,《韩邦奇集》,第1659页。
② 《苑洛集》卷一六《钦遵敕谕因时察势益兵据险以防敌患以卫中华事》,《韩邦奇集》,第1659页。

疆";东部大兴安岭、长白山中间之地,可称为"东部边疆";西部贺兰山、祁连山、昆仑山、天山、阿尔泰山中间之地,可称为"西部边疆"。中部边疆是"核心边疆"的重心地带,这不仅源于其处于内外山系的中心地带,①而且还在于其地势处于"核心边疆"最高地,幅员广阔,"晋有大陆"②,雄踞于"核心边疆",俯视南北两侧。尤其太行山深入华北腹地,宛如一条苍龙,蜿蜒于广阔的北方地区,既是这一地区的地理界标,又是战略高地,③相应是影响中国历史变迁的历史巨脉。因此之故,中部边疆成为汉人、北方族群争夺的边疆重心。

而在这之中,山西高原为多条山谷并列分布之地,地势有所起伏,但大体较为平坦,尤为适合开展大规模战争。金贞祐四年(1216),御史中丞完颜伯嘉驻守河东,指出河东即山西是中原之肩背,中原王朝只有占领山西,才有称雄的资本。"中原之有河东,如人之有肩背。古人云'不得河东不雄',万一失之,恐未易取也。"④北周武帝宇文邕谋划进攻北齐,宇文弼便建议重点突破汾河流域。"彼汾之曲,戍小山平,攻之易拔。用武之地,莫过于此。"⑤

在中部边疆的南北两侧,分别是汉人(华夏)、北方族群建立的强大政权。在这一地带之南,西周、秦汉、隋唐建都于关中,元、明、清朝建都于北京,辽、金政权也以北京为都城之一。中国古代政权军事布防的出发点与着重点,一直都围绕着都城来开展。顾祖禹云:"盖天下之形势,视建都者为推移。藩屏之疏密,视建都之向背。"⑥在这一地带之北,一直保持"行国"特点的匈奴与西胡系突厥、回纥,虽未如同汉人政权那样,将政治中心固定于一地,甚至即使仿照汉制建立京城,也仅将之作为游弋地区之一,并不将之作

---

① "山西者,西则属秦陇,北则连朔方,又东北则渔阳、上党。"《茅鹿门先生文集》卷四《与靳两城中丞书》,《茅坤集》,第 264 页。
② (晋)郭璞注,(宋)邢昺疏,李传书整理,徐朝华审定:《尔雅注疏》卷七《释地》,十三经注疏整理本,北京大学出版社,2000 年,第 212 页。
③ "秦汉之间,称'山北''山南''山东''山西'者,皆指太行。"《通鉴地理通释》卷二《历代州域总叙中·汉九国》,第 25 页。
④ 《金史》卷一○○《完颜伯嘉传》,第 2212 页。
⑤ 《隋书》卷五六《宇文弼传》,第 1389 页。
⑥ 《读史方舆纪要》卷七五《湖广方舆纪要序》,第 3487 页。

为固定的政治中心,虽然政治中心一直随汗廷而流动,但大体范围一直在西起鄂尔浑河,东至克鲁伦河的漠北草原中心。① 东胡系鲜卑、契丹、女真、蒙古、满洲崛起于大兴安岭地带后,②也向西南迁移,在中部边疆以北重点驻牧,并在势力足够时,南下中部边疆,建立都城。③

与中部边疆一直居于中国北疆重心之地不同,东部边疆、西部边疆只是中国古代中原王朝、北族政权争夺的两翼地带。这不仅在于中原王朝政治重心大体在中部边疆以南,而其两侧为外围;而且也在于北方族群政治重心也在此处,两侧也是两翼。如匈奴,"诸左王将居东方,直上谷以东,接秽貉、朝鲜;右王将居西方,直上郡以西,接氐、羌;而单于庭直代、云中。各有分地,逐水草移徙"④。还在于东部边疆、西部边疆处于两山夹峙的凹地,居于此处的北方族群,在进入中部边疆之后,才具有威胁中原的可能。相应地,中部边疆典型地体现出"核心边疆"的历史角色,而东部边疆、西部边疆战略地位伴随北疆地缘政治之变迁而不断变化。这便是所谓的"大势"。明隆庆时期,宣大山西总督陈其学在奏疏中指出:"自古以来,中国之敌也,当知大势、大机所在,长虑却顾务期万世治安,不可轻举。"⑤大体而言,中国古代中原王朝经济、政治重心呈现由西北至东南的趋势,北方族群崛起之地也呈现由西至东的趋向;南北政权为争夺资源、消灭对方,争战焦点之地相应呈现由西至东的转变,即在以中部边疆作为边疆重心基础之上,经营重点呈现由西部边疆向东部边疆的转移态势。

中唐以前,最为强大的北方族群匈奴、西羌、突厥、吐蕃、回纥等多崛起

---

① 肖爱民:《辽朝政治中心研究》第一章第三节《中国古代北方行国的政治中心》,人民出版社,2014年,第23—42页。
② 大兴安岭被翦伯赞称为"中国历史上的一个幽静的后院","重重叠叠的山岭和覆蔽着这些山岭的万古常青的丛密的原始森林,构成了天然的隔壁,把这里和呼伦贝尔草原分开,使居住在这里的人民与世隔绝,在悠久的历史时期中,保持他们传统的古老的生活方式。"《内蒙访古》,《人民日报》1961年12月13日。
③ 苗霖霖考察了鲜卑崛起与迁移的历史过程。参见苗霖霖《中国古代北方游牧民族行国体制研究——以鲜卑为中心的探讨》,黑龙江人民出版社,2019年。
④ 《汉书》卷九四上《匈奴传上》,第3751页。关于中国古代游牧民族的两翼制度,参见肖爱民《中国古代北方游牧民族两翼制度研究》,人民出版社,2007年。
⑤ (明)张居正等:《明穆宗实录》卷二二,隆庆二年七月癸亥,"中研院"历史语言研究所,1962年,第594页。

于阿尔泰山附近,向东进至祁连山、阴山以北地区,并进一步向东部扩展,占领整个蒙古高原,虽采取游牧方式,单于庭所在不断迁徙,但大体以和林(今蒙古国哈尔和林)或其东部,即三河发源之地;或其西部杭爱山,为政治中心。① 因此北方族群南下汉地、中原王朝北进草原,多从河套两侧,即西侧乌拉山、贺兰山之间缺口之处,东侧大青山、狭义太行山之间缺口之处进入。秦汉、隋唐皆定都关中,从而在关中西北、东北加强防御,即以乌拉山、大青山为核心,在西部贺兰山、东部太行山区域加强攻防建设。秦汉以前,即上古时期,华夏政权及后来的中原王朝,与北方族群在北部边疆的对峙与拉锯,尤偏重于大青山、祁连山之间。"两汉警于西北"②。魏晋以至隋唐,即中古时期,中原王朝、北方族群的对峙与拉锯,尤偏重于大青山、太行山之间。③

西汉时期,甘肃东南部的陇西,是西汉前期匈奴进攻的重点。

> 汉兴以来,胡虏数入边地,小入则小利,大入则大利;高后时再入陇西,攻城屠邑,驱略畜产;其后复入陇西,杀吏卒,大寇盗。窃闻战胜之威,民气百倍;败兵之卒,没世不复。自高后以来,陇西三困于匈奴矣,民气破伤,亡有胜意。④

汉文帝时期,匈奴进攻东起云中(今大同),西至上郡(今陕西榆林绥德)的汉朝边疆。"文帝后六年秋,螟。是岁匈奴大入上郡、云中,烽火通长安,遣三

---

① 在汉武帝多次出兵打击之下,匈奴政权重心进一步向西北收缩。"乌维单于立十岁而死,子乌师庐立为单于。年少,号为儿单于。是岁元封六年也。自此之后,单于益西北,左方兵直云中,右方直酒泉、燉煌郡。"《史记》卷一一〇《匈奴列传》,第 2914 页。"其明年(太初二年)春,汉使浞野侯破奴将二万余骑出朔方西北二千余里,期至浚稽山而还。"《史记》卷一一〇《匈奴列传》,第 2915 页。南北朝时期,突厥控制了内亚东部。"其地东自辽海以西,西至西海万里,南自沙漠以北,北至北海五六千里,皆属焉。"而"可汗恒处于都斤山"。《周书》卷五〇《异域传下·突厥》,第 909、910 页。都斤山,为今蒙古国杭爱山之北山。隋末唐初,突厥趁中国纷乱,再次强盛。"始毕可汗咄吉者,启民可汗子也……值天下大乱,中国人奔之者众。其族强盛,东自契丹、室韦,西尽吐谷浑、高昌诸国,皆臣属焉,控弦百余万,北狄之盛,未之有也。"《旧唐书》卷一九四上《突厥上》,第 5153 页。
② 《魏书》卷六九《袁翻传》,第 1673 页。
③ 关于突厥与隋唐王朝的争战史,可参见吴玉贵《突厥汗国与隋唐关系史研究》,商务印书馆,2017 年。
④ 《汉书》卷四九《晁错传》,第 2278 页。

将军屯边,三将军屯京师。"①汉武帝时期,西汉多次派遣将领,重点从大同以西的西北边疆,进攻匈奴;而匈奴也重点从这一区域南下,双方形成一来一往的拉锯之势。② 在西汉的军事压力下,南匈奴呼韩邪单于归附,投诚之地

---

① 《汉书》卷二七下之上《五行志下之上》,第 1446 页。
② 这里将武帝至王莽时期,《史记》《汉书》所载汉朝、新朝与匈奴历次战争,凡注明出师或攻击之地者,加以罗列。"元光五年,(卫)青为车骑将军,击匈奴,出上谷;太仆公孙贺为轻车将军,出云中;大中大夫公孙敖为骑将军,出代郡;卫尉李广为骁骑将军,出雁门;军各万骑。"《史记》卷一一一《卫将军列传》,第 2923 页。"其(元朔元年)秋,青为车骑将军,出雁门,三万骑击匈奴,斩首虏数千人。明年,匈奴入杀辽西太守,虏略渔阳二千余人,败韩将军军。汉令将军李息击之,出代;令车骑将军青出云中以西至高阙。遂略河南地,至于陇西,捕首虏数千,畜数十万,走白羊、楼烦王。遂以河南地为朔方郡。"《史记》卷一一一《卫将军列传》,第 2923 页。"伊稚斜单于既立,其(元朔三年)夏,匈奴数万骑入杀代郡太守恭友,略千余人。其秋,匈奴又入雁门,杀略千余人。其明年(元朔四年),匈奴又复入代郡、定襄、上郡,各三万骑,杀略数千人。匈奴右贤王怨汉夺之河南地而筑朔方,数为寇,及入河南,侵扰朔方,杀略吏民甚众。"《史记》卷一一〇《匈奴列传》,第 2907 页。"其明年,元朔之五年春,汉令车骑将军青将三万骑出高阙,卫尉苏建为游击将军,左内史李沮为强弩将军,太仆公孙贺为骑将军,代相李蔡为轻车将军,皆领属车骑将军,俱出朔方;大行李息、岸头侯张次公为将军,出右北平,咸击匈奴。"《史记》卷一一一《卫将军列传》,第 2925 页。"其明年(元朔五年)春,汉以卫青为大将军,将六将军,十余万人,出朔方、高阙击胡。右贤王以为汉兵不能至,饮酒醉。汉兵出塞六七百里,夜围右贤王。右贤王大惊,脱身逃走,精骑往往随后去。汉得右贤王众男女万五千人,裨小王十余人。其秋,匈奴万骑入杀代郡都尉朱英,略千余人。"《史记》卷一一〇《匈奴列传》,第 2907 页。"其明年(元朔六年)春,大将军青出定襄,合骑侯敖为中将军,太仆贺为左将军,翕侯赵信为前将军,卫尉苏建为右将军,郎中令李广为后将军,右内史李沮为强弩将军,咸属大将军,斩首数千级而还。月余,悉复出定襄击匈奴,斩首虏万余人。"《史记》卷一一一《卫将军列传》,第 2927 页。"其明年(元狩元年),胡骑万人入上谷,杀数百人。"《史记》卷一一〇《匈奴列传》,第 2908 页。"其明年(元狩二年)春,汉使骠骑将军去病将万骑出陇西,过焉支山千余里,击匈奴,得胡首虏万八千余级,破得休屠王祭天金人。其夏,骠骑将军复与合骑侯数万骑出陇西、北地二千里,击匈奴。过居延,攻祁连山,得胡首虏三万余人,裨小王以下七十余人。是时匈奴亦来入代郡、雁门,杀略数百人。汉使博望侯及李将军广出右北平,击匈奴左贤王。左贤王围李将军,卒可四千人,且尽,杀虏亦过当。会博望侯军救至,李将军得脱,汉失亡数千人,合骑侯后骠骑将军期,及与博望侯皆当死,赎为庶人。其秋,单于怒浑邪王、休屠王居西方为汉所杀虏数万人,欲召诛之。浑邪王与休屠王恐,谋降汉,汉使骠骑将军往迎。浑邪王杀休屠王,并将其众降汉。凡四万余人,号十万。于是汉已得浑邪王,则陇西、北地、河西益少胡寇,徙关东贫民处所夺匈奴河南、新秦中以实之,而减北地以西戍卒半。其明年,匈奴入右北 (转下页)

便为五原。①

而作为这一战略区域的中心地带,河南地是双方攻防的军事重心。秦

(接上页)平、定襄各数万骑,杀略千余人而去。"《史记》卷一一〇《匈奴列传》,第 2908—2910 页。"其明年(元狩三年)春,汉谋曰'翕侯信为单于计,居幕北,以为汉兵不能至'。乃粟马,发十万骑,私负从马凡十四万匹,粮重不与焉。令大将军青、骠骑将军去病中分军,大将军出定襄,骠骑将军出代,咸约绝幕击匈奴。"《史记》卷一一〇《匈奴列传》,第 2910 页。"先是,比年遣大将军卫青、霍去病攻祁连,绝大幕,穷追单于,斩首十余万级。"《汉书》卷二七中之下《五行志中之下》,第 1409 页。"其(太初三年)秋,匈奴大入定襄、云中,杀略数千人,败数二千石而去,行破坏光禄所筑城列亭鄣。又使右贤王入酒泉、张掖,略数千人。"《史记》卷一一〇《匈奴列传》,第 2916—2917 页。"其明年(天汉二年),汉使贰师将军广利以三万骑出酒泉,击右贤王于天山,得胡首虏万余级而还。……又使骑都尉李陵将步骑五千人,出居延北千余里,与单于会,合战。"《史记》卷一一〇《匈奴列传》,第 2917—2918 页。"后二岁(天汉四年),复使贰师将军将六万骑,步兵十万,出朔方。强弩都尉路博德将万余人,与贰师会。游击将军(韩)说将步骑三万人,出五原。因杆将军敖将万骑步兵三万人,出雁门。匈奴闻,悉远其累重于余吾水北,而单于以十万骑待水南,与贰师将军接战。"《史记》卷一一〇《匈奴列传》,第 2918 页。"单于既立六年,而匈奴入上谷、五原,杀略吏民。其年,匈奴复入五原、酒泉,杀两部都尉。于是汉遣贰师将军七万人出五原,御史大夫商丘成将三万余人出西河,重合侯莽通将四万骑出酒泉千余里。单于闻汉兵大出,悉遣其辎重,徙赵信城北邸郅居水。左贤王驱其人民度余吾水六七百里,居兜衔山。单于自将精兵左安侯度姑且水。"《汉书》卷九四上《匈奴传上》,第 3778 页。"后二年(昭帝始元四年)秋,匈奴入代,杀都尉。"《汉书》卷九四上《匈奴传上》,第 3782 页。始元五年,"后无几,右贤王、犁污王四千骑分三队,入日勒、屋兰、番和。张掖太守、属国都尉发兵击,大破之,得脱者数百人。"《汉书》卷九四上《匈奴传上》,第 3783 页。"其明年(始元六年),匈奴三千余骑入五原,略杀数千人,后数万骑南旁塞猎,行攻塞外亭障,略取吏民去。"《汉书》卷九四上《匈奴传上》,第 3784 页。始元六年,匈奴东击乌桓,西汉趁机攻打匈奴于辽东。"于是拜(范)明友为度辽将军,将二万骑出辽东。"《汉书》卷九四上《匈奴传上》,第 3784 页。"(宣帝)本始二年,汉大发关东轻锐士,选郡国吏三百石伉健习骑射者,皆从军。遣御史大夫田广明为祁连将军,四万余骑,出西河;度辽将军范明友三万余骑,出张掖;前将军韩增三万余骑,出云中;后将军赵充国为蒲类将军,三万余骑,出酒泉;云中太守田顺为虎牙将军,三万余骑,出五原;凡五将军,兵十余万骑,出塞各二千余里。及校尉常惠使护发兵乌孙西域,昆弥自将翕侯以下五万余骑从西方入,与五将军兵凡二十余万众。匈奴闻汉兵大出,老弱奔走,驱畜产远遁逃,是以五将少所得。"《汉书》卷九四上《匈奴传上》,第 3785 页。王莽禅汉,"是后,单于历告左右部都尉、诸边王,入塞寇盗,大辈万余,中辈数千,少者数百,杀雁门、朔方太守、都尉,略吏民畜产不可胜数,缘边虚耗"。《汉书》卷九四下《匈奴传下》,第 3824 页。

① 《汉书》卷九四下《匈奴传下》,第 3758 页。

汉在势力强大之后,皆首先致力于收复河南地。汉武帝时期,西汉收复河南地后,主父偃指出这一地区是西汉对匈作战所可依仗的军事核心区域。"偃盛言朔方地肥饶,外阻河,蒙恬城以逐匈奴,内省转输戍漕,广中国,灭胡之本也。"①虽然面对重重困难,汉武帝仍然在此设置朔方郡。"上览其说,下公卿议,皆言不便。公孙弘曰:'秦时尝发三十万众筑北河,终不可就,已而弃之。'朱买臣难诎弘,遂置朔方,本偃计也。"②"于是汉遂取河南地,筑朔方,复缮故秦时蒙恬所为塞,因河而为固。"③西汉为此耗费了巨额财政。"兴十万余人筑卫朔方,转漕甚辽远,自山东咸被其劳,费数十百巨万,府库益虚。"④"乃徙贫民于关以西,及充朔方以南新秦中,七十余万口,衣食皆仰给于县官。数岁,贷与产业,使者分部护,冠盖相望,费以亿计,县官大空。"⑤但效果并不尽如人意,当地陷入了严重的财政危机。"新秦中或千里无亭徼,于是诛北地太守以下,而令民得畜边县,官假马母,三岁而归,及息什一,以除告缗,用充入新秦中。"⑥而匈奴在失去河南地之后,也将这一地区作为主要攻击目标。"匈奴右贤王怨汉夺之河南地而筑朔方,数寇盗边,及入河南,侵扰朔方,杀略吏民甚众。"⑦

---

① 《汉书》卷六四上《主父偃传》,第 2803 页。
② 《汉书》卷六四上《主父偃传》,第 2803 页。
③ 《汉书》卷九四上《匈奴传上》,第 3766 页。
④ 《史记》卷三〇《平准书》第八,第 1421—1422 页。刘磐修对西汉开发河套的财政支出进行了全面考察。"汉代为开发河套投入了巨额的财力和物力。移民费用是汉代国家在河套经济投入的第一大项。迁往河套的移民多为'关东下贫',他们因天灾人祸而一贫如洗,迁往河套的费用要由国家全部承担。这些移民是应募前往,其招募费、行装费、安家费及前几年的生活费,几乎全由国家发给,因此开支巨大。……移民到达目的地后,国家不仅授予土地,建造房屋,而且还给食粮、耕牛、种子等生产生活资料。……兴修水利和筑城的工程费用,是汉代国家在河套经济投入的第二大项。……军事屯田和安置归附匈奴为第三和第四大项,两者的费用估计与筑城费用相近,约百亿钱。以上各项开支相加,总额约在 700 亿左右。……西汉河套大规模开发持续 100 年,诸项开支总额 700 亿是接近实际情况的。汉代对河套的经济投入主要集中于汉武帝时期,巨额开支造成国库空虚。武帝时实行算缗告缗之法,增收财产税、商税和车船税,其收入主要用于河套开发。"刘磐修:《汉代河套开发中的政府行为》,《内蒙古社会科学》(汉文版)2007 年第 4 期。
⑤ 《汉书》卷二四下《食货志下》,第 1162 页。
⑥ 《汉书》卷二四下《食货志下》,第 1172 页。
⑦ 《汉书》卷九四上《匈奴传上》,第 3767 页。

隋唐以前,中原王朝、北方族群之所以在太行山以西的边疆区域形成重点、拉锯之势,还与这一时期陆上丝绸之路的发达密切相关。蒙古草原游牧经济过于单一,容易遭受自然灾害冲击,难以维持较大规模社会组织长期存在,北方族群必须借助与南方汉地、西域绿洲维持经济联系,或者通过战争,或者通过贸易之方式,始能维持生存、雄霸大漠。中唐以前东亚与西亚、欧洲的交通也主要借助陆路,即著名的"丝绸之路"。因此之故,中原王朝若欲消除草原威胁,必须在加强北疆防御之外,切断蒙古草原与西域绿洲之间的经济联系,始能在长期战争中占据上风,并且在东西贸易中占据主导地位。

故而,中古以前,祁连山、昆仑山、天山、阿尔泰山中间之地,即西部边疆便在中部边疆经略带动下,也成为中原王朝、北族政权十分重视之地。"欲保秦陇,必固河西;欲固河西,必斥西域。"① 褚遂良对唐太宗说:"河西者,中国之心腹。"② 如果将大青山、河套西侧黄河以西称作"西北边疆",从边疆角度而言,那么中古以前中国之历史,由西北汉人、北方族群所主力造成,中古以前中国处于"西北边疆重心时代",简称"西北边疆时代"。③ 在"西北边疆时代",汉人、北方族群在边疆开拓、历史推动方面,呈现前者地位逐渐降低,后者地位逐渐提升,从而展现了秦汉时期前者为主,魏晋时期后者为主,隋唐时期二者涵化的特点。④

---

① 《读史方舆纪要》卷六三《陕西十二·甘肃镇》,第 2972 页。
② 《资治通鉴》卷一九六,贞观十六年八月癸酉,第 6178 页。
③ "隋唐以来,直至安史之乱之前,中原王朝的政治重心、与使节政治外交联系、交往的路线,外来边患和国家安全之敏感的地区,以及中原王朝积极开拓经营的新的疆域,皆在西北。""经唐前期几朝君臣的努力,最终在玄宗开天之际,形成了以守为攻,组织严密,城防坚固的西北防御体系。这个体系是以河西为中心,陇右、朔方二节度为两翼,安西、北庭二节度向西北发展,既分工明确,又协调统一。"李宗俊:《唐前期西北军事地理问题研究》,中国社会科学出版社,2015 年,第 384、385 页。
④ 刘光华梳理了两汉在西北边疆的屯田过程。刘光华:《汉代西北屯田研究》,兰州大学出版社,1988 年。余太山考察了两汉魏晋南北朝时期,中原各政权的西域经营与交往。余太山:《两汉魏晋南北朝与西域关系史研究》,中国社会科学出版社,1995 年。向达揭示了唐朝与西域在经济、文化方面的密切往来。向达:《唐代长安与西域文明》,生活·读书·新知三联书店,1987 年。孟凡人讨论了唐代北庭都护府的历史演变。孟凡人:《北庭史地研究》,新疆人民出版社,1985 年。李方分析了唐朝在西州的政治统治。李方:《唐西州行政体制考论》,黑龙江教育出版社,2002 年;李方主编:《唐西州官僚政治制度研究》,黑龙江教育出版社,2008 年。

但"安史之乱"标志着东北族群的强势崛起,中唐以后,尤其近世时期,即五代至明清,经历"安史之乱"之冲击,西北地带在唐朝与突厥、回纥、吐蕃长期作战之后,经济已趋于残破,地缘格局上也面临西北族群的威逼,中原王朝经济、政治中心于是向东南转移,经济中心由关中地区逐渐转移至黄河流域、长江流域,政治中心也由关中渐次东移至洛阳、开封、临安、南京、北京。而中唐以后突厥、回纥西走之结果,便是东胡系北方族群开始崛起于蒙古东部大兴安岭草原—森林交界地带,逐渐向西迁移,占领整个蒙古高原。亚洲内陆地缘政治之重心,由于南北双方各自政治中心的转移,而相应呈现东移的趋势。中原王朝、北方族群争夺的焦点在中部边疆基础之上,又呈现重视大兴安岭、长白山中间地带,即东部边疆的倾向。①

在这一地缘政治形势下,可见近世时期中原王朝、北族政权皆十分关注长白山、大兴安岭的经营。北方族群南下,比如金灭辽、元灭金,皆从东北南下。清朝崛起地在外兴安岭以南,由这一地域出发,统一了亚洲内陆与南北平原。有鉴于此,清康熙时期,朝鲜李颐命称:"臣窃稽唐宋以来,胡夷之乱华者,多起东北。"②同样,中原王朝北上大漠,比如明朝进攻蒙古,也首先经营辽东,并进一步控制外兴安岭以南之地,从而剪除其左翼。明朝、北元的双方对峙,也将太行山、长白山即东北边疆作为首要地带与优先地区。在东北边疆问题大体解决后,始将目光转向西北边疆。直到正统时期,明朝对西北边疆多番经营后,其防御力量相对于东北边疆,仍相差较大。③

---

① 关于五代以至宋金北疆军事与开发,可参见林荣贵《中国古代疆域研究自选集》,中国社会科学出版社,2015年;林荣贵《辽朝经营与开发北疆》,中国社会科学出版社,1995年;韩茂莉《草原与田园——辽金时期西辽河流域农牧业与环境》,生活·读书·新知三联书店,2006年。关于明朝经营东部边疆的历史,可参见杨旸、袁闾琨、傅郎云《明代奴尔干都司及其卫所研究》,中州书画社,1982年。
② 李颐命:《甲申燕行录·辽蓟关防图序》,《燕行录全编》第2辑第4册,广西师范大学出版社,2012年,第167页。
③ "靖远伯王骥奏:比者奉命巡边,自延绥至肃州,东西逶迤六千余里,守备官军舍余不过五万六千余人,猝有侵轶,恐不足用。事下,兵部议甘肃已有四万二千八百人,足以守备。惟宁夏、延安军少,乞遣官于河南都司属卫,并潼关卫拣选精勇者三千人,分为二班,宁夏增一千,延安增五百。上命巡按御史及都司委廉干官,于属卫如数精选,仍委公正有勇略都指挥提督训练,以候调发。"《明英宗实录》卷一二九,正统十年五月丙子,第2566页。

关于明代北部边疆重东轻西的地缘选择，明人多有关注。嘉靖时期，俞大猷认为明朝北疆重心在东北。"我明自太宗以后，定鼎于燕，实以胡虏种类布列于东北塞外，燕、蓟乃最要之区，故建都以镇压之。"①这一时期，山西巡抚赵时春通过对比唐、明的北疆格局，指出两者北疆战略重心明显不同。"唐重西而轻北，我重北而轻西耳。"②同时期周弘祖也明确指出明朝急东北、缓西北之地缘特征。"秦、汉备边，所急在西北，上谷、北平为缓。我朝所急在东北，甘肃、宁夏为缓。秦、汉急西北，故秦塞起临洮，汉武置朔方，缓东北也。神京以辽东为左臂，宣、大为右臂，古北口、永宁、居庸为脑后。"③隆庆时期劳堪得出了相似的结论。"故自其常论之，则京后为最急，宣、大次之，辽东次之，陕西又次之。"④顾炎武也指出唐、明北疆重心呈现了由西至东的地缘转变："汉之边在北，长安去朔方千余里。唐边在西，去吐蕃亦几千里。今京师北抵居庸，东抵古北口，西南抵紫荆关，近者百里，远不过三百里。居庸则吾之背也，紫荆则吾之喉也，卒有急，则扼吾之喉而拊吾之背。"⑤清代乾隆四十一年(1776)，朝鲜使臣李坤同样表达了明朝重东北的观点。"皇明代元而兴，忧在东北，故太祖首置北平府，而宿重兵。自居庸、山海以至沈阳，关外诸城堡无非洪武初设置，而传至建文，北方偏重，已有靖难之举。永乐以后，遂弃南京而移都于燕，尤为专意东北。"⑥明朝最终灭亡，也亡于东北。"天下之力，尽萃于东北，以致南方空虚，流贼猖獗，莫可禁制，而清人拱手以收渔人之功。此奚异于筑城备胡，而反亡于关东盗耶？"⑦

---

① （明）俞大猷：《正气堂续集》卷三《王桂峰荣转南都前府管事序》，廖渊泉、张吉昌整理点校《正气堂全集》，福建人民出版社，2007年，第615页。
② （明）赵时春撰，杜志强整理：《赵时春文集校笺》卷六《备边杂议考序》，天津古籍出版社，2012年，第270页。
③ （明）周弘祖：《燕京论》，（清）顾炎武《天下郡国利病书·北直隶备录上》，上海古籍出版社，2011年，第31—32页。
④ （明）劳堪：《京都形势说》，《天下郡国利病书·北直隶备录上》，第32页。
⑤ 《天下郡国利病书·北直隶备录上》，第43页。
⑥ ［朝鲜］李坤：《闻见杂记》，《燕行录全编》第3辑第2册，广西师范大学出版社，2013年，第178页。
⑦ 《闻见杂记》，第178页。

四、"核心边疆"重心的转移

若将大青山、河套东侧黄河以东划为"东北边疆",从边疆角度而言,近世中国之历史,便由东北汉人、北方族群所主力造成,北部边疆经略偏重于东北地带,可称之为"东北边疆重心时代",简称"东北边疆时代"。在"东北边疆时代",汉人虽在文化层面进步明显,但在武力层面却明显落后于北方族群,南宋时期更是居于政治上的屈辱地位。① 近世时期历史从而呈现前者文明进程不断为后者打断的历史现象,相应历史主流与主要推动力皆来源于北方族群。可见,经过"西北边疆时代"的沉淀,北方族群在与汉人政权多次战争,并借助地理条件掌握一定农业基础、农业文明的基础上,呈现了逐渐发展、压倒汉人的历史趋势。不过这一潮流伴随近代时期新月地带农业文明的历史上升与火器进步,压制了游牧族群骑兵冷兵器战术,并使游牧文明最终瓦解。

中国古代边疆时代变迁的结果之一,是北京取代关中,成为近世时期中国的政治重心。辽、金、元作为北族政权或北方族群建立的中原王朝,以北京为都城或陪都,源于北京处于华北平原的北端,据此形成退可守御燕山、进可横扫华北平原的地缘优势。对此,蒙哥时期,先锋元帅霸突鲁有清楚的论述。忽必烈曾有劝蒙哥建都于西北的想法。"世祖在潜邸,从容语霸突鲁曰:'今天下稍定,我欲劝主上驻跸回鹘,以休兵息民,何如?'"② 但霸突鲁却坚决指出幽燕之地位于天下之中,既有天险,又连接南北,蒙古帝国应建都于此。"幽燕之地,龙蟠虎踞,形势雄伟,南控江淮,北连朔漠。且天子必居中以受四方朝觐。大王果欲经营天下,驻跸之所,非燕不可。"③ 对此,忽必烈深表赞同,之后元朝建都于此,便源于此次谈话。"世祖忧然曰:'非卿言,我几失之。'……世祖至开平,即位,还定都于燕。尝曰:'朕居此以临天下,霸

---

① 金世宗大定五年正月,"己未,宋通问使魏杞等以国书来。书不称'大',称'侄宋皇帝',称名,'再拜奉书于叔大金皇帝'。岁币二十万"。《金史》卷六《世宗纪上》,第135页。
② 《元史》卷一一九《霸突鲁传》,第2942页。
③ 《元史》卷一一九《霸突鲁传》,第2942页。

突鲁之力也。'"①

明朝作为汉人政权,也以北京为都,源于朱棣为防御蒙古,实行"天子守边"。明人普遍认为朱棣迁都北京,是为抵御蒙古。利玛窦在书信中,也多次指出朱棣迁都是为防御"蒙元鞑靼"。② 但这一策略不仅与儒家"君子不立危檐之下"的规诫有所违背,而且也背离了一国之都应建立于核心安全区的一般原则。朱棣之所以有此选择,源于明朝武将集团经洪武时期朱元璋杀戮开国武将殆尽之后,军事素质大为下降,已不具备与蒙古大规模作战的军事能力;反而被朱元璋有意培养、历练军事之诸王,具有更高的军事素养。朱棣即位之后,正是鉴于"靖难勋贵"军事能力既不足以独立胜任与蒙古大规模作战的指挥能力,建文旧将又不获信任,只能亲自镇边,始能巩固内外局势的时代背景,做出了迁都北方的选择。

那么,朱棣为何选择北京,而不是北方其他地区作为都城呢?这既根源于在近世"东北边疆时代"背景下,北京战略地位明显重于其他北方地区,是辽金都城之一,也是元大都所在;也与朱棣大本营便在北京直接相关。洪武时期,朱棣被封为燕王,驻地便在北京。中唐以来,河北一直是中国北疆军事重心,朱棣之所以能取得"靖难之役"的胜利,便在于控制了这一地区,从而形成了对于南方中央军的军事优势。在夺取政权之后,朱棣为牢固保持这一军事优势,从而迁都于此,借助北京联络华北平原与蒙古草原的枢纽位置,③向北可以抵御蒙古,南下可以控制华北腹地,从而确立了新政权的地缘政治优势。

从中唐以来中国北疆局势整体背景与潮流来看,朱棣迁都北京,扭转了中唐以后中原王朝政治重心不断向东南迁移,在北部边疆渐处战略劣势,甚至政权不断因此覆灭的历史趋势。如果没有迁都之举,明朝对于蒙古高原的掌控力势必大为下降,蒙古高原可能会因之而更快地完成政治统一,那么明朝在北部边疆所面临的压力,以及由此所可能造成的疆土沦丧,将可能造成明朝重蹈两宋的覆辙。或者说,北中国的历史将会因之而改写。

---

① 《元史》卷一一九《霸突鲁传》,第 2942 页。
② [意]利玛窦著,罗渔译:《利玛窦书信集》,光启出版社,1986 年,第 156、175、184 页。
③ 侯仁之著,邓辉、申雨平、毛怡译:《北平历史地理》,外语教学与研究出版社,2014 年,第 8—13 页。

与北京相比,北方其他传统地缘重心地区,在明代的战略地位不仅有所下降,而且生态环境也变得较差,不再适宜建都。

西安背依西北山地农牧地带,前以秦岭作为屏障,经由黄河又可直驱华北,于是在中古以前形成了居高临下,俯窥华北平原的战略地理优势。苏秦以连横策略游说秦惠王,对秦国所在的关中战略优势进行了整体论述。① 张仪为瓦解六国合纵之势,也向楚怀王陈述了秦国的战略优势。

> 秦地半天下,兵敌四国,被山带河,四塞以为固。虎贲之士百余万,车千乘,骑万匹,粟如丘山。法令既明,士卒安难乐死。主严以明,将知以武。虽无出兵甲,席卷常山之险,折天下之脊,天下后服者先亡。②

范雎向秦昭王指出应利用战略地理优势,采取远交近攻之策,主动经营山东地区。

> 范雎曰:"大王之国,北有甘泉、谷口,南带泾、渭,右陇、蜀,左关、阪,战车千乘,奋击百万。以秦卒之勇,车骑之多,以当诸侯,譬若驰韩卢而逐蹇兔也,霸王之业可致。今反闭而不敢窥兵于山东者,是穰侯为国谋不忠,而大王之计有所失也。"③

田肯也向汉高祖刘邦表达了同样的观点。"秦,形胜之国,带河山之险,县隔千里,持戟百万,秦得百二焉。地势便利,其以下兵于诸侯,譬犹居高屋之上建瓴水也。"④由于刘邦部下大多倾向建都洛阳,刘邦询问张良的意见,张良也称:"夫关中左殽函,右陇蜀,沃野千里,南有巴蜀之饶,北有胡苑之利,阻三面而固守。"⑤西晋山阴令江统指出关中农业十分发达,适合建都。"夫关中土沃物丰,厥田上上,加以泾渭之流溉其舄卤,郑国、白渠灌浸相通,黍稷之饶,亩号一钟,百姓谣咏其殷实,帝王之都每以为居,未闻戎狄宜在此土

---

① (汉)刘向集录,范祥雍笺证,范邦瑾协校:《战国策》卷三《秦一·苏秦始将连横说秦惠王》,上海古籍出版社,2011年,第141页。
② 《战国策》卷一四《楚一·张仪为秦破从连横说楚王》,第793页。
③ 《战国策》卷五《秦三·范雎至》,第313页。
④ 《史记》卷八《高祖本纪》,第382页。
⑤ 《汉书》卷四〇《张良传》,第2032页。

也。"①北魏末年,夏州防城大都督于谨,中军大将军、大都督王思政都鉴于关中为富饶形胜之地,军事力量强盛,建议建都于此。最终获得了文昭帝的同意,西魏由此建立。② 隋末群雄也多有锐意进占关中、占据战略优势的想法。③ 明韩邦奇论述了关中山河之形胜。"余尝观关中形胜,西自昆仑发脉,落于三辅。长河自西北而南,华岳诸山自西而东,会于潼关水口,才丈余耳。"④并由衷地感叹道:"关中好个风水。山自西而东,河自西而北,自北而东,自东而南,山河相会之处,水口才丈余耳。中间明堂秦川八百余里。所以汉唐以前,人才最胜也。好个形胜!"⑤

但与华北平原相比,关中不仅范围较小,而且经济一直有所不如。西魏大统十四年(548),东魏将领齐文襄在劝降西魏将领裴宽时,便指出关中经济处于劣势。"关中贫狭,何足可依。"⑥"安史之乱"以后,由于战乱的破坏,关中经济更是大不如前,明显落后于黄河中下游平原,以及后来的长江中下游平原。蒙元时期,关中地缘地位进一步下降,成为汉人与西北族群混杂之

---

① 《晋书》卷五六《江统传》,第1531页。
② "(于)谨对曰:'关右,秦汉旧都,古称天府,将士骁勇,厥壤膏腴,西有巴蜀之饶,北有羊马之利。今若据其要害,招集英雄,养卒劝农,足观时变。且天子在洛,逼迫群凶,若陈明公之恳诚,算时事之利害,请都关右,帝必嘉而西迁。然后挟天子而令诸侯,奉王命以讨暴乱,恒、文之业,千载一时也。'太祖(宇文泰)大悦。会有敕追谨为阁内大都督,谨因进都关中之策,魏帝纳之。"《周书》卷一五《于谨传》,第246页。"王思政曰:'高欢之心,行路所共知矣。洛阳四面受敌,非用武之地。关中有崤、函之固,一人可御万夫。且士马精强,粮储委积,进可以讨除逆命,退可以保据关、河。宇文夏州纠合同盟,愿立功效。若闻车驾西幸,必当奔走奉迎。借天府之资,因已成之业,一二年间,习战阵,劝耕桑,修旧京,何虑不克。'帝深然之。及齐神武兵至河北,帝乃西迁。"《周书》卷一八《王思政传》,第294页。
③ 李密对杨玄感曰:"关中四塞,天府之国,有卫文昇,不足为意。今宜率众,经城勿攻,轻赍鼓行,务早入关。"《隋书》卷七〇《李密传》,第1625页。"柴孝和说(李)密曰:'秦地阻山带河,西楚背之而亡,汉高都之而霸。如愚意者,令(裴)仁基守回洛,翟让守洛口,明公亲简精锐,西袭长安,百姓孰不郊迎,必当有征无战。既克京邑,业固兵强,方更长驱崤、函,扫荡京、洛,传檄指伪,天下可定。但今英雄竞起,实恐他人我先,一朝失之,噬脐何及!'"《隋书》卷七〇《李密传》,第1628页。
④ 《苑洛集》卷六《茂才赵生仲礼墓志铭》,《韩邦奇集》,第1452页。
⑤ 《苑洛集》卷二二《见闻考随录》,《韩邦奇集》,第1748页。
⑥ 《周书》卷三四《裴宽传》,第595页。

处。"京兆控制陇蜀,诸王贵藩分布左右,民杂羌戎,尤号难治。"①

明代关中地位进一步下降,这不仅源于元明之际,明朝、蒙古在此展开正面决战,导致关中进一步遭受战争重创;②而且还在于明朝、蒙古政治重心都在东边,关中距离南北政权政治重心都较远,其战略意义已限于西北重心,不复全国中心。明嘉靖时期,司经局司马邹守益向太子指出关中已不具备控制西北边疆的战略重心地位,更不足以作为全国首都。"古称帝都,以丰镐为上,秦汉、隋唐皆都焉,谓之关中。自今观焉,后又有黄河泄散王气,前南山蔽塞离明,西有羌戎为患,东濠函、潼关,仅足自守,不能兼制全宇。"③其战略地位与北京相比,已相去甚远。"视我圣朝神京宇宙全气皆囤嘘吸者万万不及也。"④这一观点虽属文人横议,对西安、北京之地位贬崇对比过甚,但仍反映了明代,尤其明中后期失去河套,西北边疆大为退缩的地缘背景下,西安地位严重下降的事实。清初黄宗羲在《明夷待访录》中,从南方视野出发,认为西安地位甚至不如南京。

> 或曰:有王者起,将复何都?曰:金陵。或曰:古之言形胜者,以关中为上,金陵不与焉,何也?曰:时不同也。秦汉之时,关中风气会聚,田野开辟,人物殷盛;吴、楚方脱蛮夷之号,风气朴略,故金陵不能与之争胜。今关中人物不及吴、会久矣。⑤

山西高原地势高耸,西依黄河,北接蒙古高原,是北方战略高地。春秋至中唐以前,一直是中国的经济、文化重心。唐朝崛起于太原,建都关中之后,仍在经济上借援于太原。唐政权一度受到宋金刚等人在河东地区的巨

---

① 《元史》卷一二六《廉希宪传》,第 3085 页。
② "陕西省治故长安,周、秦、汉、隋、唐之所都。昔人称其被山带河,四塞以为固,而自汧、雍以东至河、华,膏壤沃野千里。虽三河天下之中,王者之所更居,然古今建都之形胜,无逾关中者。太祖高皇帝初定天下,尝幸汴、幸洛,将幸关、陕,时以扩廓帖木儿、李思齐、张思道之乱,戎马蹂践,所过皆空城,千里无行迹,而金陵庙祐已定,遂为帝都,亦其时与势不得不然也。"《震川先生集》卷九《送阳曲王公参政陕西序》,《归有光全集》第 5 册,第 221 页。
③ (明)邹守益著,董平编校整理:《邹守益集》卷一《圣功图疏·周王稼穑图》,凤凰出版社,2007 年,第 11 页。
④ 《邹守益集》卷一《圣功图疏·周王稼穑图》,第 11 页。
⑤ (清)黄宗羲:《明夷待访录·建都》,北京古籍出版社,1955 年,第 19—20 页。

大压力，李渊有放弃河东、谨守关中之意，李世民对此加以反对，指出："太原王业所基，国之根本，河东殷实，京邑所资。若举而弃之，臣窃愤恨。"①五代、北宋时期，太原控制长城南北主要战争通道，便于发动对南北社会的战争，北部又有山险屏障，故而是这一时期中原王朝的战略重心之一。但由于该地居于北部边疆腹里，又属燕王反对派晋王势力范围，也不适宜建都。而明代属于"小冰河期"，气候较为寒冷，西北地区的生态条件与农业生产都受到明显影响，进一步使太原缺乏建都的历史条件。

从地理条件而言，北京适合建都。中国古代对于都城选址十分讲究，②管仲认为都城应建在地势平坦、地形多样之地。"故圣人之处国者，必于不倾之地，而择地形之肥饶者。"③具体而言，应在大山之下、平原之上，从而得山川之优势，也就是所谓的"山川都会"。"凡立国都，非于大山之下，必于广川之上。高毋近旱而水用足，下毋近水而沟防省。因天材，就地利，故城郭不必中规矩，道路不必中准绳。"④"乡山，左右经水若泽，内为落渠之写，因大川而注焉。"⑤利用这种有利而多样的地形，不仅可以加强军事防御，"因天之固，归地之利，内为之城，城外为之郭，郭外为之土阆，地高则沟之，下则堤之，命之曰金城。树以荆棘，上相穑著者，所以为固也"⑥；而且可以开展农牧生产，将都城建设成为经济中心。"乃以其天材、地之所生，利养其人，以育六畜。"⑦从而使之成为天下向往的政治中心。"天下之人，皆归其德而惠其义。"⑧

---

① 《旧唐书》卷二《太宗纪上》，第 25 页。
② 周代司马下属土方氏便负责从地理角度，对全国不同等级的城市选址，进行挑选与甄别。"土方氏掌土圭之法，以致日景，以土地相宅，而建邦国都鄙，以辨土宜土化之法，而授任地者。"(汉)郑玄注，(唐)贾公彦疏，赵伯雄整理，王文进审定：《周礼注疏》卷三三《夏官司马下·土方氏》，十三经注疏整理本，北京大学出版社，2000 年，第 1034—1035 页。
③ 黎运凤撰，梁运华整理：《管子校注》卷一八《度地第五十七》，中华书局，2004 年，第 1050—1051 页。
④ 《管子校注》卷一《乘马第五》，第 83 页。
⑤ 《管子校注》卷一八《度地第五十七》，第 1051 页。
⑥ 《管子校注》卷一八《度地第五十七》，第 1051 页。
⑦ 《管子校注》卷一八《度地第五十七》，第 1051 页。
⑧ 《管子校注》卷一八《度地第五十七》，第 1051 页。

中国古代北疆地缘的历史转变　155

而北京便是如此。"我国家建都上游,负重山而环巨浸,金汤之固,盖前代罕俪焉。"①从小空间而言,北京得燕山之保障②与永定河、潮白河之供应,足以自立;从大空间而言,北京更是华北平原的战略高地,尤其是华北平原的军事制高点。金梁襄曰:"燕都地处雄要,北倚山岭,南压区夏,若坐堂隍,俯视庭宇,本地所生,人马勇劲,亡辽虽小,止以得燕故能控制南北,坐致宋币。燕盖京都之选首也。"③从西北至东北,环绕北京的是太行山脉。"太行西来数千里,环帝都而东又数百里,散一支南出为平滦诸山。"④北京作为太行山脉包围之盆地,地形相对隆起,形成俯视华北平原的地势优势。"燕都地势雄要,北倚山岭,南压区夏,若坐堂隍,俯视庭宇。"⑤而通过海运、河运,北京还可以与南方经济核心区形成联系。"京师,古幽蓟地,汉、唐、宋属河北等路。左环沧海,右拥太行,北枕居庸,南襟河济。形势甲于天下,天府之国也。"⑥可见,北京既有地理保障,又有经济支持,是适合建都之所。而北京周围农牧皆宜,民风彪悍。"惟今圣朝建国幽燕直隶八府之地,盖古幽冀之域也。杜牧所谓山东、河北,王不得不王、霸不得不霸之所,其人沉鸷多材力,重许可,耐辛苦,敦五种,本兵矢,他不能荡者。"⑦又是牧马重地,骑兵力

---

① (明)张元忭撰,钱明编校:《张元忭集》卷七《拟重修卢沟桥碑》,上海古籍出版社,2015年,第169页。
② 金代薛王府掾梁襄奏曰:"居庸、古北、松亭、榆林等关,东西千里,山峻相连,近在都畿,易于据守,皇天本以限中外,开大金万世之基而设也。"《金史》卷九六《梁襄传》,第2134页。
③ 《金史》卷九六《梁襄传》,第2134页。
④ 《琼台诗文会稿》卷一八《偏凉汀亭记》,《丘濬集》第8册,第4321页。
⑤ (清)张金吾编纂:《金文最》卷一五《谏幸金莲川疏》(梁襄),中华书局,1990年,第204页。
⑥ (明)沈一贯辑:《皇明大一统舆图广略志》卷一《京师》,中国社会科学院历史研究所图书馆藏万历二十五年余良史刻本,第1页。
⑦ 《大学衍义补》卷一一七《严武备·军伍之制》,《丘濬集》第4册,第1841页。归有光指出北京附近的真定,在唐代以前便已是北部边疆战略重地。"真定本古中山国。赵武灵王胡服骑射,以北略地,其事固已伟矣。典午之南,刘、石、慕容、苻秦继起燕、赵,而慕容道明建国都于此,固亦一代之雄也。"《震川先生集》卷九《送阳曲王公参政陕西序》,《归有光全集》第5册,第240页。中晚唐藩镇割据中,这一地区也是势力最大的河朔三镇势力所在。"唐自大历、贞元以后,强藩不制,而成德一军尤为骁悍。天下视河北若回鹘、吐蕃然。盖不为王土者百年。"《震川先生集》卷九《送阳曲王公参政陕西序》,《归有光全集》第5册,第240页。北宋时期,真定成为北宋抵御辽、金(转下页)

量很强。"复产健马,下者日驰二百里,所以兵常当天下。"①从而为北京加强防御提供了军事基础。由于具有以上地缘优势,北京在中唐以后,便成为中国古代最为重要的战略地带。

中国古代历史的主线索,一直是中原王朝与北方族群的军事较量。相应地,中国古代地缘政治的重心一直在北方地区,这也是为什么中国古代中原王朝都将都城建于北方地区的历史根源。北宋建都于华北平原,尚且在辽金压力之下,国祚短暂;明朝如果一直立足于南京,对于北方地区的控制将十分困难,重蹈宋朝覆辙并非没有可能。因此,明朝迁都北京,实由中国古代地缘政治所决定,是都城建立于北方的再次上演而已。

但明朝迁都北京后,由于北京紧邻边境,明朝长期承受了巨大的军事压力。万历四十七年(1619)徐光启奏:"臣窃观燕台形势,北邻戎虏阻绝之区,南控中原广衍之处,非若陕洛河东、蜀汉荆襄,河山四塞,迁徙亦可暂安,扼险犹能自固。故非兵无以立国,非战不能守土,是京师者必战之地也。"②明朝为此在北京驻扎大量军队,③虽长期保障了北京的军事安全,却加剧了北

(接上页)的边疆重地。"宋因石晋,失山后诸州,则真定遂与契丹为境。其后金人陷两河,二路寻亦不守,而国事不可为矣。"《震川先生集》卷九《送阳曲王公参政陕西序》,《归有光全集》第 5 册,第 240 页。正是由于真定在历史上的这一军事地位,因此直到明代,真定民风仍然十分彪悍。"国家今为畿辅重地,而太平二百年,议者以为其悲歌慷慨之习已大变于古,而不知燕、赵之人出于其性然者,独以朝廷威灵,有所俯首畏伏,而终不能以帖然也。盖古所谓骁悍不可制者,其平时未尝不俯首畏伏,及其一旦激于其所不可忍,而骄悍之性乃得而见耳。夫以中山之地,为古豪杰力战之区,而奸雄窃据之所都。唐失河北,势日陵夷;宋没两路,国遂南渡。况今翼卫神京,为万世帝王之业,比古京兆、冯翊、扶风之地,非得良有司拊循教化,无以使之安土乐业,而壮国家之藩卫也。今使驿之所出,兵调之所加,坐派日增,民生蹙耗甚矣。而议者徒思重三关之戍守,烦边徼之供亿,谓燕、赵之民茌弱屏息而可怃者,亦未之思也。栾城韩山童之事,可以鉴矣。"《震川先生集》卷九《送阳曲王公参政陕西序》,《归有光全集》第 5 册,第 240—241 页。

① 《大学衍义补》卷一一七《严武备·军伍之制》,《丘濬集》第 4 册,第 1841 页。
② (明)徐光启撰,王重民辑校:《徐光启集》卷三《兵非选练决难战守疏》,上海古籍出版社,1984 年,第 101 页。
③ "洪惟我太宗文皇帝迁都之后,京师置七十二卫所,约官军不下三十余万,畿内置五十余卫所,约官军不下二十余万。以外言之,括诸边之兵,不能过此数。以腹里言之,括诸省之兵,不能过此数。圣虑神谋,超唐轶汉,其为居重驭轻之图,深哉邈矣,而不可加也。"(明)王廷相著,王孝鱼点校:《浚川奏议集》卷九《修举团营事宜疏》,《王廷相集》,中华书局,1989 年,第 1340 页。

京的经济压力。明中期丘濬虽然一方面指出明朝定都北京,是为应这一地区"山川之王气"①,但另一方面却指出定都北京,使明朝面临着边防与经济两方面的压力。丘濬认为北京的军事压力要远大于汉唐时期的长安,原因在于长安距离西北族群较远。"然汉之边在北,咸阳取朔方千余里;唐边在西,长安去吐蕃界亦几千里焉。"②与之相比,蒙古翻越燕山之后,便可直抵北京。"据关中者,将以扼中国之吭而拊其背。都幽燕者,切近于北狄,则又将恐其反扼我之吭,而拊我之背焉。"③因此应在军事防御上,加强筹措。"所以防蔽之者,尤当深加之意。盖制人而不得,犹不至于失己,守己而或有所失,则其害岂但不得于人而已哉。"④而庞大的政府机构与军队系统,却使北京面临着严重的财政压力。"六宫百官,六军万姓,毕聚于斯。所费有不赀焉者,岁计何啻亿万。"⑤

明前期在北部边疆尚掌握战略主动,明中期虽在与蒙古战事中,逐渐处于被动地位,但北疆防御体系尚较坚实;而明后期逐渐统一的蒙古政权,对明朝北疆防线构成愈来愈重的压力,不断穿透明军防线,嘉靖中期甚至发生了俺答汗率军围困北京的"庚戌之变"。在这一事件刺激之下,明人开始越来越多地讨论建都北京的得失,反映出对于北京安全的深深忧虑。隆庆时期,罗汝芳也持与丘濬一样的观点,认为明朝迁都北京十分失策。他首先指出北京北御蒙古,南控运河,战略地位十分重要。"国家定鼎燕京,控扼辽蓟,襟带河济,斯诚天下大势也。顾北虏迩在门庭,而南漕关系国计。"⑥正是有鉴于此,朱棣才在此建都。"成祖英谋,睿算为万世虑。于时躬擐戎胄,三犁虏庭,命河臣理漕务,岁输自大江以南直转而北无梗者。"⑦但话锋一转,罗汝芳指出建都北京不仅造成了沉重的军事压力,"且国家之事又与古异,古者畿辅距胡数千里,虏非蓄锐大举不能达,我京师抵沿边诸镇,最远者数百

---

① 《大学衍义补》卷一五〇《驭夷狄·守边固圉之略上》,《丘濬集》第 5 册,第 2345 页。
② 《大学衍义补》卷八六《备规制·都邑之建下》,《丘濬集》第 3 册,第 1328 页。
③ 《大学衍义补》卷八六《备规制·都邑之建下》,《丘濬集》第 3 册,第 1328 页。
④ 《大学衍义补》卷八六《备规制·都邑之建下》,《丘濬集》第 3 册,第 1328—1329 页。
⑤ 《大学衍义补》卷三五《制国用·屯营之田》,《丘濬集》第 2 册,第 608—609 页。
⑥ (明)罗汝芳著,方祖猷等编校整理:《罗汝芳集》二《癸酉山东乡试第五问》,凤凰出版社,2007 年,第 701 页。
⑦ 《罗汝芳集》二《癸酉山东乡试第五问》,第 701 页。

里耳,即有重关之险,可朝发夕至也"①,而且带来了沉重的财政压力。"古之建都,不专藉河为漕,善防之,令不溃决,斯可矣。今之河,则转输数百万粟给京师,且夕愆期,六军万姓枵腹号呼,若欲食而噎不能一朝忍也。"②

明亡后,明遗民多有将明亡归于建都北京者。黄宗羲便指出明朝灭亡,与建都北京有直接关系。"或问:北都之亡忽焉,其故何也?曰:亡之道不一,而建都失算,所以不可救也。"③认为其他朝代所选择之首都,有较大的回旋余地,政权能够在军事危机时,转移至其他地区,从而使政权得以保存。"夫国祚中危,何代无之。安禄山之祸,玄宗幸蜀;吐蕃之难,代宗幸陕;朱泚之乱,德宗幸奉天;以汴京中原四达,就使有急而行势无所阻。"④与之相比,明朝定都北京,距离江南十分遥远,导致当李自成威逼北京之时,崇祯帝难以到达江南,从而导致政权灭亡。"当李贼之围京城也,毅宗亦欲南下;而孤悬绝北,音尘不贯,一时既不能出,出亦不能必达,故不得已而身殉社稷。向非都燕,何遽不及三宗之事乎!"⑤建都北京的地理劣势,在黄宗羲看来,长期使明朝处于军事危机之中,明末北京之失陷,实有迹可循。

> 或曰:自永乐都燕,历十有四代,岂可以一代之失,遂议始谋之不善乎?曰:昔人之治天下也,以治天下为事,不以失天下为事者也。有明都燕不过二百年,而英宗狩于土木,武宗困于阳和,景泰初京城受围,嘉靖二十八年受围,四十三年边人阑入,崇祯间京城岁岁戒严。上下精神毙于寇至,日以失天下为事,而礼乐政教犹足观乎!⑥

除关注建都北京造成的军事危机之外,黄宗羲同样也注意到了建都北京所带来的财政压力,以及由此造成的江南民众的赋役负担。"江南之民命竭于输挽,大府之金钱靡于河道,皆都燕之为害也。"⑦

王夫之对明人盛誉永乐迁都为天子守边之盛事,进行了辛辣讽刺,认为

---

① 《罗汝芳集》二《癸酉山东程策》,第702—703页。
② 《罗汝芳集》二《癸酉山东程策》,第702—703页。
③ 《明夷待访录·建都》,第20页。
④ 《明夷待访录·建都》,第20页。
⑤ 《明夷待访录·建都》,第20页。
⑥ 《明夷待访录·建都》,第20页。
⑦ 《明夷待访录·建都》,第20页。

这实为孤注一掷之举。"以都燕为天子自守边,尤其悖者。独不闻孤注之说乎?"①指出建都于边疆地带,不仅不会起到防御边疆族群的效果,反而会不断吸引其内犯。"西周扼西陲而北狄日逼,东迁以后,委之秦而有余。弥与之近,则觊觎之心弥剧,艳而忮也。艳忮动于寇心,而孤注之势又成,不亦危乎?"②主张君主应文、武并用,利用政权力量应对边疆族群,而不应依靠个人之勇力。"天子所恃以威四夷者,太上以道,其次以略,未闻恃一身两臂之力也。徒然率六军而望哺于万里,以导河而为兖、徐忧,自非金源、蒙古之习处苦寒,何为恋此哉?"③

顾祖禹对历代都城选址有着整体性的思考,对明迁都北京所带来的军事隐患,也进行了尖锐批评。

> 呜呼! 以燕都僻处一隅,关塞之防日不暇给,卒旅奔命,挽输悬远,脱外滋肩背之忧,内启门庭之寇,左支右吾,仓皇四顾,下尺一之符,征兵于四方,恐救未至而国先亡也。撤关门之戍,以为内援之师,又恐军未离而险先失也。甚且藉虎以驱狼,不知虎之且纵其搏噬;以鸟喙攻毒,而不知鸟喙之即足以杀身也,不亦悲哉!④

"边疆时代"即"西北边疆时代""东北边疆时代"之划分,只是为更简洁地概括中国古代北部边疆经略转变的历史趋势,并不意味着在"西北边疆时代",东北边疆便不重要;或者在"东北边疆时代",西北边疆便不重要。西北边疆、东北边疆不仅皆包含中部边疆,中部边疆无论在"西北边疆时代"还是"东北边疆时代",皆是南北政权边疆重心之地。而且在"西北边疆时代",秦汉、隋唐皆重视东北边疆,甚至及于朝鲜半岛,隋唐甚至为此国力大损;反之,也不意味着在"东北边疆时代",西北边疆便不甚重要,比如北宋鉴于契丹之强大,遂在西北地带开拓生存空间,与西夏展开百年战争。明朝强调经营东北边疆,导致河套以西经营薄弱,成为15世纪中期以后明、蒙战争焦点

---

① (清)王夫之著,夏剑钦点校:《思问录·外篇》,(清)王夫之《船山全书》第12册,岳麓书社,2012年,第444页。
② 《思问录·外篇》,《船山全书》第12册,第444页。
③ 《思问录·外篇》,《船山全书》第12册,第444页。
④ 《读史方舆纪要》卷一〇《北直方舆纪要序》,第405页。

之一,甚至时人认为"天下之势,西北为首,而戎虏之患,全陕为厉"①。同样,北方族群由于实行游牧经济方式,流动不居是常态,在掠夺物资之时,也有寻找中原王朝防御薄弱地带进入的特点,相应有躲避防御"高地",顺势进入防御"凹地"的战术选择,②从而导致在"西北边疆时代",东北边疆同样经常发生战争;在"东北边疆时代",西北边疆也是战乱不断,从而在一定时期、在局部区域,呈现与时代特征相反的现象。

故而,两种时代之划分,只是从中国古代不同时期,中原王朝、北方族群争夺的重点、次序,即所谓轻重缓急而言。明人对于地理空间的变化特点,也有清楚的论述。

> 边地邻虏,有极冲、次冲及稍缓名色。惟刘带川云:"万一虏奔突来冲者,既不可入,缓者必为所必攻;至此,则冲变为缓,缓变为冲,无常形,无定用,不宜胶执。"按刘议深得兵家攻坚瑕妙诀,贵在变化用之。③

而在更早的春秋末年,孙子便已从军事学的角度,指出作战因势而变化的流动特征。

> 兵形象水,水之行避高而趋下,兵之形避实而击虚;水因地而制行,兵因敌而制胜。故兵无常势,水无常形。能因敌变化而取胜者,谓之神。故五行无常胜,四时无常位,日有短长,月有死生。④

---

① "天下之势,西北为首,而夷虏之患,全陕为最。历考古昔,或建都关中,或定鼎中原,率分天下之全力,以事西北,竟未免夷狄猾夏之患。自我圣祖扫除胡元,荡平宇内;我成祖三犁虏庭,定鼎燕京,外列九镇,而陕西实当其四。当昔虑全陕兵民财力,不足自守,分河南兵民之半,以协守陕边。累朝岁发帑银数十万两,岁开淮浙引盐数十万引,以供主客之饷,虑至远也。国初承百战之威灵,振垂尽之胡种,三边晏然,四镇安业,其兵力边饷,在在充裕,以守可固,以战多克,故九边兵马,全陕称雄。"(明)王崇古:《陕西四镇军务事宜疏》,(明)陈子龙等选辑《明经世文编》卷三一九《王鉴川文集》,中华书局,1962年,第3390页。

② 金章宗承安四年,右丞相清臣指出金兵的作战传统,呈现出根据战争情势,灵活调整作战目标的战术特征。"兵书一定之法,难以应变。本朝行兵惟用正奇二军,临敌制变,以正为奇,以奇为正,故无往不克。"《金史》卷四四《兵志》,第997页。

③ (明)黄景昉著,陈士楷、熊德基点校:《国史唯疑》卷一二《补遗》,上海古籍出版社,2002年,第361页。

④ 李零译注:《孙子译注·虚实第六》,中华书局,2007年,第44页。

在"西北边疆时代",西北边疆是双方争夺的"首要地带"与"优先地区",而东北边疆则是"差缓地带"与"次后地区";反之在"东北边疆时代"大体呈现相反的变化。对于这种时代变化,宣大山西总督陈其学在奏疏中指出:"所谓大势者,京师是也。所谓大机者,宣大是也。往时边臣有议复河套者,不知汉唐都关中,以河套为急。我朝都燕京,以宣大为重。宣大者,即汉唐之朔方也。"①明末地理学家王士性也指出:"前代都关中,则边备在萧关、玉门急,而渔阳、辽左为缓。本朝都燕,则边备在蓟门、宣府急,而甘、固、庄、凉为缓。"②以移民为例,中古以前统治者向西北迁移民众,比如西汉曾徙华北民众至西北。③ 而近世时期则向东迁移民众,比如明朝将西北地区大量民众内徙。著名的山西洪洞大槐树移民传说便反映了这一历史。

在"东北边疆时代",西北边疆地位下降,乃至被大片弃于异域。对此明丘濬指出:"我圣祖得天下于中国,盖当夷狄极衰之际,遍于西北边城,立为藩府,统重兵,据要害,然皆在近边,而未尝远戍境外,如汉唐之世也。"④近世时人对这一地区逐渐呈现淡漠态度。丘濬又认为明朝"惟西与北及西南之地,尚未底于海耳。然皆限以重山叠嶂,大荒绝漠,地气既恶,人性复犷,非复人所居之处。有与无,不足为中国轻重焉。惟明主宝吾华夏文明之域,以瓦砾视之可也"⑤。

即使就中部边疆而言,其在中国古代一直充当边疆重心的同时,定位与

---

① 《明穆宗实录》卷二二,隆庆二年七月癸亥,第 594 页。
② (明)王士性著,吕景琳点校:《广志绎》卷一《方舆崖略》,《元明史料笔记丛刊》,中华书局,1981 年,第 12 页。
③ "(元狩)四年冬,有司言关东贫民徙陇西、北地、西河、上郡、会稽凡七十二万五千口。"《汉书》卷六《武帝纪》,第 178 页。"乃徙贫民于关以西,及充朔方以南新秦中,七十余万口,衣食皆仰给于县官。数岁,贷与产业,使者分部护,冠盖相望,费以亿计,县官大空。"《汉书》卷二四下《食货志下》,第 1162 页。"初置张掖、酒泉郡,而上郡、朔方、西河、河西开田官,斥塞卒六十万人戍田之。中国繕道馈粮,远者三千,近者千余里,皆仰给大农。边兵不足,乃发武库工官兵器以澹之。车骑马乏,县官钱少,买马难得,乃著令,令封君以下至三百石吏以上差出牝马天下亭;亭有畜字马,岁课息。"《汉书》卷二四下《食货志下》,第 1173 页。
④ 《大学衍义补》卷一五一《驭夷狄·守边固圉之略下》,《丘濬集》第 5 册,第 2354—2355 页。
⑤ 《大学衍义补》卷一四三《驭夷狄·内夏外夷之限上》,《丘濬集》第 5 册,第 2240 页。

性质也体现了从西北边疆向东北边疆转移的态势。阴山、太行山南北地势隆起,是北方族群自蒙古高原南下,顺势进入北方平原的缓冲通道。由于河北、关中地势较低,北方族群可以高屋建瓴之势,西入关中、东进华北。加之山西地区高原、盆地交错分布,宜农宜牧,①非常适于北方族群休整、奔驰,②实为北方族群进入汉地优先选择之地。北方族群进入山西地区后,除魏晋特殊时代背景下,以占领黄河以北地区为旨归之外,当中原王朝较为强大时,北方族群皆非为占领山西,而是为西入东进奠定基础。在中古以前,北方族群经山西进入汉地之后,为进攻帝都关中,偏重于越过黄河,进入陕西,即河套、关中之地。这一时期,河套地位尤重。西汉、唐朝为此分别在阴山以至河套的广阔区域设置朔方郡、关内道,作为长安之屏障。在近世时期,北方族群则偏重于东进河北,进攻帝都开封、北京。这一时期,河北地位尤重。为此,北宋以河北为防御重心,时人甚至提出"得河北者得天下,失河北者失天下"的观点。

> 河北者,天下之脊也。有大伾为地喉,有大陆为地腹,其势足以吞天下而容纳之也。况有天下者,得河北则得天下,失河北则失天下。凡有国者,得河北则立,失河北则亡。其国虽不正,而得河北则强;其国虽正,而失河北则弱。其国虽无道,而得河北则强;其国虽不至无道,而失河北则弱。③

明清甚至定都这一区域。故而,作为西部边疆、东部边疆的连接地带,中部边疆分别顺应"西北边疆时代""东北边疆时代"潮流,其定位与性质分别呈现与西部边疆、东部边疆相结合的特点。总之,"西北边疆时代""东北边疆

---

① 比如建文时期高巍疏称:"山西表里山河,地产良马,屈产之乘在焉,其人刚壮,所谓山西出将也。"(明)高巍著,王欣欣校注:《高不危文集校注》卷一《上建文皇帝分王诸藩疏》,三晋出版社,2011年,第21页。又诗称:"晋国天下莫强焉,今日纵观始信然。千里太行天外绕,一条汾水地中穿。风寒草劲多良马,地杰人灵出众贤。表里山河形势在,亲王高枕控西边。"《高不危文集校注》卷四《晋阳形势》,第98页。
② 明隆庆元年,板升赵全劝俺答进攻山西,理由之一便是"石(楼)、隰(州)多肥羊、良铁可致"。(明)瞿九思:《万历武功录》卷七《中三边·俺答列传中》,《续修四库全书》影印天津图书馆藏明万历刻本,上海古籍出版社,2002年,第446页。
③ (宋)晁说之:《嵩山文集》卷二《朔问上》,《四部丛刊续编》影印旧钞本,上海:商务印书馆,1934年。

时代"之划分,是主张地理并非固定不变的静态空间,而是应时而变的动态空间,甚至地理本身也是人类、历史催生的结果,这既是纠正地理环境决定论的必要观念,也是历史学注重历时性的基本准则。①

中国古代政治观念对于地理与政治关系的阐述,早已得出了辩证而深刻的结论。所谓"地利不如人和"②,"在德不在险"③,"地利不如人和,在德不在险"④,"国家吉凶,在德不在地"⑤,"大抵有天下国家者,德、力、险三者,

---

① 这与物理学的空间观念是相通的。物理学关于空间的基本表述是:三维空间只有与时间相结合,成为四维空间,才成为具体之时空坐标,否则便茫然无指。值得注意的是,时间虽然产生于空间,但伴随交通技术的改变,空间的作用与感觉也在不断发生变化,由此角度而言,空间也是时间的空间,时间在不断改变、塑造人们对于空间的感觉与使用。
② "天时不如地利,地利不如人和。圣人所贵,人事而已。"华陆综注译:《尉缭子注译》卷一《战威第四》,中华书局,1979年,第15页。"孟子曰:'天时不如地利,地利不如人和。三里之城,七里之郭,环而攻之而不胜。夫环而攻之,必有得天时者矣;然而不胜者,是天时不如地利也。城非不高也,池非不深也,兵革非不坚利也,米粟非不多也;委而去之,是地利不如人和也。故曰:域民不以封疆之界,固国不以山溪之险,威天下不以兵革之利。得道者多助,失道者寡助。寡助之至,亲戚畔之。多助之至,天下顺之。以天下之所顺,攻亲戚之所畔;故君子有不战,战必胜矣。'"杨伯峻译注:《孟子译注》卷四《公孙丑章句下》,中华书局,1960年,第86页。"五员亡,荆急求之,登太行而望郑曰:'盖是国也,地险而民多知。其主,俗主也,不足与举。'去郑而之许。"许维遹撰,梁运华整理:《吕氏春秋集释》卷一〇《异宝》,中华书局,2009年,第231—232页。
③ "魏文侯既卒,(吴)起事其子武侯。武侯浮西河而下,中流,顾而谓吴起曰:'美哉乎山河之固,此魏国之宝也!'起对曰:'在德不在险。昔三苗氏左洞庭,右彭蠡,德义不修,禹灭之。夏桀之居,左河济,右泰华,伊阙在其南,羊肠在其北,修政不仁,汤放之。殷纣之国,左孟门,右太行,常山在其北,大河经其南,修政不德,武王杀之。由此观之,在德不在险。若君不修德,舟中之人尽为敌国也。'武侯曰:'善。'"《史记》卷六五《吴起列传》,第2166—2167页。后世对这一观念多有追溯,如北魏世祖曰:"古人有言,在德不在险。屈丐蒸土筑城,而朕灭之,岂在城也?"《魏书》卷四下《世祖纪》,第125页。
④ 《晋书》卷五四《陆机传》,第1472页。《通鉴地理通释》卷八《七国形势考上》,第207页。
⑤ 天德三年,"四月丙午,诏迁都燕京。辛酉,有司图上燕城宫室制度,营建阴阳五姓所宜。海陵曰:'国家吉凶,在德不在地。使桀、纣居之,虽卜善地何益。使尧舜居之,何用卜为。'"《金史》卷五《海陵纪》,第97页。

可相有而不可相无也"①,"形胜固难凭,在德不在险"②。"人和""德"皆指人事,即历史因素。《管子》称:"不险山河,故能服恃固之国。"③即依险固守抵御不过王者之师。隋末李密进攻东都洛阳之际,向各地郡县发布告示,批评了隋炀帝修筑长城的政策,指出稳固政权的办法,在德不在险。"且夫天子有道,守在海外,夷不乱华,在德非险。"④

明人黄宗会指出中国古代南方风气呈现由弱转强的历史转变,南宋抗金之顽强与明朝之强势崛起,便足以证明这一点,在此基础上,他指出所谓风气之流转,并非神秘而不可解,而实依托于具体的政治变革。"风气之开阖通塞,盖随于时,而其厘弊改俗,实因人以驱之。至于运数之说,断乎害道之甚者。君子安取彼?"⑤关于中国古代北部边疆由"西北边疆时代"至"东北边疆时代"的转变,古人也已有一定认识。如清赵翼从"地气"角度,进行了整体论述。赵翼认为"地气"不断流转变化,不同地区的地缘地位也相应逐渐改变。"地气之盛衰,久则必变。"⑥认为"安史之乱"前后,中国古代地气呈现了从西北向东北转移的历史变迁。"唐开元、天宝间,地气自西北转东北之大变局也。"⑦指出关中从西周至"安史之乱"之前,是中国古代地缘政治的中心所在。

> 秦中自古为帝王州,周、秦、西汉递都之。苻秦、姚秦、西魏、后周相间割据,隋文帝迁都于龙首山下,距故城仅二十余里,仍秦地也,自是混一天下,成大一统。唐因之,至开元、天宝,而长安之盛极矣。⑧

---

① (明)朱健:《古今治平略》卷二四《古今都会》,《续修四库全书》影印浙江省图书馆藏明崇祯钟铉刻本,上海古籍出版社,2002年,第188页。
② (清)圣祖御制,(清)张廷玉等奉敕编:《圣祖仁皇帝御制文集》卷三八《古今体诗四十五首·古北口》,《文渊阁四库全书》,台湾商务印书馆,1986年,第302页。
③ 《管子校注》卷二《七法第六·选陈》,第121页。
④ 《旧唐书》卷五三《李密传》,第2214页。
⑤ (清)黄宗会:《缩斋文集·地气》,上海古籍出版社,2009年,第10页。
⑥ (清)赵翼著,王树民校证:《廿二史札记校证》卷二〇《长安地气》,中华书局,1984年,第443页。
⑦ 《廿二史札记校证》卷二〇《长安地气》,第443页。
⑧ 《廿二史札记校证》卷二〇《长安地气》,第443页。

但"盛极必衰,理固然也"①。"安史之乱"的爆发,反映出地气逐渐从西北转移至东北。"是时地气将自西趋东北。故突生安、史以兆其端。自后河朔三镇名虽属唐,仅同化外羁縻,不复能臂指相使,盖东北之气将兴,西方之气已不能包举而收摄之也。"②不过在中晚唐时期,东北之气尚未战胜西北之气,两者之间开始了一段时期的较量。"东北之气始兴而未盛,故虽不为西所制,尚不能制西;西之气渐衰而未竭,故虽不能制东北,尚不为东北所制。"③东北之气最终在唐末战胜了西北之气,其标志便是唐朝的灭亡。

> 而无如气已日薄一日,帝居遂不能安,于是元宗避禄山有成都之行,代宗避吐蕃有陕州之行,德宗避泾师有奉天、梁、洋之行,地之觳觫不安,知气之消耗渐散。迨僖宗走成都,走兴元,走凤翔,昭宗走莎城,走华州,又被劫于凤翔,被迁于洛,而长安自此夷为郡县矣。④

东北之气主宰中国历史格局的标志,是契丹的崛起。由于地气仍在不断向东北转移而未完成,因此契丹未能统一中国。"当长安夷为郡县之时,契丹阿保机已起于辽,此正地气自西趋东北之真消息。特以气虽东北趋,而尚未尽结,故仅有幽蓟,而不能统一中原。"⑤这一时期地气从西北向东北之转移,尚有中原王朝地缘重心不断向东转移的牵引作用。"而气之东北趋者,则有洛阳、汴梁为之迤逦潜引,如堪舆家所谓过峡者。"⑥地气向东北转移完成于金、元、明时期,金朝遂统一黄河流域,元朝、明朝遂统一天下。"至一二百年,而东北之气积而益固,于是金源遂有天下之半,元、明遂有天下之全。"⑦东北之气在明代达至巅峰。"至我朝不惟有天下之全,且又扩西北塞外数万里,皆控制于东北,此王气全结于东北之明证也。"⑧赵翼在系统梳理中国古代地气转移的基础上,再次申明地气转折的关键点与分水岭是以"安

---

① 《廿二史札记校证》卷二〇《长安地气》,第443页。
② 《廿二史札记校证》卷二〇《长安地气》,第443页。
③ 《廿二史札记校证》卷二〇《长安地气》,第443页。
④ 《廿二史札记校证》卷二〇《长安地气》,第443—444页。
⑤ 《廿二史札记校证》卷二〇《长安地气》,第444页。
⑥ 《廿二史札记校证》卷二〇《长安地气》,第444页。
⑦ 《廿二史札记校证》卷二〇《长安地气》,第444页。
⑧ 《廿二史札记校证》卷二〇《长安地气》,第444页。

史之乱"为标志。"而抑知转移关键,乃在开元、天宝时哉。今就《唐书》所载开、宝以后,长安景象日渐衰耗之处,撮而叙之,可以验地气之变也。"①

对于赵翼的这一观点,贺昌群从学理角度,进行了更为科学的阐述。指出:"自周秦以来,中国的外患即由西北渐转而东北,历代建都亦随着由西北而东北。赵瓯北以为这是地气之转移,而不知实为外患之反应。"②

结　　论

中原王朝、北方族群之所以形成长期对峙局面,根源于北中国的地理环境。中国北部自东而西分布着两大山系,将北中国分隔为气候、经济、人文都差异甚大的地理空间,"外山系"以北属亚洲内陆,"内山系"以南属内新月平原地带,而内、外山系夹峙地带,也就是内陆平原过渡地带,是气候、经济、人文过渡之地。内陆平原过渡地带由于其中间性质,虽难于形成大规模政权,只能长期充作中原王朝、北族政权的边缘地带;却由于其经济方式兼有农牧的复合特征,既能为中原王朝牧放战马提供草原,又能为北族政权提供农业补充,是中原王朝、北族政权北上、南下的经济补充与地理跳板。内陆平原过渡地带的人群虽缺乏明确的政治归属,却在长期南北战争中养成了尚武风气,同样是中原王朝、北族政权竭力争夺的军事力量。因此,中国古代中原王朝、北族政权一直将内陆平原过渡地带视作战略重心,竭力争取,由此可将这一区域称作"核心边疆"。

在中国古代,伴随中原王朝与北方族群政治重心由西至东的历史迁移,双方在"核心边疆"争夺的重心与焦点也呈现了由西至东的历史转变,并从整体上影响了中国古代历史的进程,由此可称之为"西北边疆时代"向"东北

---

① 《廿二史札记校证》卷二〇《长安地气》,第 444 页。
② 贺昌群:《再论历代建都与外患及国防之关系》,《思想与时代月刊》第 42 期,1946 年。而关于中古至近世政治重心之转移趋势,陈寅恪从种族与文化角度,所倡政治主宰者由"关陇集团"至河北势力之转移趋势(见《隋唐制度渊源略论稿》《唐代政治史述论稿》二书),与毛汉光将"关中本位"析分为政治与地理两个视角,指出中古"核心区"呈现由西至东之变迁(毛汉光:《中国中古政治史论》,联经出版事业股份有限公司,1993 年),已指出其中要害与关键。

边疆时代"的历史转移。"西北边疆时代""东北边疆时代"之划分,是主张地理并非固定不变的静态空间,而是应时而变的动态空间,甚至地理本身也是人类、历史催生的结果,这既是纠正地理环境决定论的必要观念,也是历史学注重历时性的基本准则。

《镇番遗事历鉴》之环境史料价值探析

成赛男

中国社会科学院古代史研究所

我国丰富而多样的历史文献记载,为环境史研究奠定了基础,提供了便利。然而,相对于经济文化发达、史料丰富的东部地区,西北地区则因历史、经济等因素导致资料较少,时间跨度长、记载资料具有连续性的环境史史料,则更为少见。《镇番遗事历鉴》是一部私人编纂的记载甘肃民勤地区自然与社会方面情况的史志性文献,是研究地方社会经济与环境变迁的重要资料,目前学界对其利用尚少。笔者期望能利用《镇番遗事历鉴》中灾害与环境变迁的记载,考察我国西北地区历史上的气候与环境变化情况,为此,便需要结合多种来源的资料,对本书的灾害记载和多元环境史料进行严谨考辨。

对各类历史文献中所涉及的气候、环境信息的利用与辨析,前辈学者已经实践了多种重要的方法。如葛全胜、张丕远利用数学模型方法对历史文献中的气候信息进行了宏观评价,他们认为,一般而言官方记载内容的准确度高于私人笔札,私人笔札的准确度则高于地方志。[①] 满志敏等提出了"4个优先"原则,即原始优先、校勘优先、价值优先和互相参照优先,来对此类资料进行整理使用,[②]并指出,随着时间和区域的变化,旱涝灾害资料的分布会出现系统差异。[③] 此外,杨煜达对清代档案资料中气象资料的系统偏差及

---

① 葛全胜、张丕远:《历史文献中气候信息的评价》,《地理学报》1990年第1期。
② 满志敏:《中国历史时期气候变化研究》,山东教育出版社,2009年,第32页。
③ 满志敏:《历史旱涝灾害资料分布问题的研究》,《历史地理》第16辑,上海人民出版社,1999年。

检验问题进行了深入研究。① 上述这些研究成果及其方法为本文提供了有价值的借鉴。

本文就《镇番遗事历鉴》中长达几百年的环境变迁信息的记载特点进行深入分析，并将其与明清时期的正史、档案、实录、官修方志等资料进行对比分析，系统讨论该书在灾害书写及环境史料方面所具有的价值，为后期西北地区环境变迁研究提供史料支撑。

一、《镇番遗事历鉴》简介

《镇番遗事历鉴》（后文简称《历鉴》）是一部以编年为体例，记述自明朝洪武三年（1370）起，迄中华民国二十五年（1936）止，包含了传统志之地理、行政、军事、经济、风俗、人物、杂记等诸多内容的地方志书，全书共12卷，仿《资治通鉴》例，广搜旧记，结撰编辑，内容包罗万象，史料丰富。该书主要作者为谢树森，原名谢播远，字建唐，号晴桥，别号螺川，清嘉庆四年（1799）生，同治九年（1870）殁。谢广恩为谢树森之孙，《历鉴》晚清民国部分为其所续。

李玉寿于20世纪80年代初发现了《历鉴》手稿，经过长期努力，对其整理校订，于2000年在香港天马图书有限公司首次出版，惜流传范围较小。刘润和又对该书进行了系统校注，2022年12月，文物出版社出版了《镇番遗事历鉴校补》②，希望通过校补和再版，使这部内容丰富、价值颇高的私修地方志书得到学界更多的关注和利用。

《历鉴》一书，对民勤一地之社会、经济、文化、军事乃至环境变迁，具有丰富而连续的记载，并保留了不少已亡佚的私人编纂史料中的记载。相对于史料丰富的东部地区，西北地区的文献体量整体而言偏少，关于一个局部地区环境变迁的连续性记载则更为难得。《历鉴》对民勤地区明代至民国时期环境变迁有连续而翔实的记载，其中留存的多样化的环境史史料，价值颇高，异常珍贵，可为深入研究我国西北干旱半干旱地区社会变迁与环境演变

---

① 杨煜达：《清代档案中气象资料的系统偏差及检验方法研究——以云南为中心》，《历史地理》第16辑。

② （清）谢树森等编撰，刘润和校注：《镇番遗事历鉴校补》，文物出版社，2022年。

提供不可多得的基础性资料。

李玉寿、吴疆等学者最早提及《历鉴》的史料价值。① 近年,此书逐渐进入更多学者的视野。如潘春辉教授认为,该书记录了"明清以来在人类活动作用和影响下民勤生态环境的演变史"②;其文章引用《历鉴》中有关水环境、虎灾以及风沙灾害的几则史料记载,认为民勤地区生态环境的恶化是西北地区生态变迁的缩影,但没有作更深入的考察。刘兴成、任长幸《明初至民国(1368—1937)民勤地区盐池分布与变迁——以〈镇番遗事历鉴〉为中心》③一文,系统利用了《历鉴》中与盐湖相关的史料记载,分析了民勤地区盐池的变迁趋势及其原因。就整体而言,学界对这部文献的深入研究和系统利用尚少。

二、《镇番遗事历鉴》中环境信息的记载特点

上文已言明,《历鉴》体例特殊,系事于年,内容丰富。谢广恩在"补序"中指出:"吾祖(谢树森)经年不懈,广收旧记,博采群书,凡可寓目者,莫不穷究深讨,详加校勘。"④谢树森尝曰:"《历鉴》虽不足博大雅一览,然所取之事,皆本前记,稍不敢附会穿凿。"⑤可见,谢树森在编撰此书前是本着有据可查的严谨态度来搜集材料的。从正文看,全书不但引证了正史、官修方志,而且还引用了不少地方文人的笔记、宗谱、杂录、诗赋等,其中不少珍贵的私人编纂史料目前已经不存于世。

谢树森编撰《历鉴》之初"参诸稗官野史",后谢广恩对此进行删减、增

---

① 吴疆:《一部研究西北地方史的重要著作——〈镇番遗事历鉴〉介绍》,《图书与情报》1990 年第 2 期。
② 潘春辉:《西北生态变迁之见证——〈镇番遗事历鉴〉及其史料价值》,雷闻、张国才主编《交流与融合:隋唐河西文化与丝路文明学术研讨会论文集》,中西书局,2020 年,第 63 页。
③ 刘兴成、任长幸:《明初至民国(1368—1937)民勤地区盐池分布与变迁——以〈镇番遗事历鉴〉为中心》,《盐业史研究》2017 年第 3 期。
④ (清)谢树森、谢广恩等著,李玉寿校订:《镇番遗事历鉴》补序,香港天马图书有限公司,2000 年。
⑤ (清)谢树森、谢广恩等著,李玉寿校订:《镇番遗事历鉴》补序。

补,此两位编撰的意图,对《历鉴》中历史上的环境变迁信息记载的真实、完备与详略程度有直接影响。那么,该书对自然环境及各种灾害情形关注度如何?两任作者的编撰习惯是否发生变化?对灾害记录的详细程度与可靠程度究竟如何?

谢广恩在对《历鉴》进行增补和评论时,以"广恩补记"与"广恩谨按"为标记。谢树森卒于同治九年,但咸丰末年尚有"广恩补记",而自同治元年开始的行文中,便不见此类用语,推测自同治元年起的内容,皆为谢广恩所续。对比同治前后《历鉴》的体例、内容种类,则基本保持一致。

甘肃民勤地区,属于大陆性沙漠气候,寒冷干燥、降水稀少、昼夜温差大,干旱、大风、沙尘、冰雹、霜冻等都会给当地农牧业造成重要影响。[①] 通读全文可知,编撰《历鉴》过程中,作者对事关民生的灾害情形非常重视,因此各种类型的灾害,都在其记录范围内,如水、旱、寒、雹、沙、风、虫、地震、疫灾等都记录在内,甚至还有极端高温引发的农业歉收的记录。尽可能收集各类影响民生的环境事件和气候异常事件,是谢树森的编纂意图之一。谢广恩对《历鉴》的删减、增补,则体现出与其祖一脉相承的编撰思路,他非但不会删去关于自然灾害的记载,而且还会对遗漏的灾情进行补记,如"雍正二年:广恩补记,据《奥区杂记》,是年春,大雪,气温寒极,马匹倒毙者三百二十一匹"[②]。

除了对灾害类型记载较为全面外,对灾害的记录也尽可能完备,如《历鉴》对不少灾害事件与天气情形的记录,其详细程度远超正史和官修方志等文献。对异常天气现象的描写,能够精确到所发生的时刻,如对一次典型的沙尘暴天气的描述,"康熙三十四年(1695),夏五月十三日午时,飓风骤起,天地昏霾,降黄土,攒积寸许。树木多折,危房亦有坍塌者。牧人牲畜,损失甚巨"[③]。而对一年之中所发生的灾害性天气、气候的记载,也并非简单地一笔带过,而是能够体现年内的变化。以乾隆五十年(1785)为例,"秋霜早侵,秋禾罗害。沿河湿地,糜谷居多,霜后未实已枯,收获甚微。……冬多飓风,

---

① 王荣:《民勤县气候及主要农业气象灾害分析》,《农业灾害研究》2020年第5期。
② (清)谢树森、谢广恩等著,李玉寿校订:《镇番遗事历鉴》,第264页。
③ (清)谢树森、谢广恩等著,李玉寿校订:《镇番遗事历鉴》,第242页。

飞沙蔽日,漫天混沌。交腊后稍转,然元日一过,又复卷土重来,三月不息"①。可见,当年除了秋季霜灾外,在冬季还发生了严重的沙尘暴。

这种对年内气候变化过程的详细记录,同样能从谢广恩所增补的部分找到,如:"嘉庆六年(1801),四月降雹,继以阴寒,春麦委顿……迨月中,始渐温暖,田亩初具萌发之象。八月中秋,……继之以暴雨滂沱……九月,黑霜降,苑圃果蔬,尽成污漫。是年大馑。"②可见前后两编撰者的编撰思路保持一致。

尤其值得称道的是,对异常天气,无论致灾与否,两位作者都非常敏感,对此作着重记载。由于民勤地处西北干旱半干旱区,连续降水非常难得,故《历鉴》对当地夏秋季节连续性降水,无论成灾与否,都会记录。如洪武二十六年(1393)载:"八月,淫雨霏霏,延绵四十一天,迄九月初方霁。牧民承其泽。"③又如,光绪二十七年(1901)载:"七月,柳林湖淫雨绵绵,逾旬不息。民畏水患,乃集资设二坛。"④

除了天气、气候,《历鉴》还密切关注各类环境要素的变化,文中有不少对民勤周边自然景观及其变化的细致描写。如:"宣德九年(1434),武山旧有灵泉……山脚下潴水成潭。沿溪东流,一路长堤千里,杨柳叠碧。"广恩谨按:"幼时随父兄登苏武山……苏泉已渐干涸。"⑤又如道光二年(1822):"镇番沙碛卤湿,沿边墙垣,随筑随倾,难以修葺。今西北边墙,半属沙淤,不能恃为险阻……至于东南边墙,沙淤渺无形迹……且红崖堡东边外如乱沙窝、苦豆墩,昔属域外,今大半开垦,居民稠密,不减内地。沿东而下,移丘换段,迤逦直达柳林湖,耕凿率以为常。至于角禽逐兽,采沙米、桦豆等物,尚有至二、三百里外者。……冬,气温遽升。十一月,红沙堡一桃树开花。"⑥诸如此类的自然景观记载,能为我们客观地考察民勤地区自然环境变迁提供依据,是西北地区记载自然环境变迁的珍贵史料。

---

① (清)谢树森、谢广恩等著,李玉寿校订:《镇番遗事历鉴》,第 335 页。
② (清)谢树森、谢广恩等著,李玉寿校订:《镇番遗事历鉴》,第 361 页。
③ (清)谢树森、谢广恩等著,李玉寿校订:《镇番遗事历鉴》,第 6 页。
④ (清)谢树森、谢广恩等著,李玉寿校订:《镇番遗事历鉴》,第 470 页。
⑤ (清)谢树森、谢广恩等著,李玉寿校订:《镇番遗事历鉴》,第 15 页。
⑥ (清)谢树森、谢广恩等著,李玉寿校订:《镇番遗事历鉴》,第 393 页。

纵观《历鉴》长达 560 多年的时间跨度，两位编撰者在对自然环境及灾害事件的记载上没有大的差异，都具有灾种类型齐全、记录完备、过程详细、自然环境信息丰富等特点。

三、《历鉴》中灾害记载与其他来源史料的对比分析

为了更客观、系统地考辨该书中水旱灾害等记载，笔者尽可能搜集多元化的史料，以《历鉴》为主，辅以正史、实录、档案及官修地方史志等文献，建立了"民勤地区环境气候信息数据库"。主要利用的文献资料如下：正史、实录、《甘肃生态环境珍档录（清代至民国）》[1]、《清代奏折汇编——农业环境卷》[2]等。此外，还重点利用了《甘肃省历史气候文献资料（公元前—1949年）》[3]、《中国三千年气象记录总集》（增订本）[4]，以及袁林所著《西北灾荒史》[5]等。其中，《甘肃省历史气候文献资料（公元前—1949年）》中的史料，摘抄自历代史、志、档案，基本为原文摘录。实际上该书对历代正史和官修方志中相关资料的搜集最为系统，而所收的档案资料，则主要是民国时期的档案，而非明清时期。袁林所著《西北灾荒史》，是西北灾害研究的权威性著作，无论是史料考订还是对明清实录、档案的利用，都非常全面。

从《历鉴》自洪武三年起迄民国二十五年止共 560 多年的记载中，共提取环境、气候信息 248 条。根据具体内容，将这些信息分为以下几大类：（1）天气、气候信息：有阴晴冷暖、霜、雪、雨、雹、风、沙等；（2）环境信息：动植物种类及其分布，泉、河水文情形等；（3）社会信息：农牧业丰歉、水利建

---

[1] 张蕊兰主编，甘肃省档案馆编：《甘肃生态环境珍档录（清代至民国）》，甘肃文化出版社，2013 年。
[2] 葛全胜主编，中国科学院地理科学与资源研究所、中国第一历史档案馆：《清代奏折汇编——农业·环境》，商务印书馆，2005 年。
[3] 董安祥、权天平：《甘肃省历史气候文献资料（公元前—1949 年）》，干旱减灾系统工程研究项目组，1992 年。
[4] 张德二：《中国三千年气象记录总集》（增订本），凤凰出版社、江苏教育出版社，2013 年。
[5] 袁林：《西北灾荒史》，甘肃人民出版社，1994 年。

设、水利纷争、灾害赈济、物价腾跌、祈雨仪式、垦殖情形、城堡迁废等；(4) 灾害信息：水、旱、霜、虫、雹、疫、地震等不同灾害类型及灾情。其中，与天气、气候相关的灾害记录，共计 90 余条，包含了对当地具有重要影响的各种致灾天气、气候类型。此外，还有近 160 条内容丰富且记载详细的地方社会环境演变信息。但有近 20 个年份仅提到"饥馑"没有提及原因，根据民勤地区的自然地理条件和社会经济状况推测，除兵灾等特殊原因外，此地的饥荒通常与水旱灾害密切相关。可见，《历鉴》所载关乎民生，内容丰富，事无巨细，具有突出的史料价值。

由于《历鉴》对民勤一地社会情形与环境演变状况记载甚为详细，若想以多源史料分析其可靠性，则只能就灾害记录信息进行对比分析，因为此类信息，其他文献也最有可能记录在卷。下文即依据数据库中具有不同资料来源的灾害记载，对自《历鉴》中所提取的环境史料的可靠性进行深入分析。

从现有资料如明代正史、实录和官修地方志中，仅得 7 条有关民勤灾害的直接记录。其中有 2 条史料与《历鉴》中的记载相似，但没有《历鉴》记载得那么详细；另外 5 条记录则不见载于《历鉴》。从《历鉴》中共提取 39 条民勤地区天气、气候灾害资料，除上文所言的 2 条得到官方文献的印证之外，其余 37 条资料很难找到其他资料佐证。究其原因，大概是当时民勤的开发以军屯卫所为主，区域开发程度有限，无论是官修方志还是正史、实录，都难见与此地直接相关的灾害记载。

清代中期以后，民勤地区得到更大的开发，相关灾害记载也随之增多。以正史、实录、档案为一类材料，官修方志为一类资料，将之与《历鉴》的灾害记录作对比，得出以下三种情况：其一是《历鉴》所记载的灾害信息，其他资料不录；其二是《历鉴》所载的灾害信息得到其他两种资料的佐证；其三是《历鉴》所载的灾害信息与其他资料矛盾。

首先，《历鉴》记载了许多其他两类资料缺载的灾害信息。自清顺治元年(1644)至民国二十六年(1937)，《历鉴》所载与天气、气候等自然因素相关的民勤地区灾害信息，共计 73 条；正史、实录与官修地方志直接记录民勤地区灾害信息的史料则不足 20 条。本文所谓的"直接记录民勤地区"是指不含武威甚至甘肃这样更大范围的灾害信息。由此可见，《历鉴》编撰者旨在反映民勤一地社会环境的变迁情形，广征博引多种官私史料，因此所载内容也较其他资料更为丰富。这也正体现了该书所录内容多为其他史志资料所不载的特点,在环境史料方面,《历鉴》具有珍贵的学术价值。

其次,《历鉴》所载内容得到其他两类资料直接或间接印证。此类灾害信息也有近 20 条。通常,若有其他资料直接佐证的灾害情形,《历鉴》的记载更加详细。以康熙四十一年(1702)雹灾为例,《道光重修镇番县志》卷 10 记载:"六月大冰雹。"①《历鉴》则记载:"六月初六日,早间天晴,户有晒衣之俗,家妇竞相出衾服。方三刻,西天有云翻滚而来,急急焉,有排山倒海之势,俄即冰雹下矣。初,粒大如豆,屋盖叮叮然。继则渐巨,殆其极,差比鸡卵,掷地嘭嘭,而楼屋古尘纷落,似有不克承接之险。幸而短暂,人畜勉保,然田禾被灾甚烈。"②此外,《历鉴》中还有部分被其他两类资料间接印证的记载。以光绪三十四年(1908)为例,《甘肃省历史气候文献资料(公元前—1949 年)》记载:"甘肃旱"③;《历鉴》则记载民勤"大旱……设坛祈雨"④。两相印证,可知《历鉴》的记载较为可靠。

最后,《历鉴》所载与其他两类资料所记存在矛盾的灾害信息。这类灾害信息主要为以下两条史料,需要具体分析。

其一,乾隆二十一年(1756),《清高宗实录》记载:"十一月:赈贷甘肃皋兰……镇番等二十六厅州县本年水、雹灾民籽粮。"⑤《历鉴》则记载:"是秋大旱,秋禾被灾甚钜,草场如洗,牧人多叹息之声。……冬无雪。"⑥上述两条记载,灾情种类不同,那是否时间上有先后呢?清朝顺治年间,报灾制度逐渐完善、规范:"夏灾限六月终,秋灾限九月终。"⑦然而,甘肃气候寒冷,节候晚于内地,六月下旬才开始夏收,因此,报灾制度与内地有差异,如乾隆七年

---

① 《道光重修镇番县志》卷 10《祥异》,《中国地方志集成·甘肃府县志辑》第 43 册,江苏古籍出版社,2002 年影印本,第 273 页。
② (清)谢树森、谢广恩等著,李玉寿校订:《镇番遗事历鉴》,第 245 页。
③ 董安祥、权天平:《甘肃省历史气候文献资料(公元前—1949 年)》,第 139 页。
④ (清)谢树森、谢广恩等著,李玉寿校订:《镇番遗事历鉴》,第 476 页。
⑤ 《清高宗实录》卷 526,乾隆二十一年十一月丁未。
⑥ (清)谢树森、谢广恩等著,李玉寿校订:《镇番遗事历鉴》,第 314 页。
⑦ 《清世祖实录》卷 79,顺治十年十一月辛亥。

(1742)规定,甘肃报灾"夏灾不出七月半,秋灾不出十月半"①。可见,当年《清高宗实录》记载的十一月灾情信息,应包含了民勤秋灾情况。那么,民勤当年究竟是水(雹)灾还是旱灾,是史料记载讹误,还是多种灾害并发,似乎需要更多证据。

其二,乾隆三十九年(1774),《历鉴》记载:"五月,邑内乌鸦蚁集,几成横灾……七月,多热风,麦莠浸湮,以水浇地为甚。刈麦之季,又复阴雨连绵,延时误期,徒致收获锐减。县民有缓征之请,未准,道有怨声。"②《清史稿》则载"八月,镇番旱"③。那么,乾隆三十九年民勤地区究竟是水还是旱?查阅《清高宗实录》,乾隆四十年(1775)记载:"七月,蠲免甘肃皋兰、武威、镇番、宁朔、灵州、平罗等六州县并沙泥州判三十九年分水灾、旱灾额赋。并豁免镇番、平罗二县水冲沙淤地一百六十六顷九十亩有奇额赋。"④可见,当年民勤确实是遭受水灾,《历鉴》记载无误。然而,《清高宗实录》记载当年豁免水灾额赋,而《历鉴》却记载"缓征之请"并未获准。那究竟情况如何?查阅前后几年《清高宗实录》之记载,发现乾隆四十六年(1781)暴露的"甘肃捏灾冒赈案"⑤,早在乾隆三十九年时,就已经影响到地方官员的灾情奏报和灾后救济。据此认为,《历鉴》记载相较正史、实录更为客观地反映了当年的受灾始末,具有较高的可靠性。

乾隆高度重视灾害奏报,即位之初,就发布"严禁地方官匿灾谕",力图破除雍正年间形成的"匿灾""讳灾"陋习。⑥ 乾隆四十六年,甘肃布政使王廷赞奏报甘肃大旱。当年,甘肃发生以苏四十三为首的河州起义,和珅、阿桂等上奏"连遇阴雨",围剿"贼匪"行动因此受困,这与甘肃地方官所奏"连年大旱"情形迥异,于是乾隆决心彻查,甘肃历年捏灾舞弊才得以揭露。由于该案持续时间长、牵涉范围广、侵蚀钱粮数额巨大,被后人称为"清朝第一大

---

① 葛全胜主编,中国科学院地理科学与资源研究所、中国第一历史档案馆:《清代奏折汇编——农业·环境》,第 64 页。
② (清)谢树森、谢广恩等著,李玉寿校订:《镇番遗事历鉴》,第 325 页。
③ 赵尔巽等撰:《清史稿》卷 18《灾异》。
④ 《清高宗实录》卷 987,乾隆四十一年七月乙巳。
⑤ 岳维宗:《乾隆间甘肃"监粮冒赈"贪污案》,《兰州学刊》1981 年第 4 期。
⑥ 李光伟:《康熙天坛祈雨的历史书写与史实考析——兼论康熙雍正灾异观念演变及其影响》,《清史研究》2022 年第 1 期。

贪污案"。由此可见，由于缺乏利益因素，地方性的私人著述对自然灾害的记录，具有较强可靠性。

综上，《历鉴》所载诸事集中于民勤一地，而正史、实录、官修方志等史料所载，直接关于民勤一地的内容较少，因此《历鉴》中不少与环境相关的记录无法得到其他史料的佐证。但在各种类型史料皆有记录的情况下，《历鉴》记载的情况则明显更加详细。而当不同史料记载相互抵牾时，《历鉴》的记载也具有较高的可靠性。可见，正史、实录、档案、方志与私人编撰的各种文献资料，都不可避免存在疏漏、错误，只有互补、互勘后才能得到更客观的认识。

结　　语

《镇番遗事历鉴》是一部体例特殊的私人编撰的编年体志书，记载了民勤地区长达560余年的社会发展历程，其内容广征博引、详略得当，堪称研究西北地方史的珍贵史料。尤其值得称道的是，《历鉴》记载了许多他志所不载的天气、气候、灾害、植被、地貌、水利等诸多社会环境变迁的信息，内容丰富且多元，在西北地区史料相对有限的情况下，具有更突出的史料价值。

《历鉴》虽由两位作者编撰而成，内容跨度长达560余年，但记载体例保持一致。其所载环境史料具有如下特点：第一，内容丰富：记录了对民生具有影响的各种类型天气、气候灾害，还包括丰富的自然环境变迁现象。第二，描写细致：对各种自然环境要素的记录非常细致，致灾与否都会记载，同时有较明确的时间信息，史料精度较高，为考察年内和年际气候变化与环境变迁提供可能。第三，可靠性较高：对比同时期多种类型历史文献，显示出《历鉴》所记内容具有较高的可靠性，是关于民勤一地不可多得的地方变迁史志文献。

总之，笔者认为《历鉴》记载内容广博、细致，较为可靠，以《历鉴》为基础，综合利用清代实录、档案与正史、官修方志等资料所建立的民勤地区环境变迁的数据库，可为考察西北地区过去560多年气候变化与环境变迁提供资料支撑。

20世纪甘肃民勤"移丘户"问题与地方水利建设

潘 威　黄姣龙

云南省教育厅"数字人文"技术研发与应用重点实验室、
云南大学历史与档案学院

前　言

　　水是自然界中最为活跃的环境因素,同时也是人类社会经济发展所必需的基础资源。在中国,人类社会与水环境的关系已经有数千年的历史,在不同地区,水对人类社会的意义也有很大差异,黄淮海平原主要在于防洪、南方各地则关注排涝,而在中国西北干旱区,水资源因异常稀缺而万分珍贵,如何有效灌溉则成为人—水关系的主题。笔者认为,讨论灌溉是否有效需要从三个方面进行思考,包括用水技术的发展趋向、水—气候环境的波动以及管水制度(或政策)的运作方式。在20世纪之前,包括河西走廊在内的西北地区,其水利技术并没有明显的趋向性发展,水利技术基本处于停滞状态,因此,环境波动与管水制度就成为了学界观察这一地区人—水关系的主要切入点。

　　在进行河西走廊的人—水关系的讨论中,无论是从环境波动的角度切入,还是通过观察管水制度(政策)进入这一问题,在具体的研究实践中,"国家"都是难以回避的内容,"国家"是整个河西走廊地区水问题的基本构成部分,"国家"是否发挥作用以及这一作用的强度、方式和领域等方面,是认识河西走廊人—水关系的最主要路径。河西走廊作为中原王朝的西北方屏障以及进入新疆地区的前进基地,明清两代都在此地进行了国家主导的且具有浓厚军事色彩的大规模屯垦。李并成、王培华、潘春辉等多位学者对清代河西走廊的农田水利秩序进行了深入研究,其成果为学界广泛接受,这些学者的工作或从沙漠涨缩、或从水体变迁、或从地方水利秩序等不同角度进入河西走廊,但最终皆落脚于总结区域人—水关系。① 18 世纪之后,河西走廊的水利社会形态已经基本成熟,以骨干灌溉设施"渠"及其之下支渠所形成的"坝"共同组成了当地的"渠坝社会"。也是从 18 世纪开始,"额粮分水"与"渠坝社会"的运作结成了紧密且不可分的关系,定额赋税代表了传统王朝的管理力量,以纳税(粮)的额度决定灌溉水量和次序,"额粮分水"不仅被河西走廊各州县衙门作为施政和判案的准则,更是在基层社会运作中发挥着轴心作用。可以说,"国家"就是河西走廊基层社会的底色。

进入 20 世纪,随着传统王朝的崩溃,河西地区陷入军阀混战造成的动荡,支撑河西走廊水利社会的"国家"不复存在,"额粮分水"原则也发生了严重动摇,河西地区的社会存在着向"丛林社会"发展的趋势。这一现象已经被研究者观察到,比如张景平所提出的"河西水利危机",就是金塔、酒泉二县在"国家"缺位下发生的持续性群体争水事件。而 1930 年代开始,国民政府的力量进入河西走廊地区,并试图深入当地的农村基层社会,这一过程可以被理解为"国家"重新进入河西走廊的努力。② 国民政府进入这一区域的水利社会,其主要目的在于提升河西农业的生产水平,将河西走廊建设为稳固的"大后方"和所谓的"反共后勤基地",在 1930—1940 年代,尤其是解放战争期间,国民政府在河西走廊进行了多项具有现代意义的水利工程计划,并竣工了一些工程,但这些努力无论在经济上、还是在社会治理层面,都未能达到政府的既定目标:经济上,未能挽救不断衰落的河西农业;社会治理

---

① 李并成:《河西走廊历史时期沙漠化研究》,科学出版社,2003 年;潘春辉:《清代河西走廊水利开发与环境变迁》,《中国农史》2009 年第 4 期。
② 有关这一问题,可参考以下论著:达慧中:《抗日战争时期甘肃水利的发展及其原因》,收录于中国水利学会水利史研究会编《中国近代水利史论文集》,河海大学出版社,1992 年,第 163—166 页;[日]前田正名:《河西历史地理学研究》,中国藏学出版社,1993 年;裴庚辛、郭旭红:《民国时期甘肃河西地区的水利建设》,《西北民族大学学报》2008 年第 2 期,第 88—94 页;张景平、王忠静:《干旱区水利危机中的技术、制度与国家介入》,《中国经济史研究》2016 年第 6 期,第 156—174 页;张景平、王忠静:《从龙王庙到水管所——明清以来河西走廊灌溉活动中的国家与信仰》,《近代史研究》2016 年第 3 期,第 77—87 页。

上，国民政府的一系列施政引发了地方的混乱。总之，在20世纪的前半段，"国家"在河西走廊的水利建设和水环境治理中是"缺位"的，这一"缺位"导致的后果非常严重，河西地区农田水利在社会动荡中持续衰落，而随着农田水利系统走向崩溃，本来就很脆弱的生态环境进一步恶化，沙漠加速向农垦区推进，大量土地被迫抛荒引发人口流失，而缺乏人口支撑的农业区则出现更严重的沙漠化现象。这一过程直到解放后的1950年代才得以扭转。

那么，地处河西走廊东北一隅的民勤为何能引发本文思考呢？首先，民勤的地理位置导致其自然环境处于一种极端的状态，其北、东、西三面皆为沙漠，石羊河尾闾段从其中部自南向北流入腾格里沙漠，形成了南北140千米、东西最宽40千米的民勤绿洲，这种极端环境造成了民勤水资源长期处于一种非常紧张的状态，由此塑造了民勤非常脆弱的生态环境。在这样极端的环境下，当地社会经济的正常运作就非常依赖有效的用水管理措施，否则极容易引发社会内部的用水纷争。实际上，民勤地区也确实存在着适应严苛环境的地方性水利秩序，与河西走廊的其他县具有非常明显的差异。进入20世纪之后，民勤传统水利秩序的崩溃速度之快，所面临的气候波动挑战之酷烈，即便在河西地区也非常罕见。进入1940年代之后，国民政府在当地推行的新式水利建设反而引起了更严重的内部纷争。而这背后的重要因素，是一个被边缘化的特殊人群——"移丘户"。"移丘户"问题在清代的民勤长期存在，但尚能控制在一定范围内，没有酿成特别大的动乱，但进入20世纪30年代，"移丘户"问题日益严重，最终成为民勤实现现代化水利的阻碍。本文试图从"移丘户"这一边缘人群的视角来审视20世纪在河西走廊地区所进行的水利现代化过程，思考国家在现代化过程中应如何对待所谓的"边缘人群"。

一、"移丘户"的形成

晚明宿儒吕坤在《实政录》中列举了四种"乱版图、失原额"的行为，分别是化外过割、寄庄、移丘、换段，其中"移丘"被解释为承粮农户将自己名下土地抛弃,而携带承粮数额到其他地区开垦耕种。① 在关心实务、讲求致用的吕坤眼中,明代后期的财政危机与这四类行为的泛滥有莫大联系,他还特别提到,至晚明时,"移丘换段"已经成为一种比较普遍的行为,且时人已多不以其为罪,对这一现象,吕坤提出了深刻的批评,认为地方将"移丘换段"作为正常的土地交易,是一种会为国家财政正常运作带来诸多障碍的错误行为。

> 凡买地卖地务要过割,不许寄庄。又曰:移丘换段者,全家化外过割、寄庄、移丘、换段,此八字者,讲求分明而后知祖宗过割之法。……曰移丘换段,则今日之过割是已。盖大区为丘,小块为段。谓钱乙之丘段,本在南里,今从赵甲走入北里谓之移丘。钱乙有地一段,不便耕种与赵甲相换,本自不妨。今将钱乙之南段,换入北里,赵甲这北段,换入南里。总之乱版图、失原额,开影射之端,成飞跳之弊。岁去年来,粮亏地少,不可究诘,圣王恶之,故重其罪。然则海内皆以移丘换段为过割,不亦迷谬之甚乎! 自以移丘换段为过割,而其弊始不可胜道矣。②

实际上,在《明律·户律·田宅》中已经明确"若将田土移丘换段,挪移等则,以高作下,减瞒粮额……罪亦如之","移丘"属于犯罪行为,但明代中后期的土地交易实践中,这一规定已经被普遍突破。柴荣对明代土地交易的研究发现,嘉靖时期的土地契约中虽然注明"不得移丘换段",但实际已经起不到约束作用。清代基本继承了这一罪状,将"移丘"作为一种逃避政府额定赋税的重罪,但在土地交易实践中,"移丘换段"仍经常出现。③ 总之,在明清两代,"移丘"行为名义上是一种违法行为,但在土地交易实践中,"移丘"行为其实非常普遍。

在河西走廊地区,"移丘"行为也具有相当的普遍性,但应该与土地交易关系不大。李并成认为,河西走廊地区,尤其是民勤的"移丘户",基本上是因原住地沙漠化而被迫迁徙。④ 在金塔、酒泉、古浪等地,都可以观察到"移

---

① 《实政录》卷 4《改复过割》。
② 《实政录》卷 4《改复过割》。
③ 柴荣:《明清时期土地交易的立法与实践》,《甘肃社会科学》2008 年第 1 期。
④ 李并成:《民勤县近 300 余年来的人口增长与沙漠化过程——人口因素在沙漠化中的作用个案考察之一》,《西北人口》1990 年第 2 期。

丘"行为的存在,如在讨赖河流域的酒泉九家窑屯田,就是通过招徕"移丘"人群兴办屯田,"按九家窑屯田,初时雇移丘民户种,本与三清湾等处屯户承认者不同"①,《康公治肃政略》记述了传主康基渊在乾隆时期主政肃州(今酒泉)的政绩,其中就记述到"肃郡东南九家窑,于雍正十一年凿山浚渠,开设屯田,招移丘民百余户佃种……民视官田非己产,一切垦种粪壅不无遗力,而田渐跷瘠,岁入平粮仅千石有奇……公悉其弊,详情题准,裁汰州判,改屯升科……地无遗利"②。九家窑的"移丘"人群最初是佃种公田,乾隆四十年(1775)左右获得了正常的农户身份和权力。

在民勤,"移丘"人群始终没有融入当地主流社会。民勤的地理位置非常特殊,其东西两边分别为腾格里、巴丹吉林两大沙漠,石羊河尾闾段造就了狭长的民勤绿洲,成为当地唯一适宜农耕的地区。明洪武二十九年(1396)设镇番卫,明万历时期"开松边"之后,民勤作为河西明军势力的突出部而备受重视,其农垦规模较小,集中在边墙以内。入清之后,于雍正二年(1724)改镇番卫为镇番县,为进一步发展民勤地区的屯垦,于雍正末期施行"柳林湖放垦",垦区越过边墙限制,在民勤绿洲形成了"川湖"水利社会。以石羊河、白塔河、白亭河、洪水河等河流为基础的"四坝"被称为"坝区";而以上、中、下三条灌渠的灌溉范围形成了"湖区"或"三渠",这一结构被概括为"川湖"型水利社会,与河西走廊绝大多数县区由渠辖坝而结成的"渠坝"社会不同,民勤这一类型的水利社会更偏向于一种二元结构,川区与湖区之间更多表现为一种相互独立的关系。这种二元结构也存在于当地人群中,在乾隆时期,已经在当地形成了两类人群——"移丘户"与一般农户。随着石羊河尾闾中段水利社会的成型,原本有限的水资源更集中于"川湖"范围,尤其是经过康熙、乾隆时期的多次石羊河改道工程,造成石羊河尾闾段更加集中在"川湖"区域。与此同时,在绿洲边缘地区的人群所能获得的水资源日益有限,无法抵御沙漠化的扩展,这些人群只得采取"移丘换段"的方式,将承粮携带进入民勤绿洲中部,这一人群成为民勤地区特有的"移丘户"。从目前所能见到的材料分析,"移丘"基本需要几个条件:首先,申请移丘者必

---

① 乾隆《重修肃州新志·肃州册·屯田》。
② 乾隆《重修肃州新志·康公治肃政略》。

须是屯户身份,承担政府额粮;其次,报垦绿洲内部的荒地,不能少于原先所承担的额粮;第三,需民勤知县或甘凉兵备道核准,方可移丘。① 至19世纪中期,民勤境内的石羊河上段成为"移丘户"集中分布区域,尤其是红沙梁、北滩一带,成为"移丘户"的主要聚居区。②

19世纪中期以后,石羊河上游的武威、金昌两县经常截留大量水源,民勤与武威长期存在水利纠纷,石羊河有限的水资源陷入紧张。③ 随着"移丘户"数量增多,民勤县(时称镇番县)政府开始限制"移丘户"的权力。民勤县政府依靠一系列判例形成了针对"移丘户"的制度,至清朝末期,"移丘户"管理方式已经成熟。据光绪六年(1880)"大坝移丘案"和"唐元祐移丘案"中记录的"移丘户"特征,主要内容包括:一、剥夺移丘户的开渠权力,"移丘户"不能变动移入地区的渠系格局,必须取得移入地区全体农户的书面同意,而这一条件是不可能达到的;二、全年只能获得一次配水,但也有在干旱时期临时交换水期的行为;三、"移丘户"的灌溉顺序排在最末,是整个民勤灌区最后灌溉的人群。佢这与"移丘户"所聚居的地理位置产生了很大矛盾,聚居在石羊河(民勤段)中段的移丘户人群只能眼睁睁看着宝贵的洪峰过境,且每年还必须承担繁重的"收河"任务;四、"移丘户"身份是代际传递的,"移丘户"世代都处于水利秩序的边缘地位。④

以上措施导致了"移丘户"长期被排斥于民勤的主流社会,这自然会造成"移丘户"的不满,"移丘户"与一般民户争水是传统时代民勤主要的一类民间矛盾。在清代,"移丘户"与一般民户的争水案件停留在个人层面,所争执的核心内容在于"移丘户"与一般农户未能就临时交换水期达成协议,从而导致"移丘户"霸水或一般农户霸水。实际上,这一类案件直到辛亥革命之后的20世纪20年代仍旧大量存在。这其中比较典型的是"曹世章霸水案",民国十二年(1923),红沙梁"移丘户"曹世章试图与小坝乡农

---

① 光绪六年《甘凉兵备道铁珊判武威九墩沟民与镇番农民控争石羊水利一案》,民勤县水利局档案室藏。
② 道光《镇番县志》卷1《地理》。
③ 潘威、刘迪:《民国时期甘肃民勤传统水利秩序的瓦解与"恢复"》,《中国历史地理论丛》2021年第6期。
④ 《武威、永昌、民勤历史水利参考资料》(内部资料),1963年。

户林有德交换水期,但双方未能达成协议,曹世章遂擅自堵塞渠口,抢占水源,导致曹家与林家互殴。① 清代直到民国初期,"移丘户"与一般民户的矛盾之所以长期处于一种低烈度的状态,其原因当然是多方面的,但清朝政府的一些具有积极意义的水利工程建设行为,客观上发挥了抑制矛盾升级的作用。一方面,清政府确实成为"移丘户"改变自身地位的最主要障碍,但另一方面,清代民勤政府也通过一些积极的水利举措,保证民勤"川湖"地区维持最基本的水利运作条件。如咸丰元年(1851)"县令李燕林集绅勘察,议开新河,以避南山之冲"②;同治七年(1868)"大河自黑山堡溃崩,洪水泛滥……县令黄昶亲往勘视,令四坝三渠补给黑山堡农民地基钱四百千"③,这种水利行为客观上促进了"移丘户"与一般农户之间的水利协作。

二、1920—1930年代的河西地区气候变化

在20世纪历史上,现代暖期的确立是具有全球性的重要气候事件。大致在1920—1930年代,现代暖期在中国方才确立,但现代暖期的确立过程对中国北方却造成了严重灾难,民国十七年(1928)前后,中国北方出现了历史罕见的大旱灾,陕甘宁地区都出现旱情,甘肃的旱情尤其严重,而陇东地区相对河西走廊更为酷烈,如陇东的定西县和秦安县各有83%和90%的人口沦为灾民,而一向干旱缺水的河西走廊地区灾情相对轻得多。但在民勤,1928年的大旱异常肆虐,在河西地区实属罕见,据《甘肃省镇番县民国十七年灾情一览表》记录,"本年(1928)夏秋无雨,禾稼颗粒未收……灾民衣食具无,老弱幼小乞讨流浪,妇人孺子日以糠秕草根为食。服毒悬梁自尽者时有所闻"。1930年开始,当陇东、陕西一带刚刚走出"年馑"时,包括石羊河流域在内的广大河西走廊地区出现了气候暖干化,④进入了一轮旱灾

---

① 《民国十二年曹世章霸水案》,民勤县水利局藏。
② 宣统《镇番县志·祥异》。
③ 民国《续修镇番县志·水利考》。
④ 《河西志》第六章《水利》中列举了1935—1939年祁连山雪线高度,呈不断抬高趋势,指示了气候转暖。

多发时期。① 这种气候异动在河西走廊地区有诸多表现,包括:

1) 祁连山雪线上移

历史文献保留了 1930 年代祁连山雪线高度,据《河西志》记录,1935—1939 年间,祁连山雪线高度持续上升,1936 年为 31.1 米,1937 年即跃升为 45.1 米,1938 年更是上升到 54.3 米。② 雪线高度上升导致了高山积雪量大幅度降低,冰雪融水减少,而冰雪融水在河西走廊是最为重要的灌溉水源,时人对导致这一现象的原因已经有了非常清晰的认识,即气候波动。1941 年出版的《酒泉县现状》就指出"近年气候变化不定,荒旱频仍","在经民九(民国九年)与十六年(民国十六年)两年地震,气候转变,雪量减少"。③

2) 多条河流流量减少

据历史文献记录,在 1930 年代,流经武威、金昌、民勤的石羊河"流水极微,差不多每年有失水之虞"④、酒泉一带"各河水量尤形短细"⑤。孙金岭等分析了历史文献中清代民国时期河西走廊的洪水事件记录,并进行了频率统计,⑥该研究发现 1923—1941 年是研究期间洪水频率最低的时段之一。笔者团队在检索民勤地方档案时也发现,在 1930 年代,民勤地区只有一次水灾记录,"民国二十三年,八月,天祸环邑,洪水为灾,城市田园沦为泽国,灾区达三百里之广,灾民达四千余众"⑦。档案中的这一现象与孙金岭等人的研究结果非常接近。除了河流水量减少之外,民勤地区的一些浅水沼泽也陷入萎缩乃至消失,民勤旧有白亭海、青土湖等沼泽地,成为当地民众收取芦苇的场所,但在 1930 年代,白亭海因水涸而消失,青土湖水域也大幅度

---

① 李并成:《河西走廊历史时期气候干湿状况变迁考略》,《西北师范大学学报》(自然科学版)1996 年第 4 期,第 56—61 页。
② 《河西志》(摘录),张景平、郑航、齐桂花主编《河西走廊水利史文献类编·讨赖河卷》(上),科学出版社,2016 年,第 43 页。
③ 张泰:《酒泉县现状》,《陇铎》1941 年第 4、5 期。
④ 《武威、永昌、民勤历史水利参考资料》(内部资料),1963 年。
⑤ 张泰:《酒泉县现状》,《陇铎》1941 年第 4、5 期。
⑥ 孙金岭、何元庆、何则、庞娟:《基于 Morlet 小波的清代民国河西走廊洪涝灾害与气候变化研究》,《干旱区资源与环境》2016 年第 1 期。
⑦ 《民勤县商会档案》卷 71,甘肃省档案馆藏。

萎缩。①

3) 降雨量明显减少

河西走廊地区原本就干旱少雨,当地民众已经非常适应这种干旱环境下的灌溉农业,1930年代的少雨现象进一步放大了积雪和河流水量减少造成的旱象,降雨、降雪的大量减少使得河流缺少水源补给。1928年,甘肃全省大旱,是民国"年馑"的重灾区之一,进入1930年代,降雨量减少和降雨期延迟的现象在河西仍旧非常严重,如古浪"近年以来,天多苦旱"②;金塔和酒泉"近自民九、民十六、民二十一各年大地震以后,雨雪渐稀,泉水日涸"③;

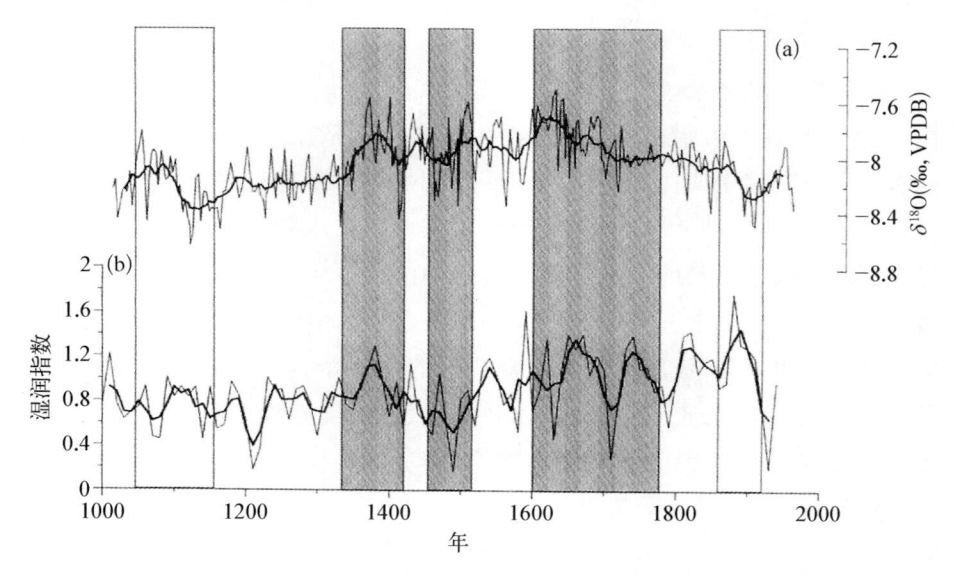

图1 公元1000年以来西北季风边缘区湿润状况指数与夏季风强度⑤

(a为万象洞 $\delta^{18}O$ 同位素序列,指代夏季风强度;b为中国西北季风边缘区湿润指数)

---

① 《民国三十三年九月二十六日小坝、新河乡民代表张明永、李开国等三六人呈请制止红沙渠妄改新河》,收录于《民勤县历史水利资料汇编·水利纠纷》(内部资料),民勤县印刷厂,1989年,第288—290页。
② 民国二十七年《古浪县志·卷二地理志·水利》,古浪县档案局藏本,第40页。
③ 《1936年6月15日酒泉县民众安作基等关于金酒水规不能变动给酒泉县长的呈文及第七区专员的处理意见》,酒历2-261。
④ 《1936年6月13日临水乡农民李鸿文等关于呼吁制止向民勤均水事呈文》,酒历2-259。

武威和民勤一带"近年以来雨泽延期"[1];等等。不仅降水量严重减少,降雨时间也在延迟。但文献记录中没有直接记录降雨期的延迟时间。

总之,这些环境现象记录指示了河西走廊在1920年代开始暖干化趋势,1930年代后期达到顶峰。据杨煜达等人的研究,1930年代是近一千年来(1000—1949)西北季风边缘区最为干旱的时期,而导致这一变化的主要驱动因素为太平洋季风强度减弱。[2] 从全球尺度上而言,1930年代是气候上的"小冰期"彻底结束、"现代暖期"全面建立的关键转折时期,此时太平洋季风强度的减弱,导致中国西北季风边缘区向东退缩,河西走廊灌溉农业区出现突发的暖干化趋势。

这一气候异动的同时,河西地区的传统水利秩序也走向崩溃,张景平对于民国时期"金酒争水"的研究显示,1930年代是金塔、酒泉两县争水的高潮;[3]潘威等人针对古浪的研究也显示,1935—1938年,一向相对平静的古浪渠川六坝与长流坝发生严重夺水诉讼。[4] 这些现象都说明,严重的气候暖干化现象正在动摇河西地区的传统水利秩序。在河西走廊1930年代的气候暖干化过程中,民勤的干旱又格外严重,自1928年开始,持续到1942年后才略有好转。1942年的旱灾可以被认为是1930年代干旱的"尾声",据载"本年(1942)县属滴雨未落,暴风日日,所有夏禾均被风吹干,秋禾亦被旱酿成荒灾"[5]。

---

[1] 本图来自杨煜达、韩健夫、成赛男《过去千年西北季风边缘区干湿变化的重建及分析》,《地球环境学报》2014年第6期。
[2] 杨煜达、韩健夫、成赛男:《过去千年西北季风边缘区干湿变化的重建及分析》,《地球环境学报》2014年第6期。
[3] 张景平、王忠静:《从龙王庙到水管所——明清以来河西走廊灌溉活动中的国家与信仰》,《近代史研究》2016年第3期;张景平、王忠静:《干旱区近代水利危机中的技术、制度与国家介入——以河西走廊讨赖河流域为个案的研究》,《中国经济史研究》2016年第6期;张景平:《水利、政治与区域社会——以民国鸳鸯池水库建设为中心》,《近代史研究》2021年第5期。
[4] 潘威、卢香:《清代以来祁连山前小流域"坝区社会"的形成与瓦解——以大靖为例》,《南京大学学报》2020年第6期。
[5] 民国三十一年(1942)8月12日《民国日报》第三版。

三、民间水利秩序走向崩溃

　　1920 年代开始,气候波动导致石羊河水资源总量快速减少,民勤绿洲缺乏灌溉水源,农业收成急剧下降。1930 年代开始,随着旱情的不断扩大,民勤地区的灌溉水源已经难以满足正常的灌溉需求,乡绅为保证自身利益,向农户超额摊放小麦,导致这些农户只得倒卖、偷盗本该属于他人的水分,这一行为对处于全县水期末尾的"移丘户"无疑造成了非常严重的影响。一些"移丘户"曾经试图与一般农户商议,建立一个全新的买卖水分办法,如 1936 年红柳墩"移丘户"就曾试图与当地农户协商建立相对稳定的买水机制,以便对抗当年严重的春旱,但当地一般农户也加入了盗放湖水的行列,至 1930 年代末,"移丘户"与一般农户连年互相盗放湖水、渠水,清代"所遗水规,根本视为具文废纸"①。这种现象导致了一般农户与"移丘户"之间日益严重的暴力冲突,最终在 1938 年酿成"一一五惨案",成为 20 世纪民勤内部最为严重的水利案件,关于此次事件潘威等人已有研究专门论述。② 此次事件之后,"移丘户"对民勤地方政府和法规体系已经彻底失去信任,1938 年之前,"移丘户"尚能在承认既有水利规则的前提下与一般农户进行灌溉顺序交换,或者通过参加"改河"工程获得灌溉上的短期优惠。1930 年代,在严重的干旱下,这两种途径都已经断绝,"移丘户"开始诉诸

---

① 无名氏:《由"一一五惨案"说到民勤的水利》,《塞上春秋》1947 年第 1 卷第 3 期,第 1—7 页。
② 按清代水规,属于坝区的红柳墩乡与六坝"移丘户"水期在清明节后十日,清明节前不能使用湖水。但民国二十七年(1938)春旱水少,红柳墩与六坝"移丘户"遂于当年正月初八、初九盗放湖水。这一消息迅即在湖区各乡传开,长期存在的"湖坝矛盾"、因春旱引发的焦虑情绪等因此事迅速激化,湖区各渠长、乡绅、民户代表集湖夫 1 300 余人,由渠长、士绅带领赴红柳墩、六坝两处堵水。因六坝有驻军保护,湖夫队伍转赴红柳墩,并于正月十五日到达。但这支队伍很快就失去约束,在坝区对所有人进行打砸、抢劫、伤人,捣毁了区长常清秀住宅,造成了严重的人员伤亡与财产损失,民勤县警察局一面出动军警镇压,一面劝说红柳墩堵水湖民返乡,此事方基本平息。因该事件发生于农历一月十五日,故称为"一一五水案"。

暴力解决自身的受歧视地位。① 实际上,在1930年代的最后两年中,在"一一五惨案"被平息之后,"移丘户"的大规模暴力行为并未停止,在当时进入民勤采访的记者笔下,将"移丘户"与一般民众之间的关系描述为"难以破镜重圆"②。

1944年,国民政府将河西水利作为南京政府直接管理的事务,一场由国家推动的,通过新型水利体系达到农业增产的运动在河西走廊全面展开,国民政府试图通过新式农田水利建设实现农业稳定增长。③ 同年,民勤地区也被安排了新式水利工程的建设计划,④工程施工的过程也是国民政府进入民勤地方社会的过程。国民政府力量的进入,使得民勤地区的水利博弈形势更趋复杂,水利工程规划未能落实的同时,"移丘户"与地方政府的对抗更为严重。

1)《民勤县水利规则》颁行

1944年,民勤县政府出台了第一部地方水利法规《民勤县水利规则》,制订地方水利法规这种行为被国民政府作为一种水利管理现代化的行为,通过制订成文法以取代清代的判例法规。地方性水利法规的建设与完善是中国水利管理现代化的重要内容,对于规范用水方式、提高用水效率、推动新式灌溉技术和强化地方政府的水利职能等方面都有重要的积极作用。在1944—1949年间,河西走廊的多个县都制订或出台了地方性水利法规,但这些法规在实质上普遍缺乏新式水利的内容。《民勤县水利规则》就是其中的典型,这部所谓的地方新式水利法规其实汇集了传统水利规则,其核心内容皆来自清代乾隆时期的判例,包括"屯坝案""首四坝案"和"文公案",这三大判例被刻碑立于县衙,其中成于乾隆五十八年(1793)的"文公定案"是清代民勤传统水规最为核心的部分,规定了全县的用水顺序、用水和润水量、放水和收水时间、"移丘户"地位等,成为清代民勤水利秩序的基本框架,且这

---

① 《民国三十三年九月二十六日小坝、新河乡民代表张明永、李开国等三六人呈请制止红沙渠妄改新河》,收录于《民勤县历史水利资料汇编·水利纠纷》(内部资料),第288—290页。
② 无名氏:《由"一一五惨案"说到民勤的水利》,《塞上春秋》1947年第1卷第3期,第1—7页。
③ 张景平、王忠静:《中国干旱区水资源管理中的政府角色演进——以河西走廊为中心的长时段考察》,《陕西师范大学学报》2020年第2期,第39—51页。
④ 《民勤县水利志·水事纠纷》,兰州大学出版社,1994年,第191—208页。

些判例并未因为清朝灭亡而被废止。《民勤县水利规则》本质上是将传统时代的水规套上一种现代性的外壳,是用现代水规的方法维护传统水利秩序。这一现象在1940年代的河西走廊普遍存在,比如古浪县以境内三个"渠"区范围设置该县的下辖区,导致传统渠坝社会的封闭性加强。①

2)"移丘户"借由国民政府的新式水利建设谋求自身地位改变

1943—1944年,民勤县政府和武威水利站在民勤推行了化音沟、新河、三坪口和小东南沟4项工程,②这些工程都是通过新建引水设施,扩大石羊河引水量,进而扩大耕地面积。这些工程的实现都必须改变既有的灌渠格局,通过政府推动新的管道体系建设,这一点曾经令"移丘户"认为是改变自身地位的一个突破口。在"移丘户"的观念中,国家的新灌渠建设突破了传统水规和《民勤县水利规则》中"移丘户"不得更改渠系的规定,那就意味着"移丘户"可以凭借"国家"名义更改渠系布局,这是打破其自身在水利秩序中边缘地位的重要手段。但1944年的"红沙梁水案"令"移丘户"对国民政府的新水利建设彻底失望,在工程消息刚流出时,当地一般民众就以个人经济利益损失为由呈请政府不要兴工,如小坝乡以"新河"妨害其"草湖"收益为由,向民勤县政府提请取消工程。③ 与一般农户相反,"移丘户"在此次工程中坚决支持政府并积极参与此项工程的施工,因为这一工程会改变红沙梁"移丘户"聚居区的灌渠格局,实质上打破了"移丘户"不能更改渠系的规定。这种尖锐的对立由最初的个别"移丘户"与一般农户的诉讼、互殴很快发展为双方人群结成村落联盟,械斗规模不断升级,1944年4月,"移丘户"与一般农户近千人发生武装对峙,县府出动大批军警弹压,而该工程也被中止。④ 红沙梁工程之后,石羊河流域的工程更加集中于武威,民勤地区几乎

---

① 潘威、卢香:《清代以来祁连山前小流域"坝区社会"的形成与瓦解——以大靖为例》,《南京大学学报》2020年第6期。
② 民勤耕地面积数据来源于陈正祥《河西水利问题》,1945年中国工程师学会第十三届年会兰州区分会水利专题,民勤县水利局档案室藏。
③ 《民国三十三年小坝乡户民赵生滋呈请》,收录于《民勤县历史水利资料汇编·水利纠纷》(内部资料),民勤县印刷厂,1989年,第282页。
④ 《民国三十三年九月二十六日小坝、新河乡民代表张明永、李开国等三六人呈请制止红沙渠妄改新河》,收录于《民勤县历史水利资料汇编·水利纠纷》(内部资料),第288—290页。

没有竣工任何有价值的水利工程,由于水利环境的持续恶化,当地"移丘户"的反抗日趋激烈,对民勤县政府、一般农户的暴力行为越发严重,如1947年,红沙梁"移丘户"聚居的高来旺村与一般农户聚居的下三沟村因水闸口高度产生口角,岔长处置不力导致双方大规模械斗,虽经县政府多次干预,高来旺与下三沟的斗殴、互讼直到1951年方彻底平息。① 也正是在1944—1948年间,"移丘户"人群内结成了村落联盟,推举代表其水利利益的"大会总",以对抗政府的"渠长""岔长"。②

面对这一现象,一些有识之士也曾提出解决方案,在河西地区影响较大的刊物《塞上春秋》中,就有多篇时评、社论讨论民勤社会动荡、经济凋敝的解决之道,多数人关注于民勤水源不足,有凿祁连山引大通河水方案,有加大地下水开采量,绝大多数计划都旨在增加民勤水源,但这些工程成本过高,远远超出政府和社会的承受能力,特别是呼声很高的引大通河方案,开凿祁连山,将长江上游支流大通河水引入民勤,这一工程在民国时期根本不可能实现。相比之下,潘生良《建设河西之根本问题》一文准确指出了水利管理在当地社会经济发展中的重要作用,不仅要注意现代化工程和新式水利法规,更要对基层水利管理方式进行革新,潘生良的这一认识可谓切中民勤等河西各县的要害。1944年,为配合国民政府的水利规划,在民勤县政府主导下成立了"民勤县水利委员会",作为基层和乡村地区的水利管理组织。设立该委员会的初衷本为强化政府与广大乡村地区的联系,以利于新式水利工程的建设,但其骨干成员仍是县长、正副渠长、岔长以及乡村士绅,前文已经论述,渠长、岔长和乡村士绅在1930年代已经转变为地方水利秩序的破坏者,这个组织的运行效率必然不高,无法发挥连接政府和基层的作用。在这一形势下,潘生良提出设立"联合管制委员会",这一组织的构成强调加入水利技术人员,限制乡绅权力,以达到"各县区密切联系,水利能合法建设"③。水利技术人员进入管理层,可以使得水利建设更多从科学角度出发,也可以限制乡绅权力,以避免对"移丘户"的过度盘剥。可惜的是,抗战胜利

---

① 《红沙梁乡志》(内部资料),2014年,第3—4页。
② 《红沙梁乡志》(内部资料),2014年,第7页。
③ 潘生良:《建设河西之根本问题》,《塞上春秋》1947年第1卷第2期,第12—18页。

之后,大批知识分子和技术人员返回东部地区,河西地区普遍缺乏水利专业人员,潘生良的"联合管制委员会"方案在1944—1949年间根本无法执行。

在1940年代,国民政府在河西走廊地区的水利建设虽然出现了"鸳鸯池水库"这样的新型工程,一时被称为"中国最为现代化的水利工程",但在更广大区域,这场由国民政府主导的新式水利建设运动还是以失败告终。各县的失败原因不尽相同,但多数受制于传统水利秩序的制约,如古浪县的永丰渠,即因为传统渠坝社会。而在民勤,制约新式水利建设的并非传统水利秩序,因为当时的民勤已经处于一种灌溉无序的状态,农村地区呈现出一种"丛林法则"社会,严重的人群隔阂和对立导致当地几乎无法落实任何水利建设计划,处于一种旧体制崩溃而新体制缺位的状态,恶劣的水利条件使得当地失去了对干旱环境的适应性。1945年,民勤旱灾不断,风沙、虫害反复肆虐,当地陷入"四野愁惨、三农失望、扶老携幼、相率他往"的悲惨景象,① 在解放前夕,民勤地区传统的干旱区灌溉农业陷入崩溃的边缘。

四、"移丘户"制度的终结

1950年开始,随着中华人民共和国成立,提升农业产量不仅是经济问题,更成为政治问题。在中国共产党建立全国政权之前,就已经将民国政府未能解决农业和土地问题作为"革命"的合法性和必要性。中华人民共和国成立之后,尽快解决农业问题和土地问题,成为新生政权能否巩固的重要前提条件。

从解放前夕到1950年,河西走廊农业建设处于实际上的瘫痪状态,社会秩序也非常混乱,在民勤地区,新政权的建立并未立即改变"移丘户"与一般农户之间的对立。面对日渐失控的"移丘户"群体,1948年10月,为维持民勤地方秩序,县政府成立了"民勤县自卫团"(次年8月改为"民勤县自卫大队"),规模大约为一个连(120余人枪),由于参加自卫大队的民众基本为一般农户,这支部队实际上成为镇压"移丘户"的部队。1949年9月23日,民勤和平解放,在民勤解放过程中,县自卫大队被解放军代表劝服,截击兰

---

① 民国三十四年七月十二日民勤县临时参议代电,民参午第152号。

州败退至民勤县城的军警,成为民勤县解放过程中的有功之臣。民勤解放后,自卫队被中共民勤县委接收,其规模被裁撤至50余人,自卫队成员虽然被没收了大量枪支,但依靠民勤解放期间的功绩获得了一些基层管理岗位,比如1949年10月进驻红沙梁乡进行"土改"工作的工作人员中有原自卫队成员,引起当地"移丘户"对"土改"的反感,并引发了"移丘户"与原自卫队成员及家属之间的三次械斗。① 实际上,从民勤和平解放到1950年10月这一年时间中,"移丘户"与一般农户之间的械斗仍旧非常频繁。此时,民勤县人民政府与"移丘户"关系在新政权的初始阶段并不和谐。以至于1950年在"移丘户"聚居区进行"撤销保甲、清租减息"时,当地"移丘户"对工作组有颇多误解,一定程度上阻碍了全县新行政秩序的建立。②

1949年12月5—7日,召开了民勤县第一届各界人民代表会议,"兴修水利、发展灌溉"成为亟待解决的任务之一。"移丘户"问题作为水利建设的阻碍,这一点民勤县人民政府是非常清楚的。但当时最急迫的问题是"土改"、征粮和剿匪,③水利事务只能延后办理,"移丘户"问题被迫维持原状。1951年,以民国《民勤县水利规则》为蓝本出台了民勤县人民政府的第一部地方水利法规《民勤县历来水利规则》,在这部规则中,"移丘户"的名称虽然不再出现,但"移丘户"人群所聚居的红沙梁、大滩、北新沟等地区依然处于水利秩序的边缘位置,"移丘户"在灌溉次序、用水规模、新开管道和收河等一系列关键水利权力方面依旧延续了清代以来的状况,《民勤县历来水利规则》虽然是新秩序缺位下的过渡性水利规则,但从中我们也可以看到民勤地区水利社会的复杂性以及重构水利秩序的难度。

但此时"移丘户"与一般农户的矛盾仍在持续,由于《民勤县历来水利规则》未能真正解决"移丘户"的身份和地位,水利建设不能真正开展,既有水利秩序引发的社会矛盾仍在持续。1951年发生的"西沟村水案"即为典型,蔡旗乡小西沟村"草湖"资源在清代无明确归属,小西沟村及附近村落的一

---

① 中国共产党民勤县委员会1950年11月4日《关于近期县内治安案件的处理意见》,藏于民勤县水利局。
② 中国共产党民勤县委员会1959年5月10日《中共民勤县委关于几个具体问题的处理意见》。
③ 《中国共产党民勤县大事记(1951年)》。

般农户和"移丘户"都可以在"草湖"中收割芦苇。1930年代气候干旱,民勤很多"草湖"干涸,芦苇资源变得紧张。小西沟村的"草湖"成为各方争夺的自然资源,虽然也有"移丘户"的参与,但此次草湖争夺并不是"移丘户"与一般农户之间的矛盾。至1946年,由于"移丘户"自身的水利联盟建立,"移丘户"在这一争夺中形成了一股独立力量,而这一变化也导致了这一"草湖"争夺事件转变为"移丘户"与一般农户的矛盾。1951年3月29日,"移丘户"头目杨集义为独占"草湖",揭发一般农户头目汪弟元、汪锡洁父子曾杀害共产党游击队员,区政府未经调查就信以为真,传唤汪弟元父子。3月17日,杨集义又诬告汪弟元等人组织暗杀团。村长杨恒万因受到杨集义等人的威吓,也向区委书记兼区长李治财谎报有暗杀团组织,李深信不疑,即向县委作了汇报。3月27日李治财率公安助理员徐兆年及民兵15人,携带枪支,赶往小西沟,将汪弟元、汪锡洁逮捕。在押解回区时,农民杨恒德带30余人追来,杨被民兵开枪击毙。事后,经中共甘肃省委的介入,严肃处理了李治财,"草湖"交由小西沟村管理。①

这起事件引起了中共民勤县委对"移丘户"问题的重视,尤其是建立在解放前的"移丘户"水利联盟,已经超出了解决灌溉问题的范围,成为"移丘户"人群的重要民间组织。对于当时的民勤县委和县政府而言,"移丘户"问题虽然根源在于其在地方水利中的边缘地位,但当前必须先设法瓦解"移丘户"的水利联盟。当时的民勤县委正准备在次年(即1951年)启动"向沙漠进军"运动,这一工作实际就是组织一部分农户迁往传统灌区的沙漠边缘地带,这是一个拆分"移丘户"水利组织的绝好机会,既可以完成上级党组织交代的治沙任务,又可以悄然调开这一社会水利联盟的几位头领人物。1951年,民勤县委启动了向昌宁堡等沙漠地带的垦荒计划,在此次县内移民中,在解放前曾出任"大会总"的三名"移丘户"头目以及小西沟村"草湖"事件中的杨集义等人都在移民名单中,②由于将这些具有领导地位的人物调离,"移丘户"水利组织无形中被瓦解,这是解决"移丘户"问题的重要一步。同时,

---

① 1952年2月20日中国共产党民勤县委员会:《关于李治财事件的调查报告与处理意见》,藏于民勤县档案局。
② 1951年9月18日中国共产党民勤县委员会:《关于昌宁堡垦荒的计划》,MQ-1951-9-0021K,藏于民勤县民政局档案室。

通过此次昌宁堡移民,中共民勤县委也开始了取消"移丘户"身份的动作。在传统时代,此次移民人群无疑会被作为"移丘户",移居昌宁堡的"移丘户"和一般农户自身也认为会成为"移丘户",但在1952—1953年,民勤县政府明文规定,昌宁堡移民不再被作为"移丘户",而是作为一般农户对待。①

1953年开始,民勤有关"移丘户"的案件数量明显减少,其规模也基本都是个人之间的争斗,之前那类动辄百人规模的械斗和复杂的互讼不再出现。这一现象表明,昌宁堡移民之后,民勤地区"移丘户"与一般农户的斗争规模和次数都有了明显的降低,"移丘户"问题的解决曙光初现,而这也意味着对民勤水利的现代化改造也得以展开。

至1955年,"撤销保甲、清租减息""镇压反革命"等运动基本结束,这一年进行的"三案渠"工程终结了"移丘户"制度。"三案"原是对"移丘户"聚居的红沙梁、大滩、北新沟一带的称呼,如红沙梁的"移丘户"就被政府称为"大坝移丘案","三案"就是对这三个"移丘案"所形成地区的统称。民国时期"移丘户"问题主要就在这三个乡发生,"三案"地区在解决"移丘户"问题中具有关键地位。"移丘户"问题本质上是这一人群没有开渠权力,要解决"移丘户"问题,就必须在渠道建设上有所突破。"三案渠"工程的计划一经提出,立刻获得"三案"群众的积极回应和广泛支持,"移丘户"水权问题终于有了彻底解决的希望。在当地群众的积极支持下,不到一年时间就竣工了一条40千米的"三案渠",之后又经过三年的持续完善,"三案渠"灌溉范围成了民勤县重要的新兴农耕区。② 该渠的彻底竣工意味着"移丘户"拥有了属于自己的灌渠,而新的渠系出现之后,也宣告了清雍正末年以来的灌渠格局被打破。在此次工程之后,"移丘户"制度在名义和实质上都已经消失。

1955—1958年消除"移丘户"制度并非孤立事件,如果我们将视野扩展一些,就可以发现,新中国政府消除"移丘户"的举动实际上是其创建新式现代化灌区的重要组成部分,也可以认为,现代灌区的建立必须首先打破这种具有明显"中心—边缘"结构的水利秩序,将民勤绿洲的水利作为一个整体

---

① 1956年3月12日民勤县人民委员会:《民勤县关于水利规划的几点意见》,藏于民勤县水利局。
② 《民勤县水利志·水利管理》,兰州大学出版社,1994年,第90—95页。

加以规划。在这一过程中,不仅要消弭"移丘户"与一般农户之间的差异,也要打破民勤内部原有水利秩序的"渠—坝"二元结构。1956年之后,虽然民勤地区的水资源分配仍旧存在一些问题,"争水"问题也未能彻底绝迹,但在水利秩序上,人群的代际不平等现象彻底消失了,这意味着政府能够重新配置耕地、劳动力、水等资源,而不是如同民国末期那样,所有工程计划都因为无休无止的"移丘户"与一般农户的大规模械斗而无法落实。

1961年民勤县正式成立"灌区"和灌区委员会,启动了"渠坝"向"灌区"的转变,这一转变的实质即打破民勤的"渠—坝"二元结构。1964年,民勤县经过"四改一建"运动后,国家统一管理的现代"灌区"方正式建立。① "四改一建"即改变渠系、灌溉次序、水利设施和灌溉范围,通过此次运动,民勤顺利实现了绿洲内部灌溉区一致性的建立,彻底打破了"渠—坝"二元结构。其主要内容包括:1956年,定死灌溉水期和水量,严禁私下交换水期;1964年统一按灌溉亩数收取水费;1966年,在民勤灌区内建立县委领导下的"灌区代表会——灌区委员会——灌溉小组——斗长"管理层级。②

南京国民政府与解放后的农田水利建设在出发点上有很大一致性,都是希望改变民勤地区原有的传统水利秩序与渠道格局,通过建立新的渠系格局与灌溉秩序,将传统王朝时期"完税纳粮"的渠坝灌溉单元转换为一种具有持续增长性的农业体系,使粮食产量能够满足政府在军事、工业、社会运转等多方面的需要,因此,所谓水利现代化,并不仅仅是工业因素大量进入水利设施建设,其更重要的意义在于国家对水利事务的直接管理以及对灌溉效率提高的持续追求。特别是中国这样的后发国家,灌溉水利的现代化几乎不可能在传统水利社会的基础上通过改良、修缮来完成,必须彻底打破传统水利社会对农业的束缚。在河西走廊地区,这种束缚作用表现得更为明显,1940年代,在河西走廊的水利实践中,民众对于超出传统渠坝范围的工程建设往往非常消极,当地的新式水利工程施工也必须结合传统的"上

---

① 《民勤县水利志·水利管理》,第74—75页。
② 武威水利局编:《甘肃省武威地区水利工程"三查三定"资料汇编》(内部资料),1983年。

坝时间"等。① 但在实际执行层面,两者却存在极大的差别。潘威曾经提出,国民政府在1944—1945年的水利规划集中在石羊河的"西河"段,这一建设思想实质上是对清代水利建设的延续,并非真正意义上的现代化水利建设,其中仍有大量传统灌溉秩序的内容存在。② 对比1955年之后新中国政府在民勤的"灌区"建设,国民政府在水利现代化转型上的严重局限性更显清晰。

在1950—1960年代的现代灌区建设中,我们没有观察到新式的灌溉技术或者工程技术的存在,但在强大的国家力量下,通过改革管理制度彻底瓦解了传统水利秩序的遗存,也通过建设和发展根除了解放前夕民勤社会动荡的根源。在1960年代之后,民勤现代灌区的建设速度明显加快,新中国政府通过进行河西走廊现代灌区的建设,方才彻底打破了传统水利秩序所遗留的众多问题。

结　　论

"移丘户"制度本身确实带有非常强烈的不合理色彩,但在干旱地区,这种对于人群规模的限制手段也具有一定的合理性。众所周知,河西走廊地区生态脆弱,对环境的波动非常敏感,清代之前,当地人已经意识到该地气候存在着"十年一变"的现象,即存在着大概十年为一周期的干湿交替。在湿润期,河西各县往往会有外来人口进入,垦殖更多土地,一旦湿润期转为干旱期,这部分人口和耕地往往就会成为促进地区性旱灾恶化的重要因素。实际上,河西走廊的许多地区都存在着这种限制灌区人口规模的做法,由于民勤环境之恶劣程度更甚于其他地区,因此,剥夺"移丘户"世代的开渠权力,也就是限制了当地过度使用水资源,将耕地规模限制在一定程度之内。

本文认为,气候异动对社会造成负面影响,往往是通过刺激社会原有潜藏问题趋于表面化,由此造成社会出现经济下滑、人群动荡、次生灾害频发等一系列负面问题,是气候异动作用于人类社会的重要机制之一。1920—

---

① 潘威、蓝图:《西北干旱区小流域水利现代化过程的初步思考——基于甘(肃)新(疆)地区若干样本的考察》,《云南大学学报》2021年第3期。
② 潘威、刘迪:《民国时期甘肃民勤传统水利秩序的瓦解与"恢复"》,《中国历史地理论丛》2021年第6期。

1930年代,发生在民勤的一系列变故很好注脚了以上观点。严重的气候灾害触发了民勤长期存在的"移丘户"与一般农户之间的对立情绪,放大了气候波动的社会影响,在民勤地区,由于气候波动放大了"移丘户"问题,导致南京国民政府的水利建设无法开展,民勤当地处于严重的社会动荡之中,由于水利失修,民勤当地农业经济和地方社会陷入严重的水环境危机,导致民勤的灌溉农业在解放前陷入彻底崩溃的边缘。

　　20世纪是民勤地区"人—水"关系出现重大转折的世纪。20世纪初,清王朝末期和民国初年,传统水利秩序仍具有较强的历史惯性,"移丘户"问题尚处于可控程度之内。但1920年代开始,国家力量的惯性逐渐消失。尤其是1930年代的长期干旱,进一步削弱了国家力量在民勤水利事务中的存在。1940年代,国民政府试图通过水利建设重建国家对当地水利秩序的管理作用,但由于其未能真正深入地方社会,营造现代水利建设所需要的社会环境,导致其建设未能实现现代水利体系的建立,当地"人—水"关系也由此迅速恶化。新中国的水利建设不是依靠技术力量或金融力量推动的,而是依靠强大的国家力量,在改造传统社会结构的基础上实现现代化转型。国家力量如果不能有效进入基层社会,实现边缘人群、边缘地区融入地方主流社会,则难以实现现代化转型,其结果很可能是传统问题和新问题同时到来,引发更为严重的社会动荡和经济倒退。

塑造河名 构建水权

——以清代"石羊河"名为中心的考察

许 博

厦门大学历史学系

石羊河流域位于河西走廊东部,地势南高北低,自西南向东北倾斜。流域内降水量远低于蒸发量,源自南部祁连山区的地表径流是维系本区荒漠绿洲生态环境的核心要素。作为西北干旱地区生态环境演变的典型,石羊河流域一直受到学界关注,已有探讨历史时期水系演变、尾闾湖变迁、水利开发等方面的系列研究,[1]在论述中多径直使用"石羊河""古石羊河"作为既定流域和水系名称。这些成果不同程度地揭示了史籍记载中的诸历史河名,[2]但对"石羊河"之名何时出现及其演变过程则罕有涉及。

那么,沿用至今的"石羊河"名是何时出现的呢?其出现的深层次原因和过程到底如何?诸此需要细致地爬梳史料、转换视角展开考察。在分析中,笔者发现石羊河名称之出现及其使用,实关涉水权的形成与争夺这一石羊河流域水利发展的核心问题。迄今有关本区明清时期水权的研究,大多以水利纠纷为具体论题,主要是发掘下游地区清代后期地方志中有关"水

---

[1] 冯绳武:《民勤绿洲的水系演变》,《地理学报》1963年第3期,第241—249页;李并成:《河西走廊历史时期沙漠化研究》,科学出版社,2003年,第185—199页;王英华、谭徐明:《透视河西走廊"猪野泽"看石羊河水系之变迁》,《中国三峡建设》2007年第6期,第35—43页等,限于篇幅,恕不详列,参见王乃昂、杨淑华主编《中国石羊河流域地理学研究文献目录索引》,甘肃人民出版社,2009年。

[2] 较为系统的梳理见于《中国历史地图集》,本区底图河名皆标为"石羊河",历史河名自西汉至东晋十六国时期标为"谷水",南北朝至唐代为"马城河",五代十国为"白亭河",宋辽夏金时期未标,元代为"五涧谷",明清时期则均为"三岔河"。其中第8册清时期"甘肃"图幅系年于嘉庆二十五年(1820),这从侧面似乎反映出当时地图的编绘者认为迟至嘉庆二十五年,"石羊河"尚未成为本区水系的通称。见谭其骧主编《中国历史地图集》(1—8册),地图出版社,第1—7册、第8册分别于1982年、1987年出版。

案"的记载,论证清代河西走廊的生态环境恶化及其导致的严重社会问题;①并未涉及水权生成的过程和方式,亦未触及"石羊河"河名之使用背后所蕴含的深层背景及其在水权生成与演变过程中的意义。

近年来,学术界对水权生成与确立过程中象征性资源的运用与争夺较为重视,揭示出有关争水的传说、水利灌区的神庙等"象征性资源"在水权界定过程中发挥某种社会规范和认同的作用。② 这些研究揭示了水权结构及其形式的多样性,但水权从无到有的生成过程并非其讨论的重点。同时,一些学者对水利文献的编纂方式、文本结构和阐释框架进行了讨论,考辨水利文献生成过程,揭示出文献本身即体现出某种话语权力。③ 历史文献特别是文本结构带来的话语权力,是提供水权合法性的重要来源和依据,其中地方志成为利益集团渗透话语权力的重要对象。

基于以上认识,本文试图围绕河西走廊的"石羊河"名及此前所用的河名,通过爬梳明清时期承递有序的地方志文献,考察河流渠道化背景下水权关系的生成;指出清代前中期方才出现的"石羊河"名,与下游镇番县④河源水权观念兴起有着密切关联。塑造河名是上、下游水资源权利生成过程中,

---

① 李并成:《河西走廊历史时期沙漠化研究》,第 228—236 页;王培华:《元明清华北西北水利三论》,商务印书馆,2009 年,第 59—73 页;赵珍:《清代西北生态环境变迁研究》,人民出版社,2005 年,第 302—303 页。

② 秦建明、[法]吕敏编著:《尧山圣母庙与神社》,中华书局,2002 年。赵世瑜:《大历史与小历史:区域社会史的理念、方法与实践》,生活·读书·新知三联书店,2006 年,第 125—151 页。张小军:《复合产权:一个实质论和资本体系的视角——山西介休洪山泉的历史水权个案研究》,《社会学研究》2007 年第 4 期,第 23—50 页;《庙宇·水权·国家——山西介休源神庙的个案研究》,赵世瑜主编《大河上下》,山西人民出版社,2010 年,第 101—133 页。

③ 钱杭:《库域型水利社会研究——萧山湘湖水利集团的兴与衰》,上海人民出版社,2009 年,第 189—273 页;钞晓鸿:《争夺水权、寻求证据——清至民国时期关中水利文献的传承与编造》,《历史人类学学刊》第 5 卷第 1 期,2007 年,第 33—77 页。

④ 明代至清前期,本区设凉州卫、镇番卫、永昌卫和古浪所。清雍正二年(1724)改西卫所为府县,置武威县(原凉州卫)、镇番县、永昌县和古浪县,隶凉州府,武威县为府治。1928 年改称镇番县为民勤县,其他三县名未变。行文中涉及政区名称时,各随其便,不再加以区分。因论题关系,本文将集中讨论武威与镇番境内河流,而不涉及永昌和古浪的情形。需要说明的是,文中所谓上、下游是针对流域内不同地区的相对位置而言。

下游构建自身水权的策略之一。

一、明代至清初的河名

在讨论清代河名演变之前,需要先考察明代地方志中的相关记载。明代本区各卫所地方志皆已佚失,可资讨论的是省级通志。首先看明嘉靖二十一年(1542)刊刻的《陕西通志》,该志关于凉州卫河流有如下记载:

> 五涧谷,源自番禾古县界,出流入白海。……沙河,在卫东北五十里,其源出自洪水泉,至三岔河合而为一,流入镇番卫界。白亭海,在卫东北境,五涧谷水流入此海,以水色洁白故名,一名小阔端海子。……黄羊川山口涧,在卫东南一百七十里。金塔寺山口涧,在卫南五十里。杂木口山涧,在卫南七十里。土弥干川山口涧,在卫西南七十里。骞占山口涧,在卫西一百五十里。①

引文中"五涧谷""白亭海"两条,当是出自早期地理志书。② 此处所谓五涧谷,似应为五涧谷水之误,乃指由南部祁连山区源发的五条出山径流;白亭海亦名白海,为本区主要的河流尾闾湖,明代其位置已在下游镇番卫边墙外百余里。由引文可知,五条出山径流此时各有定名,即黄羊川山口涧、杂木口山涧、金塔寺山口涧、土弥干川山口涧和骞占山口涧。而东北方向沿边墙一带另有自成一派的河流,名"沙河"。凉州卫诸水汇流后,"流入镇番卫界"。

至于下游镇番卫河流,嘉靖《陕西通志》仅记"小河,在卫南十五里,其源

---

① 嘉靖《陕西通志》卷4《土地四·山川下》,吴秀文、吴平主编《华东师范大学图书馆藏稀见方志丛刊》第1—5册,北京图书出版社,2005年。据嘉靖二十一年(1542)刊本影印,第51页a-b。该志另有点校本,但录文有讹误,如"五涧谷"一句漏"界"字;"其源出自洪水泉"中"泉"字误录为"河",见董健桥等点校《陕西通志》,三秦出版社,2006年,第175—176页。
② 《太平寰宇记》卷152《陇右道三》记"五涧谷水,自番和县界北流入白海",中华书局,2008年,第2937页;《明一统志》卷37记"白亭海,在凉州卫东北境,卫西南五涧谷水流入。此海以水色洁白故名,一名小阔端海子",东京大学东洋文化研究所藏天顺五年御制序刊本,第24页b。

出凉州五涧谷"①。此时,被认定为镇番卫小河源头的"凉州五涧谷",如前所述在凉州卫城南百余里,而距镇番卫更是数百里之遥。

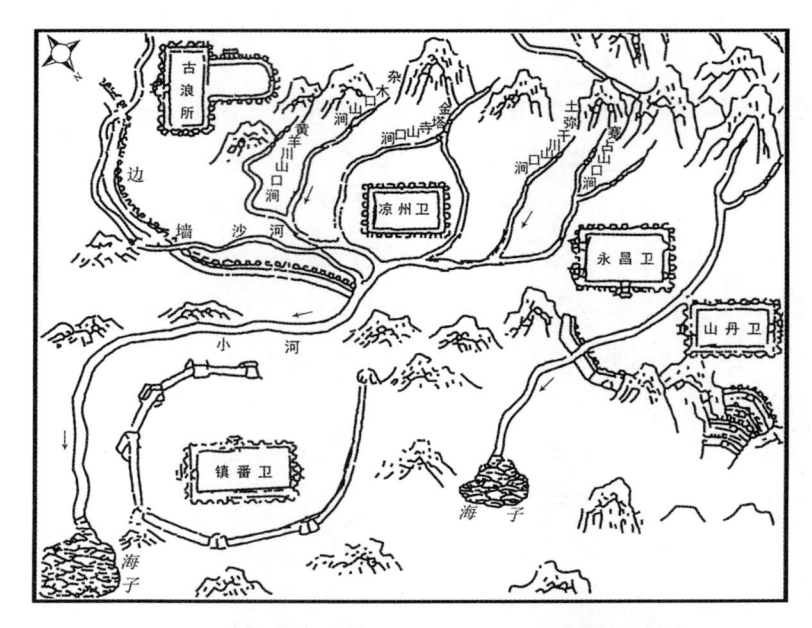

图 1　嘉靖《陕西通志》卷 6《疆域·河西疆域总图》局部

注:该图上南下北;原图未标注河名,笔者根据文意添注。

本区清代地方志系列中,现存最早的是顺治《重刊凉镇志》。该志不分卷,以凉州卫、永昌卫、镇番卫和古浪所为单元分别纪事。该志系顺治十四年(1657)西宁道苏铣在天启《凉镇志》的基础上,"求遗补阙,掌录若书,间亦芟除不行之款,虚载之条,存旧者九,新检者三"②,以三个月时间修成,大体上反映了明末清初的情形。与嘉靖《陕西通志》相比,顺治《重刊凉镇志》关于凉州卫河流的记载,除延续"白亭海""沙河"两条外,在黄羊川、杂木、金塔、土弥干川和塞占五条山口涧的方位记载后,增加了"此五涧谷水,春首农兴,雪消冰释,渠坝分流,浇灌田亩,至三岔河合而为一,入镇番卫地,注白海"③。至

---

① 嘉靖《陕西通志》卷 4《土地四·山川下》,第 48 页 b。
② (清)苏铣:《〈重刊凉镇志〉序》,顺治《重刊凉镇志》不分卷,第 2 页 a。
③ 顺治《重刊凉镇志》不分卷《凉州卫·地里志·山川》,第 11 页 a。(原文即作"里",下皆同——引者按)

于完全不见于嘉靖《陕西通志》的内容,则是出现了"白亭河",其记"白亭河,晋高居诲《使于阗记》:自灵州过黄河行三千里,始涉沙。自此沙行四百余里,登沙岭,过白亭海,至凉州"①,此条乃是删改自《新五代史》,②但将原文中"过白亭河"误作"过白亭海"。

而镇番卫河流记载发生了明显变化,顺治《重刊凉镇志·镇番卫·地里志·山川》记:"小河,城南十五里,其源五派出自凉州五涧谷;一派来自凉州沙河,俱至三岔(笔者按:此处疑漏一"河"字)合而为一派,至城西南开渠分水以溉田,余水由东北流入白海。"小河河源除增加"凉州沙河",还指出由凉州卫五涧谷所出有"五派",虽未提及这五派的名称,但镇番卫将河源主要部分更明确地定在凉州卫南部祁连山区则是无疑的。

需要讨论的是同见于上述两志却未作任何描述的"三岔河",其指代范围是何处?嘉靖《陕西通志》、顺治《重刊凉镇志》皆记沙河"至三岔河合而为一",可知沙河尾水汇流处以上已为三岔河河道。顺治《重刊凉镇志》中亦有五涧谷水"至三岔河合而为一"一句;嘉靖《陕西通志》虽无此语,但据卷6《疆域·河西疆域总图》可以看出,各山涧尾水最终汇流成一水道(见图1),那么"三岔河"的上限当在诸水汇流处。另外一条重要线索是,据乾隆《大清一统志》所引较早时期的《册说》称:

> 三岔河在凉州卫东北三十里,上源曰金塔寺山口涧,源出天梯山,北流至南把截堡西,分为二流,一支北流径卫城西,又屈径城北而东流,至三岔堡;一支东北流径南把截堡北,又东径卫城东,至三岔堡,与西一支合;又合杂木山口涧,是为三岔河。③

暂不论三岔河所承上源具体情形如何,此处关键在于诸水至三岔堡后"是为三岔河",且同以"三岔"为名,亦透露出此堡所处位置与河流的关系。由此可以确定,凉州卫北三岔堡即是所谓"三岔河"的起点,而其下限则是在沙河尾水汇流处。同时亦可知,凉州城北存在由金塔寺山口涧西支下截形成的

---

① 顺治《重刊凉镇志》不分卷《凉州卫·地里志·山川》,第 10 页 b。
② 《新五代史》卷 74《四夷附录第三》,中华书局,1974 年,第 917 页。
③ (清)蒋廷锡等修:《大清一统志》卷 164《凉州府》,乾隆九年武英殿刻本,第 7 页 b—8 页 a。

河道,明了此点具有重要意义(详见下文)。

再来看一下康熙六年(1667)刊刻的《陕西通志》,该志后被公认为是清初地方志修纂的典范,但《山川》卷凉州卫和镇番卫的河流记载,不增反删,仅有沿自前志的"五涧谷""沙水"和"白亭海"三条,①再无多言。

概言之,明至清初地方志中,凉州卫近祁连山一带为五条出山径流,各有定名,或概称为"五涧谷水";凉州卫沿边墙有自成一派的"沙河",与三岔河汇流后形成干流注入镇番卫;凉州卫三岔堡至沙河河口一段河道,时人称为"三岔河"。镇番卫称干流为"小河",河源定于凉州卫的"五涧谷"和"沙河"。此时,如"五涧谷水""三岔河""小河"等名称,多以其河流自然形态而得名。而本文所考察的"石羊河"名,尚未出现。

二、清代前中期"石羊河"名的出现

继顺治《重刊凉镇志》后,清康、雍时期本区曾编修若干地方志,然今均已不得见。② 雍正六年(1728)创修、乾隆元年(1736)成书的《甘肃通志》,是康熙年间陕甘分省后,甘肃编纂的第一部省级通志。四库馆总纂官纪昀等曾指出,该志"虽据旧时全陕志为蓝本,而考核订正增加者几六七,与旧志颇有不同"③。众所周知,省志修纂必有所本,纪昀所称"颇有不同"之处应即是源于清前期各地所编地方志的变化。就本区河名论之,确实出现了较大变化。乾隆《甘肃通志》卷6《山川》"武威县"下河流记载,除了延续早前的"五涧谷""白亭海"等,最显著的变动是不再单独记载蹇占、金塔、杂木、黄羊川和土弥干川五条出山径流,而是将之系于其所源出的山头条目下,名称亦由"山口涧"变为"渠"。④ 至于沙河,则记"谷水,一名沙河,在县东北五十里,其

---

① 康熙六年《陕西通志》卷3《山川》,第116页a-b、第118页b。
② 乾隆《甘肃通志》卷4《疆域附形胜》"凉州府"条引如所谓《新志》、镇番《卫志》、古浪《县志》等,均已无从查核。
③ 乾隆《甘肃通志·目录》,《景印文渊阁四库全书》本,史部地理类,第557册,台湾商务印书馆,1986年,第8页b。
④ 乾隆《甘肃通志》卷6《山川》,第9页a-b。

源出自洪水泉,至三岔水合而为一,逾镇番界北入白海"①,原本区分明确的"沙河"与"谷水"混于一目。

与上游河名变动相对的是,乾隆《甘肃通志》卷6《山川》一改前述各志记载,下游镇番县河名不仅由"小河"变为"大河",而且河源也由"五涧谷"和"沙河"改为"源派甚多,详见水利"②,先前清晰的河源认识反倒模糊起来。这种微妙变动的指向是"石羊河"的出现,查《水利》卷"镇番县"条云:

> 大河,在镇番县东南二十五里,其源有二,一为石羊河,发源于凉州城西北清水河滩之尾海藏寺;一为洪水河,发源于凉州城东北高沟塞头墩营东边外,由五墩斜入边内,至蔡旗堡河口入石羊河,总会为大河。③

这是"石羊河"名在现存地方志中首次出现。查整部乾隆《甘肃通志》,"石羊河"名不见于其他县,那么此条当是源自通志所本镇番县地方志。由此可知,镇番县河源不仅改称"沙河"为"洪水河",其尾水所汇也由"三岔河"变为"石羊河";更重要的是,"石羊河"取代了源自五涧谷的"五派",其源定于海藏寺。顺治《重刊凉镇志》记"海藏寺,城北十里",并称其旁有泉水出露。④这意味着此时镇番县河源认定已不再奉行"寻水穷源"的原则,由祁连山区("五涧谷")下移至凉州城附近。同时可知,"石羊河"的下限为洪水河汇流处的蔡旗堡河口,汇流而成的干流入镇番县则被称为"大河"。故而,"石羊河"名所指代河流完全处于武威县境内。

乾隆十四年(1749),清代本区改立州县后编纂的唯一一部府级地方志《五凉考治六德集全志》(以下简称《五凉全志》)修成。该志通行为五卷本,以凉州府辖五县单独成卷,经道府厅县官员审校鉴定,合为一帙。前述省志中河名变化,更明显地反映在乾隆《五凉全志》中。该志卷1《武威县志·地里志·山川》已完全不见各出山径流的记载,仅记"沙河,县东北五十里,发源自洪水泉"。但"沙河"名此时可能已被"洪/红水河"所取代,如志载武威

---

① 乾隆《甘肃通志》卷6《山川》,第9页b—10页a。
② 乾隆《甘肃通志》卷6《山川》,第15页a。
③ 乾隆《甘肃通志》卷15《水利》,第20页a。
④ 顺治《重刊凉镇志》不分卷《凉州卫》,第11页a、第20页a。

县北边"一线长城,半借洪河环绕";①再如该志所收《武威县疆域之图》中,此河标名为"洪水河";而在《武威县水利之图》则标为"红水河"。"三岔河"名则未出现。更引人注意的是"石羊河"名的出现:"白亭水,县东北,号石羊河,其流注镇番,名小阔端海子。"②此条似是杂糅前引"白亭海""白亭河"等条而成,此时武威县已经注意到此河被称作"石羊河",但将"石羊河"与"白亭水"并列这样模糊的描述透露出"石羊河"名恐非源自武威县地方传统。

与上游武威县对河名的不经意相比,镇番县则继续塑造"石羊河"名。乾隆《五凉全志·镇番县志》"山川"部分一如乾隆《甘肃通志》,记"大河,旧志名小河,县东南十五里,源派甚多,详见《水利图》"③。查该志《水利图说》前后各有一处关于河源的记载。第一处与乾隆《甘肃通志》所载文字有所不同,但指向一致,称"镇番水源有二,一发于武威县之石羊河,一发于武威高沟堡之洪水河",接着即记"石羊河东收清水、白塔,西收南北沙河,各余流汇入东北"。④ 隔页则出现了另一"河源"条目:

> 镇番河源有二,一名石羊河,自凉州城北清水河及沿路左右海藏寺、观音堂、雷坛、镇番龙王庙诸泉北流十余里,至深沟等堡各岔东北俱入石羊河,沿河而下,东收白塔河余流,西收石桥堡各岔泉沟及三岔堡南北沙河余流,南沙河自熊爪湖起,北沙河自乌牛坝起,此一支也;一为洪水河,发源于武威县属之高沟寨北,由五墩入边,至蔡旗堡入石羊河,此一支也。盖合众小流而为一河,至蔡旗堡总名大河,分渠灌田。⑤

相较第一处,第二处河源记载更为详细,增加了海藏寺、观音堂、雷坛、镇番龙王庙、深沟堡、石桥堡等泉沟,并且指出了南北沙河的源发地,"石羊河"名所指代的武威县河流愈发明确。更为含蓄的变化是,第二处河源记载一改

---

① 乾隆《五凉全志》卷1《武威县志·地里志·疆域》,第12页a。(原文即作"里",下皆同——引者按)
② 乾隆《五凉全志》卷1《武威县志·地里志·山川》,第15页a。
③ 乾隆《五凉全志》卷2《镇番县志·地里志·山川》,第8页b。
④ 乾隆《五凉全志》卷2《镇番县志·地里志·水利图说》,第15页b。
⑤ 乾隆《五凉全志》卷2《镇番县志·地里志·水利图说》,第17页a。

前称"二河合流为一束"的描述,将石羊河与洪水河的关系表达为洪水河"至蔡旗堡入石羊河","石羊河"不仅取代了"三岔河",而且将洪水河也纳入"石羊河"的范围内。实际上,查核诸地名和支流情形可知,"石羊河"的主河道即是前述金塔寺山口润西支下截。但从结构的变化来看,镇番县地方志关于"石羊河"记载的重心并非是河道本身,而是汇入石羊河的支流,即逐渐明确的海藏寺、观音堂等处泉沟。

除此之外,镇番县还借助地图塑造"石羊河"名。乾隆《五凉全志》卷2《镇番县志·地里志·水利之图》的绘制范围不仅限于镇番县境内渠坝,还将干流河道从蔡旗堡河口向上延伸至凉州城附近,并明确标为"石羊河",同时标绘"达达河""清水河""白塔河""南沙河"和"北沙河"等汇入"石羊河"的五道河流。(详见图2)

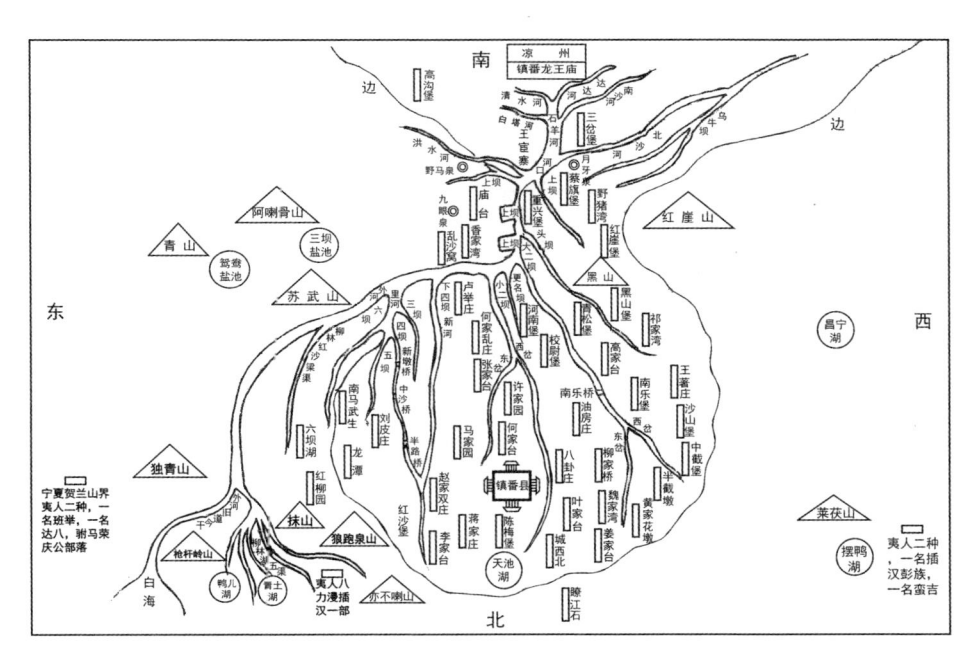

图 2　乾隆《五凉全志》卷2《镇番县志·地里志·水利之图》

在为上游塑造河名的同时,镇番县亦对境内干流名称进行调整。如前所述,明代至清初地方志中镇番县干流先后被称为"小河""大河",而乾隆《五凉全志·镇番县志》还出现了"石羊大河"一名,称县内诸坝"俱仰灌于石羊大河"①，此名显系由"石羊"与"大河"叠加融合而成。尽管此后镇番县人仍多以"大河"称境内干流，但"石羊大河"名的出现却透露出，镇番县力图在观念上将境内干流与处在上游武威县境内的"石羊河"建立起直接关联的意图。

总之，河名的塑造，不仅在于名称本身，更重要的是河名所涵盖范围与指代对象的演变，其背后是流域水资源权利生成过程中，下游构建河源水权的努力。清代前中期地方志中，武威县河流名称出现了较大变动，"五涧谷水""三岔河"等再未出现，城北有一条被定名为"白亭水"的河道，同时已注意到此河被称作"石羊河"，但并未多加释义；下游镇番县境内干流改称"大河"，河源之始则由祁连山区下移至凉州城附近，"石羊河"取代了早前的"五涧谷"，"沙河"改为"洪水河"，"石羊河"名所指代的武威县河流愈发明确。

三、清代前中期河流渠道化与构建河源水权

上文对明至清前中期地方志中河流名称演变进行了考析，大致梳理出下游镇番县地方志中关于河源记载变化的脉络。实际上，"石羊河"名在清前中期镇番县地方志中的出现及演变，与此时本区经历的河流渠道化过程有着密切关联。

迟至明末清初，通过引灌祁连山区各出山径流，凉州卫已形成黄羊川渠、杂木口渠、金塔寺渠和土弥干川渠四大渠系，其下各有支渠，筑坝以资灌溉。② 如前所述，此时以"山口涧"为名的各出山径流，其自然河流属性仍相当明显。清康雍年间，凉州卫各渠系所属渠道不断增加，渠口分立，新的水利格局逐渐形成。乾隆《甘肃通志》卷15《水利》记武威县"其泉源由天梯山南把截口而出者为金塔寺渠，由杂木山口而出者为杂木口渠、为大七渠，由白岭山口而出者为永昌渠、为怀安渠，由黄羊山口而出者为黄羊川渠"③，从杂木口渠中独立出大七渠，由土弥干川渠分化为永昌和怀安二渠。到乾隆

---

① 乾隆《五凉全志》卷2《镇番县志·地里志·水利图说》，第12页a。
② 顺治《重刊凉镇志》不分卷《凉州卫·地里志·水利》，第11页b。
③ 乾隆《甘肃通志》卷15《水利》，第18页b—19页a。

十四年(1749)编纂《五凉全志》时,武威县已是"武邑六渠,有利无患"①,六渠定名为黄羊渠、杂木渠、大七渠、金塔渠、怀安渠和永渠,其下分支沟岔大大增加,新的水利系统完全确立。至此,长期延续的"五涧谷水"概念不复存在,各出山径流由自然河流演变为引水灌溉的干渠。

与此同时,下游镇番县也由以治城为中心的老灌区,向境内上游拓展出重兴、乱山窝、新沟等新渠道,从而形成上、下坝的水利系统,"自重兴、黑山堡、乱山窝、新沟为上坝,下至头坝、大二坝、更名、小二坝、四坝为下坝"②。雍正年间,镇番县更是自大河分出外河,灌溉清代河西屯田中规模最大的柳林湖屯田。由此可见,镇番县干流的灌溉利用率亦不断提高。

随着上下游河流渠道化不断深入,原先自然属性明显的河流逐渐演变为水利干渠,其名称也愈发具有人工色彩,最显著的是武威县各出山径流的名称由"涧"变为了"渠"。方志编纂体例也发生了变化,乾隆《甘肃通志》、乾隆《五凉全志》的"山川"记载中已不见有关武威县各出山径流和镇番县大河的详细记载,转而出现在"水利"部分,诸此皆深刻地反映出这些河流在时人观念中已然被视为水利渠道。

清代前中期河流渠道化的过程,不仅意味着渠口分立、渠坝增加等水利设施的变化,更重要的是渠道内部、渠系之间乃至流域上下游地区都面临水资源分配格局的变革和调适,新的水权关系在不断酝酿和形成中。那么,就本文所关注的上下游水权生成问题而言,具体来说,就是下游也有使用源自上游地区水资源的权利关系是如何建立的呢? 这个问题需要重新审视镇番县地方志中独特的"水案"记载。

乾隆《五凉全志》卷2《镇番县志》"水案"条下所记校尉渠、羊下坝和洪水河三案,③皆为镇番县与武威县之间的纠纷,而且涉案地点无一例外均在武威县境内。一般认为,水案是为了维护已有水权而发生的纠纷。但细考案情可以发现,事实上除了校尉渠案是因雍正三年(1725)武威县校尉沟人在清水河尾泉沟修筑木堤,其他两件所谓水案的直接起因并非水利活动,而是

---

① 乾隆《五凉全志》卷1《武威县志・地里志・水利图说》,第22页b。
② 乾隆《甘肃通志》卷15《水利》,第20页a。
③ 乾隆《五凉全志》卷2《镇番县志・地里志・水利图说》,第18页b。以下案情引文皆出自此。

武威县人"意虽萌而事未举"的垦荒申请。先看较早的洪水河案,康熙六十一年(1722)因田地被风沙壅压,武威县高沟寨人请求"于附边督宪湖内外讨照开垦,奉甘府委凉州同知张、庄浪同知张会同镇番卫洪涣踏验";而羊下坝案则发生于雍正五年(1727),武威县羊下坝人"欲在石羊河东岸开渠加垦,具呈道府县讨照,批武威县郑松龄、镇番县杜振宜会查"。两案皆是在其后相关官员奉命赴当地查勘时,镇番县人呈控上诉。

武威县人垦荒时对境内河流湖泊进行开发利用,却遭到镇番县人以"断绝咽喉"等理由要求禁止,这显然出乎其意料,为何近在咫尺的水源自己却无权开渠?因之,此后洪水河案案情愈发激烈,甚至高沟寨驻军也牵涉其中。这透露出在武威县人提出垦荒申请之前,上下游在水资源权属划分问题上,似乎还没有清晰的界定,水权关系也无从谈起。此处所谓水案的纠纷与诉讼,实际上是上下游水资源权利关系生成的过程,镇番县河源水权观念正是由此逐渐兴起。

校尉渠、羊下坝和洪水河三件水案诉讼过程的结束,标志着上下游有关武威县境内水资源权利关系的初步形成。镇番县地方志记载此三案皆经府、道、省等官员审理,判处武威县败诉,令其"拆毁木堤","严加禁止""永行禁止"开垦。由官方做出的有利于镇番县的判决结果,成为镇番县宣示河源水权合法性的依据。因此镇番县将详细的水案案情记入地方志中,颇有深意。

需要注意的是,在水案诉讼过程中,镇番县人已经开始将"石羊河"名与河源水权建立起关联。雍正五年(1727)凉州府知府邢硕辅在关于羊下坝案的判词中透露了一条重要的线索,其称:"石羊河既系镇番水利,何金羊下坝民人谋欲侵夺?又滋事端,本应惩究,姑念意虽萌而事未举,暂为宽宥,仰武威县严加禁止,速销前案,仍行申饬。缴。""石羊河既系镇番水利"一语显系出自镇番县人的申诉主张,此主张最终被凉州知府所采纳并作为判案的依据,这反映出至晚于雍正年间,镇番县可能已经认识到河名具有宣示水权的功用。而接连发生的水案,使得下游更加强烈地感受到构建河源水权的必要性,进一步塑造"石羊河"名即是其选择的策略之一。

乾隆十年(1745),镇番县人以洪水河案屡断屡翻为由,经官方允准,将洪水河、校尉渠和羊下坝三案判词镌刻石碑,立于凉州府署,同时在凉州城北门外龙王庙也树立石碑。① 今见《总龙王庙碑记》文首即称：

> 大河之水合石羊、洪水二支,而东北注焉,洪水一支发源于武威县属之高沟堡,详载府县公署碑记;石羊河即达达河是也,自蔡旗堡逆溯而上,西收三岔堡南北沙河之渗漏,东收白塔河之余流,更溯而上,则校尉、深沟等堡诸水,观音堂、三盘磨、雷台观、海藏寺乱泉交汇而下十余里,遂成河。而穷源溯本,则以郡城西北清水河滩为吾镇大河之星宿。②

相较于乾隆《甘肃通志》、乾隆《五凉全志·镇番县志》第一处河源记载,《总龙王庙碑记》大大细化了"石羊河"名所指代的武威县河流。而"石羊河即达达河是也"一句透露出此前镇番县对"石羊河"的源头可能还另有追溯,查乾隆《五凉全志》卷2《镇番县志·地里志·镇番县水利之图》,在"凉州镇番龙王庙"图标右下方即是标有"达达河"字样的河道,左侧与之相对的则是"清水河"。但《总龙王庙碑记》最终认定为镇番县"大河之星宿"的却是清水河滩,此即是前述雍正三年(1725)武威县校尉渠人所筑木堤处,而羊下坝案的涉案地点也在这附近。由"达达河"转为"清水河",反映出水案对"石羊河"名塑造的直接影响。然而,正是通过此契机,镇番县逐一细化武威县境内的河流泉沟,并纳入"石羊河"名下。而且比较文本,乾隆《五凉全志·镇番县志》第二处河源记载中的"石羊河"及其指代的武威县河流,当是源自《总龙王庙碑记》。

要之,清代前中期河流渠道化的过程中,镇番县为上游武威县境内河流所塑造的"石羊河"名绝非临时起意,而是在上下游水权关系生成过程中构建河源水权的一种策略。至乾隆十四年(1749)编纂《五凉全志》时,下游镇番县已经完成了"石羊河"名的塑造,其所指代的武威县境内河流范围基本确定。由水案判案结果转化而成的"石羊河"名,愈发具有水权色彩,实际上成为镇番县河源水权的代名词。在清代后期上下游的水利纠纷中,"石羊河"名开始发挥重要功用。

---

① 乾隆《五凉全志》卷2《镇番县志·地里志·水利图说》,第18页b。
② 道光《重修镇番县志》卷4《水利考》,第8页b—9页a。

四、清代后期水权互动与河名演化

自乾隆十四年(1749)编修《五凉全志》后至清末,武威县再未编刊新县志,而镇番县则相继完成了道光《重修镇番县志》、光绪《镇番乡土志》①和宣统《镇番县志采访稿》②,可以进行比较分析。这三部镇番县地方志一方面在"山川"部分,对境内干流或将摘改自前志的"大河""小河"两名并列;③或不再单列河流条目,将之直接系于水利河源条下(光绪志、宣统志),此皆反映出当地人已不再留心河流自然属性的趋势,河流记载的重心完全转移至"水利"部分。另一方面则秉承前述乾隆《五凉全志·镇番县志》塑造河名的努力,各志《水利》卷首皆承袭乾隆志第二处河源记载,句式虽略有变动,但"石羊河"名所指代的武威县河流则无一增删。其时在"石羊河"范围内已出现新的支流名称如红柳湾河,④却未被纳入河源叙述中。然则,由下游镇番县塑造的"石羊河"名,在地方志文本中已经完全固定下来。

那么是否仅凭下游镇番县一方的努力,其河源水权就可通过塑造河名而得到确立呢?面对境内源发汇流的河水,上游武威县就毫无办法开渠引水吗?事实可能并非如此。作为权利关系,水权确立需要经过若干循环往复的互动过程,方才能得到各方的认可。除了以仲裁者身份出现的府、道、省等官府,更关键的是武威县人如何看待"石羊河"名所隐含的水权合法性。

---

① 该志记事下限至少到光绪三十二年(1906),如《物产志》记"自光绪纪元以来三十有二年矣,生齿已倍于咸同"。
② 《中国地方志联合目录》记有"宣统《镇番县志》十卷首一卷,清宣统元年修。有南京大学藏抄本"。查此抄本目次上写有"镇番县采访三十五目",文意疏简,后被民国《续修镇番县志》采纳为修志底本,因此定名为《镇番县志采访稿》似乎更恰当。据民国《续修镇番县志》卷首《光绪三十四年奉文纂修县志姓氏》可知,《镇番县志采访稿》主修为知县常孝义,总修为教谕彭汝翼。见中国科学院北京天文台主编《中国地方志联合目录》,中华书局,1985 年,第 222 页。
③ "大河"条称"其源五派,出凉州五涧谷",此语可能出自顺治《重刊凉镇志》,但未提及"凉州沙河",却仍不忘夹注"详见水利考",见道光《重修镇番县志》卷1《地理志》,第 15 页 b。
④ 光绪《镇番乡土志》卷下《道路志》,殷梦霞选编《日本藏中国罕见方志丛刊续编》,北京图书馆出版社,2003 年,第 662 页。

实际上，以"石羊河"名作为宣示水权依据的做法并非镇番县所独有，在清代后期水利纠纷中，武威县也开始试图通过刻意解释由下游塑造的"石羊河"名，构建自身水权的合法性。以清代后期两县之间持续最久、矛盾最尖锐的白塔河石羊河水案为例，①据光绪六年（1880）甘凉道铁珊的判文，②此案应追溯至嘉庆十三年（1808）武威县九墩沟人开垦东岗官荒时，在白塔河汇入石羊河后的大河东岸挑挖新沟引水，镇番县人得知后向府道控诉，水案由此而起。后在武、永、镇三县会勘中，武威县知县杨万业③曾有禀文上呈。此禀今已无存，但由铁珊判文可知，该禀首先描述了水案发生前的用水格局，称"石羊河迤东有白塔河一道，其流亦汇归石羊河，因此名石羊大河，靠大河东岸有沙沟一道，引石羊河水流入九墩，此系历来引灌水利情行"，接下来则引述乾隆《五凉全志·镇番县志》中镇番县河源记载，即"镇番志载：石羊河水，东收白塔河余流"，据此而提出"九墩沟之分用石羊河水，亦可云分用白塔河余流也"。不仅如此，杨知县还继续援引所谓地方志中有关"石羊河"的记载，作为九墩沟拥有引灌石羊河水的依据，其称：

> 武威志载："九墩应浇泉水，其源发自熊爪湖等处"，镇番志载："熊爪湖水顺流至南沙河，由沙河归入石羊河"，是熊爪湖水既不能汇于白塔，则九墩沟之应浇石羊河水已属有据。又志云："王宦寨等处，皆仰灌于石羊大河"等语，王宦寨即在九墩沟地方，既王宦寨应浇石羊河水，九墩沟民以本处源流反不能得沾其润，非特于理不顺。

然而查对乾隆《五凉全志》中镇番县、武威县两志，均不见所谓"志载"云云的语句。这不是一般性文字修饰的改动，而是扭曲原意的窜改和偷梁换柱的杜撰。光绪六年铁珊判案时，即已明确指出杨万业之禀文乃是"将志书原文全行割裂删改"，"非志载原文，而于其余各条，亦截去上下要文，并未全录"。实际上，代表武威县利益的杨知县援引并刻意窜改镇番县志中有关"石羊

---

① 光绪《镇番县志采访稿》卷5《水利考·水案》即专门记载光绪六年至十年此案连年案情。
② （清）铁珊：《本道铁判武威九墩沟民与镇番农民控争石羊河水利一案》，抄件，武威市凉州区档案馆藏，武威县人民委员会水利局档案24-7-1，共8页，馆编卷宗页码有误。下引该案文字者出自此抄件。
③ 杨万业名见甘肃省图书馆藏民国《凉州文武职官衔名册》。

河"的记载,结合武威县地方志中某些含混的表达,进而做出似是而非的解释,诸种举动透露出镇番县地方志中塑造的"石羊河"名富含宣称水权的话语权力,因此武威县人也借助"石羊河"名作为证明自身水权合法性的依据。并且杨万业这种做法似乎也起到了效果,使得此案"官民交哄,两相不下,案悬六年之久,未能结局"。而光绪六年铁珊判案时,还需用几近一半的篇幅逐条驳斥杨万业的禀文,此时距嘉庆年间已逾七十年,可见由镇番县塑造的"石羊河"名所蕴含的水权话语,已为武威县人所认同。

至清末上游武威县也逐渐接受了"石羊河"名,在不同口径的文献中出现了"石羊河"的详细记载。甘肃省档案馆藏题为《甘肃奏稿》的抄本,乃是由清末新政前后武威县各种政情文书汇抄而成。其中《武威县河渠水源湖滩全图之说》一文记石羊河"系金渠下游,源出于城之东北乱泉,因细流而成巨浸,北流至下双寨之小泉沟,与白塔河汇。白塔在城之正东三十里,其源出于杂渠下游之渗津及天生之乱泉,向北行至白家涯而注镇番"①,同时亦记清水河、干沙河(即北沙河——笔者按)皆"与石羊河汇"。由此可知,此时武威县官方已经将城东北河流定名为"石羊河",其范围与镇番县认定的大致相当。宣统元年(1909)刊印的《甘肃新通志》,是清代甘肃第二部也是最后一部省级通志,其《舆地志·山川下》"武威县"条记:

> 石羊河,二源,一出县南天梯山,北流过上古城,至磨嘴子合杂木、大七等河之水,又北经县城东,过杨家寨;一出县西南第五山东北流经金塔寺堡,曰金渠总河,又北过县城西得海藏诸泉水,亦曰海藏大河,折而东北,曰清水河,过杨家寨合流,至三岔堡东得白塔河水,西得南北沙沟水,故名三岔河,入镇番县界。②

此处,武威县人观念中的"石羊河",其涵盖的范围最远已经延展至祁连山麓,杂木、大七和金塔三大渠系所属渠道、泉源甚至"三岔河"都被纳入"石羊河"名下。至于此时武威县对"石羊河"名这种延展与差异,究竟存在怎样的历史背景与过程,则需另文讨论。

---

① (清)佚名:《甘肃奏稿》抄本,甘肃省档案馆藏,清朝甘肃地方政府档案 1-5-38,第 135—136 页,页码为铅笔标注。
② 宣统《甘肃新通志》卷7《舆地志·山川下》,第 31 页 b。

总之，清代后期镇番县地方志中"石羊河"名及其指代的武威县河流已经稳定下来，成为其构建河源水权的依据。上游武威县则由早前对河流定名不经意，转而开始援引河名并进行刻意解释，最终"石羊河"名进入到武威县地方文化传统中，甚至其指代范围出现了扩展趋势。

五、余　　论

明代至清初，下游镇番卫似乎并不存在明确的河源水权观念，亦未刻意解释河源。在水资源权利意识兴起后，水权构建的过程由此展开。清代前中期，下游镇番县开始通过塑造河名、明确河名指向等策略，在系列地方志文献中逐步明确了话语权力，逐渐形成地方文化传统，以之建立对上游武威县的河源水权。

综上可见，水权的生成过程，包含着复杂的社会与文化因素。处于同一流域上下游地区的水权关系，并非是不言而喻、不证自明的。名称不单是一种记录符号，更是一种权力话语。若将河名演变置于区域社会自身发展脉络中，可以发现其背后所隐藏的动机、利益博弈等因素极为复杂。塑造河名，不仅是河流名称本身，更重要的是名称所指代对象的演变及其体现的水权生成过程。当然塑造河名绝非构建水权的唯一策略，祭祀与仪式系统（如下游在上游境内建造龙王庙）等则需今后进一步研究。

浅议河西走廊人口变迁

姜清基

武威市民勤县第四中学

人口的多少与国家政权的实力有重大的关系，自班固在《汉书》修有《地理志》以后，各代史家都修有《地域志》《郡国志》等，在记录国家版图的同时，记录下了各郡县的户口数和全国的户口总数，用以反映国家和地方的兴衰。杜佑在《通典·食货典》中论及人口时说："斯政之大者远者，将求理平之道，非无其本欤。"把人口的多少、赋役的均平，作为治国的大政。

一个地方郡县人口的增减，也是反映地方社会经济发展的一个标志。从战国、秦汉开始，地方州县必须在每年年底向中央报告本地人口、垦田的数目，叫做"上计"，以便中央及时掌握地方的经济情况和官员治理的能力。从史料来看，河西历代人口大致有以下三种情况：第一种是明载"户""口"的，但户均数值不是偏大就是偏小，这些记载的准确性要多加审视。如《后汉书·郡国志》所记敦煌郡户 748，口 29 170，每户竟达 38 人，而记河西其他三郡每户均是 4 人。第二种，只记载户数，不见有口数记载，而户数也是只取整数。《晋书·地理志》《魏书·地形志》《隋书·地理志》上的记载就有此现象。第三种是户、口数均不见记载。如先秦时期、曹魏时期、五凉时期、归义军时期、西夏时期等都没有河西"户""口"的记载。

在研究过程中，坚持以官修正史为主，兼顾其他册籍和地方志书，并参考最新研究成果，对正史上有河西人口记载的，首先尊重史料记载，并寻求同一时期河西的隐漏人口，力争使人口数字接近当时的实际状况。对无户口数字记载的时代，则以史料所记载的作战出征兵力、战争死亡人数、迁徙人口、劳役征发的数目等，推算当时人口的大致数字。当然，各朝代和时期，回避人口总数的定量分析，即没有也不可能拿出某一朝代河西人口的精确数字。

本文主要是从数量上考察河西历代人口的变迁过程，通过对河西户口的考证，形成一个基本能准确反映各个历史时期人口发展变化的数据系列。

史前河西人口研究尚处于起步阶段，面临着理论、方法不足以及资料匮乏的困境。资料不足是限制研究的一个主要原因。河西各处人类遗址的发掘资料零散，调查对象又以器物为主，少有遗址面积与人口研究之类的内容。研究过程中，以永昌县鸳鸯池遗址、皇娘娘台遗址、民乐六坝东灰山为代表，对史前河西人的数量、性别、婚姻形态等进行初步探讨。在遥远的史前时代，河西人口大约有1万，他们的生活很艰苦，为了生存，他们不断寻找水源和理想的生存环境。据专家研究，他们从民乐六坝到山丹四坝，从玉门火烧沟离开河西，后来河西又成了西戎和羌族角逐的地方。

到战国和秦代，月氏、乌孙是这一地区的主角，他们人口众多，势力强大。当时月氏势力比乌孙大，人口较多，乌孙最初受制于强大的月氏。大约在战国时期，月氏控制了河西。在战国末期和秦代，月氏处在最强盛的时期，《史记》称这时"东胡强而月氏盛"，匈奴当时还送质子给月氏，《史记·大宛列传》载，河西月氏"行国也，随畜移徙，与匈奴同俗，控弦者可一二十万"。战国、秦代时，生活于河西地区的月氏人口约40万，乌孙人口约16万，因为他们处在同一时期、同一地区，他们共同构成了当时河西人口的主干，所以合计他们两者的人口，可知当时河西人口有50多万。这是河西这片美丽富饶的土地长期孕育的结果。

继月氏和乌孙族之后，在河西力量最为强盛的是有"控弦之士三十余万"的匈奴。秦汉之际，匈奴打败月氏，月氏、乌孙西迁而去，匈奴成为河西统治者。匈奴以其在河西的20余万人口称霸河西，威慑西域，对西汉西北边境也造成严重威胁。西汉王朝派霍去病三征匈奴，将其逐出河西。随后西汉王朝在此设郡移民，"徙民实边"的记载不绝于史，而中央王朝对河西的直接经营，就是从西汉开始的，也是从这时起，河西才有了汉族人，先后移入河西的汉族人口不下40万。经过西汉政府对河西的苦心经营，到西汉末年，河西人口已经有六七十万之众，是河西人口史上的第一次高峰。

东汉时期户口隐匿非常严重，故《后汉书·郡国志》所载河西人口数低于实际数量，东汉河西人口的规模与发展的速度都不及西汉。东汉中期以后，北匈奴逐渐强大，屡屡进扰河西，加之河湟、陇右羌人起义，河西成了东汉政府与羌人进行争夺的区域。长期的战乱,使经济发展受到影响,人口也较西汉鼎盛时大幅度下降,而且越往后,下降幅度越大。但东汉盛时河西人口至少也有 50 万之多。

曹魏时期河西人口数字失载,据有关资料可略作估算。西晋河西人口在《晋书·地理志》中有部分户数记载,但比实际要少。西晋统一全国后,占田制的推行,使大乱后的流民逐渐回到故里。河西地区除流民还乡、环境安定使人口自然增殖外,一些少数民族此时也相继迁入河西,如鲜卑族的秃发氏,等等。因此,河西人口较东汉末有较大增长,约在 40 万以上。

十六国时期,在河西有前凉、后凉、西凉、南凉、北凉五个政权,史称"五凉"。前凉政权重视发展生产、安抚流民,河西一时"刑清国富",成为中州汉人避难之所,大批中原流亡的汉族人民在此安居乐业。在此条件下,前凉的人口增长率提高,人口迅速增加。前凉盛时约有 100 万人,在河西的约有 70 万。后凉、西凉、南凉河西有 20 万人,北凉时河西有人口 40 万。这时期人口变化大,主要是因为政治军事因素使然。北魏灭北凉后,徙走凉州三万户,收姑臧城内户口二十余万,诸郡杂胡降者又数十万,后又迁徙张掖几千户,河西人口变得非常稀少。西魏、北周时河西人口没有大的增长,可统计者只有十几万。

隋代河西人口有 20 多万,较前代有缓慢增长,这与北魏实行均田制度和社会比较安定有关,同时,自隋以后中西交通日渐兴盛,河西地处丝路孔道,不仅中原商人来到这里,大量的胡商也云集于此。唐前期,河西经济得到了长足发展,河西又迎来了大批移民。一方面是汉族继续向河西迁徙;另一方面是数量众多的少数民族也迁至河西,多数都属于强制性迁徙到此参加屯田。此后唐政府规定士兵服役将满时,"有愿留者,即从所开田为永业,家人愿来者,本贯给长牒续食而遣之"(《唐六典·屯田郎中》卷 7)。他们携家带口,长期屯垦于河西,这些军屯就属移民性质。唐开元年间,河西有"七万三千人"参加屯田生产,他们大多是政府强制迁徙来的,自然成为河西人口的一部分。当时河西户口出现自两汉以来的又一次增殖高峰。

安史之乱爆发后,河西为吐蕃占领,吐蕃贵族对河西汉人的统治十分残酷,甘、凉、瓜、肃,雉堞凋残。河西人口流散及内迁的很多,自然增殖大大下降。唐后期河西也接纳了一定数量的外来人口,首先是吐蕃攻入陇右和关中,将许多汉人掠入河西走廊。这些都是河西移民的例子,但唐末五代河西战事不已,河西人口发展缓慢。

西夏最盛时,河西人口已近80万,但很快西夏为蒙古所灭,河西各族四处逃散,人口又一次下降。元代,继续在河西移民屯田、兴修水利、鼓励垦荒,使西夏末因战争留下的创伤逐渐愈合,人口也有了较快发展。入明后,河西是王朝西北边防的重要地域,除关西卫所、嘉峪关以东派大量军队驻守外,同时进行大规模的屯田生产。洪武年间的大移民,使大量的屯军及家属到河西安家落户,加之凉州十一卫旗军(正规军队)与下屯旗军近11万人,嘉靖以后河西人口不少于30万。

河西人口在清代得到较大发展,并达到了封建社会的最高峰。明末清初,天灾加战乱,河西土地荒芜,民户逃散。清政府采取措施,"改编凉州戍军为屯丁,除免军名,令种屯地",将明肃藩王土地改归民户经营,称"更名田",并兴修水利,移民垦荒。康熙后期颁布"滋生人丁,永不加赋"的诏令,雍正朝又实行"摊丁入亩"制度。加之康熙平定西域,河西社会安定,经济日渐恢复并发展,户口也随之迅速猛增。经康、雍、乾三朝的安定时期,据《重修大清一统志》载,嘉庆年间河西地区的甘、凉、肃、安西四州府共有人口2 848 049,达到河西人口历史最高峰。清后期由于回族起义、自然灾害等原因,河西人口有所下降,但人口基数仍很大,并为近代河西人口的发展奠定了基础。

民国时期河西自然灾害、疾病瘟疫不断,人口死亡率高,加之战乱不已,河西人口发展缓慢,基本处于"高出生、高死亡、低增长"的态势。据统计,民国二十一年,河西走廊人口1 012 652,每平方千米5.25人,民国三十五年人口1 160 843,每平方千米6.02人,人口总数比嘉庆年间减少160多万人,可见民国河西人口减损之严重。

中华人民共和国成立后,河西经济迅速发展,社会稳定,人民生活及健康状况得以改善,河西又迎来了新的人口生育高峰期。

综观河西历史人口增长的数据链,河西人口发展是极不稳定的,出现过多次高峰与低谷,呈现上升、下降、再上升、再下降、再上升的波浪式缓慢增长的特点。秦至西汉末年,约用了200多年的时间发展到60多万人,形成河西人口史上的第一次高峰。后来又逐渐下降,至北魏时,河西人口降到了一个低谷,北魏以后,又慢慢回升,至唐天宝年间出现了河西人口增长的第二个高峰。吐蕃占领河西后,河西人口下降,归义军收复河西后,河西人口又开始增长,到西夏盛时,河西人口又出现了一个波峰。元朝统治时河西人口有所回落,自明朝始,人口开始曲线上升,到清朝乾隆、嘉庆、道光年间,河西人口飞跃式增长,突破了历史中形成的100万左右的较稳定规模,达到历代人口最高峰。

古代河西人口分布与河西自然环境、社会环境有很大关系。人口分布与自然环境息息相关,没有适宜于人类生存的环境,也就没有人口的存在。自然环境如土地、水源、气候、矿产等状况对人口分布至关重要。一般来说,哪里土地肥沃、水资源丰富以及有适宜的气候条件,哪里人口分布就稠密;反之就稀少。河西走廊第一重镇——武威,在历史上人口都居河西之首。武威占有"通一线于广漠,控五郡于咽喉"的重要地理位置。自然环境适宜农牧业的发展,人口多在这里繁衍生息。如在唐代,武威作为丝绸之路上商人云集与物资集散之地,空前地繁荣起来。正如诗人岑参所形容的"凉州七里十万家,胡人半解弹琵琶"。唐时凉州成为长安以西的第一大都会,这和武威自身优越的自然环境是分不开的。

水是生命之源。河西人口的分布与水资源有直接关系。河西走廊内共有河流57条,分属石羊河、黑河、疏勒河三大水系,它们流过的地方,形成一片片绿洲,人口就集中在这里。发源于祁连山的内陆河流,上游丰富的水力资源,为河西地区的经济建设提供了充足的能量。甘甜的河水,犹如生命的乳汁滋润着河西广阔的土地。石羊河流域的武威,黑河流域的张掖,疏勒河流域的玉门、安西、敦煌等一片片绿洲就是人口相对集中的地方。而河西戈壁、沙漠地带,人烟稀少,有的大片土地基本上是无人区。可见人们总是能选择适宜的自然环境来生存。

河西人口史是与河西移民史联系在一起的,河西人口的增长是同历代统治者的移民政策分不开的。有人说"没有移民就没有中华民族,就没有中国疆域,就没有中国文化,就没有中国历史"(葛剑雄《中国移民史·导论》)。同样,没有移民,就没有河西历史,就没有河西人口的今天。从古至今,河西是许多民族大迁徙、大融合的舞台。河西移民大多是官方移民,主要是来河西参加屯田生产的贫民,他们的到来增加了河西的劳动力和人口,同时,也带来了先进的生产技术和先进的中原文化,加速了河西的发展进程。所以,河西的开发是河西土著人和中原等处移民共同推进的。

在对河西历代人口的探讨中,笔者深深地感到:人口问题不是简单的一个数字问题,它与河西的政治、经济、军事、文化等方面的发展息息相关。人口多了,经济就发达,文化就发展,整个社会呈现出一片欣欣向荣的景象;反之,人口减少,经济就萧条,文化也荒芜了,河西则呈现一片破败的惨状。

河西历代人口发展告诉我们,人口必须与经济社会协调发展和可持续发展,还要提高人口素质、改善人口结构、调节人口分布。妥善处理好人口与发展之间的关系,促进人口与经济、社会、资源、环境的协调和可持续发展,为河西的未来和发展创造良好的条件。

中国古地图上的"西域"

成一农
云南大学历史与档案学院

一、问题的提出

"西域"至少从清代中后期就成为史学研究所关注的重要内容，近代以来这一领域的研究持续兴盛，不过焦点主要集中在"西域"地区曾经发生的交通道路的演变、河道变迁以及民族兴衰等具体问题上，而针对王朝时期关于"西域"的总体认识或者观念的研究只是在近年来才逐渐兴起，[①]基本观点也大致相同，其中比较有代表性的就是贾建飞的《清代中原士人西域观探微》，该文认为清代之前传统的"西域观"将西域想象为"异域"、荒蛮之地，随着清代中后期对新疆的经略，这一传统的"西域观"逐渐受到挑战，被对西域现实情况的认识以及将其与"内地"等同看待的新的"西域观"所取代，而这一观念的转变也对近代中国疆域的形成产生了重要的影响。[②]对于这一观点笔者基本赞同，也撰写过角度不同但结论相近的论文。[③]

但以往的研究在两个方面还存在值得继续探讨之处：一是以往研究的时段主要集中在清代，而对之前王朝时期对"西域"的总体认识通常一笔带过。二是诚如一些研究者所述，在古代的各种文集、笔记中对于西域的记述除了一些写实的描述之外，还存在大量的想象，不过除了这些文字材料之外，自宋代之后还留存下来大量古地图，与文字一样，这些地图并不是对地

[①] 参见宋培军《从"边陲"到"边疆"：乾隆君臣经略西北之观念变迁》，《西部蒙古论坛》2015年第3期；僧海霞《从"关限"至"废垒"：明至民国嘉峪关的意象变迁》，《中国边疆史地研究》2014年第1期。

[②] 贾建飞：《清代中原士人西域观探微》，《清华大学学报》2010年第3期，第106页。

[③] 成一农：《"实际"与"概念"——从古地图看"中国"陆疆疆域认同的演变》，《新史学》第19辑，大象出版社，2017年，第254页。

理情况的如实反映，被绘制在地图上的实际上是绘制者认为应当在地图上进行表达的内容，那么在这些古地图上，古人是如何对"西域"进行描绘的？古人认为地图上在"西域"地区应当表达的内容是否随着时间的流逝而变化？[①] 本文即从现存的古地图入手，对宋代之后地图上所反映的古人对"西域"的总体认识进行分析。需要说明的是，王朝时期描绘了"西域"地区的地图主要为"天下总图"和专门表现"西域"的区域图以及历史地图三大类。由于在现代人看来"天下总图"和专门表现"西域"的区域图理应表现的是地图绘制时"西域"的"现状"，而"历史地图"则应当表现"西域"之前的"历史"，因此就表现的信息而言，两者存在本质区别，基于此，下文就将这些地图分为两类分别进行介绍。

二、"天下总图"和"区域图"中的"西域"

包括历史地图在内，宋代保存下来的"天下总图"至少应有一百幅，但其中对西域地区进行了描绘的大致只有《华夷图》、《历代地理指掌图》"古今华夷区域总要图"[②]和《新编群书类要事林广记》"华夷一统图"，两者在"西域"主要描绘的是汉唐时期的地理状况，并用文字记录了汉唐对西域的开拓和设置的行政建制。

现存最早的历史地图集《历代地理指掌图》中的绝大部分地图没有描绘"西域"地区，只是"唐十道图"中在"西域"简要标注了唐代设置的少量地方行政机构。《帝王经世图谱》中的"周保章九州分星之谱""唐一行山河分野图""周职方辨九州之图"等图中只是在西北地区简单地标注"西伊庭"三个唐代设置的政区的合称。

[①] 关于这一问题席会东在《清代地图中的西域观——基于清准俄欧地图交流的考察》（《新疆师范大学学报》2014 年第 6 期，第 13 页）中进行过讨论，不过其基本只是聚焦于清代，而且所选择的地图数量过少，且过于强调地图的写实性，因此未能对当时地图所反映的"西域观"进行总体性的叙述。

[②] 两者有着明确的渊源关系，参见成一农《浅析〈华夷图〉与〈历代地理指掌图〉中〈古今华夷区域总要图〉之间的关系》，《文津学志》第 6 辑，国家图书馆出版社，2013 年，第 164 页。

绘制于南宋后期的《新编群书类要事林广记》"华夷一统图",在"西域"地区简单地标注有"龟兹"以及"西至汎国万余里,此国为西极"。"汎国"出自《说文·水部》"汎"下引《尔雅》:"西至汎国。"同样是南宋末年绘制的《新编事文类聚翰墨全书》"混一诸道之图"中在西域地区也只是简单地标注"龟兹"。"龟兹"这一地名虽然至少在北宋时期依然存在,但从其在地图上与"汎国"并置来看,这里表现的应当是宋人看来的历史上的"龟兹"。

元代留存下来的地图数量很少,其中不少又是对宋代地图的抄录,如《新编群书类要事林广记》和《新编事文类聚翰墨全书》中的地图。在目前大致可以认定是元代绘制的"天下总图"中对"西域"进行描绘的有《尚书通考》"禹贡九州水土之图",其在西域地区标有"蒲昌""伊吾""高昌""葱岭""于阗"。明代叶盛《水东日记》中收录有一幅元人清濬绘制的"广轮疆里图",但这一地图西北只绘制至河西走廊。保存下来的两幅元代地图的序跋在某种程度上也展现了当时士大夫对于"西域"的认识,朱思本《舆地图自序》:"……博采群言,随地为图,乃合而为一。自至大辛亥迄延祐庚申,而功始成。其间河山绣错,城连径属,旁通正出,布置曲折,靡不精到。至若涨海之东南、沙漠之西北,诸蕃异域,虽朝贡时至,而辽绝罕稽,言之者既不能详,详者又未必可信,故于斯类,姑用阙如"[1];乌斯道《刻舆地图序》:"本朝李汝霖《声教被化图》最晚出,自谓'考订诸家,惟《广论图》近理。惜乎山不指处,水不究源,玉门、阳关之西,婆娑、鸭绿之东,传记之古迹,道途之险隘,漫不之载'"[2]。从这两段文字来看,这两位序文的作者都认为"西域"属于"诸蕃异域",对于当时的地理情况则是"言之者既不能详,详者又未必可信",而所了解的只有"传记之古迹",这可能也是清濬的"广轮疆里图"不绘制"西域"的

---

[1] 引自杨晓春《〈混一疆理历代国都之图〉相关诸图间的关系——以文字资料为中心的初步研究》,刘迎胜主编《〈大明混一图〉与〈混一疆理图〉研究——中古时代后期东亚的寰宇图与世界地理知识》,凤凰出版社,2010年,第77页。作者对这一自序的不同版本进行了校勘。

[2] 引自杨晓春《〈混一疆理历代国都之图〉相关诸图间的关系——以文字资料为中心的初步研究》,刘迎胜主编《〈大明混一图〉与〈混一疆理图〉研究——中古时代后期东亚的寰宇图与世界地理知识》,第79页。

原因。

元代留存下来一幅专门描绘西域地区的地图，即"元经世大典图"，根据研究，该图绘制于天历二年至至顺二年间（1329—1331），绘制者不详，初载于元代《经世大典》中，又被收录于《永乐大典》中，后随书散佚，只是在魏源的《海国图志》中保留了一个副本。该图表现范围包括中亚、西亚、小亚细亚，还涉及北非与东欧。就绘制方法来看，该图图面上绘制有密集的方格网，在地图的四角标注有方位，即右下角为北、左上角为南、左下角为东、右上角为西，由于这种绘制方法与目前传世的其他所有中国古代地图都不相同，因此有学者认为这幅地图并不是中国人绘制的。[①]

总体来看，现存对"西域"进行描绘的元代"天下总图"的数量极少，而且仅有的少量绘制有西域地区的地图也只是绘制了历史上的内容，而且从两幅保存下来的地图的序文来看，当时一些士大夫似乎并没有掌握太多关于"西域"的资料，而且对"西域"的关注也有限。

明代留存下来的"天下总图"数量众多，但大致可以分为以下四个主要的谱系，下面对这些地图谱系中描绘"西域"的情况进行介绍：

《大明混一图》，明洪武二十二年（1389）绘制，绘制者不详。绢本彩绘，图幅纵386厘米，横456厘米。该图所绘制的"西域"范围非常广泛，远至欧洲和非洲地区，且描绘得很详细。不过很多学者认为该图包括"西域"在内的域外部分很可能是参考阿拉伯地图绘制的。[②] 在该谱系后续的《杨子器跋舆地图》中，西北方向则只绘制到了河西走廊；同样属于这一谱系的王泮题识《舆地图》，在"阳关"以西只标注了极少量的地名，其中大部分地名如"姑墨""玉门关""交河"等属于历史地名。

《广舆图叙》"大明一统图"谱系中的大部分地图都没有绘制"西域"，只有《存古类函》"舆地总图"、《地图综要》《京省合宿分界图》在"西域"标绘有"哈密""吐鲁番"；《遐览指掌》《明舆地总图》、《分野舆图》《全国总图》等只绘

[①] 这方面的研究可以参见林梅村《元经世大典图考》（北京大学考古文博学院编《考古学研究》六，科学出版社，2006年，第552页）的综述和分析。

[②] 如李孝聪《传世15—17世纪绘制的中文世界图之蠡测》，刘迎胜主编《〈大明混一图〉与〈混一疆理图〉研究——中古时代后期东亚的寰宇图与世界地理知识》，第174页等。

有"哈密"。

《广舆图》"舆地总图"谱系中的大部分地图在西域部分绘制有"哈密""吐鲁番""火州",如《重镌罗经顶门针简易图解》"补三干所节各省郡州及附近四夷图"、《广舆记》"广舆总图"、《地图综要》"天下舆地分里总图"等。基于《广舆图》"舆地总图"的历史地图《今古舆地图》也是如此,而另外一套基于《广舆图》"舆地总图"的历史地图《阅史约书》则没有绘制"西域"。

《大明一统志》"大明一统之图"谱系中的地图通常在西域地区标有"哈密"和"西域"。

上述后三套谱系地图中的"哈密""火州"都是存在于明代中期之前的地名,对于地图绘制的时期而言可以被称为是历史地名。除了上述四个谱系之外,明代描绘"西域"的"天下总图"还有以下几种:

《古今形胜之图》,原图为喻时绘制,已佚,现存明嘉靖三十四年(1555)福建龙溪金沙书院重刻本。纸本木刻墨印着色,图幅纵 115 厘米,横 100 厘米,图幅四边的中间部分标明东、西、南、北。《古今形胜之图》依《明一统志》而作,图中除政区之外,还用大段文字说明了各地历史上所发生的重要事件,因此带有历史地图或者读史地图的性质。与内地相比,其西域部分绘制得非常简略,标注了当时的一些地名,如"撒马尔罕",但在这些地名附近用大段文字描述了相关的历史事件或其管辖范围,此外还有"大宛""乌孙"等历史地名以及对其相关历史的介绍。类似的还有《地图综要》"华夷古今形胜图"、《图书编》"古今天下形胜之图",另外《皇明舆地之图》与《古今形胜之图》西域部分所绘地理要素基本相同,只是缺少了大段的文字。

《乾坤万国全图·古今人物事迹》,该图主要参照了《古今形胜之图》,又参考了西方传教士地图,将这些地图中涉及的地名,按照中国传统观念标注在地图上,并用文字叙述了其历史、管辖范围等等,对"西域"地区的描绘也是如此。类似的还有《天下九边分野·人迹路程全图》《备志皇明一统形势·分野人物出处全览》。

明代专门描绘"西域"的区域地图主要有以下几类:

罗洪先《广舆图》"西域图",描绘范围东起河州,西至"大食界",南至南印度,北至大漠,但所绘内容大都是汉唐时期的历史地名,只是在少数地点标注有当时的地名,如"撒马尔罕"。直接抄录或者改绘于这一地图的还有

《八编类纂》《武备志》《地图综要》《三才图会》《图书编》《修攘通考》中的"西域图"。

此外,《禹贡注节读》之《禹贡图说》"西域河源图"和《禹贡锥指》"西域河源图"绘制的主要内容是"河源",理应以绘制当时的地理状况为主,但实际上该图上的地名主要是历史时期的。

明代最为详细的描绘"西域"的地图是嘉靖年间成图的《西域土地人物图》及其图说《西域土地人物略》,该图绘制范围从嘉峪关至鲁迷(今土耳其伊斯坦布尔),是当前存世的清代之前绘制得最为详细的西域地图。这幅地图的一个彩绘残本就是2018年春节晚会上对公众公开并改名为"丝路山水地图"的"蒙古山水地图"[1],林梅村是这幅地图当前主要的研究者。[2] 关于"蒙古山水地图"的绘制年代,林梅村的《蒙古山水地图》一书和2018年春节晚会,都将这幅地图认定为是明代中晚期(嘉靖),主要的依据就是地图的图面内容以及其绘制风格与吴门画派的仇英近似,但这两点都不是绝对的证据。[3] 首先,地图图面内容所展现的时间不等于地图的绘制年代,毕竟存在后世按照早期资料绘制的可能,而且更存在后世按照前代地图摹绘的可能。风格近似,同样存在后世摹绘的可能;且风格相近,与风格一致完全是两个概念,而风格上的相似与否也是仁者见仁智者见智。由于与这幅地图有关的资料非常缺乏,因此实际上这幅地图的绘制年代存在多种可能。

在清朝乾隆时期编纂的内务府造办处舆图房的藏图目录《萝图荟萃》中记载有"嘉峪关至回部拔达山城天方西海戎地面等处图一张",该书中对其进一步的描述就是"绢本,纵一尺九寸,横九丈五尺"。[4] 由此来看,这幅地图与"蒙古山水地图"绘制的地理范围近似,且图幅尺寸也极为近似。不仅如此,《萝图荟萃》记载的是当时内务府造办处舆图房所藏地图,而民国二十五

---

[1] 虽然正如后文所述"蒙古山水地图"并不是这幅地图最初的名称,但一方面目前学界对于该图最初的图名尚未达成一致意见,另一方面"蒙古山水地图"已经成为学界对该图的习惯称呼,因此后文也将其称为"蒙古山水地图"。
[2] 林梅村:《蒙古山水地图》,文物出版社,2011年。
[3] 如早在明代就存在对仇英画作的大规模造伪,参见倪进《中国书画作伪史考》,《艺术百家》2007年第4期,第82页。
[4] 《国朝宫史续编》卷一百"书籍二十六·图绘二",北京古籍出版社,1994年,第1014页。

年(1936)国立北平故宫博物院文献馆编纂的《清内务府造办处舆图房图目初编》中则没有记载这幅地图,因此这似乎证实了"蒙古山水地图"是从内务府流散出来的。但仅仅通过上述证据并无法直接认定"蒙古山水地图"就是《萝图荟萃》中记载的这幅地图,从而认为该图至少绘制于《萝图荟萃》成书的乾隆中期之前。因为"蒙古山水地图"是日本有邻馆于 20 世纪 30 年代购于琉璃厂,因此还存在当时琉璃厂的画师根据宫廷中流散出来的地图摹绘的可能;而且至少在清末民国时期就已经存在为了牟利,尤其是为了向外国人出售而摹绘古代地图的情况,且这一现象延续至今。① 需要说明的是,在清代中后期和民国时期,琉璃厂就是当时摹绘和造伪绘画的著名地点之一。②

此外,就图名而言,《萝图荟萃》所载"嘉峪关至回部巴达山城天方西海戎地面等处图"中的"回部"是清代才使用的名称,且中国古代通常不用地图绘制地域范围的起止点来命名地图,这种命名方式大多存在于后人对缺失标题的残图的命名,那么可以认为《萝图荟萃》中的图名应当是清代内务府造办处舆图房在收录这幅地图时所起。

且如上文所述,《萝图荟萃》中记载的这幅地图应当是一幅残图,因此不太可能是宫廷画师为皇帝绘制的,而可能是某一时期从宫外传入的,因此即使其确实绘制于乾隆中期之前,那么其来源以及绘制的具体年代也是无法确定的。

总体而言,"蒙古山水地图"的绘制年代存在多种可能,有可能绘制于明代中后期、清初或者民国时期。当然此处并不认为其是某些学者所认为的"赝品"或者"假货",因为该图自 20 世纪 30 年代之后的传承是清晰的,而且其至少是根据某幅古代地图摹绘的,并不是现代人的造伪之作,至多是"伪本"。

最后,根据研究,"蒙古山水地图"是留存至今的一系列相似地图中的一幅,目前所见属于这一系列的地图还应当有如下几幅:台北故宫博物院藏彩

---

① 对此参见成一农《中国地图学史》第一篇第五章《浅谈中国传统舆图绘制年代的判定及其伪本的鉴别》,中国社会科学出版社,2023 年,第 87 页。
② 参见倪进《中国书画作伪史考》,《艺术百家》2007 年第 4 期,第 82 页。

绘本《甘肃镇战守图略》所附的"西域土地人物图";另外还有两个明代刻本传世,一是明嘉靖二十一年(1542)马理主编的《陕西通志》中的"西域土地人物图",二是明万历四十四年(1616)成书的《陕西四镇图说》中的"西域图略"①;此外,李孝聪还提及在意大利地理学会还藏有一个绘本,即《甘肃全镇图册》中的"西域诸国图"。这些地图虽然名称不一,但在图名中都有"西域"二字,因此"蒙古山水图"的原名应当为"西域……图"。

且就这几幅地图所承载的知识而言,有学者认为其资料并不来源于当时中原士大夫所掌握的材料,如赵永复认为该图是当时官员综合了各地中外使者、商人记述而成。② 当然,这些认知只是一家之言,且同样缺乏直接证据,不过如前所述,从现存地图来看,从宋代到清代中期,中国传统上极少绘制西域地区的地图,在少量绘有西域地区的地图上主要表现的也是西域地区汉唐时期的历史内容,而不是当时的地理情况,且从目前存世的文献来看,至少当时主流知识分子是不关注西域地区的,③几乎找不到清代中期之前关于西域的专门著作,且正如李之勤所述,与"蒙古山水地图"存在渊源关系的《西域土地人物图》和《西域土地人物略》所记地名数量远远超出当时其他文献记载的数量。④ 因此,可以说虽然这幅地图是明朝时绘制的,但其所依据的知识很有可能并不源于当时主流知识分子所掌握的材料,即"前无古人",因此无法代表当时中国对于西域地区的总体认识水平。

总体来看,明代"天下总图"中对"西域"进行描绘的并不多,且描绘大都非常简单,在内容上基本集中于历史时期;在为数不多的"西域"的区域图中,虽然绘制的内容较"天下总图"丰富了很多,但描绘的重点依然在于"历史"。

清朝康雍乾时期,经过一系列战争,收复了台湾,确立了对内外蒙古、西

---

① 参见林梅村《蒙古山水地图》,第 50 页。
② 赵永复:《明代〈西域土地人物略〉部分中亚、西亚地名考释》,《历史地理》第 21 辑,上海人民出版社,2006 年,第 355 页。
③ 参见成一农《从古地图看中国古代的"西域"与"西域观"》,《首都师范大学学报》2018 年第 2 期,第 25 页。
④ 李之勤:《〈西域土地人物略〉的最早、最好的版本》,《中国边疆史地研究》2004 年第 1 期,第 118 页。

藏和"西域"（新疆）的统治，其中在"西域"设立了伊犁将军。但这一时期官方绘制的"天下总图"中有一些依然没有包括"西域"，如雍正时期成书的《古今图书集成·方舆汇编·职方典》中的"职方总部图"，除内地各省外，没有包括西域地区；鄂尔泰、张廷玉等奉敕撰、董诰等奉敕补的官修本《钦定授时通考》中的"舆地总图"与《古今图书集成》中"职方总部图"所绘几乎完全相同。但与明代不同的是，这一时期一些官绘本"天下总图"详细绘制了西域地区，如傅恒、刘统勋、于敏中等奉敕撰，成书于乾隆四十七年(1782)《钦定皇舆西域图志》中的"皇舆全图"，除内地各省之外，还详细地绘制了西域地区的山川地貌。乾隆二十九年(1764)允祹等奉敕撰的《钦定大清会典》中的"大清皇舆全图"也是如此。此外还有《皇舆全览图》系列，康熙《皇舆全览图》向西只绘制至哈密；《雍正十排皇舆全图》向西则绘制至黑海与地中海一带；而《乾隆内府舆图》在康熙《皇舆全览图》基础上，增补了新疆，西至波罗的海、地中海和红海。不过上述几幅地图中，除了新疆地区是在传教士的指导下实地测绘的之外，往西的部分应当来源于西方绘制的地图。上述是比较典型的官绘本"天下总图"，从这些地图来看，虽然清朝这一时期已经在"西域"（新疆）建立了较为稳固的统治，但是在官绘本"天下总图"中依然没有普遍囊括对"西域"地区现实地理情况的描绘。

这一时期一些私人绘制的"天下总图"对于"西域"的描绘与明代差异不大。如刘斯枢辑的《程赋统会》"大清天下全图"，与明代地图相似，西北地区大致绘制到肃州。这一时期还有很多直接继承于明代的地图，如于光华《心简斋集录》"广舆总图"、赵振芳《易原》中的"山河两戒图"。顾祖禹《读史方舆纪要》中的"舆地总图"以《广舆图》"舆地总图"为基础，但去掉了朝鲜、河源，只表示明朝的两京十三省。这类地图中最为典型的当属受到《广舆图》影响的黄宗羲《大清全图》系列。黄宗羲绘制于康熙十二年(1673)的《大清全图》基本上接受了《广舆图》的风格，地图所反映的地理范围与《广舆图》"舆地总图"基本一致。继黄宗羲《大清全图》之后最早出现的同一类型的地图是康熙五十三年(1714)阎咏、杨禹江编制的《大清一统天下全图》。该图绘制范围与黄宗羲《大清全图》相差无几。此后，这一地图广泛传播，如黄证孙在《大清一统天下全图》基础上增补而成的《大清万年一统天下全图》。这一系统的地图直至嘉庆时期依然能见到不同的摹本，如美国国会图书馆藏嘉庆十六年(1811)的《大清万年一统地理全图》,该图西北方向虽然绘制了伊犁,甚至远至荷兰,但只是在乌鲁木齐以东、以南地区才绘制得详细,而且所绘内容基本局限于历史时期。

这一时期"西域"区域地图的绘制发生了较大的变化,除了少量依然表现历史内容的地图之外,还出现了大量专门描绘西域地区现实地理情况的区域地图,如乾隆《钦定大清会典》"西域全图"中详细绘制了当时西至"萨马尔罕"的自然地理以及政区设置、城市等人文地理要素。类似的还有《钦定大清一统志》"西域新疆全图"。这一时期最为著名的就是《钦定皇舆西域图志》中收录的大量与"西域"有关的地图,其中的地图大致可以分为三类,一是表现当时清廷在新疆设立的行政区划和各部族分布的地图;二是西域地区的历史地图;三是表现西域地区山脉、河流的专题图。不过,需要注意的是,就绘制者而言,这些地图大都是官方绘制的,当然这一时期也有私人绘制的西域地图,如清乾隆年间明福所绘《西域图册》,其中共有地图 11 幅,第一幅是西域总图,后面为分图,主要描绘了西域各地如乌鲁木齐、吐鲁番等地的山川形势。[①]

19 世纪 20、30 年代之后官方绘制的"天下总图"大都囊括了对西域地区(新疆)的描绘,如《嘉庆重修一统志》的"皇舆全图"对西域地区进行了与内地等同的详细描绘。私人绘制的全国总图也发生了相似的转变,如李兆洛(1832 年首次刊行)《皇朝一统舆地全图》"皇朝舆地总图",其绘制范围包括了新疆。杜堮撰《石画龛论述》"东半球图"中绘制了"大清国"的边界,虽然较为粗糙,但图中绘制的"大清国"的领土,西至噶木儿,西北越过了大漠包括了今天的新疆地区。李兆洛《历代地理志韵编今释》中的"地球上面图"中绘制了各国的疆界,其中中国部分包括了新疆。

随着时间的流逝,越来越多的地图,尤其是世界地图,清朝(有时被标为"中国")的疆域被绘制为包括新疆等地。如何秋涛撰、黄宗汉等辑补的,最初成书于咸丰年间的《朔方备乘》"地球东半图"中标识了各国的疆界和中国境内各省的界线,中国除包括内地各省外,还包括黑龙江、外蒙古、回部、后藏、前藏、青海以及台湾,书中作为中国全图的"皇舆全图"所绘范围也是如

---

① 曹婉如主编:《中国古代地图集(清代)》"图版说明",文物出版社,1997 年,第 8 页。

此，只是对国界线的标绘更为详细。成书于光绪年间的王之春《国朝柔远记》"东半球图"、初刊于1843年魏源《海国图志》中的"地球正背面全图"和"亚细亚洲全图"、成书于1849年的徐继畬《瀛寰志略》"皇清一统舆地全图""亚细亚图"和"地球图"、19世纪中期成书的姚莹《康輶纪行》"今订中外四海总图"、19世纪中期成书的张汝璧《天官图》"全球图"（东）、"大清全图"和"皇清一统全图"也都是如此。

总体来看，虽然这一时期的全国总图基本将"西域"（新疆）地区作为中国疆域的一部分，在大部分地图中将西域地区与内地进行了详细程度相同的描绘，且绘制的内容是属于"现实"的，但像《大清万年一统地理全图》这样，将现实的内地与历史的西域结合表现的地图依然存在，当然数量日渐减少。而且还需要强调的是，同一时期的"府州厅县全图"或"直省图"中依然没有纳入"西域"，如光绪十五年（1889）《皇朝直省府厅州县全图》中不包括新疆。可见，在当时人心目中，"西域"与内地各省还存在某些差异。光绪中后期随着新疆、台湾以及东北的建省，这些边地与内地各省在行政管理上有了平等的地位，由此也就抹除了地图绘制上的最后一点障碍，不过这一过程较为漫长，如美国国会图书馆藏1896年的《皇朝直省舆地全图》中依然没有绘制新疆。这种转变可能要一直持续到清朝末年甚至民国初年才最终完成，如宣统元年（1909）的《大清帝国全图》。

三、关于西域的历史地图

描述西域地区历史信息的历史地图中现存最早的当属宋代释志磐《佛祖统纪》中的"汉西域诸国图"。《佛祖统纪》为一部佛教典籍，详细记载了一些佛教史实和天台宗的传法世系，不过除记述佛教方面的内容外，还"记述有历代沿革、地形地貌、山川湖海，乃至西域和南亚地区一些国家的道路、方位、距离以及风土民俗等"[1]。"汉西域诸国"出自该书第32卷，绘制范围东起黄河上游兰州一带，西至安息（今伊朗），南抵石山，北到瀚海。图中绘出了天山、葱岭、北山、南山、石山和积石山；用双曲线简要绘出了黄河上游河

---

[1] 郑锡煌：《〈佛祖统纪〉中三幅地图初探》，《自然科学史研究》1985年第3期，第229页。

道,葱河置于图的正中,由西向东流入蒲昌海。图上还清晰地绘出中国通往西域的两条路线,它们始于甘肃的武威,经张掖、酒泉到敦煌,然后分南北两路沿蒲昌海南下:南路经鄯善(即楼兰)、小宛、焉耆(今焉耆回族自治县)、龟兹(今库车)、于阗(今和田)、莎车(今莎车县一带),沿葱岭南麓,经大月氏至安息(伊朗高原);北路沿蒲昌海向北,经伊吾(今哈密)、交河、车师前王、狐胡、乌孙、疏勒(今新疆喀什市),越葱岭至大宛、康居、奄蔡(在咸海、里海以北)。该图虽绘画比较简略,却是目前所见到的绘制时间较早的一幅丝绸之路西域地区的交通图。① 书中还有一幅"西土五印之图",地图右上角的图注为"唐正观三年,奘三藏上表游西竺,历百三十国,获贝叶七十五部。十九年回京师,诏居弘法院译经,又述《西域记》以记所历云";左下角的图注为"此依《西域记》所录,诸国方向,最难排比,当观大略,莫疑失次",图中罗列了大量唐玄奘所撰《大唐西域记》中的地名,因此该图大致可以被认为是对《大唐西域记》所记行程的图解。图中山脉用山形符号标识,河流用双曲线绘制,地名直接标注在地图上,而一些重要的寺院和城池则书写在椭圆形文字框中。

清代傅恒、刘统勋、于敏中等编纂的《钦定皇舆西域图志》中有一系列关于西域的历史地图,时代从西汉直至明代,该书使用的是"西域"一词的狭义,即玉门关、阳关以西,葱岭以东。书中各图所用符号基本一致,即用山形符号标识山脉,用双曲线绘制河流;但各图所绘内容详略差异很大,如"前汉西域图""后汉西域图"绘制得就较为详细,而"明西域图"绘制得就极为简略,这应当与这些王朝对西域地区的经略以及相关资料的详略有关。

清末随着与域外交往的日益加深,以及了解世界各地历史、地理等知识的欲望逐渐强烈和迫切,由此也出现了一些域外地区的历史地图(集),其中较早的应当是魏源《海国图志》,其中有"大西洋欧罗巴各国沿革图""汉西域沿革图""北魏书西域沿革图""唐西域沿革图""五印度国旧图""小西洋利未亚洲沿革图""元代西北疆域沿革图""东南洋各国沿革图"和"西南洋五印度沿革图"等。

何秋涛《朔方备乘》中则收录了一系列表现漠北以及西域地区历史沿革

---

① 孙果清:《东震旦地理图与汉西域诸国图》,《地图》2005年第6期,第80页。

的"北徼图"以及一系列明清不同时期俄罗斯的历史地图,且附有图说,对图面中涉及的国家、部族以及相关历史、地理等情况进行了简要介绍,各图皆以《皇舆全览图》为底图绘制。何秋涛在该书序言中对这些图的意义进行了说明,即"首冠《皇舆全图》,以示会归有极之义;次列中国与俄国交界图,以著边塞之防;次地球图二,揽山海之全形也;次历代北徼图十有二,备古今之异势也;次俄罗斯初起图,次分十六道图,次异域录俄罗斯图,明彼国由微而渐巨,次康熙乾隆嘉庆道光以来各图,明边塞之事,不可执一,宜博以考之,详以辨之也。合计得二十五图"。这些地图也收录在了王先谦的《五洲地理志略》中。

四、结 论

通过上文的介绍可以看到,自宋代至清代中期,"西域"并不是王朝时期"天下总图"必然绘制的区域;而在绘制了西域的"天下总图"以及以"西域"为主要描绘对象的区域图中,大部分重点绘制的是"历史"方面的内容,更不用说是以西域为描绘对象的历史地图了。但是这种不绘制西域地区或者重点绘制该地区的历史内容,并不能用绘制者缺乏关于当时西域地区地理状况的资料来解释,因为不仅宋元明时期中原与西方的交往并没有断绝,往来的使者、传教士都带来了关于西域的资料,而且也流传有关于西域当时情况的地图,最为典型的就是《西域土地人物图》,其在明代中后期有多种版本流传,所以士大夫或多或少应当掌握有当时西域地区的地理状况,如果想绘制西域现实地理状况的话,是完全有资料可依的,或者至少可以找到一些相应的材料。这种在地图中不重视对西域地区的描绘,应当可以用中国古代"重华轻夷"的天下观来解释。

中国古代不乏著名的旅行家,如我们耳熟能详的明代的徐霞客、王士性,但是他们的旅行范围只是局限在内地,在他们的著作中根本看不到对西域等边缘地区的兴趣。当然在中国古代也存在一些对西域地区的探险,但这些探险绝大多数不是基于地理目的,如汉代开通西域的张骞,以及后来不断派往西域的使团,他们的政治目的远远大于地理兴趣,一旦政治目的消失了,这些"夷"地就很少有人涉足;唐代前往印度的玄奘,其目的是为求法,而不在于地理探险；明初的郑和，七次下西洋的政治目的，也远远高于地理探查。而且虽然这些活动很多都带回了大量地理知识，甚至有著作存世，但是这些著作并没有引起中国古代知识分子的太多兴趣。试想《水经注》、历代正史《地理志》，为其注释者前后不绝，但是中国古代对《大唐西域记》这些有关西域的著作进行的研究有哪些呢？由此，在清代中期之前的地图中缺乏对西域的描绘也就在情理之中了。

此外，存世数量不多的描绘了"西域"的地图中，主要强调历史内容，也可以认为是读史或者增长见闻的需要，那些历史地图也是如此。

中国古代地图对西域地区描绘的转变始于清代中期，也就是在清王朝经略西域的过程中，需要了解西域地区当时的河流山川、部族分布，因此这一时期详细绘制西域现实地理的地图大都是官绘本。清代晚期，这一趋势也由官绘本地图延伸到了私人绘制的地图中，由此中国地图对西域的绘制，也由"历史"彻底转为了"现实"。这种观念上的转变，以往的学者大都归结于清王朝对西域的经略，这一点虽然正确，但似乎并未触及问题的本质。因为早在汉代，中原王朝就开始了对西域的经略，其中汉唐等王朝还在西域建立了长期稳固的统治，但这并没有对中国古代地图的绘制产生太大的影响，也未能让中原士大夫将"西域"纳入"华"的范围。因此，清代中后期的地图中对"西域"地区描绘内容的转变并不能完全用王朝对这一地区的经略来解释。这种转变应当与清代后期在面对外来侵略时，在行政区划上将新疆与内地等同对待，以及与此时逐渐形成的近现代的国家和疆域观念有关，由此在民众观念中新疆与内地的差异日益缩小，且在观念中也逐渐认为新疆是国家领土不可分割的一部分，而这种转变的过程和原因对于今天维护我国领土的完整和统一依然有一定的借鉴意义。

明清河西舆图举要

孙靖国
中国社会科学院古代史研究所

河西走廊是中国内地通往新疆的要道。东起乌鞘岭，西至古玉门关，南北介于南山（祁连山和阿尔金山）和北山（马鬃山、合黎山和龙首山）间，长约900千米，宽数千米至近百千米，为西北—东南走向的狭长平地，形如走廊，称甘肃走廊。因位于黄河以西，又称河西走廊。①

河西走廊历代均为中国东部通往西域的咽喉要道。自汉武帝以来，历代中央王朝均在此设置郡县，布置重兵，以加强对河西走廊的管理与经略。

洪武元年（1368），朱元璋建立明朝，派遣大将徐达、常遇春等北伐。元顺帝开大都建德门，由居庸关北走上都开平。明朝政府虽然夺取了全国政权，但蒙古的军事力量却并未彻底消灭，北部地带一直是明代边防的重点。

洪武五年（1372）正月：

> 甲戌，命祭告太岁、风云雷雨山川、旗纛等神。遣征虏大将军魏国公徐达、左副将军曹国公李文忠、征西将军宋国公冯胜等率师征王保保。上戒之曰："卿等立请北伐，志气甚锐。然古人有言，临事而惧、好谋而成。今兵出三道：大将军由中路出雁门，扬言趋和林，而实迟重，致其来，击之，必可破也。左副将军由东路，自居庸出应昌，以掩其不备，必有所获。征西将军由西路出金、兰，取甘、肃，以疑其兵，令虏不知所为，乃善计也。卿等宜益思戒慎，不可轻敌。"达等遂受命而行。②

这是明军继洪武三年克定应昌之后的一次决定性战役，明太祖希望借此一举解决北元余患，但事与愿违，作为主力的中路军和东路军都遭到惨败，相

---

① 《中国大百科全书·中国地理》，中国大百科全书出版社，1998年，第182页。
② 《明太祖实录》卷71。

反,作为偏师的西路军冯胜部却取得了局部胜利。

  征西将军冯胜、左副将军陈德、右副将军傅友德率师至甘肃,故元将上都驴降。初胜等师至兰州,友德先率骁骑五千直趋西凉,遇元失剌罕之兵,战败之。至永昌,又败元太尉朵儿只巴于忽剌罕口,大获其辎重牛马。进至扫林山,胜等师亦至,共击走胡兵。友德手射死其平章不花,追斩其党四百余人。降太尉锁纳儿加、平章管著等。至是上都驴知大军至,率所部吏民八百三十余户迎降,胜等抚辑其民,留官军守之。遂进至亦集乃路,元守将卜颜帖木儿全城降。师次别笃山口,元岐王朵儿只班遁去,追获其平章长加奴等二十七人,及马驼牛羊十余万。友德复引兵至瓜、沙州,又败其兵,获金银印马驼牛羊二万而还。①

之后明军在河西地区步步为营,逐步设置卫所,修建亭障,陆续推进。

  洪武二十年(1387)三月,冯胜等率师由通州出松亭关,筑大宁、宽河、会州、富峪四城,遂提兵驻于大宁。② 六月,降服纳哈出。次年四月,蓝玉大破元廷,北元君臣内讧,不复对明构成威胁。明太祖兴奋地对诸将说:"元运既终,天命归朕,于今二十余年,而残胡无知,犹立王庭,欲为不靖,故命尔诸将征之。尔等克用朕命,以底成功,漠北遂空,边庭无警,民息转输之劳,军无战伐之苦,四海晏然。尔等可以坐享富贵矣。"③从明太祖的表述中可以看出他并无吞并漠北的意图,所以远征北元,其目的在于使"边庭无警"。所以在取得对北元的决定性胜利后,他随即着手建立北边的防御体系,东起辽阳(辽东行都司),向西为大宁(北平行都司)、开平卫、兴和守御千户所、大同,再到山西边外的东胜城十六卫。河西走廊卫所体系的基础,也是在这一时期奠定的。洪武二十六年(1393),最初设置于河州,再徙庄浪的陕西行都司最终设置于甘州,④至明中期,陕西行都司共辖十二卫,分别为:甘州左卫、甘州右卫、甘州中卫、甘州前卫、甘州后卫、肃州卫、山丹卫、永昌卫、凉州卫、镇番卫、庄浪卫、西宁卫。另辖四守御千户所,分别为:镇彝千户所、古浪千

---

① 《明太祖实录》卷74,洪武五年六月戊寅。
② 《明太祖实录》卷181,洪武二十年三月丁亥。
③ 《明太祖实录》卷193,洪武二十一年四月戊辰。
④ 《明太祖实录》卷225,洪武二十六年二月丙戌。

户所、高台千户所和碾伯千户所。同样是洪武二十六年,明太祖封第十四皇子朱楧为肃王,镇守河西。

> 肃庄王楧,太祖第十四子……又明年(二十六年),诏之国,以陕西各卫兵未集,命驻平凉。二十八年始就藩甘州,诏王理陕西行都司甘州五卫军务。①

也同样是在这一时期,洪武二十五年(1392),任命大将宋晟为甘肃总兵官,镇守河西等处。

> 上以西凉、山丹等处远在西陲,凡诸军务宜命重臣专制之,乃命都督宋晟为总兵,都督刘真副之,遣使制谕曰:"其西凉、山丹诸卫军马,凡有征调,系听节制。"②

之后迭有重臣镇守,如洪武二十七年(1394),明太祖"命曹国公李景隆佩平羌将军印,往甘肃镇守。调都督宋晟、刘贞率马步壮士缉捕盗马寇边"③。洪武三十年(1397),以"长兴侯耿炳文佩征西将军为总兵官,武定侯郭英为副,往陕西及甘肃选精锐步骑,往西北边以备胡寇"④。赵现海指出,明成祖朱棣即位后,"鉴于帖木儿帝国几乎占领了整个亚洲西部,并有东进明朝之野心,以及北元大汗鬼力赤南下,对西北边疆之威胁愈发明显,遂在延续建文旧制的基础上,促成了明初将军、总兵分流之势,赋予宋晟将印,正式确立了甘肃军镇之地位"⑤。

在洪武、永乐历朝经营的基础上,明代河西地区的重要战略地位和军镇体系建设起来,其重要性受到上下各级政府的一致重视,如许论在《九边图论》中指出:"夫以一线之路,孤悬几二千里,西控西域,南隔羌戎,北遮胡虏"⑥,点出河西走廊地势狭长,同时要控扼西域、青海、蒙古等多个方向的经略的地理形势。

---

① 《明史》卷117《肃王楧传》。
② 《明太祖实录》卷216,洪武二十五年二月癸酉。
③ 《明太祖实录》卷231,洪武二十七年春正月辛酉。
④ 《明太祖实录》卷249,洪武三十年春正月丙辰。
⑤ 赵现海:《明代九边长城军镇史》,中国社会科学出版社,2012年,第251页。
⑥ (明)许论:《九边图论》,明嘉靖十七年刻本。

到了清代，河西走廊的地理作用依然受到重视，清代在此设置多个军镇进行防御。并且，正是因为河西走廊西通新疆，南连青海，北联草原的重要交通意义，对于建构空前规模疆域的清王朝来说，意义更为重要。

为了更好地对河西走廊地区进行经略与管理，明清各代都绘制了诸多地图，对河西地区的地理环境、山脉、河流、台塬、交通、城邑、堡寨、边墙、烽燧等进行了表现，对于我们了解当时的政治军事管理、人民经济生计等都有着重要的史料价值。本文特列举几幅有代表性的明清河西或部分地区舆图，简述其绘制内容、表现方式、呈现内容及史料价值，试探讨其背后丰富的历史背景。

1.《九边图》（辽宁博物馆藏）

此图于 1949 年发现于沈阳故宫祥凤阁，绢本彩绘，由 12 竖轴组成。表现明代九边地区（辽东、蓟镇、宣府、大同、山西、陕西、宁夏、固原、甘肃）的山

图 1　辽博《九边图》第 11、12 幅[①]

---

① 李孝聪、陈军主编：《中国长城志·图志》，江苏凤凰科学技术出版社，2016 年，第 108—109 页。

川、建置、城堡、边墙、烽堠等内容。此图系根据嘉靖十三年(1534)许论的原图摹绘,并增补了新的建置内容。此图地名旁均有满文注音,说明系明末为后金所得。根据其内容,应绘制于嘉靖二十五年(1546)或稍后。①

2.《九边图》(中国国家博物馆藏)

此图整体情况与辽博所藏类似,文字注记略有不同,而且没有满文注音。

图 2　国博藏《九边图》第 11、12 幅

3.《甘肃镇战守图略》

此图绘于明代嘉靖朝后期,纸本彩绘,为图册装,共 35 页,图说对照。东起庄浪卫(今甘肃永登)南红城子墩,西止于嘉峪关外。描绘甘肃镇(陕西

---

① 曹婉如主编:《中国古代地图集》明代卷,文物出版社,1994 年。

行都司)的山川、城堡、边墙、交通道路与烽燧。此图现藏于台北故宫博物院。①

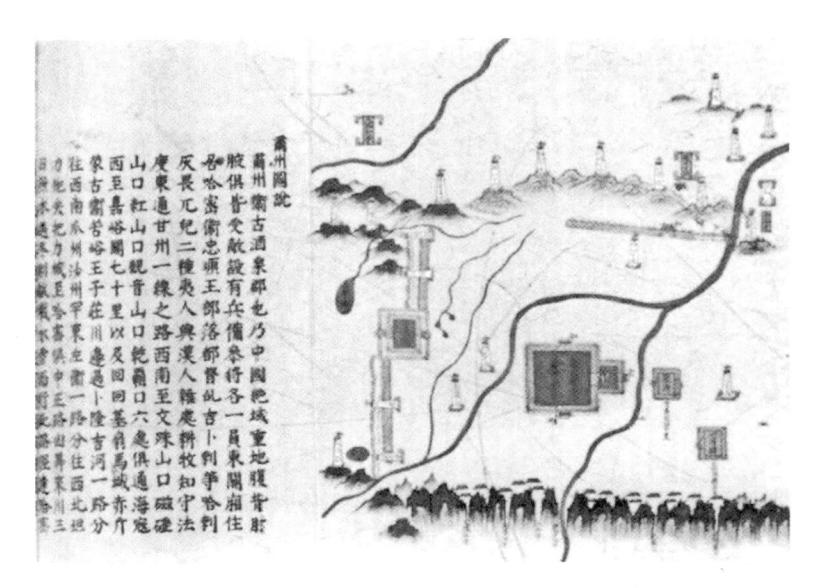

图3 《甘肃镇战守图略》之肃州图说②

4.《甘肃全镇图册》

此图册现藏于意大利地理协会,绢本彩绘,为图册形式,共有16幅地图。此图以南为上,从年代上来看,应绘制于明中后期。

5.《两河地里图》

《两河地里图》为图册形式,共42幅,采取一图一说的方式,地理范围东起巩昌府(今甘肃两当),西至嘉峪关,南包洮州卫(今甘肃玛曲),北达长城。

在此42幅地图中,有甘肃镇总图说和固(原)镇总图说两幅边镇总图,有巩昌府、秦州、陇西县等府州县图26幅,庄浪卫、镇夷所等卫所图14幅。绘制时间约在明万历三十年(1602)之后。

图说对每一处镇城、府城、州城、县城、卫城、所城及其所管辖区域的地理环境、战略地位等都做了详细的叙述,具有重要的史料价值。如"凉州卫图说":

---

① 《中国长城志·图志》,第366页。
② 《中国长城志·图志》,第369页。

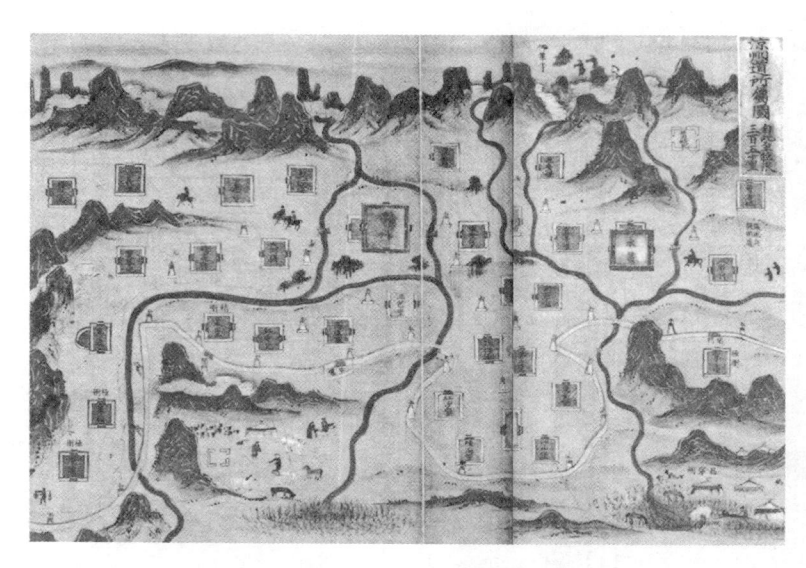

图 4 《甘肃全镇图册》之"凉州道所属图"①

图 5 《两河地里图》之"陕西都司"②

凉州汉武威郡,水田物产之饶为四郡最。于内设兵道整饬,副总兵

---

① 《中国长城志·图志》,第 364 页。
② 《中国古代地图集》明代卷。

统兵以守,在黑松驻游击居中应援,在安远驻都司依限更番防御,西北有镇番、永昌为之屏,东南有古浪、西宁为之障,居中四顾,称腹心重地。迩年以来,松茜远遁,红水、扒沙之弃地悉入版图,创筑新边,一介华夷。改松沙卫大靖堡,添设参将,增兵千余,号称泰宁无事矣。顾未雨绸缪,识者少之。盖以其地广阔平夷,为胡马便于驰骋之区,来则翩疾,去则飚迅,镇兵二千有奇,既患于一木之难支,四面仓卒来援,亦何异涸辙之困济?坐视其饱噬,尾而送诸境外。甲辰之衄,前车弗远,乃犹有蒙蔽,不以闻者,盖徒知掩数人之罪,而未知戕一方之生,可悯也。

6.《庄浪总镇地里图说》

明代末期(1605—1644),佚名彩绘;绢底册装,每叶纵 25 厘米,横 31.5 厘米。图中无方位标,亦无固定方位,一般是将边墙置于下方。

该图说采用一图一说的方式,描绘明代末期庄浪镇(包括万历二十七年新辟的松山地区)的山川、城堡、边墙、墩台,以及交通道路等地物。该图秉承《九边图》《宣大山西三镇图说》等明代边政地图的风格,运用形象画法突出对军事行动有重大意义的山脉、河流、台地等地貌特征。城堡用平面方形表示,城垣不规则者亦有相应表现,城门数量、位置以及边墙上的边门也都绘出。整体来看,画面内容到位而简洁,突出了要表现的重点,符合图说结合的需要。

图上除城堡名称用贴红之外,别无注记,而图说则相当详备,记述了庄浪镇(治今甘肃永登)、松山新边以及各城堡的位置、与相邻城堡的距离、城堡规模、驻守兵力、所辖墩台以及防御重点等内容。卷首的《庄浪总镇地里图说》与卷中的《松山新边图说》则综合叙述了庄浪与松山两区域的沿革、边患、得失等信息,具有一定的史料价值。

图中注记"虏"字未改,表明系明朝绘制的舆图,亦标绘有松山新边及松山堡,按松山新边之设,是在万历二十七年,"兵部覆甘肃巡抚田乐所陈松山善后事宜,以为松山界在河之东西,而甘、固实同唇齿,且首倡迅扫,繇甘镇屡创之威,因而荡平;又藉固镇协助之力,开拓不易,保守尤难。议于松山自东徂西四百余里筑墙、浚壕、设墩、置戍将"[①]。则此图绘制年代应在万历二

[①] 《明神宗实录》卷 329,万历二十七年正月庚寅。

十七年(1599)之后,又《裴家营堡图说》中提到万历三十二年(1604)之事,则应绘于该年以后。

全文图说如下:

庄浪总镇地里图说

按庄浪其先本西戎地,汉开置河西五郡,时属金城。今笺记率称允吾,然图乘不载,而轶见于他说者曰枝阳,一曰令居。隋凉间又为广武,大都幅员境内,所表见不尽虚。历胡元,始更今名,暨我国朝略定河西,乃因之置卫焉,东望宁夏,西界青唐,南接皋兰,北距古浪,列亭障烽燧,为甘肃咽喉,盖两河第一要害已。维时单于耷犁之威,益北绝幕东山一带,堑壕为守,民樵牧丘坟。其中一套,虏阑入为盗,旋即引去。至嘉、隆间,有宾兔、宰僧、着力兔辈来驻松山近边,逐水草畜牧,岁侵掠汉、番无已。时当事者患苦之,因议斩山筑垣,起沙井双墩子至乌稍岭止,长三百一十里,修险八百八十六丈,设属堡十四,中红城、镇羌最大,而置邮附之。第一线之路濒河夹山,军民屯种,一望立尽,西抵湟中诸川,番族土民错居如绣,租赋不领于官军,与一切仰给者,召中飞挽耳。商贾转贩四出,轮蹄劳费,率数钟而致一石,艰苦倍于他道。比因恢复松山,虏稍斥远,但庄浪以东藉芦、红为外屏,其中川谷邅回,水草丰美,虏所

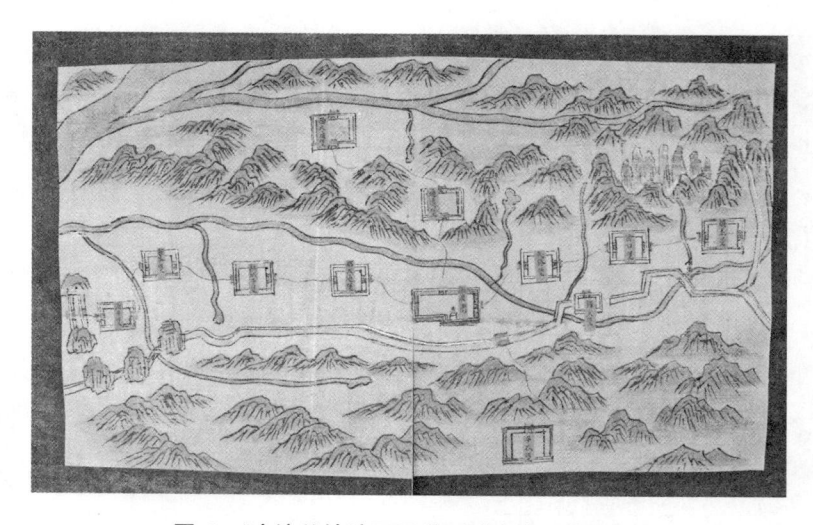

图6 《庄浪总镇地里图说》之"庄浪总镇全图"

日夜不能忘情,脱乘障不戎,则往往阑入,直抵旧边下,曾微一人阿问。未耜樵牧民押于野,而藩垣难固,军实未充,识者犹有婺卫之恤也。除官师、兵马、险隘、钱谷各数备列,各堡兹谨撮其梗概,弁册首而为之说,以待后之有志经略者图焉。

沙井堡图说

沙井堡南接兰州四十里,北至苦水七十里,城周围一里五十六步,墙垛通高三丈五尺。设防守官一员,驿递官一员,仓场一所,见在马步军一百一十四员名,备堡火器俱全。边墙自安宁堡起,至白土坡止,长四十五里,垛墙通高一丈九尺,修险三百五十六丈,墩台十八座。设堡地硗确不毛,樵采艰远,新添铺、关王庙等处,山川相缪,沙碛赭碧,井汲断绝,凤号难守。距境外芦井儿约有五十余里,为松房住牧水头,其先是入犯,必泛何家沟、新添铺出没,剽掠柴、拓二台。或河冻深入,则由兰州古浮桥犯马回子坡等处,俟兰州及庄浪兵马堵援。

图7 《庄浪总镇地里图说》之"沙井堡图"

7.《甘肃舆图》

清代乾隆五十六年至嘉庆二十五年之间(1791—1820),佚名彩绘;纸本长卷,分切为四条幅,每幅纵34.7厘米,横127.1厘米,拼合后图幅纵127.1厘米,横138.8厘米;虽未标方向,但从内容来看,每卷都上南下北,由东向西拼接。

该图运用形象化的符号法,描绘了清代甘肃省的山川、湖泊、建置、城镇、驿站、营垒、关隘、哨卡、部族分布、寺庙、道路等丰富的内容。第一卷南起四川松潘厅,北至中卫县(今属宁夏回族自治区);第二卷南起川青交界处的果罗克部,北至凉州府(治今武威市)与永昌县;第三卷南起玛庆雪山以南的诸山,北至甘州府(治今张掖市)、抚彝厅(今属临泽县);第四卷南起青海玉树部牧地,北至肃州(治今酒泉市)、嘉峪关与玉门县。地图绘制细密,山峦运用山水画的技法,青黄相间,用皴法极力突出山势的陡峻;县以上治所城市与少数重要非治所城堡绘成带有透视意味的立体城垣,部落或土司官寨则绘成黄色无雉堞城垣,驿站和普通聚落则用蓝色方框表示;游牧部族牧地上绘有营帐,不同部族则用不同形制的营帐加以区分,或为穹庐,或为白色三角帐幕,颜色也各有差别;寺庙用蓝瓦红墙的殿宇符号表示,哨卡则绘成带基座的旗杆,道路用红色虚线表示。四卷绘制风格略有分别,第二卷用色明显与其他各卷不同,第三卷则是风格不同,在山间绘制出诸多台地,如非多人分绘,就是突出第三卷所表现地区的特殊地貌。

图中并无大段文字图说,但所表现内容亦相当丰富,尤其是今川西、甘

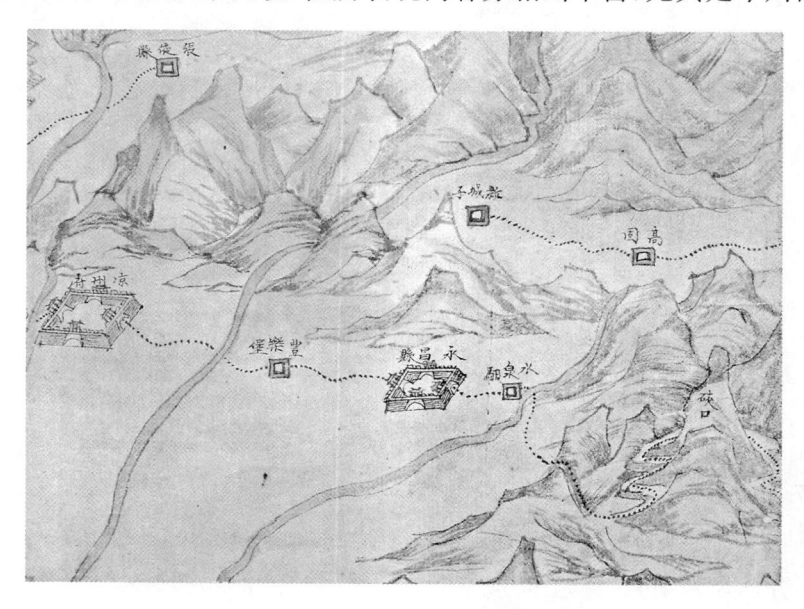

图 8　《甘肃舆图》之"永昌县"部分

南和青海的各部族，其名称与驻牧分地非常详尽，是很有价值的史料。图中所反映的重点是府、州、县、营、堡、驿、卡等军事据点以及彼此之间的位置关系与交通路线，文字较为稚拙，很可能系为行军所绘制、使用。又原图并无图题，故根据所绘制内容改为今图题。

图中大通县（治今青海大通回族土族自治县西北）已标在白塔川，①亦绘出乾隆五十六年设置的贵德厅（今属青海）②，且"宁"字不避清宣宗讳，可知此图表现年代应在乾隆五十六年至嘉庆二十五年之间。

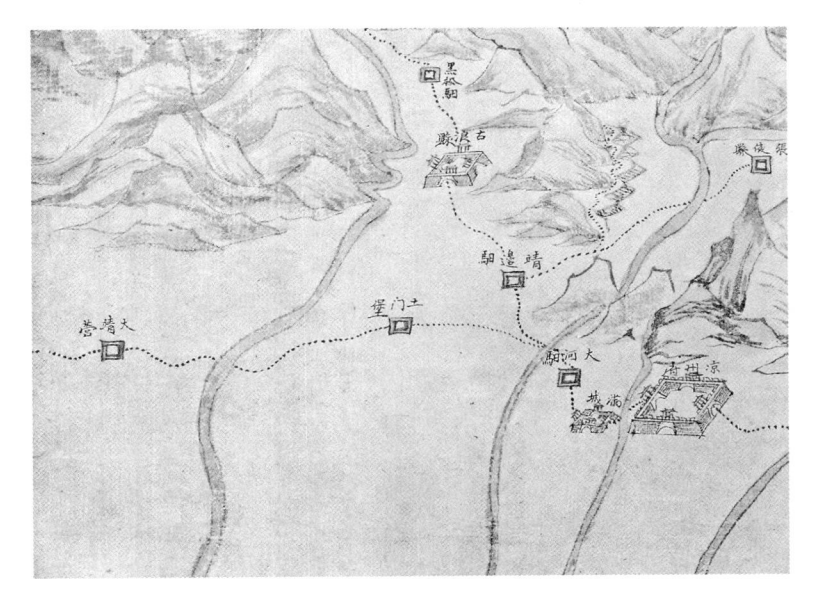

图 9 《甘肃舆图》之"凉州府"部分

结　　语

地图与国家领土、主权、地方治理、军事战守等重要大政息息相关，汉高祖刘邦入咸阳，手下将领纷纷抢夺金银财宝，唯独萧何先收秦内府图籍，以知天下扼塞广远，为日后汉朝打败项羽、夺取天下奠定了基础。所以，历代

---

① 《清高宗实录》卷 210，乾隆九年二月壬子。
② 《清高宗实录》卷 1382，乾隆五十六年七月乙酉。

政府对地图的绘制、收藏与使用都非常重视。

河西走廊地区是沟通中原与新疆甚至更西地区的交通要道,是丝绸之路的重要组成部分,明清政府对此区域亦颇为重视,本文列举的七种明清河西舆图,对于我们认识明清时期河西走廊地区的地理环境、山川形势、政区建置、军事防守、民众生计等历史内容,提供了丰富鲜活的第一手资料,具有不可忽视的史料价值。

北魏《沮渠树犭鸟墓志》考释[*]

魏军刚

青海师范大学历史学院

　　山西省大同市北朝艺术研究院藏有一方北魏延兴四年（474）的墓志，志主为北凉建康长公主沮渠树犭鸟，是北凉亡国后进入北魏王朝的沮渠氏宗室女性成员。目前，有关北凉沮渠氏家族墓志出土和公布的不多，仅见《隋伊穆及妻沮渠氏墓志》[①]《隋姚勋暨妻且渠氏陈氏墓志》[②]《唐沮渠愍墓志》[③]，加上《北魏沮渠树犭鸟墓志》，共计 4 方，从时间看后者远远早于其他 3 方。2016 年，《北朝艺术研究院藏品图录·墓志》首次公布了《北魏沮渠树犭鸟墓志》的拓片图版和志文。[④] 据介绍，该墓志铭长 47.5 厘米，高 31 厘米。志文 6 行，每行 11—13 字不等，末行 2 字，凡 64 字。墓志涉及北凉王室婚姻、民族政策、地方建制、官爵制度等问题，因此颇具史料价值，能极大地补充北凉政治史、民族史、制度史的内容。朱艳桐曾利用该墓志讨论北凉统治者对境内胡族的政策。[⑤] 本文主要分析墓志所见北凉官爵制度、地方建置及北凉灭亡后迁居北魏平城的沮渠氏成员的生存情况。

---

[*] 本文系国家社会科学基金一般项目"北凉国史研究"（编号 19BZS037）的阶段性研究成果。
[①] 王其祎、周晓薇：《隋代墓志铭汇考》第 1 册，线装书局，2007 年，第 214—216 页。
[②] 周晓薇、王其祎：《贞石可凭——新见隋代墓志铭疏证》，科学出版社，2019 年，第 398—399 页。
[③] 吴钢主编：《全唐文补遗（千唐志斋新藏专辑）》，三秦出版社，2006 年，第 436—437 页。
[④] 大同北朝艺术研究院编著：《北朝艺术研究院藏品图录·墓志》，文物出版社，2016 年，第 76—77 页。
[⑤] 朱艳桐：《北凉王国与胡汉民族》，《敦煌研究》2019 年第 6 期。

一、志主沮渠树犍夫妇基本情况

为方便下文论述,兹先据《北朝艺术研究院藏品图录·墓志》中公布的释文,对照拓片图版,按行移录如下:

1. 大代延兴四年(474)岁次甲寅三月壬
2. 申朔十一日壬午凉故平远将军
3. 建康昌松二郡太守、驸马都尉、永
4. 安侯。西安郡万岁县谢过酋念
5. 妻建康长公主大沮渠树犍
6. 之铭。①

墓志记载,志主沮渠树犍的封号是建康长公主,是北凉国主的长女。沮渠氏北凉政权,包括河西(401—439)、高昌(441—460)两个时期,前后六十年,共历沮渠蒙逊、沮渠牧犍、沮渠无讳、沮渠安周四主。从沮渠树犍丈夫谢过酋念的仕履经历来看,他们主要生活在沮渠氏统治河西时期,故其"建康长公主"的名号也应该得自这个时期。这就存在两种可能:其一,沮渠树犍是沮渠蒙逊统治时期(401—433)的"长公主",按年龄次序就是沮渠蒙逊长姐。但根据史书记载,沮渠蒙逊生卒于367—433年,则沮渠树犍出生时间必在367年之前。按,墓志记沮渠树犍卒于北魏延兴四年(474),则其死亡时至少是107岁以上的高龄了,故基本可排除这种情况。其二,沮渠树犍是沮渠牧犍时期(433—439)的"长公主",即其为沮渠蒙逊

北魏《沮渠树犍墓志》拓片②

---

① 大同北朝艺术研究院编著:《北朝艺术研究院藏品图录·墓志》,第76页。
② 大同北朝艺术研究院编著:《北朝艺术研究院藏品图录·墓志》,第77页。

的长女，沮渠牧犍、无讳、安周兄弟的长姐，北凉亡国后随沮渠牧犍迁徙至北魏平城，并且死后葬于此。这种情况似相对合理。

　　史书记载，北凉公主中有明确封号的是兴平公主，[1]姓名不详，系沮渠蒙逊之女、沮渠牧犍之妹。北凉永和二年（434），兴平公主嫁给北魏太武帝，受封昭仪。据墓志可补沮渠蒙逊长女、沮渠牧犍长姐建康公主沮渠树犀的信息。又墓志记谢过酋念任北凉建康太守等职，推测沮渠树犀"建康长公主"封号有可能得自丈夫任建康太守时期。

　　沮渠树犀的丈夫谢过酋念，根据墓志记载，籍贯为西安郡万岁县。从其姓名来看，似出身胡族，但具体族属不明。朱艳桐认为，"叱干、薛干、谢过发音相似，或许谢过部就是叱干部"[2]。聊备一说。《晋书·沮渠蒙逊载记》记，北凉永安元年（401）沮渠蒙逊自称使持节、大都督、大将军、凉州牧、张掖公。在推戴沮渠蒙逊的诸功臣中有谢正礼1人，被授予右司马一职。[3] 从姓名来看，谢正礼为汉人的可能性更大一点，但其是否有出身胡族的可能呢？由于谢正礼在传世史籍记载中仅此一见，故有关其族属问题难以详细考证。就目前见到的资料而言，很难在谢正礼与谢过酋念之间建立直接联系，但不排除他们有可能是亲族关系。

二、墓志所见北凉职官、爵号及政区考

　　尽管史书失载谢过酋念的信息，有关其族属问题也难以遽断，但墓志记其籍贯、官职、爵位名号等信息，能极大地补充传世文献记载的不足，也有助于我们进一步认识北凉时期官爵制度和政区设置问题。

（一）官职

1. 平远将军

　　传世文献记载的北凉军事职官中，并未见到平远将军的名号，据墓志可

---

[1]　《魏书》卷52《宋繇传》，中华书局，1974年，第1153页。
[2]　朱艳桐：《北凉王国与胡汉民族》，《敦煌研究》2019年第6期。
[3]　《晋书》卷129《沮渠蒙逊载记》，中华书局，1974年，第3192页。

补谢过酋念任该职的信息。在北凉之前或同时,十六国政权已经设置平远将军号。根据记载,汉赵苻洪①、前秦杨统②、赵敖③,后秦谭亮、④西秦乞伏捷虔⑤、吒卢犍⑥和乞伏渥头⑦等人,均曾担任该职。另外,《北魏王悦墓志》记载王悦的曾祖王某曾任前秦的平远将军。⑧ 关于平远将军号出现时间,俞鹿年认为"十六国前秦始置(平远将军),西秦沿置。北魏亦置此职"⑨。《中国历代官制大辞典》"平远将军"条亦云:"十六国前秦置,十六国西秦、南朝梁及北魏亦置。"⑩均值得商榷。实际上,平远将军号出现在史籍中的时间要早于前秦时期。《魏书·赵黑传》记载:"五世祖术,晋末为平远将军、西夷校尉"⑪,表明西晋末年或之前已设置有平远将军一职。十六国汉赵、前秦、后秦、西秦、北凉等政权继承西晋制度先后设置平远将军。

2. 建康、昌松二郡太守

北凉设有建康郡,《晋书·沮渠蒙逊载记》记后秦姚硕德拜沮渠挈为北凉建康太守。⑫ 但在传世史籍中尚未见到北凉统治者自己任命的建康太守,据墓志可补谢过酋念任建康郡太守的信息。北凉设置昌松郡,传世史籍失载。后凉设有昌松郡,王世强⑬、孟祎⑭先后任太守,有学者据此推测北凉设立昌松郡,⑮然而没有相关史料证据。墓志有关谢过酋念任北凉昌松太守的记载,表明北凉时期确实设置昌松郡,并补充了谢过酋念任该郡太守的信息。

---

① 《资治通鉴》卷 87,西晋怀帝永嘉四年(310)七月条,中华书局,2011 年,第 2799 页。
② 《晋书》卷 113《苻坚载记上》,第 2894 页。
③ 《晋书》卷 114《苻坚载记下》,第 2926 页。
④ 《晋书》卷 116《姚苌载记》,第 2970 页。
⑤ 《晋书》卷 125《乞伏炽磐载记》,第 3124 页。
⑥ 《资治通鉴》卷 120,南朝宋文帝元嘉二年(425)四月条,第 3838 页。
⑦ 《资治通鉴》卷 120,南朝宋文帝元嘉四年(427)八月条,第 3859 页。
⑧ 赵超:《汉魏南北朝墓志汇编》,天津古籍出版社,1992 年,第 310 页。
⑨ 俞鹿年:《北魏职官制度考》,社会科学文献出版社,2008 年,第 135 页。
⑩ 吕宗力:《中国历代官制大辞典(修订本)》,商务印书馆,2015 年,第 214 页。
⑪ 《魏书》卷 94《赵黑传》,第 2016 页。
⑫ 《晋书》卷 129《沮渠蒙逊载记》,第 3192 页。
⑬ 《资治通鉴》卷 106,东晋孝武帝太元十一年(386)二月条,第 3411 页。
⑭ 《晋书》卷 126《秃发利鹿孤载记》,第 3146 页。
⑮ 魏俊杰:《十六国疆域与政区研究》,复旦大学出版社,2018 年,第 428 页。

3. 驸马都尉

驸马都尉，"奉朝请"三都尉之一。《晋书·职官志》记载："奉朝请，本不为官，无员。汉东京罢三公、外戚、宗室、诸侯多奉朝请。奉朝请者，奉朝会请召而已。武帝亦以宗室、外戚为奉车、驸马、骑三都尉而奉朝请焉。元帝为晋王，以参军为奉车都尉，掾属为驸马都尉，行参军舍人为骑都尉，皆奉朝请。后罢奉车、骑二都尉，唯留驸马都尉奉朝请。诸尚公主者刘惔、桓温皆为之。"①《魏书·阚骃传》记载，北凉时期阚骃以秘书考课郎中加奉车都尉官，②表明北凉统治者设置"奉朝请"官职，但在传世史籍中尚未见到北凉驸马都尉、骑都尉的任官事例。根据墓志增补谢过酋念任北凉驸马都尉的信息，有助于丰富我们对北凉中央职官体系的认识。

（二）爵位

北凉政权推行西晋五等爵制，段业封沮渠蒙逊为临池侯，③是史籍所见北凉实行爵制的最早记载。沮渠蒙逊、牧犍父子统治时期，史书记载北凉受封爵位者有：和平侯沮渠伏奴，都谷侯、安平侯沮渠挐，安弥侯沮渠无讳，屋兰县侯沮渠安周，武兴侯沮渠仪德，安阳侯沮渠京生，振武侯秃发文支等。北凉爵位的封授对象，除秃发文支外主要针对沮渠氏宗亲。另外，1987年辽宁省朝阳市于家窝铺凌河机械厂家属楼菜地出土《北魏张略墓志》记有"□南公""万平男"爵号，④补充了传世文献失载的北凉爵制中公爵和男爵资料。《北魏沮渠树骂墓志》记谢过酋念获封北凉永安侯爵位，进一步丰富了北凉爵制的内容。如前所述，传世史籍所见北凉最高爵位为侯爵，且主要针对沮渠氏成员。由于谢过酋念与北凉王室联姻具备了外戚身份，由此与其他沮渠氏成员一样，获得封侯爵的机会。

（三）政区

如前所考，墓志记谢过酋念任昌松太守信息补证了北凉在地方设昌松

---

① 《晋书》卷24《职官志》，第734页。
② 《魏书》卷52《阚骃传》，第1159页。
③ 《晋书》卷129《沮渠蒙逊载记》，第3190页。
④ 罗新、叶炜：《新出魏晋南北朝墓志疏证》，中华书局，2005年，第48页。

郡的史实。又，墓志记谢过酋念获封"永安侯"爵位和"西安郡万岁县"籍贯信息，有助于解决学界有关北凉政权是否设置永安县和西安郡万岁县行政隶属问题。

1. 永安县

根据《晋书·沮渠蒙逊载记》记载："时木连理，生于永安，永安令张披上书曰：'异枝同干，遐方有齐化之应；殊本共心，上下有莫二之固。盖至道之嘉祥，大同之美征。'蒙逊曰：'此皆二千石令长匪躬济时所致，岂吾薄德所能感之！'"①表明北凉政权设有永安县，但清代以来有学者对此有所怀疑。洪亮吉首先质疑北凉永安县为永平县之误，②此后《晋书斠注》、中华书局1974年标点本《晋书·沮渠蒙逊载记》校勘记〔一〕均引述洪氏的推论，③魏俊杰考证北凉政区时亦持此观点。④ 但是，墓志记载谢过酋念获封"永安侯"爵位，表明北凉政权确实设永安县，并非张披郡"永平县"书写之误。北凉沮渠蒙逊之所以设置永安县，或与其自创的首个年号——永安纪年有关，其或效仿后凉吕光称三河王改元麟嘉期间设嘉麟县的故事。⑤

2. 西安郡万岁县

北凉设有西安郡，段业以臧莫孩、沮渠蒙逊先后为太守。⑥ 又，北凉设置万岁县。《资治通鉴》卷112东晋安帝隆安五年（401）十月条记载："（秃发）利鹿孤怒，遣张松侯俱延、兴城侯文支将骑一万袭蒙逊，至万岁、临松，执蒙逊从弟鄯善、苟子，虏其民六千余户。"⑦在《北魏沮渠树为墓志》公布之前，我们很难将北凉时期西安郡和万岁县之间的行政隶属关系联系起来。魏俊杰考证北凉政区，将万岁县划归西郡，又称西安郡领县不可考。⑧ 兹据墓志补正：北凉西安郡领县可考者至少有万岁一县，万岁县并非西郡属县之一。

---

① 《晋书》卷129《沮渠蒙逊载记》，第3194页。
② （清）洪亮吉：《十六国疆域志》卷9，商务印书馆，1958年，第340页。
③ 《晋书》卷129《沮渠蒙逊载记》校勘记〔一〕，第3200页。
④ 魏俊杰：《十六国疆域与政区研究》，第430页注释③。
⑤ 魏军刚：《石刻文献所见十六国职官辑补与研究》，西北师范大学2021年博士学位论文，第188页。
⑥ 《晋书》卷129《沮渠蒙逊载记》，第3190—3191页。
⑦ 《资治通鉴》卷112，东晋安帝隆安五年（401）十月条，第3585—3586页。
⑧ 魏俊杰：《十六国疆域与政区研究》，第430—431页。

三、从墓志记载看进入北魏的沮渠氏政治生存状态

志主沮渠树㚟和谢过酋念夫妇,系北凉沮渠氏宗亲,均不见于传世记载,墓志可补史阙。北凉亡国后,志主夫妇被迁往北魏都城平城,成为"平凉户"中的一员。据介绍,墓志出土于今山西省大同市一带,表明沮渠树㚟死后葬在平城附近。这些信息对于我们了解进入北魏的沮渠氏成员的政治生存状态,具有重要的史料研究价值。

北魏太延五年(439),太武帝拓跋焘出兵灭北凉政权,"徙沮渠牧犍宗族及吏民三万户于平城"①,完成了统一中国北方的大业。根据史书记载,徙居北魏平城的"沮渠牧犍宗族"包括沮渠牧犍母亲、兄子沮渠万年、沮渠祖、沮渠蒙逊幼子沮渠秉等人,墓志记载还有沮渠树㚟、谢过酋念夫妇。沮渠氏宗亲初至平城,尚能得到北魏朝廷优待。北凉王沮渠牧犍因尚拓跋公主,"魏主犹以妹婿待沮渠牧犍,征西大将军、河西王如故。牧犍母卒,葬以太妃礼;为武宣王置守冢三十家"②。其他成员,如沮渠万年获封安西将军、张掖王,沮渠祖获封广武公,沮渠秉受封东雍州刺史、冀定二州刺史,③但最后均被北魏统治者以各种借口诛杀。

《魏书·世祖纪下》记,北魏真君五年(444)"秋七月癸卯,东雍州刺史沮渠秉谋反伏诛"④。由此,拉开了北魏大规模剪除沮渠氏的序幕。⑤ 但是,北魏统治者对待沮渠秉的方法并非直接处死,而是交由沮渠牧犍等人自行处置。《魏书·沮渠蒙逊传》记:"(沮渠秉)险诐多端,真君中,遂与河东蜀薛安都谋逆。至京师,付其兄弟扼而杀之。"⑥此与沮渠天周据酒泉郡对抗北魏军

---

① 《资治通鉴》卷 123,南朝宋文帝元嘉十六年(439)十月条,第 3941 页。
② 《资治通鉴》卷 123,南朝宋文帝元嘉十六年(439)十二月条,第 3942 页。
③ 《魏书》卷 99《沮渠蒙逊传》,第 2209 页。
④ 《魏书》卷 4 下《世祖纪下》,第 98 页。
⑤ 朱艳桐:《北凉史新探——多元史料的交错互证》,兰州大学 2017 年博士学位论文,第 148 页。
⑥ 《魏书》卷 99《沮渠蒙逊传》,第 2209 页。

队失败被俘后直接"送平城,杀之"①的情况不同,表明北魏统治者尚未有全面处置沮渠氏的意思。但在沮渠秉谋反被诛事件发生后不久,太武帝就开始大规模清洗在北魏任职的沮渠氏家族成员,目标首指北凉王沮渠牧犍。《魏书·沮渠蒙逊传》详细记录沮渠牧犍被杀的全过程:

> 初,官军未入之间,牧犍使人斫开府库,取金银珠玉及珍奇器物,不更封闭。小民因之入盗,巨细荡尽。有司求贼不得。真君八年,其所亲人及守藏者告之,上乃穷竟其事,搜其家中,悉得所藏器物。又告牧犍父子多畜毒药,前后隐窃杀人乃有百数;姊妹皆为左道,朋行淫佚,曾无愧颜。始罽宾沙门曰昙无谶,东入鄯善,自云"能使鬼治病,令妇人多子",与鄯善王妹曼头陀林私通。发觉,亡奔凉州。蒙逊宠之,号曰"圣人"。昙无谶以男女交接之术教授妇人,蒙逊诸女、子妇皆往受法。世祖闻诸行人,言昙无谶之术,乃召昙无谶。蒙逊不遣,遂发露其事,拷讯杀之。至此,帝知之,于是赐昭仪沮渠氏死,诛其宗族,唯万年及祖以前先降得免。是年,人又告牧犍犹与故臣民交通谋反,诏司徒崔浩就公主第赐牧犍死。牧犍与主诀,良久乃自裁,葬以王礼,谥曰哀王。②

据上引文,史官首先追溯了北凉亡国前夕沮渠牧犍开府库私取金银珠玉器物以及民间偷盗造成的财产流失问题。接着记录太平真君八年(447)沮渠牧犍"所亲人及守藏者"告发之事。北魏太武帝下令彻查此事,并在沮渠牧犍家中搜寻所藏宝物,但并未治其罪。接着,有人告发沮渠牧犍父子畜毒药杀人、姊妹修左道淫乱、北魏招昙无谶但沮渠蒙逊杀之不遣等事。于是,北魏太武帝借此继续追究沮渠氏之罪,赐死昭仪沮渠氏并诛其宗族,"唯万年及祖以前先降得免"。至此太武帝仍未治沮渠牧犍之罪,直到有人告他"犹与故臣民交通谋反",才派司徒崔浩宣诏赐死。有关北魏太武帝赐死沮渠昭仪和沮渠牧犍及其宗族之事,有学者认为是政治迫害,是北魏出于对盘踞高昌重建北凉政权的沮渠无讳兄弟担忧之举;③也有人认为与北魏政局变化有

---

① 《资治通鉴》卷123,南朝宋文帝元嘉十八年(441)十一月条,第3957页。
② 《魏书》卷99《沮渠蒙逊传》,第2208—2209页。
③ 张金龙:《北魏政治史(四)》,甘肃教育出版社,2008年,第106、131页。

关,"可以视为盖吴之乱的余波荡漾,也可以说是灭佛的后续"①。

北魏太平真君八年(447),太武帝对沮渠牧犍及其宗族大行诛杀之事,使得进入北魏的沮渠氏家族受到沉重打击。与沮渠牧犍关系密切的族人除"万年及祖以前先降得免"外基本被杀绝,以致后来嫁给高潜的沮渠牧犍之女"痛本生绝胤"做出让其子高崇"继牧犍后,改姓沮渠"②之举。但经此事件后,幸存的沮渠万年和沮渠祖也未逃脱被诛杀的命运,其被杀罪名仍是谋逆反叛。《魏书·世祖纪下》记,正平二年(452)正月"南来降民五千余家于中山谋叛,州军讨平之。冀州刺史、张掖王沮渠万年与降民通谋,赐死"③。沮渠祖受沮渠万年牵连一同被处死。《魏书·卢水胡沮渠蒙逊传》记:"(沮渠)万年后为冀定二州刺史,复坐谋逆,与祖俱死。"④

墓志记载沮渠树㢸的丈夫谢过酋念,虽没有明确记载其死亡时间和原因,但应该是在北魏朝廷诛杀沮渠氏的过程中受牵连被杀,先于妻子沮渠树㢸而亡。最有可能的是,太平真君八年(447)太武帝诛杀沮渠昭仪或沮渠牧犍之时。史书记北魏太武帝"赐昭仪沮渠氏死,诛其宗族"⑤,谢过酋念作为沮渠氏外戚也能归入北凉宗族的行列。又,谢过酋念作为被迁徙到平城的北凉大臣,极容易被牵连入"牧犍犹与故臣民交通谋反"⑥的罪名中。因此,即使墓志没有记载,谢过酋念之死也绝对和北魏清除北凉残余势力有关,应该不是正常死亡。

虽然谢过酋念作为北凉外戚和故臣受牵连被杀,但沮渠树㢸则幸免于祸,最后寿终正寝,这与北魏对沮渠氏家族女性的处置原则有关。如前所述,北魏统治者对归降的北凉王室沮渠氏成员大行诛杀,但除了沮渠昭仪外并未见到处死其他女性成员的记载。北魏太武帝之所以赐死沮渠昭仪,应该主要是介意她在北凉时期受昙无谶"左道"而"朋行淫佚"之事,情况比较

---

① 刘淑芬:《从民族史的角度看太武帝灭佛》,《"中研院"历史语言研究所集刊》第 72 本第 1 分,2001 年,第 37—38 页。
② 《魏书》卷 77《高崇传》,第 1707 页。
③ 《魏书》卷 4 下《世祖纪下》,第 106 页。
④ 《魏书》卷 99《沮渠蒙逊传》,第 2209 页。
⑤ 《魏书》卷 99《沮渠蒙逊传》,第 2209 页。
⑥ 《魏书》卷 99《沮渠蒙逊传》,第 2209 页。

特殊。史书记载，北魏时期沮渠牧犍所生三位公主均受到优待，分别婚配北魏文成帝拓跋濬和归附北魏的渤海大族高潜、东晋皇族后裔司马金龙。

《魏书·文成五王传》记："文成皇帝（拓跋濬）七男……沮渠夫人生齐郡顺王简。……简母，为沮渠牧犍女。"①《魏书·高崇传》记："父潜，显祖初归国，赐爵开阳男，居辽东，诏以沮渠牧犍女赐潜为妻，封武威公主。"②《魏书·司马楚之传》记："（司马楚之子）金龙初纳太尉、陇西王源贺女，生子延宗、次纂、次悦。后娶沮渠氏，生徽亮，即河西王沮渠牧犍女，世祖妹武威公主所生也。"③除正史记载沮渠牧犍所生三位公主受到优待以外，墓志所记沮渠牧犍的长姐沮渠树爲亦未受到牵连被杀，推测可能是受到沮渠牧犍妻北魏武威公主或其女的庇护，但具体境遇如何，不得而知。根据墓志，沮渠树爲从北魏太延五年（439）北凉亡国入迁平城，直到延兴四年（474）死亡，在北魏生活长达35年之久，死后得到妥善安葬。

四、结　　语

综上所论，山西省大同市北朝艺术研究院所藏北魏延兴四年（474）《沮渠树爲墓志》，对于深入研究北凉时期官爵制度、政区设置和进一步认识北凉亡国后进入北魏的沮渠氏宗亲的政治生存状态，均有重要意义。

第一，墓志记载丰富了北凉官爵制度和政区设置的内容。虽然墓志制作时间在北魏时期，但所记官职爵号、郡县地名均反映了北凉制度。墓志记录的沮渠树爲丈夫谢过酋念"凉故平远将军、建康昌松二郡太守、驸马都尉、永安侯"等系列官爵名号，首先补充了北凉设置平远将军、驸马都尉、永安侯等官爵名号和建康、昌松二郡太守任职信息。其次，墓志记录谢过酋念任北凉昌松太守官职和"西安郡万岁县"籍贯，补充了北凉地方设有昌松郡的信息，并解决了前辈学者有关北凉永安县即"永平县"之误、西安郡领县不详及万岁县隶属西郡等推论不确的问题。

---

① 《魏书》卷20《文成五王传》，第525、528页。
② 《魏书》卷77《高崇传》，第1707页。
③ 《魏书》卷37《司马楚之传》，第857页。

第二，墓志记载沮渠树焉夫妇信息有助于观察进入北魏的北凉王族的政治生存状态。北凉亡国后，沮渠树焉夫妇被迁往北魏都城平城，成为"平凉户"中的一员。沮渠氏宗亲初至平城，尚得到北魏朝廷优待，但在444—452年间先后被北魏统治者以各种借口诛杀。墓志记沮渠树焉的丈夫谢过酋念，虽没有明确记载其死亡时间和原因，但应在北魏诛杀沮渠氏成员的过程中受牵连被杀，先于妻子而亡。又，北凉王室成员除沮渠昭仪外未见到其他女性被处死的记载，沮渠牧犍所生三位公主受到北魏朝廷的优待。墓志记载的沮渠树焉是进入北魏的沮渠氏女性成员中又一幸存者，在北魏生活35年后寿终正寝，死后葬于平城附近，略享哀荣。

亥母洞出土西夏文乾定酉年增纳草捆文书浅探

梁继红

武威市长城文化保护研究院

武威新华乡亥母洞石窟创凿于西夏时期，是我国现存较早的藏传佛教石窟寺遗址，自1989年以来，遗址中先后清理出土了西夏、元、明、清时期的遗物，数量众多，内容丰富。遗址中发现的各种版本和内容的西夏文文献，特别是泥活字印本西夏文《维摩诘所说经》、写本西夏文社会文书等，都是版本独特、内容重要、世所罕见、价值重大的我国早期少数民族文字文献，是研究西夏语言文字、印刷技术、政治制度、社会经济、佛教传播的第一手资料，具有重要的历史价值、科学价值和文物文献价值。

本文拟从亥母洞出土的两份社会文书"西夏文乾定酉年增纳草捆文书"入手，在释读内容的基础上，以西夏法典《天盛改旧新定律令》（以下简称《天盛律令》）为参考，对文书的形制、内容及其所反映的几个西夏社会问题进行粗浅的探究。

一、文献简介

两份文书于1989年同时出土于武威新华乡亥母洞1号洞窟，尺寸、形制、内容基本相同，都是关于西夏乾定酉年（1225）一个名叫"没细苗盛"的农户向官府缴纳草捆的数量和种类的记录。两份文书文字内容很少，但从上面钤盖的西夏文朱文楷书"守库主管"印章，和几个官府执事者的押印可知其是正式的官方文书。两份文书分别在左上角书写西夏文"官"字和"户"字，表明该文书的持有者身份。两份文书保存完整，从内容、钤印和形制特点分析，应当是一式两份的西夏纳税凭据。两份文书形制独特，内容重要，对研究西夏时期官方文书的形制以及西夏基层农业税收管理制度,具有重要参考价值。现藏武威市博物馆。

(一)"官"字款文书

文书编号 G31-05【6730】,写本,土黄色麻纸,单页,高 17.5 厘米,宽 13 厘米。该文书两面都有西夏文字,文字字体有两种,一种是押印的楷书,一种是手写的草书。押印文字的内容有纳税的时间和负责税收工作的库守、文书起草人、库监等官府执事者的职官名姓。值得注意的是,文书中的纳税时间"乾定酉年 月 日"中,表示明确年代的"酉"字是手写体,明显是后来填写。文书上有两方西夏文钤印,一方是竖长方形四字楷书朱文印,印高 10.5 厘米,宽 2.8 厘米,印文汉译为"守库主管"。另一方是正方形朱文印,文字模糊不清,只钤盖了一半,故印纹呈倒三角形,从印痕可知,该印长、宽各 5.7 厘米,合 1 寸 7 分,应当是级别更高的官印。文书的左上角,有一个墨写楷书大字,汉译为西夏文"官"字。文书背面还有两行草书和一处画押。该文书的正文内容是手写草书,记录的是西夏乾定酉年,一位名叫"没细苗盛"的农户,向官府增纳了二捆草,一捆是麦草,一捆是粟草。文书还记载了这位农户的身份是"里溜"。

(二)"户"字款文书

文书编号 G31-07【6731】,土黄色麻纸,写本,单页,页面皱折残破。高 19 厘米,宽 13.5 厘米。该文书形制、内容与"官"字款文书基本相同,不同之处有三:一是该文书左上角的手写大字是西夏文草书"户"字。二是该文书没有钤盖正方形朱文官印。三是该文书内容书写随意潦草。

二、文书反映的几个西夏社会问题

(一)从两份文书的内容和形制特点分析,它们应当是《天盛律令》中记载的一式两份的官方纳税凭据,由西夏政府基层组织征收赋税时所出具,文书形制独特,存世稀少,是研究西夏公文制度和基层农业税收管理制度的珍贵文献资料。

两份文书内容相同,都是记载一个有"里溜"官职、名叫"没细苗盛"的农户,向官府增纳草捆的数量和种类。"官"字款文书的记载为"一户□□□增二捆,一捆麦草,一捆粟草"。"户"字款文书的记载是"一户□□□增二捆,麦草一捆,粟草一捆"。

两份文书的制作方式、尺寸、形制基本相同,都是在较小的正方形纸张上,以黑墨押印的形式,提前钤盖好库监、库守、文书起草人等官府中相关执事人员的签名。在黑墨押印之后,还有墨书的画押符号。文书的正文内容,则是用墨写草书填写上去。每份文书的背面,都钤盖西夏文"守库主管"朱文楷书印章。

《天盛律令》中详细记载了租种官府土地的农户在缴纳租赋时有很多具体的程序和各种监管制度,并多处提到缴纳租赋和检查复核时所必备的"凭据"。《天盛律令》中规定:

> 所属郡县局分大小人缴纳种种地租多少,十一月一日于转运司不告交簿册、凭据,迟缓时罪:自一日至五日十三杖,五日以上至十日徒三个月,十日以上至二十日徒六个月,二十日以上一律徒一年。
>
> 转运司人将簿册、凭据种种于十一月一日至月末一个月期间引送磨勘司不毕,逾期延误时,大人、承智、案头、司吏等一律与前述郡县局分大小误期罪状相同。
>
> 催促地租者乘马于各自转运司白册盖印,家主当取收据数登记于白册。其处于收据主人当面由催租者为手记,十五日一番,由转运司校验,不许胡乱侵扰家主取贿等。①

从律令内容可以看出,西夏政府在收取租赋以及后续的监督检查中,"凭据"起着非常重要的作用。而且缴纳租赋的凭据有两份,官府保存一份备档、备查,家主(若干农户的首领)保存一份也要随时接受检查。亥母洞出土的一式两份的缴纳草捆文书,证实了律令记载的真实性,更为特殊的是,在两份文书的相同位置上,有墨书的"官""户"二字,可以看作是凭据持有者的标记,这一点又可作为律令的补充。

---

① 史金波等译注:《天盛改旧新定律令》卷15《催缴租门》和《地水杂罪门》,法律出版社,2000年,第490、507页。

参照《天盛律令》的记载，结合文书特征，可以初步判断，两份文书应当是西夏官府出具的农户缴纳草捆的凭据，一式两份，"官"字款的是官府存档备案、备查的凭据，"户"字款的是纳税农户的家主或农户本人保存备查的凭据。

在提前押印好的文书上根据需要随时填写内容，这样的公文方式，显然是为了提高工作效率。这种形制的西夏文文书，在英藏黑水城文献中也发现了一件，史金波曾著文介绍：

> 有填字刻本文书。2349V 定为残片，应是刻本，但残留文字太少，且字迹浅淡。仔细揣摩，仍可见：第一行："今自……"；第二行（刻本文字不清）墨书填写："利限……"；第三行刻本文字："天盛"，墨书填写："二十……"；第三行刻本文字："司吏耶和……"。此文书或与公家放贷有关，惟其有刻版文书，只需填写数量、利限和时间即可。若如是，则此残片为首见此类文书。因残损过甚，尚难做过多解释。①

亥母洞出土的两份文书的版本形式与英藏黑水城文献相同，且保存基本完整，包含的版本和内容等信息更为丰富，是目前海内仅见的西夏社会文书，是弥足珍贵的我国古代少数民族文字文献资料，具有重要的文献和版本研究价值。

（二）一式两份的官方文书，与《天盛律令》中的相关内容互为补充和印证，基本还原了西夏政府基层组织向农户收取租税时的执行、监督、检查等一系列较为规范严格的管理程序。

西夏的农业税，实行"租佣草"制度，凡是租种政府所属土地者，均要按土地数量缴纳相应的地租，同时还要服劳役和缴纳草捆。由于西夏少数民族以畜牧业为主要生产和生活来源，所以喂养牲畜所需要的草捆也是西夏政府向租地农户征收的重要赋税之一。

《天盛律令》卷 15 的"地水杂罪门""催缴租门""纳领谷派遣计量小监门"等，详细规定了政府收缴租赋的原则和程序，具体内容为：

---

① 史金波：《〈英藏黑水城文献〉定名刍议及补正》，《西夏学》第 5 辑，2010 年。

租种政府土地的农户,要在官府地册中记档备案。此档案一式两份,官家和租户本人各持一份,上面记载了租户所租种土地的数量,要缴纳的种种租赋,具体升斗、草捆数量等。政府征收租赋,要按照地册的记载来收取。多收或者少收,相关人都要受到处罚。

租地农户缴纳草捆的数量,也有明确规定。租户家主所租种的土地上,一顷五十亩的一块地,单单是草捆一项,就要缴纳麦草七捆,粟草三十捆。律令中甚至对捆草的绳子都有明确规定,每个草捆的绳长要求四尺五寸。①

收取租赋有严格的监督检查制度。收取租赋的任务由最基层的各郡县仓库完成,上级部门要派专人现场监督检查,保证租赋质量和数量符合要求。《天盛律令》中规定:

> 纳种种租时节上,计量小监当坐于库门,巡察者当并坐于计量小监之侧。纳粮食者当于簿册依次一一唤其名,量而纳之。当予收据上有斛斗总数、计量小监手记,不许所纳粮食中入虚杂。
>
> 计量小监人除原旧本册以外,依所纳粮食之数,当为新册一卷,完毕时以新旧册自相核校,无失误参差,然后为清册一卷,附于状文而送中书。②

除了现场检查督促,还有专门骑马往来于各个转运司巡回检查的催租者。催租者手持由各转运司提供的钤盖印章的白册,往来于各郡县之间,勘验租地户家主保存的收据,并登记于白册,还要当着收据主人的面亲自做手记。此白册最后要交由转运司校验。

收取租赋后的复核制度。律令规定:每年的10月1日,各郡县征收赋税的凭据要进行汇总。11月1日,各郡县的簿册、凭据要由司吏送达转运司审查。12月1日,转运司要将簿册、凭据上交磨勘司复核。其间若有迟缓,相关人等都要获罪。

从《天盛律令》的记载可知,西夏收取租赋时和用于检查、监督、复核的重要凭据有两种,一种是收取租赋前后所登记的新旧两个簿册,另一种就是收、缴租赋双方所持的凭据。

---

① 史金波等译注:《天盛改旧新定律令》卷15《纳领谷派遣计量小监门》,第49页。
② 史金波等译注:《天盛改旧新定律令》卷15《纳领谷派遣计量小监门》,第513、514页。

律令中没有记载对收租凭据形制等具体内容的描述,亥母洞出土的两份文书正好弥补了这一缺载,与《天盛律令》的记载互相印证、互为补充,成为研究西夏赋税收缴与管理的重要物证。两份文书中,"官"字款文书内容书写相对工整,除了钤盖西夏文"守库主管"朱文印章外,还钤盖半个正方形朱文印,并有"乾定酉年月日"的黑墨押印,和"酉年属"的书写年款。"户"字款的文书,书写潦草,只钤盖一方"守库主管"的朱文印章,个别押印签章也潦草模糊,有些只押印一半内容。透过两份文书传递出的种种信息可以窥知西夏征收赋税时的工作流程:事先制作好简易的表格式的税收凭据,上面押印税收时间和执事者的签章,征收赋税时根据需要填写内容,这样的工作程序更简化更高效。

(三) 两份文书中以押印的形式保存的西夏职官名称,补充了文献和考古资料记载的不足,为研究西夏职官和职官用印制度提供了参考。

亥母洞出土的两份文书中的职官名称都是以押印方式出现,有墨印,有朱印,内容分别是"守库主管""库守""起文字者""库监"等,这些职官名称大多是首次出现。

《天盛律令》规定,钤盖在政府公文上的朱印根据身份和职能分为司印和官印两种,司印颁发给政府各司机关,官印颁发给有官爵的个人。[1] 西夏的官员,不是所有人都能够使用官印,而是根据其职位高低分为"及御印官"和"未及御印官"。"及御印官"是指六品至十二品的官员,他们有权使用朱文官印,其官印的质地、重量、大小都有明确规定。"未及御印官"是指不入流的杂官,他们没有权力使用官印,但依照法律可以置墨印和官板。《天盛律令》规定:

> 诸人请官印者,为威臣、帽主等官可请封印,当用于簿册及诸司告状中。比其官小者不许请官印。
>
> 诸司行文书时,司印、官印等纯金、纯银及铜镀银、铜等四种,依司位、官品等,分别明其高下。
>
> 未及御印官者,其处墨印、官板当置。[2]

---

[1] 史金波:《西夏时期的武威》,《西夏学》第 7 辑,2011 年。
[2] 史金波等译注:《天盛改旧新定律令》卷 10《官军敕门》,第 356—358 页。

亥母洞出土的两份文书中共有三方朱印,其中一方是正方形朱文印,长宽各为一寸七分。此印只钤盖一半,印文模糊不清。《天盛律令》规定:司印中僧监、副、判、权首领印重为九两,长宽各为一寸七分。由于文献中印文内容不详,又无法得知该印的重量,如果参照律令规定的印章尺寸来分析,此印可能是属于与僧监同等职位的一枚司印。

文书中另外两方朱文印是大小、内容都完全相同的楷书西夏文"守库主管"印,此印为竖长方形,形制较大,长 10.5 厘米,宽 2.8 厘米。《天盛律令》中没有关于此种形制印章的记载,考古发现中的长方形印章,多数为纪年印,①也有的是当地买卖税院的收税印章,这种印章不是当地政府的印章,而是官府为了防止偷税漏税,在买卖契约上钤盖此类印章,表示买卖税已经缴纳,契约合法。②据此分析,"守库主管"朱文印,应当属于西夏基层职官的官印,是当地买卖税院的收税印章。

文书中出现最多的是官府执事者的墨色押印,分别是负责收取租赋的"库守郝""起文字者钟""库监"等,按照《天盛律令》的规定,他们是属于位在"威臣""帽主"以下的未及御印官,不能用官印,只能使用墨印。

押印是代表当事人身份的符号,在黑水城西夏文献中也出现过。史金波研究认为,"押印是刻于印章上、代表当事人的小符号。押印避免了临时手写符号的随意性,能以更准确、一致的符号表示信誉"③。

文书中提到的纳税人没细苗盛的身份是"里溜",里溜也叫迁条、迁溜,是西夏最基层的管理机构,负责对就近的一百户农户进行管理。现存西夏考古资料中,里溜是出现次数较多的西夏职官名称。《天盛律令》规定:

> 一名租户家主由管事者以就近结合,十户遣一小甲,五小甲遣一小监等胜任人,二小监遣一农迁溜,当于附近下臣、官吏、独诱、正军、辅主之胜任、空闲者中遣之。④

---

① 韩小忙:《西夏官印略说》,《固原师专学报》2002 年第 2 期。
② 史金波:《黑水城出土西夏文卖地契研究》,《历史研究》2012 年第 2 期。
③ 史金波:《黑水城出土西夏文卖地契研究》,《历史研究》2012 年第 2 期。
④ 史金波等译注:《天盛改旧新定律令》卷 15《纳领谷派遣计量小监门》,第 514 页。

西凉府是西夏在西部地区设立的统治中心，管辖范围大，地位高，与首都中兴府并列位于次等司，地位仅次于上等司的中书和枢密。① 西夏政府在西凉府设立的职能部门，机构复杂，职能范围广，涵盖了西夏政治、军事、经济、文化教育、宗教信仰、礼乐等多方面的内容。考古资料显示，西夏在西凉府设立的最高职能部门是西经略司，最高长官是西经略使，掌管黄河以西包括河西走廊和内蒙古黑水城等地的事务。经略司是西夏京师以外，主管若干州郡军民事务的衙门，地位仅次于中书、枢密，位在诸司之上。俄藏黑水城文献记载：乾祐二十四年（1193），仁宗去世，在他的三七之日，西经略使在凉州组织大法会悼念。② 考古资料中还保存了不少在西凉府存在过的官职，有负责边境榷场贸易的"榷场使兼拘榷官西凉府签判"③、负责文书工作的"西经略司都案"④、负责军队后勤管理的"计料官通判"、负责管理礼乐的"监乐官""乐人"和"司吏"等。⑤ 这些职官名称，都是研究西夏基层管理机构和职官制度的重要资料。亥母洞出土的两份文书中的职官名称，以押印形式出现，更为特殊和重要。

（四）文书中关于"增纳草捆"的记载，反映了西夏晚期的社会现状。

根据《天盛律令》的规定，除了地册档案上记载的规定数额以外，官府不得额外向租户收取赋税。但是两份文书的内容，却是官府向农户增收草捆的记载。文书的形成时间是乾定酉年（1225），文书内容"增二捆"，当指官府在法律规定之外又额外增收的租赋。违背法律规定，向农户增收租赋，既反映了西夏基层官僚对生活在最底层的贫苦老百姓的盘剥，也反映了西夏社会晚期衰败、混乱的社会现状。

与两份文书同时出土的西夏文献还有"乾定申年典糜契约""乾定酉年卖牛契约""乾定戌年卖驴契及帐"等民间契约文书。这些文书的形成时间，都是西夏乾定年间。文书的内容，有的是记载农户因生活贫困，向寺院僧人

---

① 史金波等译注：《天盛改旧新定律令》卷10《司序行文门》，第363页。
② 史金波：《西夏时期的武威》，《西夏学》第7辑，2011年。
③ 杜建录、史金波：《西夏社会文书研究》，上海古籍出版社，2010年，第25页。
④ 宁笃学、钟长发：《甘肃武威西郊林场西夏墓清理简报》，《考古与文物》1980年第3期。
⑤ 俄军：《甘肃省博物馆藏西夏文献述略》，《考古与文物》2006年第6期。

典借糜子并高息返还的内容,有的是记载农户因贫困低价变卖耕牛度日的内容,还有农户通过卖驴或借债艰难度日的记载。这些文书内容,共同反映出西夏末期,由于连年的战争和内乱,国力空虚,民不聊生,内忧外患相交,统治岌岌可危,国家已走到穷途末路。

武威西夏文物与文献的发现及研究综述

黎大祥

武威市博物馆

西夏是以党项族为主体,于 11 世纪至 13 世纪初,在我国西北地区建立的少数民族政权。1038 年(宋宝元元年),元昊称帝,定国号"大夏",自称"大白高国""白高大夏国"。因其在宋西边,在汉籍中习惯称为西夏,另有唐古、唐兀、河西、饵药等称。与辽、北宋、金及南宋先后鼎立。传十代,至 1227 年被蒙古所灭。极盛时其疆域包括今宁夏、内蒙古西部、陕西北部、甘肃西部、青海东部和新疆东部。其典章制度多仿唐、宋,创制了西夏文字,以儒学治国,崇信佛教,大量翻译汉文典籍和佛教经典,创造了辉煌而独特的西夏文明。但由于蒙元对西夏的毁灭性打击,文物典籍毁坏殆尽,元朝也没有为西夏修一部专史,使得这个显赫一时的王朝显得格外神秘。

武威在西夏兴亡中占有重要地位。迄今为止,武威发现的西夏遗址、文物、文献在数量上,不仅是全国最多的地区之一,而且在国内所藏的西夏文物中也是独具特色、独一无二的。尤其是大量西夏文献的发现,是研究西夏社会政治经济、历史文化的珍贵文字资料。所以,对西夏西凉府境内的西夏遗址及出土文物、文献进行一次彻底的调查与研究,有助于全面掌握西夏文化遗存的概况,有助于学术界对西夏历史、地理、经济、政区、宗教、葬俗等各个方面的深入研究。2011 年,由中国社会科学院学部委员史金波担任首席专家的国家社科基金特别委托项目"西夏文献与文物研究"获得批准立项。同年 8 月在武威召开了第二届西夏学国际学术研讨会,鉴于武威丰富的西夏文化遗存及在西夏历史上的重要地位,武威市西夏遗存、文物、文献研究受到参会项目组的极大关注。后经教育部"长江学者特聘教授"、宁夏大学西夏学研究院院长、博士生导师杜建录教授提议推荐,武威市西夏博物馆黎大祥馆长(兼)作为项目负责人,由武威市博物馆黎大祥馆长、武威市考古所张振华所长联合申报"武威境内西夏遗址调查与研究",武威市博物馆原馆长孙寿龄、副馆长梁继红联合申报的"武威出土西夏文献研究"两个课题经专家委员会评审,作为国家社科基金特别委托项目"西夏文献与文物研究"重点项目子课题予以立项资助。

目前,课题已完成,研究成果由社会科学文献出版社出版发行,借此之际,略作综述,以供参考及深入研究。

一、武威西夏遗存概述

西夏立国近两百年,丝绸之路的重镇凉州成为其陪都,是其立国的基础,也是西部的政治、军事、经济、文化中心。西夏之所以能创造出辉煌而独特的文化,就在于立国后没有中断河西文化,而是在突出党项民族文化的基础上,从河西文化中积极吸取养分,发展儒学,弘扬佛教,使儒学和佛学成为加强其统治的两大精神支柱;对河西地区的回鹘、吐蕃等其他民族文化也是兼容并蓄,最终形成了多元独特的西夏文明。可以说,西夏文化不仅是对汉魏、隋唐河西文化的一种继承和创新,还极大地丰富了河西文化的内涵。西夏对河西文化的吸收继承,尤以西凉府——武威地区为最。纵观西夏王朝,西凉府在其兴亡的历史中占有十分重要的历史地位,而且境内保存有极为丰富的西夏文化遗存,为揭开西夏神秘的面纱提供了珍贵的实物资料。

自西夏灭亡后的一百多年,建立西夏王朝的党项族在历史的长河中,带着他们创造的文化,渐渐消失得无影无踪。首先揭开西夏面纱的是清代著名学者、金石学家——武威人张澍。嘉庆九年(1804),张澍在与友人去凉州大云寺游览时,在一封闭的碑亭中发现了一通石碑,石碑正面的文字"乍视,字皆可识,熟视,则无一字可识"。之后,张澍根据石碑背面的汉文才知道,此碑是西夏天祐民安五年(1094)所立的护国寺感通塔碑,正面和汉字相似的方块字正是消失已久的西夏国字——西夏文。张澍也成为近代第一个辨识出西夏文字的学者。西夏碑的发现使得西夏王朝的身影再次进入世人的视野,从此拉开了近代西夏学研究的序幕。[①]

---

① 清代张澍1804年在凉州大云寺发现西夏碑,他把这一重要发现记在《书西夏天祐民安碑后》一文中,于1837年收入《养素堂文集》中刊出,他是自西夏文消亡后第一个识别西夏文的学者。

就在发现西夏碑的第二年即 1805 年，金石学者刘师陆（字青园），在武威发现了几坛钱币，从中发现了西夏文"大安""乾祐""天庆"以及汉文"元德、天盛、乾祐、天庆、皇建、光定诸品"。他根据西夏碑文字，判断出其中的梵字钱，即"西夏文钱"，这是西夏钱币考古史上第一次有明确文献记载的重大发现，使得西夏钱币在我国钱谱中初具规模，形成系列，成为学者进一步研究的基础。①

1909 年，俄国探险家科兹洛夫先后三次从黑水城遗址盗掘走了大量西夏文献和文物，仅文献就有数千卷之巨，其中绝大部分是西夏文文献，如今仍藏于俄罗斯圣彼得堡东方学研究所和冬宫博物馆。1914 年，斯坦因在黑水城遗址也得到了不少西夏遗物，现藏于大英博物馆。随着西夏文献、文物的大批发现，西夏学研究也逐渐拉开了序幕。在 20 世纪以来的近百年间，国内外西夏学研究的资料和成果大大增加，研究领域也逐渐从语言文字扩展到西夏的历史、文化、政治、经济、军事、宗教、风俗等广泛领域。经过中外专家学者的共同努力，基本上弄清了西夏的历史、政治、经济、文化面貌，揭开了西夏王国的神秘面纱。

在西夏的文物、文献中，甘肃武威是特别重要且受到关注的。中华人民共和国成立以来，武威境内又发现了多处西夏历史文化遗存，目前是发现西夏遗址最多、出土西夏文物最多的地区之一。西夏遗址和大量文物、文献的发现，成为研究西夏历史、揭示西夏文化的珍贵资料。特别是从 20 世纪 50 年代以来，武威发现许多西夏遗址，出土了大批的西夏文物、文献，为国内外学者研究西夏历史文化提供了丰富的第一手实物资料。1952 年和 1989 年，在武威天梯山石窟②、张义小西沟岘③、新华亥母洞寺④发现大批西夏文物、文献，出土西夏文、汉文社会文书，西夏文、藏文佛经，西夏文药方、唐卡、造

---

① 清代初尚龄 1809 年在《吉金所见录》中，对刘青园 1805 年在武威发现的几坛钱币中发现西夏文"大安""乾祐""天庆"以及汉文"元德、天盛、乾祐、天庆、皇建、光定诸品"进行了详细记载。
② 冯国瑞：《记武威境北凉创始石窟及西夏文草书墨迹各种刷本》，《甘肃日报》1952 年 5 月 14 日。
③ 甘肃省博物馆：《甘肃武威发现一批西夏遗物》，《考古》1974 年第 3 期。
④ 梁继红、高辉：《武威亥母洞寺石窟遗址调查报告》，《陇右文博》2010 年第 2 期。

像、印花绢帛、西夏文木牍、竹笔、木刮布刀等文物千余件,为研究西夏社会历史提供了极为重要的实物资料。特别是在武威小西沟岘出土的珍贵西夏文文书和文物,数量多、内容丰富,是1949年后我国首次发现的大宗西夏文物。其中被认为与现代硬笔有某种亲缘关系的竹笔和木刮布刀以及文献是国内外绝无仅有的。亥母洞出土的西夏文《维摩诘所说经》,被专家认为是西夏泥活字版佛经,是我国发现的最早的泥活字印刷实物。修行洞和亥母洞也因出土大批西夏文献而被学术界誉为"西夏藏经洞"。

在武威市西郊附近先后发现7座西夏墓,出土文物百余件。其中有彩色木板画30多幅,它们是西夏统治阶层生活的真实写照,也是西夏社会等级差别悬殊的缩影,画中人物的服饰、器物、兵器、买地券等都是极难得的有关西夏社会生活的实物资料。同时出土的诸多木质家具,在国内也极为罕见。葬具木缘塔更是研究西夏葬俗的珍贵实物。①

1981至1994年,武威市文物部门在古城乡塔儿湾发现了西夏瓷窑遗址,调查征集、出土大批西夏瓷器,种类繁多,釉色复杂。部分瓷器上还墨书汉文和西夏文题记。这是迄今为止出土西夏瓷器中种类和数量最多、釉色繁杂的重大发现,古城塔尔湾也成为西夏西部重要的官办瓷窑。② 1992至1994年经国家文物局批准,由甘肃省考古研究所对古城乡塔儿湾西夏瓷窑遗址进行了考古发掘,揭示了其丰富的文化内涵。③ 此外,甘肃武威城区发现的金碗、银锭、铜火炮、铜锭、瓷器、铜器、碑刻造像、石磨、钱币等十余处西夏窖藏中,出土了大批西夏文物。④ 武威出土的西夏文物也在国内外西夏文物中独树一帜,真实地反映出其作为西夏陪都的重要历史地位。

西夏社会笃信佛教。西夏时期的河西寺院广布、塔庙林立,是重要的佛

---

① 宁笃学、钟长发:《甘肃武威西郊林场西夏墓清理简报》,《考古与文物》1980年第3期。孙寿岭:《西夏的葬俗》,《陇右文博》1996年第1期。姚永春:《武威西郊西夏墓清理简报》,《陇右文博》2000年第2期,第24—25页。刘斌:《武威发现西夏砖室火葬墓》,《丝绸之路》2000年第1期,第33页。朱安、钟雅萍:《武威西关西夏墓清理简报》,《陇右文博》2001年第2期。党寿山:《武威文物考述》,武威市光明印刷物资有限公司印制,2001年,第88—89页。
② 孙寿龄:《武威新发现的西夏瓷器》,《文物天地》1993年第1期。
③ 王辉:《武威塔儿湾西夏—元代城址》,《中国考古学年鉴》,文物出版社,1996年。
④ 党寿山:《武威文物考述》,武威市光明印刷物资有限公司印制,2001年。

教中心和佛经译场。据《西夏碑》载:"近自畿甸,远及荒要、山林溪谷、村落坊聚、佛宇遗址,只椽片瓦,但仿佛有存者,无不必葺。"①皇家寺院凉州护国寺,规模宏大,僧侣众多,香火旺盛。寺内感通塔多有灵瑞,被称为"护国宝塔"和"凉州金塔"。凉州番和县御山圣容寺、永昌御山圣容寺等也是西夏重要的佛教传播寺院。西夏中后期,藏传佛教走出青藏高原,进入河陇地区传播,这为蒙元时期"凉州会盟"的成功举行奠定了坚实的宗教基础。已有900多年历史的张掖大佛寺是西夏修建的众多寺院中迄今仅存的一座。寺内的大卧佛,基本上是西夏原塑,是全国现存最大的室内卧佛。莫高窟在西夏人心目中是佛教的"世界众宫"。河西走廊成为西夏京畿佛教中心之外最为重要的佛教圣地。西夏开国皇帝李元昊、仁宗皇帝还亲自到河西走廊凉州巡察,在佛教名胜古迹祀神、烧香礼佛。

西夏文化是多元一体的华夏文明的重要组成部分。武威保存的西夏文物、文献不仅数量众多,而且级别高、价值大,是推动西夏学深入研究,揭开西夏神秘面纱的第一手珍贵资料,更是甘肃建设华夏文明传承创新区的重要内容,是推动甘肃文化旅游事业大发展、大繁荣的特色资源。

二、武威西夏文物及文献研究状况

对于武威境内西夏遗址文物的研究肇始于1804年张澍在大云寺发现西夏碑。回顾国内外对武威西夏遗址的研究现状,大体可分为三个阶段:

第一阶段:1804年至20世纪初期

1804年,著名学者、武威人张澍在凉州大云寺一封存的碑亭内发现了现在被称作"天下绝碑"的《凉州重修护国寺感通塔碑铭》,它的发现拉开了西夏学研究的序幕。张澍亲笔撰文,写下了《姓氏五书·西夏姓氏录》《凉州府志备考·西夏纪年》。② 1805年,武威当地发现一坛窖藏货币,武威知县刘青园从中发现了西夏文"大安""乾祐""天庆"以及汉文"元德、天盛、乾祐、天

---

① 见《凉州重修护国寺感通塔碑铭》。
② 张澍:《姓氏五书·西夏姓氏录》,清木刻本;《凉州府志备考·西夏纪年》,手抄本原稿保存在陕西省博物馆,三秦出版社,1988年。

庆、皇建、光定诸品"，他根据西夏碑文字，判断出其中的梵字钱即"西夏文钱"，从此，西夏制造的钱币正式列入中国钱币书谱，在中国钱币书谱中占有一席之地。1898年，法国人戴维利亚发表了《凉州西夏碑考与西夏王国的文字》，指出凉州碑文与汉文不是简单的对译关系。英国人卜士礼通过凉州碑判定居庸关石刻为西夏文。[1] 1914—1923年，罗福苌、罗福成兄弟在《西夏图书略说》《国立北平图书馆·馆刊》中，刊载了西夏碑的汉文和西夏文全文以及西夏文的汉文译文。[2]

第二阶段：1949年以来至20世纪70年代

1953年3月，浙江美术学院史岩教授参加中央美术学院敦煌文物考察队来到西北，1954年7月对天梯山石窟的13个洞窟进行了调查，1955年在《文物参考资料》第7期发表了《凉州天梯山石窟现状和保存的问题》一文，对石窟作了全面的调查研究，并对窟内西夏时期的遗物作了详细的记录和介绍。[3] 1952年，天梯山石窟大佛洞发现一批西夏文献。1958年在天梯山石窟搬迁过程中，又发现一批西夏文献和壁画，陈炳应在《天梯山石窟西夏文佛经译释》一文中进行了介绍和研究。[4] 1964年日本的西田龙雄重新翻译了西夏碑上之西夏文，补充校正了罗氏译文的多处错误。[5] 1972年武威张义镇下西沟岘修行洞发现一批西夏佛经、医药方、占卜词、日历、请假条、竹笔、钱币等，这是1949年以来我国首次发现大量西夏文物，甘肃省博物馆《甘肃武威发现一批西夏文物》中对其进行了介绍，[6]王静如、史金波、白宾又先后撰文对其中的文献进行了详细的考证研究。[7] 1977年武威西郊林场发

---

[1] 刘建丽：《20世纪国内外西夏学研究综述》，《甘肃社会科学》2005年第1期，第224—230页。
[2] 罗福苌：《重修护国寺感应塔碑》，1914年《西夏图书略说》。罗福成在1923年出版的《国立北平图书馆·馆刊》4卷3号上，全文发表了西夏碑的汉文和西夏文以及西夏文的汉文译文。
[3] 史岩：《凉州天梯山石窟现状和保存的问题》，《文物参考资料》1955年第7期。
[4] 陈炳应：《天梯山石窟西夏文佛经译释》，《考古与文物》1983年第3期。
[5] 日本西田龙雄在其1964年所著《西夏语之研究》（上卷）中，重新翻译碑上之西夏文，补充校正罗氏译文多处。
[6] 甘肃省博物馆：《甘肃武威发现一批西夏文物》，《考古》1973年第3期。
[7] 王静如：《甘肃武威发现的西夏文考释》，《考古》1974年第3期。史金波：《〈甘肃武威发现的西夏文考释〉质疑》，《考古》1974年第6期。

现了两座西夏墓葬,出土了大量西夏文物,宁笃学、钟长发在简报中予以报道之后,国内西夏学界学者,从各学科展开研究。① 1978年,武威地区文物工作队对永昌县境内后大寺西的一处遗址进行了清理发掘,发现了西夏千佛阁遗址。②

第三阶段:20世纪80年代至90年代

这一时期伴随着武威城乡建设和第二次文物普查工作的开展,新发现了许多西夏遗址。1980年南营乡发现瓷器窖藏,钟长发撰写了发掘简报。③ 1980年武威针织厂发现一批西夏窖藏,出土铜火炮、瓷器等文物,党寿山发表专文进行研究。④ 1984、1987、1992、1993年,武威地市文物部门及甘肃省考古研究所对塔尔湾遗址进行了多次考古发掘,孙寿岭、党寿山、黎大祥、王辉等予以介绍和研究。⑤ 1984年史金波通过核定西夏碑原碑,发表了《凉州感应塔碑西夏文校译补正》,对西夏碑中的西夏文做了重新译正,使碑文译释更准确、更全面。⑥ 1987年新华乡缠山村村民在修建亥母洞时发现了一批西夏文献、文物,武威市博物馆进行了清理发掘,孙寿岭、黎大祥、史金波、陈炳应等一批专家对武威亥母洞寺及出土的文献文物进行了考证研究。⑦

---

① 宁笃学、钟长发:《甘肃武威西郊林场西夏墓清理简报》,《考古与文物》1980年第3期。孙寿岭:《西夏的葬俗》,《陇右文博》1996年第1期。姚永春:《武威西郊西夏墓清理简报》,《陇右文博》2000年第2期,第24—25页。刘斌:《武威发现西夏砖室火葬墓》,《丝绸之路》2000年第1期,第33页。朱安、钟雅萍:《武威西关西夏墓清理简报》,《陇右文博》2001年第2期。党寿山:《武威文物考述》,武威市光明印刷物资有限公司印制,2001年,第88—89页。
② 党寿山:《被埋没的西夏千佛阁遗址》,《西夏学》2011年第1期。
③ 钟长发:《武威出土一批西夏瓷器》,《文物》1981年第9期。
④ 党寿山:《武威文物考述》,武威市光明印刷物资有限公司印制,2001年。
⑤ 孙寿龄:《武威新发现的西夏瓷器》,《文物天地》1993年第1期。党寿山:《武威文物考述》,武威市光明印刷物资有限公司印制,2001年。黎大祥:《武威文物研究文集》《武威文物精粹》,甘肃文化出版社,2002年。王辉:《武威塔儿湾西夏—元代城址》,《中国考古学年鉴》,文物出版社,1996年。
⑥ 史金波:《凉州感应塔碑西夏文校译补正》,《西北史地》1984年第2期。
⑦ 孙寿龄:《武威亥母洞出土的一批西夏文物》,《国家图书馆学刊》增刊(西夏研究专号),2002年;《西夏泥活字版佛经》,《中国文物报》1994年第3期。杜建录:《西夏纸质文献叙录》中国藏西夏文献出版纪念专号,《西夏学》第三辑,宁夏人民出 (转下页)

1987年9月,武威市城内署东巷发现一批西夏窖藏文物,出土银锭(面錾刻铭文)、金碗、金钵、金撮、金链、宋代钱币、瓷片、铁器等文物,党寿山、黎大祥对此进行了研究。① 1981、1989、1997年在武威体校、西郊十字路口、奔马饮料厂、西关武警支队家属院先后发现五座西夏墓葬,出土有木棺(写有汉文或西夏文)、灵骨瓶、瓷器、买地券(汉文)、钱币等诸多西夏文物。宁笃学、孙寿岭、朱安、姚永春等发表了清理发掘简报,陈炳应(《西夏文物研究》《西夏探古》)、史金波(《西夏文物》《西夏社会》)②、黎大祥(《武威文物研究文集》《武威文物精粹》)等专门就这些出土文物进行了相关研究。

总之,武威境内出土的西夏文物数量和价值在全国西夏文物中占有重要的地位,为学术界解读西夏历史提供了大量的第一手资料。西夏学界都给予了相当的重视,其中陈炳应《西夏文物研究》③《西夏探古》,史金波《西夏佛教史略》④《西夏文化》《西夏社会》、牛达生《西夏遗迹》⑤、陈育宁、汤晓芳《西夏艺术史》⑥、黎大祥《武威文物研究文集》《武威文物精粹》对武威境内西

(接上页)版社,2008年。牛达生:《西夏泥活字印本〈维摩诘所说经〉及其学术价值》,《中国印刷》2000年第12期。史金波、雅森·吾尔守:《中国活字印刷术的发明和早期传播——西夏和回鹘活字印刷研究》,社会科学文献出版社,2000年。史金波:《泥活字印刷研究的新发现和新进展》,《中国印刷》2007年第8期;《中国藏西夏文献新探》,《西夏学》第二辑,宁夏人民出版社,2007年。陈炳应:《西夏探古》,甘肃文化出版社,2002年。黎大祥:《武威文物研究文集》《武威文物精粹》,甘肃文化出版社,2002年。梁继红:《武威出土的西夏文韵书〈同音〉》,《陇右文博》2006年第1期。崔红芬:《武威博物馆藏西夏文〈金刚经〉及赞颂残经译释研究》,《西夏学》第八辑,上海古籍出版社,2011年。段玉泉:《甘藏西夏文〈佛说百生冤结陀罗尼经〉考释》,《西夏研究》2010年第4期;《中国藏西夏文文献未定名残卷考补》,《西夏学》第三辑,宁夏人民出版社,2008年。于光建、黎大祥:《武威市博物馆藏6746号西夏文佛经〈圣胜慧到彼岸功德宝集偈〉考释》,《敦煌研究》2011年第5期。梁继红、陆文娟:《武威藏西夏文〈志公大师十二时歌注解〉考释》,《西夏学》第八辑。高辉:《武威市博物馆馆藏西夏文献的装帧》,《版本目录学研究》第三辑,国家图书馆出版社,2012年。

① 党寿山:《武威文物考述》,武威市光明印刷物资有限公司印制,2001年。黎大祥:《甘肃武威发现一批西夏流通的银锭》,《中国钱币》1991年第4期。
② 史金波:《西夏文物》,文物出版社,1988年;《西夏社会》,上海人民出版社,2007年。
③ 陈炳应:《西夏文物研究》,宁夏人民出版社,1985年。
④ 史金波:《西夏佛教史略》,宁夏人民出版社,1988年。
⑤ 牛达生:《西夏遗迹》,文物出版社,2007年。
⑥ 陈育宁、汤晓芳:《西夏艺术史》,上海三联书店,2010年。

夏遗址和文物研究着力最多。但是总体而言,目前学界对于武威境内的西夏遗址都处于单个的研究,还没有从整体上对武威西夏遗址进行全面、系统的调查和相关研究,不能从整体上把握武威境内到底有多少西夏遗址,出土了哪些文物、文献。2011年,由中国社会科学院学部委员史金波立项的国家社科基金特别委托项目"西夏文献与文物研究"中,武威市西夏博物馆黎大祥馆长负责的"武威地区西夏遗址调查研究""武威出土西夏文献研究"两个项目,对武威地区西夏遗址及出土文物、文献进行了全面的梳理,并进行了调查整理和研究,为西夏学研究打下了坚实的基础。与此同时,随着中外藏西夏文献的公布,学界对武威天梯山石窟、张义修行洞、亥母洞寺出土的西夏文献也进行了翻译和研究。近年来甘肃省考古研究所对武威亥母洞寺进行了考古发掘,又出土了大批文物及汉、藏、西夏文文献,也陆续发表了一些研究文章,发掘报告及研究成果尚待发表。

三、武威西夏文物、文献对西夏学研究的重大意义

1. 使人们重新认识西夏文字,开启了西夏学研究的先河

西夏文是记录党项羌语言的文字,仿效汉字共创6 000多字,颁行境内,并尊为国字,广泛使用。蒙古族兴起后,成吉思汗统率的蒙古铁骑灭西夏时,因为他的死与攻打西夏都城兴庆府(今银川)有关,这就使西夏遭到了征服者更加残酷的镇压,文化典籍被毁坏殆尽。加之西夏地处边陲,闭关锁国,成为丝绸之路上的神秘王国,中原学者了解甚少。西夏灭亡后,元人修史不能不受其影响,即使幸存下来的典籍,史官未必能懂,只好在宋、辽、金三史内附之以传,敷衍塞责,西夏因此也未能编史,流传下来的典籍极为罕见。另一方面,随着时间的推移,一部分党项民族分散而居,还有一些与当地的其他民族通婚,来往关系密切,因而民族特性逐渐消失,与其他民族融合,独特的西夏文字也逐渐消失。到明代中叶,特别是到清朝时,西夏文字已完全停止使用,逐渐失传,成为无人能识的死文字。19世纪初,封存了几百年的西夏碑被张澍发现,人们不仅看到了西夏文字,更重要的是为确认、辨识和重新认识西夏文字提供了实物资料,从而揭开了西夏学研究的序幕。在西夏碑未发现之前,当人们看到北京居庸关云台门洞内元代至正五年

(1345)所刻六种文字中的西夏文时,还误认为是"女真文字",也不认识敦煌莫高窟六体文石碑中的西夏文以及发现的西夏铜钱。发现西夏碑以后,由于其是西夏文和汉文合璧碑,使人们认识了西夏文,这些问题就都得到了解决。西夏碑的发现是西夏学研究的重大收获,清代著名学者张澍看到后,对西夏的历史颇感兴趣,于是开始了西夏学的研究。他把当时发现的西夏碑汉文内容全部收录于所著的《凉州府志备考》一书中,他还著有《西夏姓氏录》《西夏纪年》等。清史稿称"姓氏五书,尤为绝学"。他是近代确认、辨识西夏文字和西夏学研究的第一人,他为西夏学的研究和兴起奠定了基础。今天西夏学能在国内外取得这么大的成就,成为一门显学,与张澍发现西夏文字碑刻和进行西夏学研究是分不开的。毫不夸张地说,如果没有武威西夏碑的发现和张澍开始对西夏学的研究,中国乃至世界西夏学的研究至少要推迟一个多世纪(从1804年发现西夏碑到1908年柯兹洛夫在我国内蒙古黑城发现西夏文字典《番汉合时掌中珠》)。在这百年当中发现的西夏文文籍和史料,有可能因不认识而无法引起当时专家学者的重视,将会有随时失传的危险,留下永远的遗憾。

2. 泥活字佛经等的发现,反映了西夏先进的印刷技术

宋代毕昇发明活字印刷,在我国印刷史上是一个划时代的技术创新,也是对世界印刷事业的重大贡献。根据毕昇泥活字的发明原理,后来人们又创造出木活字、锡活字、铜活字等,推动了世界印刷事业的发展。可惜的是一直未发现这一时期的泥活字实物。1987年在武威亥母洞寺出土的《维摩诘所说经》,填补了这个空白。

根据经文第二行西夏文题款"奉天显道耀武宣文神谋睿智制义去邪惇睦懿恭",该经最早应是西夏仁宗嵬名仁孝(1140—1193)时的版本。在这一时期,无论从所印佛经数量、佛事活动内容之丰富,以及作法会的规模之大都堪称鼎盛时期,在一次大法会上施西夏文、汉文佛经共达20万卷,可见当时印刷量之大。武威天梯山石窟、亥母洞寺在西夏时期为国佛院,从出土的大量西夏文佛经来看,当时刊印了大量的佛经。特别是主持天梯山石窟的西夏国师周慧海,他所翻译的西夏文佛经现保存在国内国图、敦煌研究院、甘肃、内蒙古、宁夏、武威等博物馆,国外俄罗斯、英国、日本等国的收藏单位。翻译如此之多、印量如此之大,如果没有先进的印刷技术是无法完成

的。武威大量不同版本西夏佛经的发现，不仅反映了西夏时期印刷技术的发展，而且也为研究我国早期印刷术、版本学，提供了极为珍贵的实物资料。

3. 钱币及相关文献的发现，使其在我国钱谱中占据一席之地

由于元代没有为西夏修志，西夏是否铸造钱币，后世无从知晓。南宋时洪遵（字景岩）于绍兴十九年（1149）著《泉志》十五卷。卷十一内亦收载一枚梵字钱，洪氏按："此钱径八分，重三铢六参，铜色纯赤，文不可辨，大抵类屋驮、吐蕃钱。"嘉庆十年（1805），金石学者刘青园在武威发现了几坛窖藏钱币，从中发现了西夏文"大安""乾祐""天庆"以及汉文"元德、天盛、乾祐、天庆、皇建、光定诸品"，他根据张澍 1804 年在武威大云寺发现的西夏碑文字，判断出其中的梵字钱即"西夏文钱"，这是西夏钱币考古史上第一次有明确文献记载的重大发现。嘉庆十四年（1809），著名金石学家、山东人初尚龄在其著作《吉金所见录》中，对这次武威西夏钱币的重大发现进行了详细的记述和系统的著录，为后人研究西夏钱币揭开新的一页。至此，西夏钱币在我国钱谱中才出现并形成系列，成为后世学者研究的基础。

西夏的货币形态除流通使用铜铁钱币外，其境内还使用白银。但西夏是否自己铸造并流通银锭，没有实物流传于世。1987 年 9 月在武威市城内署东巷修建行署家属大楼时，发现了一批西夏银锭，其中有 11 件银锭錾刻有铭文，记录了当时银锭流通的状况。无独有偶，1987 年又在武威亥母洞寺发现西夏汉文"宝银记账单"，记录了当时石窟寺的银两。[①] 这些重要发现填补了西夏使用银锭而无实物的空白，这为研究西夏白银货币形态提供了极为珍贵的资料，使西夏货币在我国钱币中占据重要的一席之地。

4. 众多西夏文献的发现，为研究社会政治经济文化提供了实物

武威出土的西夏文物、文献数量众多，内容丰富，版本类型繁多，涵盖涉及西夏社会的政治、经济、文化、医疗、印刷术、宗教等各个方面。它是西夏党项民族历史文化的沉淀，是我国多民族历史文化、文献资料的重要组成部

---

① 黎李、黎大祥：《武威亥母洞寺出土西夏汉文"宝银"账单及其学术价值》，《西夏学》2019 年第 2 期。

分。通过这些文物、文献的内容,我们能够清晰地透视了解西夏历史文化的原貌,弥补充实历史遗留下来的对西夏社会的认识缺乏、了解不足,提供重要的实物依据。因此,科学地开展对这些西夏文献的分析研究,具有重要的历史意义及价值。

论河西墓葬壁画中的"启门图"

贾小军

河西学院历史文化与旅游学院

从汉代开始,绘画或雕刻中常常出现"启门图",这类图式包括两个基本元素:一是半启的门,二是启门人(有男有女)。由于"启门图"中的启门人多为女性,学界常称之为"妇人启门(图)",这也是这类图式的标准模式。"除此之外,还存在部分非典型的启门图,没有开门人的形象"[1],"这似乎暗示着启门者在这类图式中并非必不可少"[2],因此,学者们根据这类图像的具体内容,往往会称之为"妇人启门(图)""启门图""半启门"等,并有大量研究成果问世。[3] 需要指出的是,这类图式多被认为是从汉代开始,在宋元时期大行其道,而魏晋至隋唐之际几乎遁形,笔者在梳理河西走廊墓葬壁画时,发现魏晋十六国河西墓葬壁画中有一些类似图像,尚未得到学界关注,因此有必

---

[1] 张善庆:《佛教艺术语境中的启门图》,《敦煌学辑刊》2018年第3期。
[2] 吴雪杉:《汉代启门图像性别含义释读》,《文艺研究》2007年第2期。
[3] 相关的研究主要有:宿白《白沙宋墓》,文物出版社,1957年第1版(2002年第2版);梁白泉《墓饰"妇人启门"含义揣测》,《中国文物报》1992年11月8日第3版;刘毅《"妇人启门"墓饰含义管见》,《中国文物报》1993年5月16日第3版;郑滦明《宣化辽墓"妇人启门"壁画小考》,《文物春秋》1995年第2期;郑岩《白驹过隙与侍者启门——东汉缪宇墓画像中的时间与空间》,《文物天地》1996年第3期;冯恩学《辽墓启门图之探讨》,《北方文物》2005年第4期;张鹏《妇人启门图试探》,《艺术考古》2006年第3期;吴雪杉《汉代启门图像性别含义释读》,《文艺研究》2007年第2期;李清泉《空间逻辑与视觉意味——宋辽金墓"妇人启门"图新论》,《美术学报》2012年第2期;李明倩《打开一扇门——中国古墓妇人启门图像研究综述》,《戏剧丛刊》2011年第5期;吴伟《"启门"题材汉画像砖石研究》,南京大学2013年硕士学位论文;樊睿《汉代画像石中的启门图图式浅析》,《中原文物》2012年第6期;郑岩《论"半启门"》,收入郑岩《逝者的面具》,北京大学出版社,2013年,第378—419页;罗二虎《东汉墓"仙人半开门"图像解析》,《考古》2014年第9期;丁雨《浅议宋金墓葬中的启门图》,《考古与文物》2015年第1期;张善庆《佛教艺术语境中的启门图》,《敦煌学辑刊》2018年第3期。

要进行专门讨论。为便于讨论,本文使用"启门图"这一名称。

一、河西墓葬壁画中的"启门图"

河西墓葬壁画中典型的"启门图"(指图像中既有半启的门,又有启门人),以笔者目前所见,共有 2 例,分别出自嘉峪关新城一号墓和酒泉丁家闸五号墓。嘉峪关新城一号墓"启门图"绘制于新城一号墓前室东壁"阁内"左侧门扉上(编号 M1∶01),该门扉虚掩,上绘左一女抱一婴,右一女站立其前,右扉画朱雀、衔环铺首(图 1)。① 从构图元素来看,该图既有虚掩的门扉,又有绘于门扉上的女性,可以认为该图具备了"启门图"的基本元素,又考虑到右侧门扉上的朱雀衔环铺首,可知该半启之门并非因绘制该画的门扉砖发

图 1　新城一号墓"启门图"②

---

① 甘肃省文物队、甘肃省博物馆、嘉峪关市文物管理所:《嘉峪关壁画墓发掘报告》附录二"嘉峪关魏晋墓壁画内容总表",文物出版社,1985 年,第 97 页;该报告图版五九之 2 命名为"侍女与主妇"。张宝玺编《嘉峪关酒泉魏晋十六国墓壁画》命名为"阁门上主妇与侍女",甘肃人民美术出版社,2001 年,第 13 页。
② 甘肃省文物队等:《嘉峪关壁画墓发掘报告》,图版五九之 2。

生过位置变动使然,退一步讲,即使该半启之门扉为该门扉发生过位置移动所致,仍不会影响该图"启门图"的性质。只是半启的门扉上所绘为两位女性及其中一女怀抱的婴儿,与常见的"启门图"颇有不同,可归入"双女启门图"。①

酒泉丁家闸五号墓"启门图"(图 2)绘制于该墓前室北壁下层中部偏西,"坞墙上有七雉堞,两角各立一鸟。坞壁内耸起碉楼,楼上有三雉堞。坞壁两门半开,门内立一披发小看门奴。坞壁前有两公鸡相斗。另一公鸡在扬翅高啼。坞壁下方绘桑树三株,树间里五采桑女"②。该图的独特性在于启门人是披发门奴,所启之门为坞壁之门。

图 2 丁家闸五号墓"启门图"③

其余十余幅"启门图"没有启门人的图像,这些图像均与坞壁图或绘有围墙的果木园有关,仍然集中出现于嘉峪关新城魏晋墓群和酒泉丁家闸五号墓。

新城魏晋墓群有 9 幅,分别出自一号墓(3 幅)、三号墓(1 幅)、五号墓(4 幅)和六号墓(1 幅)。新城一号墓前室西壁设一阁门(编号 M1∶022,图 3),"用条砖砌框,对缝竖嵌两块条砖作为双扇门,为半开式,门上画凤鸟、衔环

---

① 冯恩学:《辽墓启门图之探讨》,《北方文物》2005 年第 4 期。
② 甘肃省文物考古研究所:《酒泉十六国墓壁画》,文物出版社,1989 年,第 7 页。
③ 甘肃省文物考古研究所:《酒泉十六国墓壁画》,图版"坞壁"。

铺首"①,"门楣上绘一对黑色鸟"②,与东壁阁门呈对称分布。新城一号墓出游图(图4,编号 M1∶033)"前为一仆、一侍女,后为一容车,正朝坞走去"③。

图3 新城一号墓前室西壁阁门④

图4 出游图⑤

① 嘉峪关市文物清理小组:《嘉峪关汉画像砖墓》,《文物》1972年第12期。
② 甘肃省文物队等:《嘉峪关壁画墓发掘报告》,第97页。
③ 甘肃省文物队等:《嘉峪关壁画墓发掘报告》,第98页。
④ 嘉峪关市文物清理小组:《嘉峪关汉画像砖墓》,《文物》1972年第12期,图三。
⑤ 嘉峪关文物局编:《嘉峪关文物图录·可移动文物卷》,三秦出版社,2014年,第93页。

同样出自新城一号墓的"坞"图（图5，编号 M1：036），"左为坞，坞外有马、牛、羊等，画上有朱书题榜'坞'字"①。这两图坞门形制相同，皆双扉，左侧门扉关闭，右侧门扉微微开启，因此可以视之为没有启门人的"启门图"。

图5 "坞"图②

新城三号墓的"坞壁穹庐图"（图6，编号 M3：025）位于前室北壁东侧，

图6 坞壁穹庐图③

---

① 甘肃省文物队等：《嘉峪关壁画墓发掘报告》，第98页。
② 嘉峪关文物局编：《嘉峪关文物图录·可移动文物卷》，第132页。
③ 甘肃省文物队等：《嘉峪关壁画墓发掘报告》，图版七四之2。

"左边二穹庐内各有一髡发者(河西鲜卑),一卧、一蹲踞着煮食。右为坞"①。整个壁画绘制于数块砖面或砖之侧壁之上,显示出该坞规模不小。该坞平面长方形,设两门,一门设于左侧墙壁,另一门设于画面前方的墙壁右侧,两门皆微微开启,无启门人。

新城五号墓的"坞壁守卫图"(图7,编号M5:08)位于前室南壁东侧,绘一男子手持棍棒立于坞外,该坞四周高墙围绕,前面设有大门,门上有楼,楼上有窗户以便瞭望。② 该坞门朝左,门扉半开。另一幅"坞壁守卫图"(图8,编号M5:019)位于该墓前室东壁,绘一男子手持木棍,立于坞门之前,右边蹲着一犬。③ 坞门半开。这两幅"坞壁守卫图"又不同于单纯缺启门人的"启门图",门扉半开,缺启门人,但门外有人守卫,在图像内涵上,似与前引酒泉丁家闸五号墓"启门图"(图2)相近。"果木园图"(图9,编号M5:016)亦位于该墓前室南壁东侧,绘一座四周有高墙围绕的果木园,前方开有一门,门扉半开。果木枝叶披露墙头。④ 需要指出的是,这是《嘉峪关壁画墓发掘报告》唯一一处说明"门扉半开"的、缺少明显启门人的同类图像。出自该墓前室南壁西侧的另一幅果木园图(图10,编号M5:048),绘一守园人手持棍棒

图7 坞壁守卫图⑤

---

① 甘肃省文物队等:《嘉峪关壁画墓发掘报告》,第99页。
② 甘肃省文物队等:《嘉峪关壁画墓发掘报告》,第49页。
③ 甘肃省文物队等:《嘉峪关壁画墓发掘报告》,第50页。
④ 甘肃省文物队等:《嘉峪关壁画墓发掘报告》,第50页。
⑤ 甘肃省文物队等:《嘉峪关壁画墓发掘报告》,图版七五之1。

论河西墓葬壁画中的"启门图"　287

图 8　坞壁守卫图①

图 9　果木园图②

在看护果木园。果木园四周有高墙围绕,前方开有一门,树枝披露墙头,树梢有一飞鸟。③ 坞门半开。这两幅"果木园图"的共同点是园门半开,主要区别在于前者无人看护,后者有人看护。

新城六号墓"坞壁图"(图 11,编号 M6：017)位于该墓前室东壁南侧,坞

---

① 罗世平主编:《中国美术全集·墓室壁画》,黄山书社,2010 年,第 150 页。
② 甘肃省文物队等:《嘉峪关壁画墓发掘报告》,图版五七之 2。
③ 甘肃省文物队等:《嘉峪关壁画墓发掘报告》,第 54 页。

图 10　果木园图①

四面有高墙围绕,中间有一高耸的楼橹,以便瞭望、俯射。前方开一门。② 坞门半开,无启门人。

图 11　坞壁图(贾小军摄)

丁家闸五号墓有 5 幅,分布于该墓前室北壁中层(1 例,图 12),南壁中、下层(2 例,图 13),东壁中层(2 例,图 14)。前室北壁中层坞壁图位于画面右侧,坞门半开,周围有树丛环绕。坞壁左侧有一棵大树,树下一人,树上有一鸟。坞壁右侧为农夫扬场图。南壁中层偏东绘一坞壁,坞壁上有四雉堞,坞壁门为木制门框,门扇半开。四周有树丛围绕。坞壁左右分别是扬场图、犁

---

① 甘肃省文物队等:《嘉峪关壁画墓发掘报告》,图版五七之1。
② 甘肃省文物队等:《嘉峪关壁画墓发掘报告》,第 58 页。

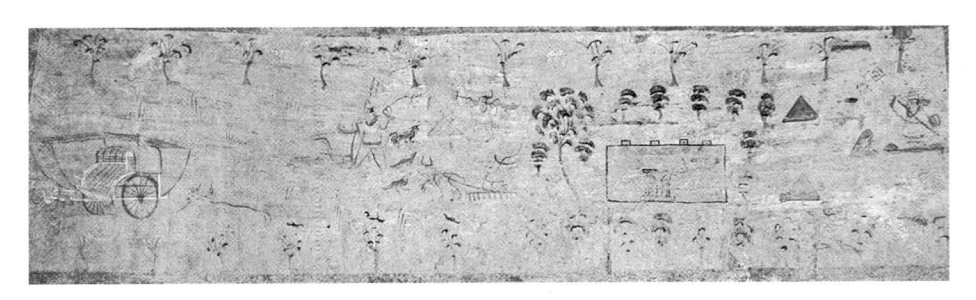

图 12　丁家闸五号墓前室北壁中层壁画①

图 13　丁家闸五号墓前室南壁中、下层壁画②

地图,扬场者汉族打扮,犁地者高鼻深目,当是胡人。需要指出的是,这是唯一一处为《酒泉十六国墓壁画》所描述(即"门扇半开")的"启门图"。南壁下层左侧亦绘一坞壁,坞门半开,周围亦有树丛围绕。坞壁外有一披发、赤足、着长衣的扬场人。东壁中层左(北侧)右(南侧)两侧,中间各有一幅坞壁图,但中间的坞壁已模糊难辨,故不在统计之列。左侧坞壁(图 15)周围树丛围绕,坞门有木制门框,门扉半开,坞外右上侧为一耙地图,右下侧为一耕地图。右侧坞壁图(图 16)虽受盗洞影响,但半开的门扉及木制门框尚可辨识,

---

① 甘肃省文物考古研究所:《酒泉十六国墓壁画》,图版"北壁壁画"。
② 甘肃省文物考古研究所:《酒泉十六国墓壁画》,图版"南壁壁画"。

图 14　丁家闸五号墓前室东壁中层壁画①

图 15　丁家闸五号墓东壁中层左侧坞壁图②

周围亦有树木围绕,唯难以判断有没有启门人,权作无启门人计。这5例无启门人的"启门图"有一个共同特点,即坞外树木围绕,近旁有农作场景,劳作者既有汉人,也有胡人。

以上是笔者目前所见到的河西魏晋壁画墓中的"启门图",共16幅,这16幅图中只有2幅与壁画中的坞壁无关,其余14幅均与坞壁之门有关。与以往常见的既有半开的门扉、又有启门人的"启门图"相近的有2幅(图1、

---

① 甘肃省文物考古研究所:《酒泉十六国墓壁画》,图版"东壁壁画"。
② 甘肃省文物考古研究所:《酒泉十六国墓壁画》,图版"东壁壁画"。

图 16　丁家闸五号墓东壁中层右侧坞壁图①

2),其余 14 幅虽与典型的"启门图"有较大差别,但亦有各自特点,其中 3 幅(图 7、8、10)虽无"启门人",但图中坞门、园门皆半开,门外有人守卫;其余 11 幅均为无启门人的"启门图"。以下对这些或典型或特殊的"启门图"进行讨论。

二、河西墓葬壁画"启门图"的图像特点

上述河西墓葬壁画"启门图"之所以一直没有受到学界重视,主要原因应当有以下两点:一是这些图像与典型的"启门图"或"妇人启门图"有一定差距,这又与学界对此类图像要素的定位有关;二是与学者们关注的侧重点不在"启门"或"半启之门"有关,因为上述半启之门绝大多数为坞壁之门,而学者们的关注点在于坞壁本身。以下的讨论就从这两点开始。

(一) 论上述"启门图"之成立

前已述及,典型的"启门图"多为"妇人启门图",因此郑岩论道:"这种图

---

① 甘肃省文物考古研究所:《酒泉十六国墓壁画》,图版"东壁壁画"。

式包括两个基本元素：一是半启的门，二是启门的女子。减少其中任何一个元素，这种图式都将不复成立。"①但在实际的讨论中，学者们往往采取非常灵活的方式，因此又有"男子启门图""双女启门图"等类别出现，②而随着研究的推进，也有学者认为"启门者在这类图式中并非必不可少"③，因此将没有开门人形象的图像纳入讨论范畴，④山东地区的汉画像石就有"启门者尚不构成必要元素的启门图"⑤，由此看来，"启门图"最为基本的元素，在于有已启之门，因为既然有已启之门，那么在图像中是否看到启门人已不再必要，启门人的意义已经包含在"已启之门"当中了。

另外，图1半启的门扉上所绘为女墓主和怀抱婴儿的侍女和图7中启门的披发者，都是以往典型的"（妇人）启门图"中没有见到的，后者较好理解，因为在以往讨论的"启门图"中，就有启门的男侍等形象出现，图7中启门的披发者被称为"看门奴"，身份或与河北宣化辽墓"男子启门图"（图17）中的持函启门男子相类。而图1与图3这两幅新城一号墓内的"启门图"还需进一步说明。

以往讨论的"启门图"中虽未见到有抱婴儿的女侍，但"启门图"中出现较多人物形象确已有之。如辽宁凌源富家屯1号元墓墓门上部的启门图就有手持各种器皿、并肩向外张望的三位女子出现（图18），因此就启门图的复杂性而言，图1新城一号墓"启门图"并不是唯一的例子。另外，就绘画内容来讲，由于该图中的女墓主、侍女及侍女怀抱的婴儿全部展现在半启的门内，因此画面似乎没有多少神秘感。但启门人物身体全部露出门扉的"启门图"在后世也能见到，如四川泸县青龙镇1号墓后壁龛启门图中的侍女双手托灯盘，站在微启的门扉前面（图19），⑥暗示她刚刚从门间走出。⑦ 就画面基本的构思来讲，认为该图是较为典型的"启门图"，理由除了半启的门扉、

---

① 郑岩：《论"半启门"》，收入郑岩《逝者的面具》，第378—419页。
② 冯恩学：《辽墓启门图之探讨》，《北方文物》2005年第4期。
③ 吴雪杉：《汉代启门图像性别含义释读》，《文艺研究》2007年第2期。
④ 张善庆：《佛教艺术语境中的启门图》，《敦煌学辑刊》2018年第3期。
⑤ 樊睿：《汉代画像石中的启门图图式浅析》，《中原文物》2012年第6期。
⑥ 四川省文物考古研究所编：《泸县宋墓》，文物出版社，2004年，第18页，图11。
⑦ 郑岩：《论"半启门"》，收入郑岩《逝者的面具》，第378—419页。

图 17　宣化辽墓"男子启门图"①

图 18　辽宁凌源富家屯 1 号元墓墓门之"启门图"②　　图 19　四川泸县青龙镇 1 号墓后壁龛"启门图"③

① 河北省文物考古研究所：《宣化辽墓——1974～1993 年考古发掘报告》，文物出版社，2001 年，彩版 62。
② 辽宁省博物馆、凌源县文化馆：《凌源富家屯元墓》，《文物》1985 年第 6 期，图 3。
③ 四川省文物考古研究所编：《泸县宋墓》，文物出版社，2004 年，第 18 页，图 11。

门扉前的女性人物两个要素之外,还有第三个理由值得注意,即该图与右侧门扉上的朱雀衔环铺首形成很好的呼应。在后世"启门图"中,由于启门人的存在,启门人所在门扉上本应有的铺首等内容或被遮挡,或被省略,乃有意为之。显然,该图具备了这一特点。同时,该"启门图"与图 3"启门图"在墓室之内的对称分布,继承了汉代以来"启门图"在经营位置上的特点,因此,将这两幅图认定为"启门图"是没有问题的。

另外需要说明的是前述三幅坞(园)门半开的守卫图。河西墓葬壁画坞壁中,也有坞门紧闭并且有人在坞外活动者。酒泉西沟七号魏晋墓的"坞舍"图(图 20)"绘一密封的高墙深院建筑,建筑物的顶部有垛墩,墙上题有'坞舍'二字。一人头戴白帻帽,身着镶红、黑边的交领白色束腰长衫,右手持手杖正向坞舍门走去"①。高台骆驼城苦水口一号墓"坞壁射鸟图"(图 21)绘一高大的三层坞壁,坞门紧闭,坞外右侧有一大树,树上两鸟,一人站立树下挽弓射鸟。与这两幅坞壁图相比较,可知前引三幅守卫图中的坞(园)门半开乃有意为之,并有特定意义。因此可以认为,将这几幅图归入"启门图"没有问题,在一定程度上,还可以拓展对传统"启门图"的认识。

图 20　酒泉西沟七号墓"坞舍"图②

---

① 甘肃省文物考古研究所:《甘肃酒泉西沟村魏晋墓发掘报告》,《文物》1996 年第 7 期。
② 酒泉市博物馆:《酒泉文物精粹》,中国青年出版社,1998 年,第 83 页。

图 21　高台骆驼城苦水口一号墓"坞壁射鸟图"(高台县博物馆藏,贾小军摄)

(二) 河西墓葬壁画"启门图"的特点

据前述可知,河西墓葬壁画中的"启门图"具有以下特点:

1. 在经营位置方面,与以往汉画像石或唐代以后的"启门图"通常位于墓室某处空间的中心对称轴上,或者位于墓门照墙之上不同,河西墓葬壁画"启门图"分布位置较为分散。图1、3位于新城一号墓前室东、西壁(图22),图2、12、15、16分别位于丁家闸五号墓前室北、东壁(图23),图4和图5均位于新城一号墓前室西壁(图24),图6位于新城三号墓前室北壁东侧(图25),图7、9、10位于新城五号墓前室南壁(图26),图8位于新城五号墓前室东壁(图27),图11位于新城六号墓前室东壁南侧(图28),图13(2幅)位于丁家闸五号墓前室南壁(图29)。

这16幅"启门图"全部来自墓室,其中6幅出自丁家闸五号墓前室,4幅出自新城一号墓(前室西壁3幅,前室东壁1幅),4幅出自新城五号墓(前室南壁3幅,前室东壁1幅),其余2幅出自新城三号墓前室北壁、新城六号墓前室东壁。丁家闸五号墓前室6幅"启门图"大体呈对称分布;新城一号墓前室东西壁的阁门"启门图"在墓室内亦对称分布。其余8幅均来自新城魏晋墓群,分布较为零散,在所在墓葬中亦无明显的对称特点。与以往学界所揭示的"墓葬启门图通常位于墓室某处空间的中心对称轴上,或者位于墓门

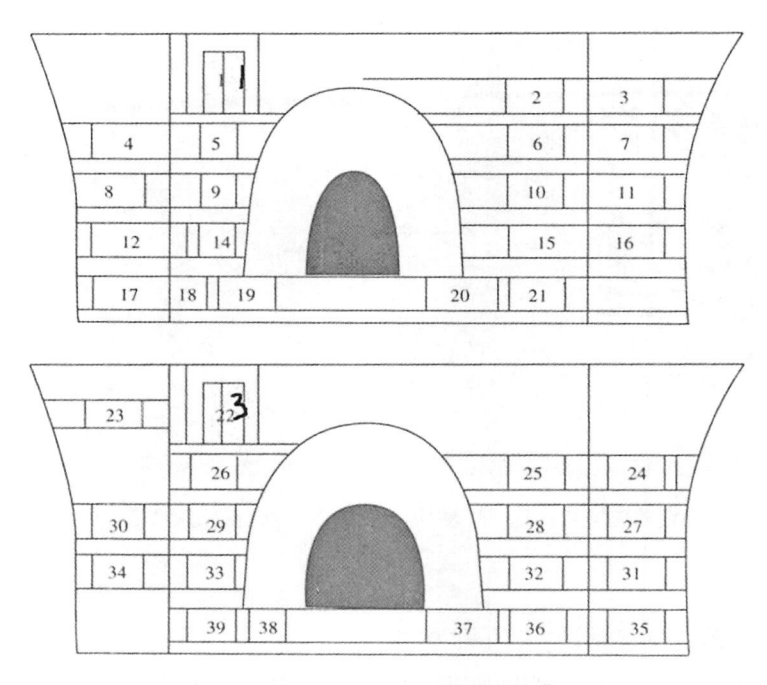

图 22　图 1、3 所在位置示意图①

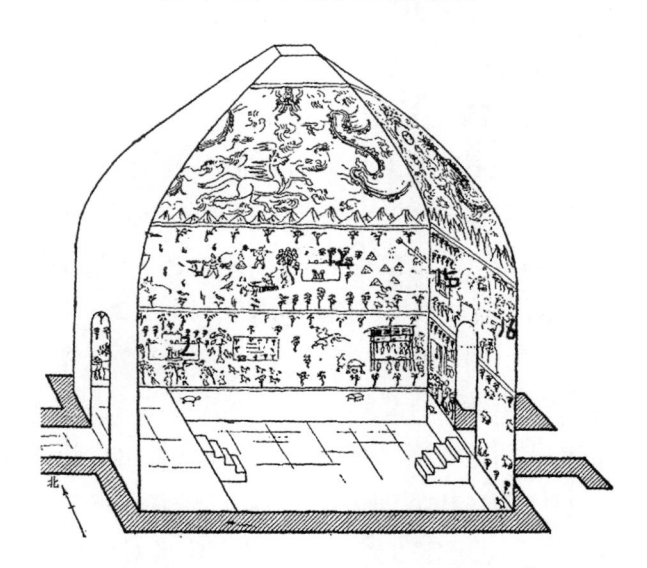

图 23　图 2、12、15、16 所在位置示意图②

①　据张宝玺编《嘉峪关酒泉魏晋十六国墓壁画》，第 7 页。
②　甘肃省文物考古研究所：《酒泉十六国墓壁画》，第 4 页，图八。

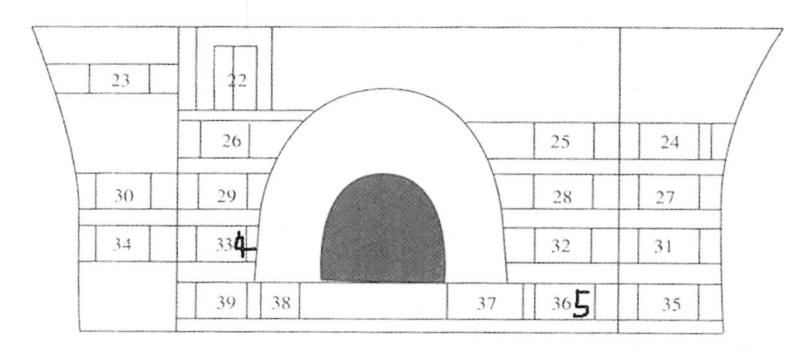

图 24　图 4 与图 5 所在位置示意图①

图 25　图 6 所在位置示意图②

照墙……(或)位于葬具棺椁前后挡板"③的特点相比,河西墓葬壁画"启门图"既继承了汉代以来"启门图"的基本位置特点,又有自身较为鲜明的地域和时代风格。这反映出"启门图"图式的多样及内涵的丰富。

2. 在构图元素方面,河西墓葬壁画"启门图"的构图元素,虽然也有与以往常见的"启门图"相近即由半启之门和启门人两个元素共同构成(图1、2),但更多的"启门图"则没有启门人,显然,在这些"启门图"中,半启的门扉才

---

① 据张宝玺编《嘉峪关酒泉魏晋十六国墓壁画》,第 7 页。
② 据甘肃省文物队等《嘉峪关壁画墓发掘报告》,图版二三之 2。
③ 张善庆:《佛教艺术语境中的启门图》,《敦煌学辑刊》2018 年第 3 期。

298　"古代河西走廊的地缘与社会"学术研讨会论文集

图 26　图 7、9、10 所在位置示意图①

图 27　图 8 所在位置示意图②

---

① 据甘肃省文物队等《嘉峪关壁画墓发掘报告》,图版二七。
② 据贺西林、郑岩主编《中国墓室壁画全集·汉魏晋南北朝》,河北教育出版社,2011 年,第 90 页。

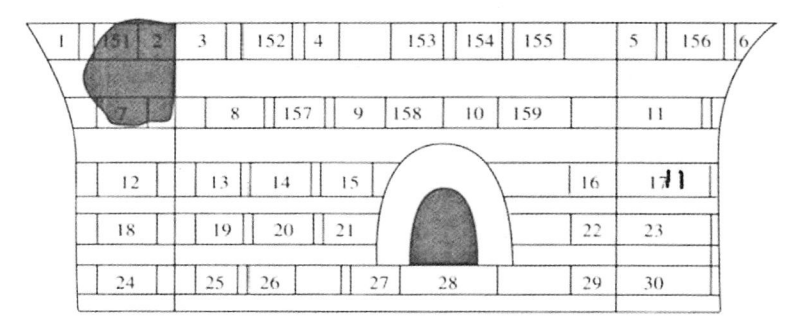

论河西墓葬壁画中的"启门图" 299

图 28　图 11 所在位置示意图①

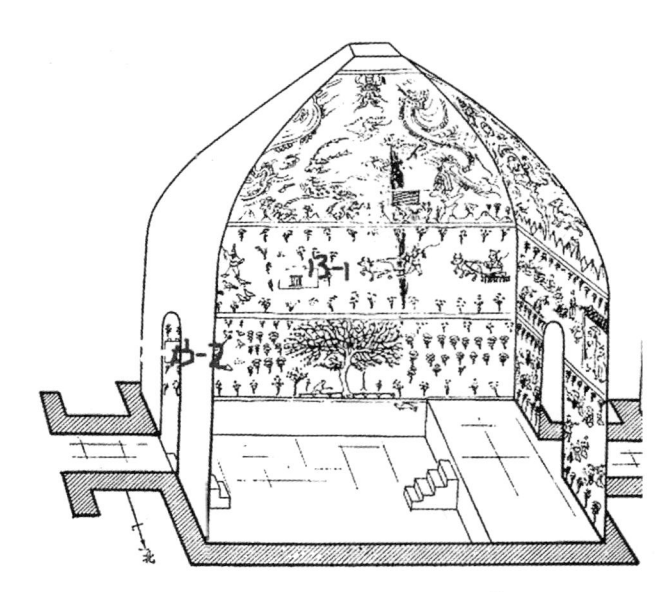

图 29　图 13 所在位置示意图②

是核心元素。更值得注意的是,在河西墓葬壁画 16 幅"启门图"中,有 12 幅图的"半启之门"为坞壁之门,2 幅为与坞壁相近的果木园门扉,可以说,半启的坞壁之门成了河西墓葬壁画"启门图"非常重要的构图元素。其中,有 1 幅"启门图"的启门人为披发人,应为古代某少数民族成员的形象,这与其他

---

① 据张宝玺编《嘉峪关酒泉魏晋十六国墓壁画》,第 152 页。
② 甘肃省文物考古研究所:《酒泉十六国墓壁画》,第 5 页。

时代,其他地域的"启门图"形成鲜明对比;有 3 幅图无启门人,但半启的门外还有人守卫,似乎暗示着他们刚刚从门内走出,同时拒绝其他无关人员进入。邳县东汉彭城相缪宇墓画像石上残存"[守][门]吏"字样,①或许这几位坞壁(果木园)的守卫者与汉代画像石上的"守门吏"相类。这都是以往的研究没有关注到的细节。因此可以认为,与汉代或者后世较为常见的由半启之门和启门人两个元素共同构成的"启门图"相比,河西墓葬壁画"启门图"有较多的时代和地域特色。

3. 在图像来源方面,由于"启门图"起源于汉代,因此可以笼统地说河西墓葬壁画的"启门图"来自汉代的传统,但不同的"启门图"由于图像元素不同而来源有所不同。对两幅有启门人的"启门图"而言,直接说其来自汉代的传统应该没有什么问题,而其余各幅则具有较为明显的时代和地域特色,需要仔细辨别。如缺启门人的"启门图",应当在中原地区"启门者尚不构成必要元素的启门图"②中寻找根源;门扉半开、缺启门人、门外有人守卫、上有飞鸟的果木园图,或许也来自汉代画像石上相近的题材(详后)。但上述"启门图"出现的基本建筑背景——坞壁,更多地体现出这些"启门图"共同的时代和地域特点。考古报告认为:"这种设备森严、易守难攻的坞,壁画中每有出现,正反映了当时阶级矛盾的尖锐程度。"③"世族门阀制度是魏晋南北朝时期封建政权的社会阶级基础。这在壁画中由广建坞壁,强迫部曲从事生产和自给自足的自然经济面貌而得到充分的证明。"④魏晋十六国时期,战乱频仍,墓葬壁画的创作者将中原地区汉代画像石的"启门图"搬迁至此,但雕梁画栋式的传统建筑却变成了这个时代常见的坞壁形象。

三、河西墓葬壁画"启门图"的图像意义

从图像性质上讲,"启门图"是表达人物与建筑关系的一种图式,它虽绘制于墓壁,却又"力求突破墙的局限,半开的门扉、美丽的女子,都将观者的

---

① 南京博物院、邳县文化馆:《东汉彭城相缪宇墓》,《文物》1984 年第 8 期。
② 樊睿:《汉代画像石中的启门图图式浅析》,《中原文物》2012 年第 6 期。
③ 甘肃省文物队等:《嘉峪关壁画墓发掘报告》,第 58 页。
④ 甘肃省文物考古研究所:《酒泉十六国墓壁画》,第 17 页。

注意力从墙上移开,从死亡中移开"①,从而将观者带到丰富的理想世界之中,这一理想中的"世界",或许就是"启门图"所表达的目的。

(一) 门内是什么?

在以往的研究中,"启门图"的"门内"往往被联想为庭院、房屋、厅堂,②或墓主的寝室等,③这与学者们对"启门图"这类图式的限定,即既要有半启之门、又要有启门人有关。前引图1应该就具备了这一特点。就绘画内容来讲,由于该图中的女墓主、侍女及侍女怀抱的婴儿全部展现在半启的门内,因此画面似乎没有多少神秘感。但考虑到该图画面的丰富性,在同类图式中仍然具有独特性。该图首先表现的应该是时人对子嗣繁衍的追求,但也不排除其他的象征意义。李清泉在讨论宋辽金墓中的"妇人启门"图时认为,这类图像潜在的社会文化根源是"妇人治寝门之内"的传统女性伦理观念,④新城一号墓墓主既为世家豪族,亦是地方政府属佐,"妇人治寝门之内"的传统女性伦理观念应当适用于墓主的身份。

但更多的河西墓葬壁画"启门图"中启门人的缺失,使我们无法就此一概而论。事实上,在汉代画像石中既有缺启门人的启门图,也有半启的门内有其他内容者,如邳县东汉彭城相缪宇墓西壁横额的画像石"宴饮图"(图30)内就有两幅启门图,"宴饮图的主体为一座楼房……院门半开,一侍者探头向外张望。门外立进谒者二人,一戴山形冠,一戴进贤冠。正厅大门敞开,宾主跽坐屏风前,两人之间有一曲足几,几上有器物。厅门外一侍者手中捧三足食奁盒。左边马厩门半开,露出一马后半身。屋顶栖息珍禽"⑤。该图中一例为典型的"启门图",启门人为侍者;另一例为缺启门人的"启门图",半启的门内是一匹马,因此该门乃马厩之门,而屋顶栖息的珍禽,

---

① 郑岩:《论"半启门"》,收入郑岩《逝者的面具》,第378—419页。
② 宿白:《白沙宋墓》,第54—55页。
③ 李清泉:《空间逻辑与视觉意味——宋辽金墓"妇女启门"图新论》,《美术学报》2012年第2期。
④ 李清泉:《空间逻辑与视觉意味——宋辽金墓"妇人启门"图新论》,《美术学报》2012年第2期。
⑤ 南京博物院、邳县文化馆:《东汉彭城相缪宇墓》,《文物》1984年第8期。

很容易让我们联想到前引图 10 中果木园上的飞鸟,甚至图 3 门楣上的一对黑鸟。

图 30　东汉彭城相缪宇墓"宴饮图"画像石①

这个例子告诉我们,"启门图"中半启之门内涵丰富,不能仅仅局限于庭院、厅堂或寝室,似乎还有更为丰富的内涵。

前已述及,绝大多数河西墓葬壁画的"启门图"与坞壁或果木园这样封闭的防卫性建筑有关,因此,回答"门内是什么"这个问题看起来就比较简单了:门内即坞内(或园内)。坞壁是作守备之用的军事防御建筑。韩昇指出:动乱年代,原来作为政府基层行政组织的乡、亭、里等,"成为掳掠财富与人口的目标,常遭兵燹。所以,城内百姓便在乡里大族率领下,逃往山林陂泽,聚众凭险自卫,从而形成'坞壁'"②。即所谓"永嘉之乱,百姓流亡,所在屯聚"③。陈寅恪指出:"西晋末世中原人民之不能远徙者,亦借此类小障库城以避难逃死而已。"④"坞壁之内"代表着安全。因此,简单地理解,半启的坞门之内,是一个安全的世界。"安全"应该不是人们理想中的最高追求,但这或许是动乱年代包括可能是位在王侯、三公之列的丁家闸五号墓墓主⑤在内的人们颇为无奈的选择。用坞壁、楼橹表示墓主人生前生活场所的例子早

---

① 南京博物院、邳县文化馆:《东汉彭城相缪宇墓》,《文物》1984 年第 8 期,图八。
② 韩昇:《魏晋隋唐的坞壁和村》,《厦门大学学报》1997 年第 2 期。
③ 《晋书》卷 100《苏峻传》,中华书局,1974 年,第 2628 页。
④ 陈寅恪:《桃花源记旁证》,《清华大学学报(自然科学版)》1936 年第 1 期。
⑤ 甘肃省文物考古研究所:《酒泉十六国墓壁画》,第 11—12 页。

已有之。如河北安平逯家庄东汉壁画墓中室的"府舍图"（图31），"宅邸外有围墙，内有多重院落，房屋为木构瓦顶，下有台基。画面中最突出的建筑为一座望楼，楼体为方柱形，庑殿顶上有旗杆，彩旗和长带随风飘扬，檐下立一扁圆形大鼓"①。就此而言，河西墓葬壁画中"启门图"多与坞壁有关，在一定程度上也是对汉代墓葬壁画传统的沿袭。

（二）坞壁与桃花源

进一步讲，类似坞门之内的安全世界即墓主人理想的生活世界。巫鸿在论及丁家闸五号墓前室壁画时指出："前室中绘有三个不同的界域：宇宙、仙境和模仿人间的'幸福家园'。"③这

图31　府舍图②

个"幸福家园"应当就是墓主人理想的生活世界。在这样的幸福家园中，有农耕与畜牧，有狩猎与采桑，也有炊厨与宴饮，更有仪仗与出行，墓主人生前的荣光，在死后以壁画的形式随葬于黄泉之下，进而追求升仙和长生不老。

传世文献对理想生活境界的描述，莫过于陶渊明笔下的"桃花源"。《桃花源记》云："土地平旷，屋舍俨然，有良田、美池、桑竹之属。阡陌交通，鸡犬相闻。其中往来种作，男女衣着，悉如外人。黄发垂髫，并怡然自乐。"④以此对照河西墓葬壁画中的坞壁内外景致，何其相似乃尔！高台骆驼城苦水口一号墓"坞壁图"（图32）中，坞内树木枝叶茂密，坞外良田美畴，畦畎相望。前引丁家闸五号墓前室内的几幅坞壁图往往掩映在茂密的树丛之中，坞外则可以见到从耕种到收获的农业生产全过程。敦煌佛爷庙湾37号墓的"纳

---

① 徐光冀主编：《中国出土壁画全集1河北》，科学出版社，2012年，第12—13页。
② 徐光冀主编：《中国出土壁画全集1河北》，第12—13页。
③ ［美］巫鸿著，施杰译：《黄泉下的美术：宏观中国古代墓葬》，生活・读书・新知三联书店，2010年，第34页。
④ 唐满先注：《陶渊明集浅注》，江西人民出版社，1985年，第151页。

凉图"(图33)"画面左侧为丘形谷堆,右侧一老者戴角巾跽坐……手持便面纳凉。一僮……侍立于老者身侧"①。老者平静的表情,正反映出其在"幸福家园"中的悠闲与坦然。高台许三湾墓群出土的"庭院家居图"(图34)绘一门扉紧闭的坞壁,坞壁内部是一组"炊厨→进食→宴饮"图,展示了坞壁内丰富的生活情景。而丁家闸五号墓"启门图"中那位披发启门人,似是桃花源中那些"见渔人,乃大惊"并"设酒杀鸡作食"的桃花源人。

图32 坞壁图(高台县博物馆藏,贾小军摄)

图33 纳凉图②

---

① 甘肃省文物考古研究所:《敦煌佛爷庙湾西晋画像砖墓》,文物出版社,1998年,第84页。
② 甘肃省文物考古研究所:《敦煌佛爷庙湾西晋画像砖墓》,图版五六之2。

图 34　庭院家居图(高台县博物馆藏，贾小军摄)

诚然，正如唐长孺所指出的："如《桃花源记》所述的那种没有剥削的生活，那种'虽有父子无君臣'的秩序是和那时常见的避兵集团的坞壁生活很不相同的。"①但见于世族地主乃至官僚阶层墓葬壁画的"坞壁"，无疑体现的是"坞主"们的追求，在他们看来，层层设防的坞壁之内，才是乱世真正的"幸福家园"。我们虽然要批判坞壁内这种存在剥削的生产关系，却无法阻挡墓主人乃至他的部曲、仆从有这样的追求。

当然，坞壁及其半启之门并非墓主人死后理想世界的全部，但坞壁内外的"幸福家园"无疑是死者、墓葬艺术的设计者所能感受到的一切死后追求的基础，而天界与仙境，则成为他们的进一步追求。这也是为什么丁家闸五号墓壁画坞壁内外的"幸福家园"之上，才是天象、祥瑞与神仙(可参图23、29)。诚如巫鸿所论："设计者将死后世界设想成若干界域的拼合，这些界域在墓葬的不同部分以不同的图像与器物来表现。它们之间的关系并不清楚，我们也很难判定死者到底将会居住在哪一个界域中。似乎是墓葬设计者为了尽量表达他们的孝心和取悦死者，提供了他们所知道的所有有关彼岸世界的答案。"②

以此观之，上述"启门图"中所启之门只是图像创作者所营造的"幸福世界"的一个基本元素，它本身并不重要，重要的是半启之门沟通了坞门内外

---

① 唐长孺：《读〈桃花源记旁证〉质疑》，唐长孺《魏晋南北朝史论丛续编》，中华书局，2011年。
② [美]巫鸿著，施杰译：《黄泉下的美术：宏观中国古代墓葬》，第63页。

的世界。

四、河西墓葬壁画"启门图"的学术史意义

据考证,目前所见"妇人启门图"年代最早的一例是山东邹城卧虎山二号西汉晚期墓石椁东端所刻门扉的该主题图像。[①] 但汉唐之间该类图式发现较少。1987年在山西大同北魏平城时代湖东一号墓发现的一具漆棺后档上绘门楼一座,门楼上有此类图式:"朱色大门以细墨线勾画轮廓,左扇门向外半启,门内一人头戴白色尖圆顶窄缘帽,着圆领窄袖黑色衣,腰系带,探身翘首前视。门外两旁各绘左右对视的守门侍者,侍者曲身呈胡跪式,双手置于膝上胸前,均头戴白色尖圆顶窄缘帽,着圆领窄袖红色衣,腰系带。"[②] 显然,前引河西墓葬壁画"启门图"在汉唐间"妇人启门图"类图式中具有重要意义,这些图像应当来源于汉代中原的类似题材,又在很大程度上丰富了该图式的内涵,在汉唐历史传承中具承上启下的地位。

显然,这些"启门图"的意义,不仅仅在于增加了这类图式在魏晋十六国北朝时期图像的数量,由半启的门所引发的我们对时人创作墓葬壁画的动机及丧葬理念的认识才更加重要。关注这些"启门图",既丰富了我们对这类图式的认识,也能够推动这些图像赖以存在的墓葬本身的研究。

[①] 郑岩:《论"半启门"》,收入郑岩《逝者的面具》,第378—419页。
[②] 山西省大同市考古研究所:《大同湖东北魏一号墓》图一〇,《文物》2004年第12期。

《王杖诏书令》简的技法特征及对后世书法影响

王 冰

武威市凉州文化研究院

汉代简牍是研究我国汉代历史最珍贵的资料之一，同时也是研究两汉书体演变和书法艺术的第一手资料。《王杖诏书令》简是20世纪武威县磨嘴子汉墓中出土的汉简中的佼佼者。此简正面墨书隶体，简背下端墨书顺序号"第一……第二十七"（第15枚简已缺佚，现存26枚），保存完好、字迹清楚，它是研究汉代养老制度的珍贵资料，同时为文字的发展史和书法艺术研究也提供了弥足珍贵的实物例证。本文就《王杖诏书令》简的技法特征和它的审美价值及对后世书法的影响谈点自己的粗浅看法。

一、《王杖诏书令》简的技法特征

《王杖诏书令》简笔法丰富，横画起笔大多逆锋入笔，以圆笔为主，逆入平出、随意率真而不失法度。点画、竖画以方笔为主，点画多变，转折除有大篆的圆转还有方折，捺画和波挑率意而又不夸张，装饰性很强，从而使线条更加丰富，作品形式更加有节奏感。提按明显，每个笔画开始按笔，后边边走边提笔。轻重方面，横画以提笔为主，中锋用笔，细而有力，竖画和波挑以重笔为主，在一个字中多为主笔，这样一来，每个字内笔画粗细对比明显，且主笔突出，从而丰富了技法，也使字形特征更加明显。章法方面则非常大胆，字间距离和大小有诸多变化，一些字的末笔（如"令""下""闻"等字）一笔拉下，打破常规，营造出一种"飞流直下三千尺"的气势。

（一）基本笔法

横画：写横画时，逆锋入笔使之藏锋，入笔时笔锋宜浅宜轻。用使转之法使其调锋，调锋后中锋行笔，至笔画末端，笔锋迅速提起，在空中作收势呈水平之状，即为平横，如“王”“主”“告”等字；横画还有左低右高的，如“百”“石”“有”等字；还有两头低中间高呈凸形的，如“所”“受”“重”等字；还有两头高中间低呈凹形的，如“何”“弃”“故”等字，这些均是横画的不同姿态。（如图 1）

横画例字对照表

平横	王	主	告
左低右高	百	石	有
两头低中间高	所	受	重
两头高中间低	何	弃	故

图 1

竖画：把横画从左至右方向改变成从上到下方向就成为竖画。写竖画的方法是落笔逆锋向上，提笔调锋，圆笔用转法，方笔用折法，使笔锋向下中锋运笔，至笔画末端。在笔画末端又有几种不同的用笔方法，一种是回锋呈垂露状的，如“桀”“市”“年”“申”等字；一种是不回锋呈悬针状的，如“市”“十”“年”等字；还有竖的另外形态即笔画末端出钩的，如“复”“得”“昧”等字；还有长竖，如“闻”“令”“下”等字，这种竖尽情延长笔势，构成汉简特有的写法，拉下的这一笔，打破常规，写出了率真之气，或许也抒发了基层文书工作者内心的情感，丰富了章法。（如图 2）

竖画例字对照表

垂露竖	桀	市	年	申
悬针竖	市	十	年	
出钩竖	复	得	昧	
长竖	闻	令	下	

图 2

撇画：撇画是隶书的主要特征之一，由于是向左方向运笔，比向下、向右方向运笔难掌握。撇画的落笔与竖画相似，落笔速度稍快些，行笔时，运用腕的转动使笔锋保持在线条的中间运行，短撇如“人”“母”等字，长撇如“著”“为”“老”“本”等字，曲撇如“吏”“子”“养”“夫”“使”等字，竖撇如“广”“咸”

“郡”等字。（如图 3）

撇画例字对照表

短撇	今	毋			
长撇	耆	為	[illegible]	本	
曲撇	吏	子	養	夫	使
竖撇	廣	咸	郡		

图 3

捺画：捺画在隶书中往往起到主笔的作用，有时与撇画相互呼应共同构成隶书的风格特征，有时独立成立，对一个字起到稳定重心的作用。写捺画的方法是落笔取逆势，调锋后提笔行笔，用力匀称至捺脚处稍顿后提锋，运用腕力向外迅速送出，笔锋在空中作收势，用笔一波三折。捺画的落笔没有与其他笔画相接时，常作蚕头状，与捺脚一起称作蚕头雁尾，特点是“蚕不双设”“雁不双飞”。平捺如“年”“七”“有”“上”等字，斜捺如“吏”“受”“天”“史”等字，短捺如“以”“久”“辰”等字。（如图 4）

捺画例字对照表

平捺	年	七	有	上	
斜捺	吏	受	天	史	
短捺	以	久	辰		

图 4

转折、点画：转折之法，转用圆笔、折用方笔。转折是由笔画横竖相接而成，要留意转折处圆或方的特点。转折处用圆笔书写一笔而成的如“租”“马”“留”“男”“质”等字；转折处用方笔，分两笔书写而成的如“神”“知”“有”“台”“司”等字。其实转折处用方笔，分两笔书写此种笔法为后面唐楷的发展奠定了基础，颜真卿楷书的转折就有此种“耸肩”的特点，如“如”“礼”“良”

等字。点是各种笔画的浓缩，作点时既要掌握各种点的用笔方法，更要注意与其他笔画笔势的连贯。简册中常常有以点代替横、竖、撇、捺的写法，一点虽小，常能起到画龙点睛的作用。（如图5）

转折例字对照表

转折处用圆笔	租	馬	留	男	質
转折处用方笔	神	知	肯	皇	司
颜体字转折	如	禮	良		

图 5

（二）结体

《王杖诏书令》简结体以方、扁为主，体势取横势，间有几笔长竖，既增加整篇的趣味，又起到调节整篇重心平衡的作用，笔势连贯。笔画特征虽是笔笔断开而再重新起笔，但在上下笔的起、收之间时有呼应，笔势的连接痕迹明显，此简又十分注意重心平稳的结字原则，每行之间行气取纵势，字与字之间紧密相连。（如图6）

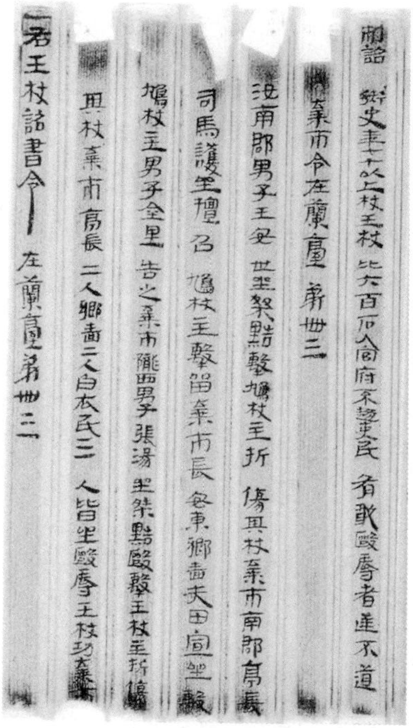

（三）章法

《王杖诏书令》简是由1厘米左右的竹片串连成册，章法布局受当时书写材料，即竹片窄条形状的限制，在文字布局上受到一定程度影响，再加上其独特的用笔和扁平的结体，对此简章法也有或多或少的影响，但是我们从《王杖诏书令》全简来看，行与行之间参差错落，字与字之间间隔差不多相等，虽无紧带连绵之势，但却有互为照应的整体协调之感，每一条简就是一个不

图 6

同的章法布局。后边把每一条竹简用麻绳串连成册,不仅每个字上下之间有相互协调之感,而且左右参差错落、互相呼应,从而使整体章法布局有一种"静中有动,动中有静"的艺术审美效果,给人以美的享受。其中最引人注意的"皇帝""制诏"等字的顶格书写,则是汉代"诏书体"的官定书写格式,在整篇章法中有画龙点睛之效果,让人眼前一亮。本简虽然没有刻意为之的章法,但正是这种自然的书写格式所表现出来的艺术效果,令人感叹不已。

通过分析《王杖诏书令》简的技法可知,笔法基本属于方圆结合类型的,中、侧锋兼用,但以中锋为主;结体由篆变隶,由长变扁,由匀称变为疏密相间;章法参差错落,字与字之间虽无萦带连绵之势,但却有互为照应的整体之感,即在分散中有聚合,聚合中又各具情态;用墨浓淡得宜,相得益彰。

二、《王杖诏书令》简的审美价值及对后世影响

东汉简牍帛书艺术基本已达到简牍书法的顶峰时期,甘肃武威磨嘴子汉墓出土的《王杖诏书令》简是前后比较完整的一册。据当时出土的相关文物可以判断,《王杖诏书令》简其成书时间当在西汉成帝元延三年或其稍后的成帝、哀帝之际。[①] 由此可以判断此简上的书法文字代表了西汉到东汉过渡的分书,为东汉隶书的发展奠定了基础。此简全册书写工整,其书结体平直中见险绝之势,用笔顿挫富于变化、字形精丽秀美、笔画飘逸飞动而又不失其自然之美,有力地证明了隶书在西汉时已经接近成熟,这对书法界以前认为的隶书西汉晚期说、东汉说进行了重要补正。此外简牍书法的出现对于后世临摹研习汉代书法、研究中国书法史提供了珍贵的隶书临摹范本和考古史料,使我们对汉代书法的学习和认识不仅仅局限于汉碑和铭刻。

(一)书法审美价值

通过对《王杖诏书令》简的研究,发现简牍书法虽是基层文书工作者所抄录,大多无名,但笔法合理,结字章法完美,具备较高的艺术价值。在提按、起收笔、顿挫、左右摆动、转折、顺递、藏露等复杂笔法的出现和运用,以

---

① 李怀顺、黄兆宏:《甘青宁考古八讲》,甘肃人民出版社,2008年,第242页。

及对线条质感、弹性、力度的强调和表现中,透露出那种急疾的书写状态和率真自然的生活方式,使人在强烈的动感中领略简牍书法的率真和气韵,令人心醉神驰,进一步给欣赏者提供了广阔的审美空间和书法艺术的想象空间。同时它的文义也弥补了王杖十简及史书记载的关于汉代养老问题的不足,为研究汉代养老扶弱制度提供了强有力的文献资料。

1. 文意畅达,体式完整

《王杖诏书令》册,共 26 枚,独立成篇,文义畅达,体式完整,内容是优抚鳏寡孤独、残疾者,授高年王杖,严惩殴辱受王杖者的诏书等。[①] 仔细欣赏或临摹《王杖诏书令》简,我们可以从中捕捉到当时无名氏书家对书法艺术发展作出的卓越的、不可磨灭的贡献。他们在不同的时代里进行了不同的探索和改革。"质朴浩瀚和源远流长的民间书法是一泓取之不尽、用之不竭的源头活水,虽然她曾经历了宋、元、明三代的低潮时期,但一经被人发现,她又以那顽强的生命力发放出无比的美好异彩。就整个书法发展史来说,她对促进我国历史上书法艺术的繁荣发展所作出的巨大贡献是不容泯灭的……"[②]仔细品读其文章内容,从中可看到西汉时期,高年赐王杖的优抚制度曾在全国认真执行过,同时这种制度在西汉时期有过三次大的改革,即惠帝时期免除老幼刑罚、宣帝高年赐王杖、成帝放宽授王杖的年龄限制,解决了史学界悬而未决的许多问题。[③]

2. 率意淳真,归于自然

《王杖诏书令》简是书法墨迹原件,又是率意之作,书写速度之快无不尽显淳真。仔细观察品味会发现最大的艺术特征就是——自然。此简没有刻意为了字形秀美而夸大丰富笔法,无意用力成形,发于自然,归于自然,一切点画都是在自然中随字形自由变化,一切笔法都在自然中交替使用,反而形成了其独特的艺术风格特征。《王杖诏书令》简在书写状态和书写方式上都顺其自然,并不是为了写字而书写,其点画丰富多变、笔法活泼灵动、字形弩张伸展、章法志趣天真,鬼斧神工。全简点画、笔法、字形、章法处处透露着

---

① 田河:《武威汉简集释》,甘肃文化出版社,2022 年,第 553 页。
② 《简牍书法》,上海书画出版社,1985 年,第 58—59 页。
③ 王其英、李元辉:《汉代的"养老令"和"敬老卡"——武威〈王杖简〉和鸠杖》,《甘肃日报》2020 年 9 月 2 日。

自然,涵盖着自然,咏诵着自然。因此,形成了汉简书法艺术的灵魂——自然之美。

(二) 对当代书法的影响

其一,在书法史和理论上,自 20 世纪初在敦煌地区发现汉简以来,简牍书法对中国传统书法产生了巨大的冲击力。首先,简牍书法的出现使中国书法发展脉络重新定义,在简牍没被发现之前,人们普遍认为隶书产生于东汉,康有为在《广艺舟双楫》中云"绝无后汉之隶","盖西汉以前无熹平隶体,和帝以前皆有篆意"。[①] 后来更有人认为"隶书发展到西汉晚期,古隶已完成过渡时期的使命,成为成熟时期的隶书","波势之隶至东汉才成熟"。[②]《王杖诏书令》册等大量简牍书法的出现,纠正了书法史上一些错误的认知,从而还原书法发展脉络真相,为后世学习书法、研究书法史提供了有力的理论依据,同时也影响着当代书坛书法艺术风格的发展。

其二,在临摹学习上,通过对《王杖诏书令》简书法的研究,我们发现简牍书法要具备书写篆、隶的基本功。自古论书者大都主张学书要从篆、隶入手,才是探本求源的办法,他们主张:"学书非从篆、隶入门,则其趣不博,其意不高,其家书亦必不能大。篆象规圆,隶象规方;篆工间架,隶精笔力;篆以观其会通,隶以坚其壁垒。"[③]从中道出了学习篆、隶的重要性。简牍中隶书的比重较大,隶书笔法贯穿各简之中,所以掌握汉隶的运笔基础,便成了能否把简牍书法学到手的关键之处。学了隶书,既可上追大、小篆,又可下攻真、行草,能够适应简牍书体中各种笔法和结体的需要,熟能生巧,久而久之,自能写出简牍韵味,同时也为学习其他书法风格多了一种选择方向。

其三,在创作方面,简牍书法更是当代书家取之不尽、用之不竭的源泉宝藏,其丰富多变的风格样式对当代中国书法创作起到了重要的启示作用。大量简牍书法的出土问世,使当代书家的艺术视野比古人要开阔得多,审美取向多元化发展,打破传统文人书法的局限,将艺术的触角伸向所有上古书

[①] 康有为:《广艺舟双辑》,上海书画出版社,1979 年,第 779—780 页。
[②] 王靖宪:《秦汉的书法艺术》,人民美术出版社,1991 年,第 41 页。
[③] 郭绍虞:《从书法中窥测字体的演变》,《学术月刊》1961 年第 9 期,第 50 页。

法资料，进行多方融汇、广泛吸纳，从而在书坛独树一帜。如天水籍书法家张邦彦在研究和学习简牍的同时，开创了简书新的历史篇章。他的书法作品也汲取了古人简书的养分，形成自己独有的书法风格，他的书法作品在业内很有权威性，多年来一直受到认可和学习。再如活跃在当代书坛的浙江省书协主席鲍贤伦、江西省书协主席毛国典等，他们的书法作品中都透露出简牍书法的自然之美和飘逸之姿，又不失法度，都彰显了两汉隶书宽宏的气势。再观甘肃省书协这几年提出的"书法陇军"建设工程，着力打造敦煌写经和简牍书法，打造属于甘肃特色的书法品牌，为丰富中国书法艺术流派而努力。近几年中书协举办的全国书法展览中，参赛作品中简牍书风作品不计其数，以简牍书法风格入展获奖的作者也有很多。简牍书法为今日书法艺术创作的推陈出新提供了广阔的驰骋空间，也逐渐被广大书法群体所喜爱，蕴藏着影响中国书法艺术发展的巨大潜力也逐步在书坛发挥出来。

正因为简牍书法出土数量之多、种类之广、书法风格丰富多变、每一种都有着非凡的研究意义，所以本文结合现有的考古发现资料，对汉简书法的冰山一角——《王杖诏书令》简进行技法和风格研究，以小见大，从而逐步打开汉简书法研究的艺术大门。希望我们能进一步加深简牍书法风格所蕴含的美学认识，提高自己的艺术审美，为书法创作提供新的实践方向，开创书坛书法新风。

武威碑志的书法艺术价值

王其英

武威市住房公积金管理中心

一、汉字书法艺术与碑志

汉字是汉语的记录符号,已有六千多年的历史。汉字经历了由图形变为笔画、象形变为象征、复杂变为简单的过程。历经中国历史的累世更迭,汉字构成了中国的文化传统。汉字作为这个疆域辽阔、人口众多而又有着多种方言的国度中一种交流和教育的共同媒介,为中华文化的高度凝聚力提供了保障,创造了时空意义上的统一。

在中国,书写不仅仅是一种交流手段,而且也是最重要的艺术训练、艺术鉴赏、艺术陶冶,它与诗歌、绘画、音乐共同构成艺术教育的根基。一个具备真正文化修养的人,就意味着要成为掌握汉字的行家里手甚至大师。

在信息化社会之前,凡是具有一定经济文化地位的家庭,从小都要让孩子学习如何与笔墨纸砚打交道,学习掌握这门艺术的基本技巧和美学原则,并在深层意识上,通过书写活动体验到贯穿始终的具有强烈感知力的、塑造个性的内蕴和力量。所以,书法艺术在中国有着广泛的群众基础,充满着无限的生命力和广阔的实践性。

书法,不言而喻是指文字的写法。凡书写者都想把字写得美观漂亮,因而文字书写的美化,便成为传统的民族艺术。中国的书法艺术兴始于汉字的产生阶段,书法艺术的第一批作品不是文字,而是一些刻画符号——象形文字或图画文字。汉代以降,中国书法作为一门独立的艺术而得以传承,并经过诸多著名书法家之手而不断推陈出新。

汉字书法作为中国文化的独特表现艺术,被誉为"无言的诗,无形的舞,无图的画,无声的乐"。书法是汉字的书写艺术,它不仅是华夏的文化瑰宝,而且在世界文化艺术宝库中也独放异彩。

从前，称得上文人的，文章一定得写得好。而与文章相比，所谓"书者小道"的字肯定也要好。自隋兴科举，对读书人来说，想要入仕就不可避开书法关。唐太宗李世民尤好书法，自谓："朕虽以武功定天下，终以文德绥海内。"他在翰林院设侍书学士，国子监设书学博士，科举设书科，以书取仕。李世民大力提倡王羲之的书法，亲撰《晋书·王羲之传论》，对书法名帖《兰亭序》推崇备至，得到《兰亭序》后更是倍加宝爱，并将临摹本分赐贵戚近臣，并以真迹殉葬，这对后世影响很大。

对隋唐以后的文人来说，文章、书法都是基本功。许多诗人、文史学家，甚至官员的书法水平丝毫不亚于当时一流的书法家；反过来，许多书法名人的文章也写得相当出彩。"举世文人皆重书法"，这在古代是一种时尚和趋势。从汉魏到唐宋，汉字的书法艺术达到极高的境界，涌现出一大批影响深远的书法大家，留下了大量精美的书法珍品。

碑志，顾名思义就是具有文字内容的石刻。在中华文明长河中，金石特别是碑志，是集文学、历史、书法、美术、镌刻为一体的综合性艺术形式，具有独特的历史文化价值。它作为探寻历史的另一张拓维信息面孔，除了历史文献、文学艺术价值以外，在书法发展流变上更有着独特的艺术价值。

古代书法缣素、纸张难以长期保存，流传下来的真迹少之又少。碑志不仅是保存历史资料的重要文献和文物，也是保存书法艺术的重要载体。以形制为标准，碑志可以分为碑碣、墓志、塔铭、造像题记、摩崖题刻等类型，它所记录的内容既有创建事略、功德传记、官方文书，也有乡规民约、劝诫诉讼、民间轶事，涉及政治、经济、文化、军事、民族、宗教、教育等广泛内容，是名副其实的"百科全书"。

墓志是碑志的大类，它是我国丧葬习俗的独特产物。广义的墓志，包括墓碑、墓碣、墓表、阡表、墓志、圹志、墓志铭、神道碑等，都是记述和颂扬逝者生平事迹的文章，一般包括逝者的姓名、籍贯、郡望、官爵、生平事迹以及标帜用语或赞语等，材质以石头为主。墓志在写作上要求叙事概要，语言温和，文字简约，其特点是概括性和独创性。

中国人讲究立德、立言、立行，死后将这些记述和称颂性的铭词刻在石头上，用以告慰生人和地下的神灵，以求人死留名。这些文字保存下来，为后世研究当时的历史留下了宝贵的信息,成为珍贵的文物。墓志书写风格迥异,书法水平很高,为广大书法爱好者提供了广阔的学习空间。试想,能够邀请到当时当地有名望的人士或名流为逝者撰文书丹,其家族家庭地位和身份肯定不同寻常。所以,墓志又在选石、镌刻等方面都与众不同。大体而言,其选石考究,书写恭谨,镌刻精到。正因为墓主身份比较尊贵,撰文书丹者有一定的社会影响,因而墓志在书法风格上就表现为平正、温润、和谐、典雅、秀逸、美观,风格多样,总体上具有一种贵族风范。

碑志的字体反映了书写时的习惯和特殊要求,俗写字、异体字、避讳字等以及武周时期的新造字,在碑志中都有所反映,为汉字发展史的研究提供了重要的资料。碑志书法层次不同,通常来说上层人士在线条、结字、刻工上都要优于民间水平。但许多不为人们所熟知的书者,其书法虽然只是追求实用,或以生计为目的,但往往呈现出淳朴之美。今天看来,民间书法家、艺术家的书法碑刻,同样也留下了具有久远价值的艺术珍品。

二、武威历代名碑菁华

历史上,武威拥有大量的碑志,虽然损毁沦佚众多,但保存下来的大都可视为书法作品,其中不乏名家和名碑,其中具有代表性的名人和书法刻石不少,历史价值较高的不下百余件,从十六国到近代都有,以武威文庙(博物馆)保存的最多,大云寺、海藏寺、罗什寺、雷台次之,部分收藏于市外著名展馆。

探讨武威碑志的书法艺术价值,既有助于为地方史研究者提供第一手资料,也有助于地方文化遗产的抢救性保护。武威现存历代名家名碑特别是梁舒墓表、姚辩墓志、张琮碑、弘化公主墓志等吐谷浑墓志、西夏碑、高昌王碑、西宁王碑等,对于研究中国古代书法艺术具有特殊重要的意义和价值。笔者择其要者,或简述或提要列举如下。

《澄华井碣》。张芝书,刻于东汉。张芝,东汉著名书法家,被誉为"草圣","凉州三明"之一张奂之子。其书法精熟神妙,对后世影响很大。碑残缺,字迹不存,藏武威市博物馆。一说下落不明。这是武威历史上最负盛名的刻石。

《梁舒墓表》。刻于十六国前秦建元十二年（376），今存武威市博物馆。墓表圆首，碑额竖刻阳文篆书"墓表"二字，表文正文楷书，但尚承魏晋隶书遗风，隶变痕迹明显，属于隶书向楷书过渡书体。字迹清晰可辨，结体方整，书风浑朴古雅，是我国现知墓表中年代较早且罕见的纪年碑志，在书法碑帖中具有一定影响。收入《兰州碑林藏甘肃古代碑刻拓片菁华》（以下简称《兰州碑林藏》）。

《贾思伯碑》。刻于北魏孝明帝神龟二年（519），现存山东曲阜孔庙。《贾思伯墓志》，刻于北魏孝明帝孝昌元年（525），现存山东省寿光市博物馆。贾思伯为北魏名臣，史书有传。两碑乃书法名碑，与北魏名碑《张猛龙碑》绝肖。收入《山东石刻艺术选粹·历代墓志卷》，另有碑帖出版。

《巩宾墓志》。巩宾子巩志、巩宁撰文，书者不详，刻于隋开皇十五年（595）。正文正书，有界格依稀可见，书法精整遒美，郁穆高爽，用笔方圆互参，结体端方谨严而不失灵动，被认为是魏碑与楷书过渡体中的精品。近世金石收藏家段嘉谟评曰："字体高古，有钟、羊法，篆盖亦得汉魏遗意，后人不能及也。"（《金石一隅录》）收入沙孟海《中国书法史图录》，另有碑帖出版。

《姚辩墓志》。虞世基撰文，欧阳询书，刻于隋大业七年（611）。西安出土，但原石已佚，属北宋元祐三年（1088）重刻，翻刻技术极好，今有宋拓本流传于世，完全能够看到欧书的小楷风格，字体方整，极有六朝风致。欧阳询书法远承魏晋，风格独特。他用笔从古隶中出，凝重沉着，转折处干净利落；结体紧结，方正浑穆，在雍容大度中，又有险劲之趣。故后世常用"险劲"二字概括欧书特色。此碑充分体现了欧体楷书点画工妙、棱角分明、清峻秀健、奇正方圆、严谨韵致、意态精密的特点，是中国书法史上享有极高声誉的欧体摹本，学习欧体的入门法帖。

《张琮碑》，初唐名臣于志宁撰文，书者不详。刻于唐贞观十三年（639），现藏咸阳市博物馆，中国国家图书馆藏有民国拓本。此碑书风俊朗，结体方正，笔势沉厚，点画刚劲，有北碑之遗韵，兼欧褚之意趣。自问世以来，著录不断，好评如潮，不独为补史之阙，其书艺亦多为著录者所褒赏。清人毛凤枝评价此碑："字迹遒劲，颇近欧虞，唐初佳刻也。"康有为认为："结体必密，运笔必峻，上可临古，下可应制。"此碑端庄俊美，笔法严谨，被誉为唐代书法上品，是书法爱好者研习欧体的常用范本。2013 年，重庆出版社出版《张琮碑》。

《契苾明碑》。娄师德撰文,殷元祚书,刻于唐先天元年(712),现存咸阳市博物馆。殷元祚,出身仕宦世家,祖孙三代俱有书名,家学渊源,工书画,是唐高宗时期著名书法家。所书此碑,历代书家皆给予很高的评价。明代著名金石学家赵崡《石墨镌华》评云:"殷元祚书,笔法亦瘦劲可观。"这种刚健瘦劲的笔法对后世黄庭坚、宋徽宗的书体有一定影响。有明拓碑、清末拓本传世。

《金城县主墓志》等。唐代吐谷浑王室墓群位于武威城南俗称武威南山一带,从清末以来出土唐代弘化公主等吐谷浑墓志10通,其中7通藏武威市博物馆,2通藏南京博物院,1通存于甘肃省考古所。这是目前国内出土完整的吐谷浑民族碑刻,是研究西北民族关系史的珍贵实物资料。除重要的史料价值外,从书法艺术来看,当出自书法名家,都是难得的书法精品,大多收入《兰州碑林藏》。其中《金城县主墓志》刻于唐开元七年(719),现藏南京博物院。楷书,在空间布局上多取平整布局,字之重心安排以中轴线为主,略向左右摆动,或上下调整,于坚实、浑厚的空间分布格局中富于变化,使行文气势流荡贯通,避免了板滞、单调之感。在结构上多取峻整造型,间有欹侧之势,且中宫内敛,使字体呈现出圆浑劲整、古穆雄深的视觉效果。结体布白受欧书影响,呈中宫紧密而又八面出锋之势,从而确立了方严、峻整、劲峭的审美意象。用笔上取法丰富,除唐代主流的楷书笔法外,从方笔、圆笔和中锋用笔上体现出篆隶笔意。无论出锋、运笔或收束,都深见欧书的用笔特点,雄强劲爽,笔气深厚,从中表现出北方民族雄豪、刚健、朴厚的精神气息和文化特征。通篇呈现出硬挺饱满、丰润肥厚的审美风格,从古拙、秀美、丰腴的精神意象中体现出盛唐气象。

《段行琛碑》。唐德宗撰文,凤翔府官员张增书,李同系篆额,刻于唐代宗大历十四年(779)。现有唯一的宋代拓本存世,原为民国收藏家何绍基旧藏,后流入日本,藏三井文库,现由日本二玄社出版,原色法帖。段行琛曾任洮州司马,后因儿子段秀实执掌四镇节度,朝廷为笼络人心而获赠扬州大都督。建中四年(783),段秀实以笏怒击叛贼殉国,德宗撰《赠太尉段秀实纪功碑》,据说是太子李诵(唐顺宗)书写。李诵好学,写得一手好字,每逢德宗做诗赐予大臣时,即命太子书写。楷书《段行琛碑》是传世的书法名帖,被誉为唐代书法上品,是书法爱好者研习的常用范本。

《西夏碑》。西夏天祐民安五年(1094)立。这是目前世界上唯一保存最为完整的西夏文与汉文对照文字最多的碑刻。碑阳为西夏文正文楷书,碑阴是与之相对应的汉文楷书,总字数1820个。1227年,西夏灭亡。由于宋、辽、金修史时,不为西夏单独立传,致使西夏历史几乎不被后人所知。清嘉庆九年(1804),著名学者张澍在武威大云寺发现该碑,开启了西夏学研究之门。后世学者通过西夏碑和之后陆续发现的西夏文物,揭开了西夏文字和西夏历史之谜。西夏开国皇帝元昊称帝前,命大臣野利仁荣创制西夏文字。西夏皇帝出于政治需要,大都对中原文化有深切理解,这为西夏书法艺术的发展创造了广阔的空间。西夏碑的西夏文书写者为浑嵬名遇,具体不详;汉文和篆额书写者是张政思,估计是专门为西夏政府给宋朝、契丹起草表章的官员,精通书法。西夏文字和汉字都是典型的方块字,虽然笔画较为繁复,但其书写方法如执笔、运笔、点画、结构和布局等,和汉字基本相同。西夏字外形方正,结构严谨,笔画匀称,美观大方,其笔画斜笔较多、撇捺丰富、繁而不乱、舒展潇洒的特点,体现出其异于汉字的韵味。西夏文楷书多见于写经与碑文,篆书多见于碑额与官印。武威发现的西夏文物,有不少书法精品,显示出西夏书法的艺术魅力。楷书是最通用的字体,西夏文物中所见文字以楷书最多,西夏碑正文都用楷书,是展示西夏书法艺术的重要实物。碑首呈半圆形,两面正中分别用西夏文和汉文篆额。碑阳西夏文篆书题铭,汉译为"敕感通宝塔之碑铭",字形竖长圆润,行笔婉转有力,在形体和用笔方法上相当纯熟;正文西夏文楷书。碑阴汉文篆额题铭,为"凉州重修护国寺感通塔碑铭",字形平正划一,圆润流畅,笔力遒劲;正文汉文楷书。西夏文、汉文楷书结构严谨,书体工整,是不可多得的书法艺术珍品。西夏碑是揭开西夏历史文化神秘色彩不可或缺的实物佐证,具有极高的历史、科学、艺术价值和书法、语言、文学价值。收入《兰州碑林藏》。

《高昌王碑》。虞集撰文,康里巎巎(náo)书,赵世延篆额。立于元顺帝元统二年(1334)。碑阳汉字,碑阴回鹘文。碑残断,现仅存碑额和碑身中段,保存于武威文庙。康里巎巎,元代少数民族书法家,曾任礼部尚书等职。博通群书,师法钟、王、欧、虞诸大家,擅楷、行、草等书体,善以悬腕作书,行笔迅捷,线条流畅,笔法遒媚,俊秀流畅。明代名臣解缙说:"子山书如雄剑倚天,长虹驾海。"该碑疏展挺拔,秀逸奔放,功底深厚,风格鲜明,具有劲健清新、纯净洒脱的神韵,既有晋唐风度,又深得虞世南笔法,是留给武威的一笔珍贵的精神财富。虞集、赵世延亦是元代书法大家。碑阴回鹘文是研究回鹘文书体的第一手实物资料。收入《兰州碑林藏》。

《西宁王碑》。危素撰文,张瓒书,陈敬伯篆额,三位都是名重一时的高官显贵。立于元至正二十二年(1362),现存凉州区永昌镇石碑沟村。碑阳汉文,碑阴回鹘文,国家图书馆藏有蒙汉文字拓片。这是甘肃省保存最大的元代蒙汉文字合璧碑,已有600多年的历史。该碑早在20世纪中叶就引起了国内外学者的重视,对研究我国古代少数民族历史,特别是回鹘族的起源流派,汉、蒙古、回鹘族之间的关系,以及元代文学、书法、雕刻艺术等具有重要价值,是我国多民族团结融合的历史见证。碑额"大元敕赐西宁王碑"八字两行竖排篆书,正文楷书,结体方正,劲健清新,俊秀流畅,严谨韵致。收入《兰州碑林藏》。

《汪益堃纪念碑》。碑两通,刻于1943年,现存天祝县文化大厦。主碑为于右任先生所题"汪公益堃纪念碑",字体遒劲豪放,庄重大方。副碑上方自右向左用篆书刻"汪益堃先生遗象"七个大字,镌刻14幅肖像,居中汪益堃胸像,左右13幅小肖像;肖像以下是挽言题词,刻有李宗仁、张继、蒋鼎文、谷正伦、萨镇冰、孙蔚如等国民政府高级官员、将领和碑主亲属的悼念词。字体有行、楷、隶、草、篆,大小有别,错落有致。整块碑文肖像逼真,线条沉雄,字势灵动,章法得宜,不失为书法精品。

三、武威地方书法名家举要

武威书法源远流长,代有名人,近世尤以清代张美如、牛鉴影响较大。

张美如(?—1834),号玉溪。清嘉庆十三年(1808)进士,选翰林院庶吉士。官至户部员外郎。淡泊功名,耽于翰墨,吟诗抚琴,以奖掖后进为乐,曾主讲凉州天梯书院、镇番苏山书院、兰州兰山书院、西安关中书院等处,把自己的一生献给了培育英才的教育事业。书画诗文俱佳,名望极高,被誉为"武威的唐伯虎",是清代享誉陇原的大家,堪称诗、书、画三绝。

其书法攻习王羲之、王献之,大有兰亭之遗风,俊秀飘逸,清丽洒脱,犹如闺阁丽人。绘画以山水景物为主，画中有诗，诗中有画。武威文庙保存其两通碑刻和一方匾额。一通是由他撰文，凉州名士尹世衡书写的《城隍庙宫隙地及铺面入租佐乡会试碑记》，刻于嘉庆十七年(1812)；一通是凉州名士陈宗瀚撰文，由他书丹并篆额的《陈君贡禹墓表》，刻于道光十二年(1832)。收入《兰州碑林藏》，武威文庙曾拓片刊印。武威文庙有其匾额"云汉天章"，书法端庄俊美，雕饰精美，堪为艺术珍品。

牛鉴(1785—1858)，字镜堂，号雪樵。清嘉庆十九年(1814)进士，选翰林院庶吉士。官至河南巡抚、两江总督。在翰林院和国史馆任职期间，以一手"台阁体"的好字和生花妙文，深得国子监大学士的赏识，曾为道光、咸丰两朝帝师。

其书法水平极高，相传会试前曾在北京西山碧云寺为皇太后手抄正楷《金刚经》而获得好评。2009年北京师范大学出版社出版《清代名人书札》，收录牛鉴在内的清代名人来往信札影印件书法精品。牛鉴爱好书法收藏，今中华书局2017年出版的《智永真草千字文》，即选用上海图书馆牛鉴旧藏南宋晚期拓本，有王文治、何绍基、耆英等题跋，是馆藏国家一级文物。武威文庙保存他书写的两通碑刻，皆收入《兰州碑林藏》。一通是凉州名士孙揆章撰文的《武威武征君李孝廉传》，约刻于道光十四年(1834)；一通是他自己撰文并书写的《张兆衡墓表》，刻于道光二十九年(1849)。另，武威文庙有其"天下文明"匾额一方。碑刻和匾额皆为楷书，书法圆融俊秀，笔力雄健，是武威保存的地方名人书法珍品。

四、武威馆藏名碑提要

武威碑志众多，但刻石佚落较多，很大部分属于文本文献。为方便书法爱好者学习研究，现将市内外馆藏和网上流通的部分实体碑志提要列举。

1. 收藏于武威市外博物馆者：

段荣墓志，存河北曲周县文化馆。

段济墓志，存洛阳市博物馆。

安元寿墓志，存西安昭陵博物馆。2011年中国出版集团、世界图书出版公司出版《大唐墓志书法精选：阿史那忠·安元寿墓志》。

浑公夫人墓志,存宁夏青铜峡市文管所。

契苾夫人墓志,存西安昭陵博物馆。

翟六娘墓志,存西安昭陵博物馆。

契苾嵩墓志,存河南洛阳千唐志斋,原拓本藏中国国家图书馆。

段承宗墓志,存江苏省博物馆。

李元谅墓志,孔夫子旧书网有拓本出售。

李准墓志,孔夫子旧书网有拓本出售。

契苾通墓志,存咸阳市博物馆。

安玄朗墓志,存广西博物馆。

宋晟神道碑,存南京雨花台区雨花西路。

2. 收藏于武威市博物馆或武威文庙者:

毛祐墓志、曹庆珍墓志、翟舍集墓志、凉州卫修文庙暨儒学记、重修凉州广善寺碑铭、凉州卫忠节祠记、杨嘉谟墓志、雷太夫人墓志、敕建重修古刹安国寺功德题名碑记、创建李氏家庙荫善庵碑记、重修文庙祭田碑记、重修文庙碑、重修罗什寺碑文、陕西同州府蒲城县众姓捐资题名碑记、武禹亭碑记、重修文庙创建庙产碑记。

3. 保存于武威其他地方者:

重修海藏寺碑记、重修白塔碑记、雷台观碑记、重修大云寺钟楼碑记、武威县县长康公生祠记、武威儿童乐园创建记。

从以上简述和提要列举的这些碑志来看,武威书法碑刻出自名家的精品不少。由于历史原因,许多碑志或碑志文献并未保存下来,个别还"藏之名山"。现存的碑志主要集中于武威市博物馆和文庙等寺庙当中,有的藏于全国著名收藏展馆,有些以拓片或出版物形式流传于世,这为我们集中保护、研习提供了极大的方便。

中国艺术向有境界之说,书法艺术往往可以穿越时空。被誉为书法精品的碑志,是不可再生的历史文化资源。保护碑志实物,整理、出版碑志书法,具有不可替代的文化传播和美育功能,对传播凉州文化、发展文化产业具有非常重要的作用。对此,我们当体物会心,体之察之,赏之习之,继绝存亡,发扬光大。

马可·波罗与麝香
——兼论马可·波罗来华真实性

姬庆红

兰州大学历史文化学院

  作为名贵香料与神奇药物之一,麝香不仅在中国有着悠久深厚的历史,也是中古时期的印度、波斯、阿拉伯和欧洲的财富象征与信仰符号,因而"从西方的欧洲到东方日本的古代欧亚大陆上,其贸易最为广泛"①。从全球史的角度看,包括麝香在内的香料贸易是前现代时期最能体现全球化进程的经济活动。马可·波罗则是全球化进程中的杰出个体,他不仅在《马可·波罗游记》中三次对中国麝与麝香进行较为精准的记录,而且多份档案证实他回乡后长期从事麝香的贸易,两者之间存在着逻辑上的一致性,这说明他极有可能来过中国。② 另外,从古代东西交流史的角度来看,马可·波罗及其

---

① [美]贝克维斯:《西藏与欧亚早期中世纪繁荣——吐蕃王朝经济史初探》,《西藏民族学院学报》1983年第4期,第65页。
② 研究该问题必然涉及一个七百年来的"历史之问"——马可·波罗来华真实性问题。学界在长达一个多世纪的"君子和而不同"的论道中,逐渐形成了以杨志玖为代表的主流"肯定论派"[杨先生最有力的证据就是发表在《哈佛亚洲杂志》(1976年第36卷)上的一篇论文。他在《永乐大典》卷一九四一八"站"字韵引《经世大典》站赤中检出一条珍贵史料:"今年三月奉旨,遣兀鲁、阿必失呵、火者,取道马八儿,往阿鲁浑大王位下。同行一百六十人,内九十人已支分例,余七十人,闻是诸官所赠遗及买得者,乞不给分例口粮。奉圣旨:勿与之!"虽然《站赤》中没有提到马可诸人,但是波斯使者的名字和马可所记完全一致,这就足以证明马可·波罗所言为真。而且伊儿汗国宰相拉施特主持撰修的《史集》也记载了护送阔阔真给伊利可汗为妃的事件,可作为极好的《马可波罗游记》所记的佐证。参见杨志玖《马可波罗在中国》,南开大学出版社,1999年。当然,还有像黄时鉴、蔡美彪、周良霄等老一辈学者都为马可·波罗来华的真实性问题作出了很大的贡献],英国学者吴芳思这样的"否定论者"[Frances Wood, *Did Marco Polo go to China?* London: Secker & Warburg, 1995;弗朗西斯·伍德(吴芳思)著:《马可波罗到过中国吗?》,新华出版社,1997年。需要指出的是,(转下页)

《游记》为麝香的西传以及丝路交流作出了不朽的贡献。

目前,学界尚无专文探讨这个切口小但视角新颖的主题,仅在本文研究所依据的三部马可·波罗学的权威著作中零星涉及。它们分别是:A.C.穆勒(Arthur Christopher Moule,1873—1957)和保罗·伯希和(Paul Pelliot,1878—1945)[①]的校注本《寰宇记》、亨利·裕尔(Henry Yule,1820—1889)和考狄埃(Henri Cordier,1849—1925)的《马可·波罗游记》合校本以及亨利·裕尔的《马可·波罗书》。[②]

(接上页)吴芳思在进行了大量马可·波罗没有来过中国的论证后,得出了一个很不确定的结论:"我倾向于认为马可波罗自己可能从来没有到比他家在黑海沿岸和君士坦丁堡的贸易站更远的地方旅行。"而且认为,某本波斯旅游指南之类的书籍应该就是马可·波罗主要资料的来源]以及少数的"怀疑论派"[否定派和怀疑派是有区别的,不能混同视之。怀疑派只是提出《马可·波罗游记》中的一些记载可疑,认为马可·波罗可能没到过中国,或者只是到过中国的部分地区。代表性的学者包括德国慕尼黑大学汉学系教授傅海博(Herbert Franke)、美国学者海格尔(John Haeger)(认为马可·波罗只到过北京)、上海师范大学教授王育民等。尤其是傅海博提出马可·波罗很可能没到过中国的观点,引发了中外学者的大争论。参见 Herbert Franke, Sino-Western Contacts under the Mongol Empire, *Journal of the Royal Asiatic Society*, Hong Kong Branch, vol. 6. 1966. Hong Kong, pp. 49 - 72]。"肯定论派"研究了蒙元史料以及与马可·波罗有关的档案,为马可·波罗来华提供了直接和间接的证据,有力驳斥了另外两派的论点。目前学界基本达成共识:《马可·波罗游记》中记载的东方情况尽管也有渲染、漏写、误记等失实之处,但基本上是准确的,是研究中世纪东西方交流的宝贵史料。

① A. C. 穆勒,出生于中国杭州,来自剑桥入华传教士知名家庭,是第三任英国驻华外交官。保罗·伯希和,出生于法国巴黎传统的天主教家庭,是法国语言学家、汉学家和探险家。他精通多国语言:英语、德语、俄语、汉语、波斯语、藏语、吐火罗语等。他对西方汉学贡献极大,有人评论道:"如果没有伯希和,汉学将成为一个孤儿。"他也是忠实的"马可·波罗迷",在这方面造诣精深。

② 参见 A. C. Moule & Paul Pelliot, *Marco Polo: The Description of the World*, New York: Ishi Press, 2010; Marco Polo, *Travels of Marco Polo*, The Complete Yule-Cordier Edition vol. 1 and 2, New York: Dover Publications, 1992; Henry Yule, *The Book of Ser Marco Polo, The Venetian: Concerning the Kingdom and Marvels of the East*, vol. 1. Cambridge: Cambridge University Press, 2010;另外,大卫在论文中详细梳理了马可·波罗与其家族成员经营的商业活动并对与马可·波罗有关的档案进行了较为细致的研究,也涉及麝香问题,该文为本文的写作提供了有益的帮助。David Jacoby, Marco Polo, His Close Relatives, and His Travel Account: Some New Insights, *Mediterranean Historical Review*, 2006 (21), pp. 193 - 218。

一、马可·波罗之前波斯、阿拉伯和西方对麝香的认知与贸易

早在马可·波罗来华前,麝香就已经成为古代中国、波斯和阿拉伯世界社会上层显贵魂牵梦绕的文化象征。各国多种语言的文献中都有关于麝香的明确记载:中国古代文献包括《山海经》《尔雅》《说文解字》《本经》以及大量的诗词歌赋等不乏记录与赞美;波斯古代文献有440年波斯属国亚美尼亚的史学家莫谢斯(Moses of Chorene,410—?)的《史记》、10世纪伊朗名医曼德维耶·伊斯法罕尼《论医学原理和香料制作》等;阿拉伯文献则包括约851年根据阿拉伯商人苏莱曼等人的见闻所汇编的《中国印度见闻录》(又名《苏莱曼东游记》)、10世纪被誉为"阿拉伯的希罗多德"的马苏第(Masūdi,896—956)的《黄金草原》、中亚著名穆斯林医学家阿维森纳(Abū Alī al-Husayn ibn,980—1037)于1023年出版的《医典》等。

值得注意的是,《中国印度见闻录》对麝的记载比较详细:"中国麝香鹿生息的地方,实际上是同西藏完全没有间隔的一块土地上。……麝香鹿跟我们阿拉伯的鹿十分相似,不但毛色、大小一样,而且双腿也是那样细长,蹄子也是分开的,连头角的弯曲也都是一模一样。不过,麝香鹿长着两个又细又白的犬齿,直伸到脸部。一个犬齿的长度不到一个法特尔,①形同象牙一般。这就是麝香鹿与其他鹿的不同。"②这里把雄麝的犬齿特征描述得相当准确,但也犯了一个错误:将无角的麝与有角的阿拉伯鹿混淆,也就是说认为"麝有长角"。马苏第对麝香的产地、优劣、用途等方面的记录相当准确:"吐蕃麝香比中国麝香好","优质的麝香乃在麝香囊里已经成熟但尚未离开麝囊","吐蕃人把最好的麝香装入从麝身上宰取来的皮囊里,作为礼物敬献

---

① fatr 为长度单位,从伸直的拇指尖至食指尖之间的长度,约20厘米。事实上,雄麝露出唇外的犬齿一般为4—8厘米,且向下弯曲。
② [法]索瓦杰:《中国印度见闻录》,穆根来、汶江、黄倬汉译,中华书局,2001年,第27页。

给君主,供其使用",且由于"商人很少能运走麝香"而愈加显得珍贵。① 马苏第是首次对西藏产一流麝香以及珍稀程度作出正确评价的人,而且他已经知道,麝香产自麝囊,而不是以往"麝香产自肚脐"的谬传。由此可见,古代波斯与伊斯兰世界对麝与麝香相当了解。除了麝香贸易频繁及现实应用外,这应该还与伊斯兰教世界认为麝香具有神圣性的信仰有关,即"麝香是先知穆罕默德的香味"②。

与伊斯兰世界对麝与麝香的认识相比,欧洲社会在《马可·波罗游记》出版前对麝香的认识相当肤浅。古希腊罗马时期,只有极少数人提到过麝香,并没有更多的认识。例如基督教教父哲罗姆(St Jerome,347—420)认为,麝香神圣而高贵,因为包括麝香在内的香料是来自伊甸园的芳香。③ 据传,亚历山大大帝在迫使吐蕃臣服后,吐蕃王向其敬献了 4,000 维格尔的赤金及麝香。亚历山大拿出麝香的十分之一,送给自己的妻子鲁珊克,大部分麝香则分给他的伙伴。④ 但是,这则轶事是由阿拉伯学者伊本·胡尔达兹比赫(Ibn Khurradahbih,820—912)所记,且史籍中并无亚历山大迫使吐蕃臣服的确切记载,故只能将此视为一则托伟人之名浪漫化麝香的传说。

据考证,首次记载麝香的"西方人"是拜占庭帝国僧侣科斯马斯(Cosmas the Monk)。他在《基督教风土志》(约 545)关于印度动物和塔普罗巴乃岛

---

① [法] 费琅编:《阿拉伯波斯突厥人东方文献辑注》,耿昇、穆根来译,中华书局,1989年,第 315—317 页。马苏第关于麝香是流入香囊的麝血而逐渐被太阳干化的说法纯为臆测。从生物学上看,麝香是一种腺体分泌的外激素,能在同种动物间传递信息,如麝鹿凭借香味相互辨认、增加交往、减少与竞争对手遭遇等,在繁殖期间则有强烈的吸引异性的作用。关于马苏第臆测的麝香形成过程,参见杨东宇《丝绸之路上的阿拉伯、波斯和中国麝香应用比较研究》,《青海民族研究》2016 年第 2 期,第 121 页注释 18。

② Anya H. King, *Scent from the Garden of Paradise: Musk in the Medieval Islamic World*, Leiden and Boston: Brill, 2017, p. 1. 据说,有位与中国贸易的富商用 70 罗得(loads)的麝香掺入墙壁灰浆中,建造了一座名叫伊帕里耶(Ipariye,意为麝香香料)的清真寺,信众趴到墙上能闻到香味。这里真切表达了穆斯林所认为的麝香来自天国、来自穆罕默德的观念。

③ Adversus Jovinianum II. 8. The text is in J. P. Migne, Patrologia Latina (Paris, 1883), 23. 311a. 转引自 Anya H. King, *Scent from the Garden of Paradise: Musk in the Medieval Islamic World*, Leiden and Boston: Brill, 2017, p. 134。

④ [阿拉伯] 伊本·胡尔达兹比赫:《道里邦国志》,宋岘译,中华书局,1991 年,第 280 页。

(今斯里兰卡)的介绍中提到麝,说它是一种小动物,当地人称为喀斯杜里(Kasturi)。① 猎人以箭射麝,待血集结在肚脐时将之割破。这一部分存储着我们称之为麝香的香料,而麝体的其他部分被抛掉。② 科斯马斯的记载存在两处明显的错误:首先,古代西方对"印度"的概念相当模糊,此处指的是"大印度"中的喜马拉雅山地区。③ 他是西方第一个提到麝这种动物,并说麝香为印度产品的人,但他说麝生活于塔普罗巴乃显然是错误的。④ 其次,他说"麝香产自肚脐"是错误的。实际上,麝香是雄麝为吸引雌性而在其肚脐和生殖器之间腺囊的分泌物。不过,他的错误说法流传甚广,并造成此后千余年西方人的误解。⑤

对古代欧洲人而言,他们认为麝香是来自东方伊甸园的香味气息,具有救命、壮阳和催孕等神秘功效,且是制作高档香水的基本原料。因此,不论是希腊罗马时期的贵族还是中世纪的教俗显贵,都渴望能得到并使用麝香。但是直到新航路开辟之前,麝香都要经过波斯、阿拉伯和埃及等中间商的层层转运才能到达欧洲,量少价高不说,质量也没有保证。尽管如此,麝香贸

---

① 裕尔评论说,拉森认为 Kasturi 是麝香的梵文写法。在喜马拉雅山地区,该词也用于麝。参见裕尔《东域纪程录丛:古代中国闻见录》,张绪山译,中华书局,2008 年,第 192 页注释 2;法国布尔努瓦认为,Kasturi 至今仍是该动物的尼泊尔文名,基本与梵文名称相同。参见[法]布尔努瓦《天马和龙诞:12 世纪之前丝路上的物质文化传播》,《丝绸之路》1993 年第 3 期。
② 亨利·裕尔:《东域纪程录丛:古代中国闻见录》,第 192 页。
③ 大印度是"三个印度"中的一个,"三个印度"的提法在欧洲首现于 7 或 8 世纪拉文纳的《宇宙志》(Ravenna Cosmography)。这种看法吸取了伊斯兰教徒关于三个印度的看法——Hind, Sind and Zanj,欧洲分别称之为大印度(India Major,从 Malabar 到 India Extra Gangem);小印度(India Minor,从 Malabar 到 Sind,大体相当于今北印度);中印度(从 India Tertia 到东非海岸,特别是坦桑尼亚地区至埃塞俄比亚)。
④ 亨利·裕尔:《东域纪程录丛:古代中国闻见录》,第 192 页注释 2。
⑤ 从西方与阿拉伯文中的"麝香"词源便可看出这个错误。西方的"vessie"(膀胱)、"Vesicule"(囊)、英文的"Vesicle"、德文的"Beutel"等词都可归结为阿拉伯文 nâfdjâh,这是由萨珊词 nâfag 或 nâfak,变成中世纪末期伊斯兰伊朗语中的 nâfah(即"肚脐")而来的,这些词语表明人们认为麝香是从麝的肚脐中分泌出来的。而拉丁人、拜占庭人和伊斯兰人则从伊朗文 moushk 中汲取了 musc(麝香)。梵文中的 moushkas(orkhis)似乎也源于此。参见[法]阿里·玛扎海里《丝绸之路——中国—波斯文化交流史》,耿昇译,中华书局,1993 年,第一编《波斯史料》与第三编《丝绸之路和中国物质文明的西传》,第 181 页。

易在古代东西方贸易中一直绵延不绝。

隋唐盛世时期,东西方商贸空前发达,操着阿拉伯语、波斯语、法兰克语和斯拉夫等语的商人携金带银经由陆路和海路来到中国,然后满载麝香、沉香、樟脑、肉桂及其他名贵商货返回红海。在 1187 年前,从埃及进口的麝香主要在地中海东部的商贸中心阿卡(Arce)进行贸易,直至 13 世纪下半叶都是如此。① 然后,商人又将其转运至君士坦丁堡,卖给罗马人或贩卖到法兰克王国。② 据记载,1248 年装在长颈瓶中的 36 盎司麝香被从亚历山大里亚带到马赛交易。③ 麝香贸易利润丰厚,自然会导致造假活动盛行,以至于市场上的麝香真假难辨。阿拉伯作家阿布尔-法德尔·贾法尔出版《鉴别好坏商品和伪造仿制商品须知书》(1175 年出版),有专门章节讲述鉴别真假麝香的方法。④ 吉奥巴里的《关于泄露机密的著作选》(1225 年左右出版)中也说自己知道 26 种制造假麝香的不同配方。⑤

由于麝香稀少且神奇,地中海各国之间经常将之作为外交与宗教的珍贵赠礼。据记载,埃及苏丹萨拉丁在 1188 年赠送给拜占庭皇帝艾萨克二世(Isaac II Angelus,1185—1195 年在位)100 个麝香囊和一头雄性鹿。⑥ 1262 年,埃及苏丹扎希尔(al-Zahir,1260—1277)向君士坦丁堡的清真寺赠送麝香。⑦ 这些交往限于中东地区,欧洲社会获得麝香的机会不是很多,尤其当穆斯林建立的马穆鲁克王朝(1250—1517)控制红海与地中海贸易期间,西

---

① Orlandini, Giovanni, Marco Polo e la sua famiglia, *Archivio Veneto-Tridentino* 9 (1926): pp. 1–68. 转引自 David Jacoby, Marco Polo, His Close Relatives, and His Travel Account: Some New Insights, p. 201.
② [阿拉伯]伊本·胡尔达兹比赫:《道里邦国志》,第 163 页。
③ David Jacoby, Marco Polo, His Close Relatives, and His Travel Account: Some New Insights, p. 193.
④ [法]费琅编:《阿拉伯波斯突厥人东方文献辑注》,第 686—687 页。
⑤ [法国]费琅编:《阿拉伯波斯突厥人东方文献辑注》,第 694 页。
⑥ David Jacoby, Marco Polo, His Close Relatives, and His Travel Account: Some New Insights, p. 201.
⑦ Goitein, Shlomo D., *A Mediterranean Society: The Jewish Communities of the Arab World as Portrayed in the Documents of the Cairo Geniza*. Vol. 1. Berkeley and Los Angeles: University of California Press, 1967, p. 153.

欧社会获得珍贵香料的难度更大。因此,麝香在 15 世纪之前的西方商品资料中少有出现。尽管稍晚于马可·波罗的商人裴戈罗梯(Balducci Pegolotti,1290—1347)在《商业指南》中曾提到麝香,却没有指明它在哪里进行交易。①

二、《马可·波罗游记》中关于麝与麝香的记载

13 世纪,蒙古帝国在亚欧腹地迅速崛起并四处攻城拔寨,基本扫清了东西方丝绸之路畅通的各种障碍,实现了"人类之间最广大而开放的一次握手",引发了东西方空前的"全球信息交流",②"公元 1250—1350 这一世纪的时间构成了世界历史上的支点或关键性的'转折点'"③。欧洲传教士络绎不绝地前往东方寻求打败穆斯林的盟友,商人则为寻找商机纷至沓来。在这种形势下,马可·波罗一行沿着漫长的陆上丝路来到中国,目睹了蒙元帝国的文明盛世,所见所闻均记于《游记》。马可·波罗出身于商人家庭,自然对东方易于运输且稀缺昂贵的商品尤其关注,例如香料、宝石、珍珠、丝绸等。他对优质麝香及其产地——西藏香带区(元代的甘州、肃州、凉州等在地理上属于青藏高原)的关注自然也在情理之中。

《马可·波罗游记》中有三处较为翔实地记载了麝与麝香:

首先,第 72 章介绍了额里湫国(Ergiuul?):

> 为大汗的属地,隶属于唐古特省云云。然后谈及麝鹿以及麝香的取法:[FB\Z]④此地有世界最良之麝香,请言其出产之法如下:此地有

---

① Pegolotti, La pratica della mercatura, 295 and 422. 转引自 David Jacoby, Marco Polo, His Close Relatives, and His Travel Account: Some New Insights, p. 201.
② 勒内·格鲁塞:《成吉思汗》,谭发瑜译,国家文化出版公司,2011 年,封页评语。
③ 珍妮特·L. 阿布-卢格霍德:《欧洲霸权之前:1250—1350 年的世界体系》,杜宪兵等译,商务印书馆,2015 年,第 19 页。
④ 此段方括号中的大写字母代表的是中世纪《马可·波罗游记》的不同版本:V 为威尼斯方言本;VB 是 1446 年威尼斯出版的威尼斯方言本;VA 是 14 世纪早期出版的威尼斯方言本;FB 是 14 世纪的法语版本;TL 是巴黎出版的 14 世纪的拉丁语本;Z 是 1470 年托莱多(Toledo)出版的拉丁语本;R 是 1559 年米兰出版的意大利语本;P 是来自 VA 的皮皮诺本;剌木学是 14 世纪(?)在威尼斯出版的拉丁语手抄本。也就是说目前最完善的《马可·波罗游记》校注本是由多种版本的信息组合而成。

一种野兽,形如羚羊,蹄尾类羚羊,[L\V\TA\R]毛类鹿而较粗,头无角,[FB]口有四牙,上下各二,白如象牙,[VA\VB]长三指,薄而不厚,上牙下垂,下牙上峙。兽形身美。[V\Z\TL]鞑靼人云其名为古德里(Gudderi)①。[VB]马可阁下曾将此兽之头足带回威尼斯。[V]及盛于麝囊之中的麝香和一对牙齿。[VB]香气过浓,难以忍受。[VB]猎人于新月升时往猎此兽,是亦其排泄麝香之时也。捕得此兽后,割其血袋。放到太阳下晒干。其浓烈香气即来自袋中之血。最优麝香来自于此。此肉可食,味甚佳。麝鹿大量被捕捉。正如我告诉你的,此地有量大且优质的麝香。②

第二处记载是在第 115 章吐蕃州(今西藏):

说此大省为蒙古人所毁。[Z]此种产麝香之兽甚众,其味散布全境,盖每月产麝一次。前次(七十二章)已曾言及此兽,脐旁有一胞,满盛血,每月胞满血出,是为麝香。此种地带有此类动物甚众,麝味多处可以嗅觉。[VB\Z]他们用自己的语言称之为 gudderi,其肉味美。此种恶人畜犬甚多,犬大而丽,由是饶有麝香。③

第三处的记载是在第 117 章中的建德州(Caindu,裕尔认为它应位于今日的金沙江南端;④德国学者傅汉斯认为,它就是今日四川的西昌⑤):

此地已臣属大汗……且有盐湖,以盐为币。[R]此地偏僻,人很少有机会出售诸如金、麝香以及其他东西,外商收购价极廉……[P]境内

---

① Gudderi 是蒙古词语,也可写作 kuderi。Henry Yule, *The Book of Ser Marco Polo, The Venetian: Concerning the Kingdom and Marvels of the East*, vol. 2, note5, p. 40。
② A. C. Moule & Paul Pelliot, *Marco Polo: The Description of the World*, pp. 179 - 180.
③ A. C. Moule & Paul Pelliot, *Marco Polo: The Description of the World*, p. 271.
④ Henry Yule, *The Book of Ser Marco Polo, The Venetian: Concerning the Kingdom and Marvels of the East*, vol. 2, note1, p. 58.
⑤ Hans Ulrich Vogel, *Marco Polo was in China: New Evidence from Currencies, Salts and Revenues*, Leiden: Brill, 2013, p. 290.

有产麝之兽古德里甚众,[Z]所以出产麝香甚多。①

将《游记》中关于麝与麝香的记载与当今的科学研究相对比,可以发现马可·波罗的描述只有两处不够准确:一是"麝有四牙"与事实不符。麝香鹿仅上颌有犬牙,薄而锐,即俗称的獠牙。二是麝每年分泌麝香一次,而非每月一次。相比于前述的《中国印度见闻录》、马苏第和科斯马斯的记载,《马可·波罗游记》中对中国麝与麝香的记述不但信息丰富,且有很大突破。

首先,马可·波罗首次记录了麝"无角"而非像鹿那样有角的事实。由于"麝有角"的说法在波斯和阿拉伯地区长期流传,直到20世纪伊朗修撰最权威的《德胡达词典》仍在沿用《中国印度见闻录》中"麝有长角"的错误。②其原因在于麝是一种胆小、孤独而隐蔽的动物,人们少有机会观察到它们的形体特征。若非马可·波罗亲自见证或者聆听专业人士的细致介绍,很难相信他会有关于麝"无角"这种形体特征的记述。这种准确的记述在当时的波斯、伊斯兰世界和欧洲尚属首次,使马可·波罗来华"否定论"者的观点不攻自破。例如,"否定论"集大成者吴芳思认为:马可·波罗没有到过中国,可能只到过黑海沿岸。他关于中国的知识,主要来自道听途说和某本波斯人的导游手册。③

人们对麝分泌麝香的过程则更难亲眼见到。迄今,一些中国药师还在流传"麝香是麝在张开香囊晒太阳时,引诱昆虫钻进囊内,突然关闭形成"的说法。④ 那么,6世纪的拜占庭人科斯马斯"麝香产自肚脐"的错误说法也是可以理解的。然而,马可·波罗却正确记录了"麝香在麝囊"而非肚脐的事实,打破了欧洲长达近八个世纪的错误说法。由此可见,马可·波罗既纠正了阿拉伯世界"麝有长角"的错误,也打破了欧洲"麝香产自肚脐"的谬误。可以设想,若非深入实地探访,实在难以想象马可·波罗能有这种见识。

其次,马可·波罗所记麝香产地及其优劣品质也是准确的。他认为额

---

① A. C. Moule & Paul Pelliot, *Marco Polo: The Description of the World*, p.275.
② 参见《德胡达词典》"麝香"条。
③ 吴芳思:《马可·波罗到过中国吗?》,第197—199页。
④ 盛和林:《中国鹿类动物》,华东师范大学出版社,1992年,第1页。

里湫国(即凉州府,今武威一带。裕尔认为它是今阿拉善地区的一个古代城市;①而伯希和认为它在今宁夏。②尽管额里湫国的具体位置并不明确,但无疑都认为它位于今中国西部的香带区)"有世界最良之麝香",吐蕃"有此类动物甚众,麝味多处可以嗅觉"。马可·波罗还提到建德州(Caindu音译,即今四川西昌)也盛产麝香,且有以盐为币购买黄金和麝香的商贸活动。这是西方人关于长江上游一带盛产麝香且以盐为币买卖麝香的最早记载。③近代西方探险家、法国神父古伯察(Évariste Régis Uuc,1813—1860)也说,自己在藏东察雅的石板沟目睹了这一带大量产麝以及交易的现象:"石板沟中盛产麝香……谁在其他地方都没见过这么多。……这里的居民把麝香作为一种与中原人从事非常有利可图的贸易商品。"④

马可·波罗所记中国西北地区出产最优质麝香在古今中外很多文献中都可以得到印证。例如上文提到,马苏第明确表示吐蕃麝香比中原的好,因为"吐蕃羊(即麝香羊)食芳香甘松茅和其他芳香植物,而中国羊乃吃各种普通草"⑤。李时珍在《本草纲目》中专列"麝脐香"一条,指出不同地区的麝香优劣:"麝出西北者香结实;出东南者谓之土麝,亦可用,而力次之。南中灵猫囊,其气如麝,人以杂之。"⑥布哈拉穆斯林旅行家阿里·阿克巴尔(Seid Ali Akbar Khatai,1500—?)在《中国行纪》中提到此地麝香质优,"这个省中的城市有Kinjanfu(京兆府,今西安)、Kanju(甘州,今张掖)、Sekchou(肃州,今酒泉)和Dinkju(定州),在这几个城市盛产麝香"⑦。当代法国中亚史学者阿里·玛扎海里(Aly Mazaheri,1914—1991)也说,甘、凉、肃等州处于青

---

① 亨利·裕尔将此地名写作"Erguiul或者Ergiuul",他认为此地名也许就是Egrigaya,今阿拉善的一个城市。Henry Yule, *The Book of Ser Marco Polo, The Venetian: Concerning the Kingdom and Marvels of the East*, vol. 1, pp. 266, 273.
② 伯希和在《马可·波罗注》中明确指出,Egrigaya即今宁夏。参见Paul Pelliot, *Notes On Marco Polo*(I), Paris: Imprimerie Nationale, 1950, p. 64。
③ [法]阿里·玛扎海里:《丝绸之路——中国—波斯文化交流史》,第112页。
④ [法]古伯察:《鞑靼西藏旅行记》,耿昇译,中国藏学出版社,1991年,第620页。
⑤ [法]费琅编:《阿拉伯波斯突厥人东方文献辑注》,第315—317页。
⑥ 李时珍:《本草纲目》兽部类51"麝香",人民卫生出版社,1982年校点本,第1674页。
⑦ 张至善等编译:《中国纪行》,生活·读书·新知三联书店,1988年,第96页。

藏高原香带区,而吐蕃麝香因产量高、质量好而为人所知。① 这些记述也与当今的科学研究相符。据现代学者考察,麝主要分布在喜马拉雅山到阿尔泰山海拔3 000米以上的高原地区。中国麝香产量占世界70%以上。其中,青藏高原及其周边地区的麝喜吃冷杉、雪松、柏树等带有香味的植被,故麝香品质最佳。

第三,马可·波罗提到西藏麝香味道浓烈在中外文献记载中也得到佐证。6世纪的萨珊王朝文献《科斯洛埃斯二世及其侍从官》中提到,"吐蕃麝香"与"印度的龙涎香""波斯的玫瑰"齐名,是"最香的香精"。② 宋代的《图经本草》也记载道:"香有三等,第一生香,名遗香,乃麝自剔出者,然极难得,价同明珠。其香聚处,远近草木不生或焦黄也。今人带香过园林瓜果皆不实,是其验也。其次是脐香,乃捕得杀取之。其三心结香,乃麝见大兽捕遂惊畏失心,狂走坠死。"③关于这个问题,李时珍也对之作出了解释,由于"麝之香气远射,故谓之麝。或云麝父之香来射,故名,亦通"④。

既然吐蕃之地的麝香如此优质,那如何捕麝自然受人关注。马可·波罗在《游记》中记录了藏獒(即上文提到的巨犬)猎麝之事。就目前所知,他是第一个记录藏獒猎麝的欧洲人。他的记载在阿里·阿克巴尔的《中国行纪》中得到佐证:"在西藏山区有一种良狗,西藏人用它向皇帝进贡。在土耳其苏丹也有这种狗,被称为萨珊尼,据说是西藏种。麝就是用这种狗去猎取的。"⑤可见,用藏獒获取麝香的方法直到16世纪还在使用,为经此地的各国商人所知。

由上推知,马可·波罗若没有到过中国,很难将麝鹿的体貌特征、活动区域、生活习性,麝香的产出、获取方法以及优劣对比等信息描写得如此准确。可以说,这是西方人首次将麝鹿的生活习性与麝香的生产如此完整细致地介绍到欧洲各国,修正了许多商旅及医学界的"常识性"错误。在这种意义上说,马可·波罗对东西方物质文明交流作出了独特贡献。

---

① [法]阿里·玛扎海里:《丝绸之路——中国—波斯文化交流史》,第118页。
② 尹伟先:《青藏高原的麝香和麝香贸易》,《西藏研究》1995年第1期,第111页。
③ 盛和林:《中国鹿类动物》,绪论第9页。
④ 李时珍:《本草纲目》兽部类51"麝香"。
⑤ 张至善等编译:《中国纪行》,第122页。

三、返乡后的马可·波罗与麝香

作为一种轻便易带且价值高、利润大的珍贵商品,麝香一直受到亚洲、非洲和欧洲商人的青睐。然而,即便在欧亚交通网极发达的蒙元时代,亚洲的麝香运抵欧洲也必须经过中亚的波斯人、阿拉伯人或埃及人之手。波斯湾口的霍尔木兹正是欧亚海上大宗贸易的中转站,东来的货船则载运"丁香、豆蔻、青缎、麝香、红色烧珠、苏杭色缎、苏木、青白瓷器、瓷瓶、铁条"等。① 另外,商人们还可穿越小亚细亚的陆路,通过特拉比松和黑海的商路把麝香运抵君士坦丁堡。无论是海路还是陆路,欧洲人都只能忍受各国中间商的盘剥。

马可·波罗必定意识到麝香作为西方社会上层向往的一种奢侈品,定能获取丰厚的利润。他应该在中国的张掖就做过麝香等香料的生意。因为他在《游记》的"甘州(今张掖)"一节中说过,为了做生意,他和父亲、叔叔在甘州待了一年。② 而甘州不仅是当时中国西北地区的重要国际商贸中心,也是甘藏地区优质麝香等香料贸易的中转站。也许正因如此,马可·波罗不仅把麝与麝香详细地记载在《游记》中,且从亚洲返回威尼斯后,他同样表现出对麝香的浓厚兴趣。

资料显示,马可·波罗返乡后主要进行香料贸易和放贷活动,其中麝香就是他经营的一种重要商品。在威尼斯国立圣马可图书馆(Venice National Marciana Library)关于马可·波罗的诉讼案、他本人及其家族成员的遗嘱,以及遗产清单等 5 份宝贵的档案文献中,研究者发现了关于麝香贸易的信息。所有这些都能有力地证明以他为首的波罗家族必定进行过包括麝香在内的东方贵重商品的贸易活动。

首先,马可·波罗的叔叔马菲奥(Maffeo Polo)在 1310 年 2 月 6 日草拟的遗嘱中提到两人共同贩卖麝香的事情。他们曾把一笔钱委托给三个贩运

---

① 汪大渊:《岛夷志略校释》,苏继庼校释,中华书局,2000 年,第 364 页。
② Henry Yule, *The Book of Ser Marco Polo*, *The Venetian: Concerning the Kingdom and Marvels of the East*, Vol. 1, p. 220.

商代购麝香。然而,这些贩运商并没有完全兑现诺言,其中一个名叫马凯斯诺(Marchesino Berengo)的贩运商的儿子保罗(Paolo Berengo)替他父亲赔付他们一笔威尼斯金币(piccoli)①400 磅的款项,其中马可·波罗占 2/3 的份额。此外,贩运商还需赔偿他们 86 萨觉(saggi)②的麝香。马菲奥还把其他两位定居在君士坦丁堡的债主名字也写在了遗嘱中。③ 至于后面他们有没有偿还金钱或麝香,并无资料记录。

其次,马可·波罗本人也有关于麝香的诉讼案件。1310 年 4 月,他把属于自己及同父异母兄弟乔瓦尼(Giovannino)的 1.5 磅或 451.84 格罗西的麝香,委托给一名叫保罗(Paolo Girardo)的商人销售,契约中声明价格是每磅 2.61 杜卡特(ducats)④金币,受托人将在这笔交易中获取一半的利润。然而,保罗在次年 3 月返回威尼斯后,并没有把卖掉的半磅麝香的收益交给马可·波罗,且相当于 1 萨觉或 1/6 盎司的剩余麝香不知去向。于是,马可·波罗把保罗告上了法庭。1311 年 3 月,法官判决马可·波罗胜诉,要求保罗补偿胜诉方应得的利润和丢失的麝香;如果败诉方不能及时赔偿胜诉方的损失,将按照威尼斯的法律判处监禁之刑,且服刑期间费用自理。⑤

再次,马可·波罗还曾把麝香作为贷款的重要抵押品。1310 年,一名香料经销商的妻子尼科莱塔(Nicoletta)声明,自己归还了替马可·波罗暂时保管的各种珍贵商品,包括 1 萨觉和 7.49 格罗西的麝香。⑥ 大概可以这样推

---

① 据德国学者汉斯研究,皮克利(piccolo,复数 piccoli)与格罗西(grosso)之间的汇率经常变动。例如在 1265 年,1 格罗西相当于 27 皮克利;而 1282 年 5 月,1 格罗西相当于 32 皮克利。参见 Hans Ulrich Vogel, *Marco Polo was in China: New Evidence from Currencies, Salts and Revenues*, Leiden: Brill, 2013, p. 471。
② saggi 是用于珍贵商品的单位,冯承钧将 saggi 翻译成"萨觉"。1saggio 约相当于 4.3 克。9.0791saggi = 39.04g = 1 两。参见 Hans Ulrich Vogel, *Marco Polo was in China: New Evidence from Currencies, Salts and Revenues*, p. 317。
③ Orlandini, 'Marco Polo', 29, no. 6; David Jacoby, Marco Polo, His Close Relatives, and His Travel Account: Some New Insights, p. 202.
④ 在马可·波罗的时代,1ducat 相当于 3.25 克。Hans Ulrich Vogel, *Marco Polo was in China: New Evidence from Currencies, Salts and Revenues*, p. 473。
⑤ Henry Yule, *The Book of Ser Marco Polo, The Venetian: Concerning the Kingdom and Marvels of the East*, introduction, p. 46.
⑥ Orlandini, 'Marco Polo', 32, no. 8.

测,两家很可能有生意往来,而这些商品可能是马可·波罗给经销商及妻子贷款的抵押品。此外,他们之间应该建立起了互信的私人关系。尼科莱塔在1314年指定马可·波罗及其同父异母的兄弟斯蒂芬(Stefanno)作为她遗嘱的执行人。① 由此可推知,马可·波罗在威尼斯商人圈子中应该颇有声望。

最后,马可·波罗在1324年去世时,遗产中有三箱没有存放于鹿囊中的麝香,其中两箱被列入了他的财务清单。一箱被估价5.5磅或55杜卡特金币,另一箱估价10磅或100杜卡特金币,第三箱麝香被估价6.2英镑或62杜卡特金币。② 根据马可·波罗声明的价格(每磅2.61杜卡特金币)计算,这三箱麝香总价超过83磅,约为217杜卡特金币。这些数量大、价值高的麝香显然不是留给自己或家人使用的,说明麝香在其大规模的经商活动中占有不小的比重。其他的可动产中还包括7.229千克白色蚕茧、12.049千克丝绸、4块鞑靼可汗颁发的蒙古"金牌"(Paiza)通行证、金线织锦并饰有羽毛和珍珠的蒙古头饰,以及"鞑靼式样"的白色袍子等。③ 另外,他在遗嘱末尾还提到,给予他的鞑靼仆人彼得(Pietro)以自由,付给其工资并赠送他100里拉的小钱。④ 此外,马可·波罗还把遗产分给了妻子和3个女儿。没有子女的大女儿芳提娜(Fantina)在丈夫死后向夫家索要父亲给自己的遗产,在1354年向威尼斯法庭提交的诉讼中就提到了父亲的麝香。⑤

显而易见,马可·波罗的这些带有"鞑靼"色彩的人和物及其家族贩卖麝香的活动记录都可以作为他《游记》之外证实其来华的极好证据。此外,

---

① Orlandini,'Marco Polo', 33-5, no. 10.
② Orlandini,'Marco Polo', 58-9, no. 69.
③ David Jacoby, *Marco Polo, His Close Relatives, and His Travel Account: Some New Insights*, p. 203.
④ Henry Yule, *The Book of Ser Marco Polo, The Venetian: Concerning the Kingdom and Marvels of the East*, vol. 2, p. 517, no. 13. 在马可·波罗死后的第四年即1328年,彼得获得了威尼斯公民的身份。
⑤ Henry Yule, *The Book of Ser Marco Polo*, Translated and edited with notes by Henri Cordier. 3rd edition. 2 vols. London: J. Murray, 1903. 64, no. 69. 马可·波罗除了捐赠给教会外,其余遗产让妻子和三个女儿而不是让家族里的其他男性来继承。

在他作为遗产的三个储藏麝香的箱子中还发现了一个装麝鹿皮的袋子,[1]与上文中提到的《游记》(VB)所言"马可·波罗阁下曾将风干的麝的头骨和脚骨带回威尼斯,还有装在麝囊中的麝香"[2]高度吻合。

结　　论

马可·波罗在蒙古人开创的全球化时代,怀着好奇求知的心态来到东方,并"如实"记录了自己的见闻。然而,他的见闻并不为他的基督教教友们所接受和认可,故被谑称为"说谎大王",并在临终病榻上还被要求为自己的"谎言"忏悔！尽管他在书中精确地记载了麝以及麝香的丰富知识,但直到18世纪早期,欧洲人关于麝香的出产地以及麝香发出香味的原理仍然是一个谜。[3] 这也说明《马可·波罗游记》及其来华的真实性并不为欧洲人所接受。

事实上,马可·波罗所记物种、货源、经营商品及档案文献为其来华真实性提供了较为可信的证据。作为精明的商人,他对中国西部地区的麝及麝香有着强烈的好奇心,并可能从事麝香贸易,极可能做过较为深入的调查,才可能有较为精确的记述。返回故乡后,他本人及家族长期从事麝香贸易,并在诉讼案宗、合作伙伴记录、遗产清单等档案中都提到了麝香。这些记述与其活动之间在逻辑上存在着合理性,也能佐证他曾到过中国。更重要的是,他对麝及麝香的记述信息丰富,修正了在他之前波斯、阿拉伯世界"麝有长角",以及欧洲世界"麝香在肚脐"的错误认识。可以说,马可·波罗及其《游记》不仅为中国的麝与麝香知识的修正作出了重要的贡献,并为麝香的西传和丝路交流作出了独有的贡献,亦为近代以前的欧洲社会了解东方开启了一扇启蒙之窗。

---

[1] Barbieri, Alvaro, Quale 'Millione'? La questione testuale e le principali edizioni moderne del libro di Marco Polo, *Studi mediolatini e volgari*, 42(1996), pp. 999 - 1004. 转引自 Hans Ulrich Vogel, *Marco Polo was in China: New Evidence from Currencies, Salts and Revenues*, p. 86.

[2] A. C. Moule&Paul Pelliot, *Marco Polo: The Description of the World*, p. 179.

[3] Peter Borschberg, The European Musk Trade with Asia in the Early Modern Period, *The Heritage Journal*, vol. 1, no. 1 (2004): p. 2.

魏晋时期河西儒学的发展研究

冯晓鹃

浙江大学历史学院

一、前　　言

魏晋时期,中原地区社会动荡不安,儒学不断走向衰落,正统的官学日趋没落,儒学发展亦随之衰落。《魏略》记载,从初平之元(190)至建安之末(219),"天下分崩,人怀苟且,纲纪既衰,儒道尤甚";曹魏正始年间(240—248),"是时朝堂公卿以下四百余人,其能操笔者未有十人,多皆相从饱食而退",出现了"学业沉陨"的情况。① 西晋永嘉之乱后,中原儒学衰颓情况更加严重,"自丧乱以来,儒学尤寡"②、"二都鞠为茂草,儒生罕有或存,坟籍灭而莫纪,经沦学废,奄若秦皇"③、"礼乐文章,扫地将尽"④等皆是其真实写照。而在这一时期,河西地区社会环境却相对安宁,河西儒学亦取得了长足发展。

陈寅恪先生在七十多年前曾谈到,当汉末中原纷乱后,"则中原章句之儒业,自此之后已逐渐向西北转移"⑤,并指出在西晋永嘉之乱时,"中原之地悉为战区,独河西一隅自前凉张氏以后尚称治安,故其本土世家之学术既可以保存,外来避乱之儒英亦得就之传授,历时既久,其文化学术遂渐具地域

---

① 《三国志》卷13《魏书·王朗传王肃附传》注引《魏略》,中华书局,1959年,第420—421页。
② 《晋书》卷75《荀崧传》,中华书局,1974年,第1977页。
③ 《晋书》卷113《苻坚载记》,第2888页。
④ 《魏书》卷84《儒林传》序,中华书局,1974年,第1841页。
⑤ 陈寅恪:《隋唐制度渊源略论稿》,上海古籍出版社,2020年,第23页(初版发行于1944年,由商务印书馆出版)。

性质"①。他对魏晋以来的河西地区在学术文化史上的特殊地位给予了高度评价,认为"惟此偏隅之地,保存汉代中原之文化学术,经历东汉末、西晋之大乱及北朝扰攘之长期,能不失坠,卒得辗转灌输,加入隋唐统一汇合之文化,魏然为独立之一源,继前启后,实吾国文化史之一大业"②。可见,包括河西儒学在内的河西文化不仅有着重要的历史地位,还具有一定的地域性质。在此后的几十年,河西儒学继续受到学界关注,包括黎尚诚、武守志、赵以武、方步和、马志强、孔军、韩锋、戴卫红等在内的学者,对五凉时期的河西儒士与儒学、魏晋南北朝时期河西儒学的兴起与发展,及河西崇尚儒学的政策等方面开展了相关研究,③他们为深入研究河西儒学作出了重要贡献。2018年以来,随着凉州地方学者和其他外地学者对凉州文化的关注和研究,武威共召开了4次学术会议对相关问题进行探讨,④并创建了武威市凉州文化研究院、五凉文化博物馆,为研究包括河西儒学在内的凉州文化提供了重要支持;其中,凉州文化研究院还于2020年编辑了《五凉名儒》⑤,主要围绕史料对宋纤、祁嘉、索袭、郭瑀、刘昞、宋繇等19位五凉儒士分别进行介绍。由上可见,河西儒学长期受到学界关注,并已取得了丰硕的研究成果。近年来,随着河西地区出土文献的不断发掘,为更加全面深入地研究河西儒学提供

---

① 陈寅恪:《隋唐制度渊源略论稿》,第21页。
② 陈寅恪:《隋唐制度渊源略论稿》,第21页。
③ 参见黎尚诚《五凉时期的河西文化》,《西北师大学报》1985年第3期;武守志《五凉时期的河西儒学》,《西北史地》1987年第2期;赵以武《五凉文化述论》,甘肃人民出版社,1989年;方步和《五凉儒学的三个中心》,《社会纵横》1992年第5期;马志强、吴少珉《魏晋南北朝时期的河西儒学略论》,《洛阳大学学报》2004年第3期;韩锋、高倩倩《魏晋南北朝时期儒学在河西地区发展的原因及影响》,《敦煌学辑刊》2013年第2期;孔军《魏晋南北朝时期的河西崇儒研究》,《怀化学院学报》2014年第7期;汤静《五凉儒学研究回顾》,《文化学刊》2018年第1期;戴卫红《五凉时期的儒家文化》,武威市文体广电和旅游局、武威市凉州文化研究院《第五届丝绸之路(敦煌)国际文化博览会和第十届敦煌行·丝绸之路国际旅游节——五凉文化论坛论文集》,2021年9月,第1—17页。
④ 武威市委、市政府与中国社会科学院古代史研究所先后共同举办了2018年10月"凉州文化与丝绸之路"国际学术研讨会、2019年9月"交流与融合:隋唐河西文化与丝绸之路"学术研讨会、2020年9月"凉州与中国的文化交流与文明嬗变"学术研讨会和2021年9月"明清时期河西走廊社会变迁"学术研讨会。
⑤ 凉州文化研究院编:《五凉名儒》,读者出版社,2020年。

了一些新的材料,如敦煌文献、吐鲁番出土文书中的敦煌氾氏、酒泉马氏等著名儒学世家,皆值得进行深入解读。因此,笔者拟在前人研究基础上,结合史籍及出土文献,对魏晋时期河西儒学的发展历程进行综合考察,并分析其在历史上产生的重要影响。

二、曹魏、西晋时期河西儒学的发展

曹魏经营河西期间,派遣了徐邈、苍慈等良吏管理河西,为河西文教事业的发展作出了重要贡献。尤其是徐邈在治理河西时,立学明训,使得历经劫难的河西文教再度兴盛起来。① 河西地区,尤其是敦煌地区出现了大量的世家大族,世家文化亦十分发达,②这从张既当时向朝廷推荐的人才中可以看出。张既出任凉州刺史之前,向朝廷推荐了敦煌张恭、周生烈等西州英才。其中,敦煌周生烈是曹魏时期的著名儒士,他曾"历注经传,颇行于世"③,不仅为《论语》《左传》等儒学经典作注,还著有《周生子要论》《周生烈子》等流传于世,并为后世的儒学著述所引用。如梁代黄侃《论语义疏》指出:"《古论》唯博士孔安国为之训说,而世不传……近故司空陈群、太常王肃、博士周生烈,皆为之义说。"并注曰:"此三人共魏人也,亦为《张论》作注也。"④唐代陆德明《经典释文序录疏证》和清代洪亮吉撰《春秋左传诂》皆指出周生烈为《左传》作注;⑤在《古佚书辑本目录》中,亦载有清代张澍辑《周生烈子》一卷,马国瀚、王仁俊分别辑《周生子要论》一卷。⑥ 周生烈的注解、义疏和著作在历代典籍中多次被提出强调,可见其儒学修养之高及影响之深。

---

① 参见赵向群《史不绝书的五凉文化》,甘肃教育出版社,2014年,第14页。
② 敦煌大族在历史上十分著名,对此已有较多学者做过相关研究,其中冯培红在《汉晋敦煌大族略论》中对汉晋时代敦煌大族做了系统考察与具体分析,并指出从西汉延至魏晋,敦煌大族不断发展,并在魏晋时期达到鼎盛。(参见冯培红《汉晋敦煌大族略论》,《敦煌学辑刊》2005年第2期)
③ 《三国志》卷13《魏书·王肃传》,第420页。
④ (梁)黄侃撰,高尚榘点校:《论语义疏》,中华书局,2013年,第12—13页。
⑤ (唐)陆德明撰,吴承仕疏证,张历伟点校:《经典释文序录疏证》,中华书局,2008年,第109页;(清)洪亮吉撰,李解民点校:《春秋左传诂》,中华书局,1987年,第5页。
⑥ 孙启治、陈建华编:《古佚书辑本目录》,中华书局,1997年,第222页。

西晋时期，敦煌地区出现了大量儒士，可谓曹魏河西儒学发展的延续。如号称"敦煌五龙"的索靖、氾衷、张甝、索紾、索永，他们曾一起接受太学教育，在当时声名远扬。其中，索靖出生于"累世官族"的豪门大族中，他多才多艺，著述颇丰，深受傅玄、张华等人称赞，史称其"博通经史，兼通内纬"，并曾著有《五行三统正验论》《索子》《晋诗》《草书状》等。除史料记载外，敦煌文书中还记载有其他儒学世家，如 S.1889《敦煌氾氏家传》中提到的氾氏、令狐氏。其中，氾祎曾师从索靖学习，并"通三礼、三传、三易、河洛图书、玄明究算历"；氾咸曾师从敦煌令狐溥受学，"明通经纬"；氾绪"尝于当郡别驾令狐富授（受）《春秋》《尚书》"；另有氾毗"学通经礼"。通过上述材料可以看到，敦煌氾氏与索氏、令狐氏家族皆具有较高的儒学修养，且互相之间存在着密切的学术联系，如氾氏家族成员与索靖、令狐溥、令狐富皆存在师承关系。他们的学习内容十分丰富，不仅包括《礼》《易》《春秋》《尚书》等儒学经典，还包括经学、纬学及河图洛书、天文历法之学。这些家族学术交流网络，无疑有助于促进河西地区的儒学传播与发展。另外，从索氏、令狐氏、氾氏等家族传承教育儒学的活动及产生的著述成就来看，当时的河西儒学可谓保持着较为稳定的发展状态。

到西晋末年，由于河西鲜卑"叛乱"，对中原构成极大威胁，"才堪御远"的张轨被群臣推举出仕凉州刺史。张轨到任河西后，平定了河西"叛乱"，并采取了一系列"保境安民"[1]的措施，保障了河西境内安宁。因此，当中原发生永嘉之乱时，长安出现了歌谣："秦川中，血没腕，惟有凉州倚柱观。"[2]秘书监缪世征、少府挚虞在夜观星象时，也发出了"天下方乱，避难之国唯凉土耳"[3]的感慨，于是"中州避难来者日月相继"[4]。在迁到河西的避难者中，有

---

[1] 保境安民措施如下：第一，联合河西大族的力量，用以稳固自己的统治（包括敦煌阴氏、氾氏、索氏、令狐氏、张氏，陇西辛氏、曹氏、李氏及武威贾氏等大族）；第二，注意经济、文化的发展，安定河西内部的社会秩序；第三，为保境安民，对强大的少数民族政权实行"和""战"的两手政策，并积极经营西域地区［参见齐陈骏主编《西北通史（第二卷）》，兰州大学出版社，2005 年，第 96—104 页］。

[2] 《晋书》卷 86《张寔传》，第 2229 页。

[3] （北魏）崔鸿撰，（清）汤球辑补，聂溦萌等点校：《十六国春秋辑补》卷 67《前凉录一》，中华书局，2020 年，第 782 页。

[4] 《晋书》卷 86《张轨传》，第 2225 页。

大量中原儒士，他们在河西得到了良好的安置，并受到张轨礼待，为河西儒学发展汇入了新的力量，正如史载："永嘉之乱，中州之人士避地河西，张氏礼而用之，子孙相承，衣冠不坠，故凉州号为多士。"①如冯翊太守陈留人江琼，"善虫篆、诂训。永嘉大乱，琼弃官西投张轨，子孙因居凉土，世传家业"②。又如著名经学家杜预的后代杜耽"避地河西，因仕张氏"，其家族在河西共历四世，"世业相承，不殒其旧"。③ 再如广平程良，本为西晋都水使者，因犯罪流落河西，其六世孙程骏曾师从河西大儒刘昞，"机敏好学，昼夜无倦"④。这些中原士人迁入河西后，不仅增加了河西文人数量，还在河西传承发展他们的家族学术文化，使得中原儒学也随之传入河西，极大地推动了河西儒学的发展。

综上可见，在曹魏、西晋时期，尽管中原儒学没落，河西儒学却保持着较为稳定的发展状态。这一时期河西地区不仅出现了周生氏、索氏、氾氏、令狐氏等儒学世家，陆续开展儒学的讲学与著述活动，在西晋末年，还迁入了中原地区的江氏、杜氏、程氏等具有较高儒学文化修养的家族，为河西儒学发展注入了新的力量。此后，中原儒学与河西儒学相互交流、融合，共同丰富了河西儒学，并为五凉时期河西儒学的繁盛奠定了重要基础。

三、五凉时期河西儒学的兴盛

张轨出任凉州刺史，揭开了河西地区五凉历史的序幕。在五凉政权的经营下，河西社会环境相对安宁，加之他们大多推崇儒学教育，为河西儒学发展创造了重要条件。

前凉张轨开启了五凉时期河西地区重视文教之风。张轨"家世孝廉，以儒学显"⑤，他到任凉州后，便"征九郡胄子五百人，立学校，始置崇文祭酒，位

---

① （宋）司马光编，（元）胡三省注：《资治通鉴》卷123宋元嘉十六年（439）十二月条胡注，中华书局，1956年，第3877页。
② 《魏书》卷91《江式传》，第2124页。
③ 《宋书》卷65《杜骥传》，中华书局，1974年，第1720页。
④ 《魏书》卷60《程骏传》，第1345页。
⑤ 《晋书》卷86《张轨传》，第2221页。

视别驾,春秋行乡射之礼"①,积极开展儒学教育。张轨还下令各郡县推举贤才,并以"高才硕学,著述经史"②。张轨采取的以上这些措施,无疑有助于推动河西地区学术文化的发展。其后,张骏又于339年设立国子学,并"立辟雍、明堂以行礼"③。前凉统治者不仅建立官方学校开展儒学教育,选拔人才著述经史,还征聘著名儒士为朝廷官员讲学,这些措施显然有助于推动河西儒学的发展。

继前凉之后,南凉、西凉、北凉统治者也将兴办学校教育作为经营河西的重要策略,并纷纷崇尚儒学。南凉秃发利鹿孤采纳了史暠提出的"宜建学校,开庠序,选者德硕儒以训胄子"的建议,"以田玄冲、赵诞为博士祭酒,以教胄子"。④ 西凉李暠在立国之初就"立泮宫,增高门学生五百人"⑤,并亲自主持了靖恭堂图赞、勒铭酒泉、曲水诗宴等学术活动,还任用河西大儒刘昞为儒林祭酒、从事中郎,专掌文教和注记。北凉时期,沮渠蒙逊又任刘昞为秘书郎,专管注记,并"为之修筑陆沉观于西苑,躬往礼焉"。以上皆是五凉政权推崇儒学教育的表现,正如陈寅恪所言:

> 张轨、李暠皆汉族世家,其本身即以经学文艺著称,故能设学校奖儒业……若其他割据之雄,段业则事功不成而文采特著,吕氏、秃发、沮渠之徒俱非汉族,不好读书,然仍能欣赏汉化,擢用士人,故河西区域受制于胡戎,而文化学术亦不因以沦替……⑥

在五凉政权的政策支持下,河西地区儒学教育取得了重要发展,由此出现了大量的儒士群体,尤其是在前凉、西凉和北凉,儒士频出,且儒学著述成就丰富。为了更为直观地呈现出这一时期河西儒学发展状况,笔者结合史籍、出土文献及前人研究成果,对五凉时期的河西儒士简要列表如下。

---

① 《晋书》卷86《张轨传》,第2222页。
② 《晋书》卷86《张轨传》,第2224页。
③ 《资治通鉴》卷96 晋显宗咸康五年(339),第3036页。
④ 《晋书》卷126《秃发利鹿孤载记》,第3146页。
⑤ 《晋书》卷87《凉武昭王李玄盛传》,第2259页。
⑥ 陈寅恪:《隋唐制度渊源略论稿》,第29页。

五凉时期河西儒士一览表

学者	籍贯	人物简介	史料来源	所处政权
张轨	安定乌氏	"家世孝廉,以儒学显。"	《晋书·张轨传》	前凉
索袭	敦煌	"虚靖好学,不应州郡之命,举孝廉方正、贤良方正,皆以疾辞。游思于阴阳之术,著天文地理十余篇,多所启发。"	《晋书·索袭传》	
氾昭	敦煌	曾师从索袭受业,善属文。	S.1889《敦煌氾氏家传》	
宋纤	敦煌	曾隐居酒泉南山,专研儒家经典,注《论语》,并做诗诵数万言。	《晋书·宋纤传》	
郭荷	略阳	出生儒学世家,"明究群籍,特善史书"。	《晋书·郭荷传》	
郭瑀	敦煌	郭荷之徒,曾隐居张掖东山,教授弟子千余人。著有《春秋墨说》和《孝经错纬》。	《晋书·郭瑀传》	
祈嘉	酒泉	"博通经传,精究大义,西游海渚,教授门生百余人。"张重华时任儒林祭酒,教授在朝卿士、郡县守令等在内的弟子二千余人。曾依《孝经》作《九二神经》。	《晋书·祈嘉传》	
索绥	敦煌	"少游京师,受业太学。博综经籍,遂为通儒。明阴阳天文,善术数占候。"	《晋书·索统传》	
索绥	敦煌	张玄靓时为儒林祭酒,其后又举秀才。著《凉春秋》五十卷,《六夷颂》《符命传》十余篇。	《十六国春秋辑补·前凉录六》	
刘庆	不详	前凉张骏时为儒林郎、中常侍,张重华时为护军参军,在东苑专修国史二十余年,著《凉记》十二卷。	《史通·正史篇》《史通·史官篇》	
氾㴲	敦煌	前凉张骏时为儒林郎中。	S.1889《敦煌氾氏家传》	
江琼	陈留	晋冯翊太守,善虫篆、诂训。永嘉大乱,琼弃官西投张轨,子孙因居凉土,世传家业。	《魏书·江式传》《北史·江式传》	
裴诜	河东闻喜	西晋太常卿,因晋乱避难至凉州,其家族"世以文学显,五举秀才,再举孝廉,时人美之"。	《魏书·裴佗传》《北史·裴佗传》	

续表

学者	籍贯	人物简介	史料来源	所处政权
胡辩	凉州	河西大儒,"苻坚之末,东徙洛阳,讲授弟子有千余人,关中后进多赴之请业",致使关中"学者咸劝,儒风盛焉"。	《晋书·姚兴载记》	前凉前秦
宋繇	敦煌	"博通经史,诸子群言,靡不览综","雅好儒学,虽在兵乱之间,讲诵不废,每闻儒士在门,常倒屣出迎,寝停政事,引谈经籍"。	《魏书·宋繇传》《北史·宋繇传》	前凉后凉西凉北凉
常爽	河内温县	明习纬候,五经百家多所研综。后入魏,在京师置馆教学,教授门徒七百余人,使京师学业复兴。著有《六经略注》。	《魏书·常爽传》	后凉南凉西凉北凉
田玄冲	西平	南凉博士祭酒,教育胄子。	《晋书·秃发利鹿孤载记》	南凉
赵诞	天水	南凉博士祭酒,教育胄子。	《晋书·秃发利鹿孤载记》	南凉
宗敞	金城	宗敞曾在后秦任凉州主簿、别驾;南凉时任太傅主簿。曾著《理王尚书》。	《晋书·秃发傉檀载记》《晋书·姚兴载记》	后秦南凉
张穆	敦煌	"博通经史,才藻清赡,擢拜中书侍郎,委以机密之任。"参与著述《理王尚书》,著有《玄石神图赋》。	《晋书·秃发傉檀载记》《晋书·沮渠蒙逊载记》	后秦南凉北凉
李暠	陇西成纪	"通涉经史,尤善文义",曾先后组织靖恭堂图赞、勒铭酒泉、曲水诗宴等学术活动。创作诗赋数十篇,包括《槐树赋》《大酒容赋》《述志赋》《靖恭堂颂》《上巳日曲水诗宴序》等。	《晋书·凉武昭王李玄盛传》	西凉
阴仲达	武威姑臧	与段承根同修北魏国史,任秘书著作郎。	《魏书·阴仲达传》	西凉
马骘	酒泉	西凉秀才,见于《西凉建初四年(408)秀才对策文》。	《吐鲁番出土文书》	西凉

续表

学者	籍贯	人物简介	史料来源	所处政权
刘昞	敦煌	西凉儒林祭酒、从事中郎。北凉秘书郎、国师。注《略记》一百三十篇、八十四卷,《凉书》十卷,《敦煌实录》二十卷,《方言》三卷,《靖恭堂铭》一卷,注《周易》《韩子》《人物志》《黄石公三略》,并行于世。	《魏书·刘昞传》《北史·刘延明传》	西凉北凉
阚骃	敦煌	"博通经传,聪敏过人,三史群言,经目则诵。"北凉时典校经籍,刊定诸子三千余卷。著有《王朗〈易传〉注》《十三州志》。	《魏书·阚骃传》《北史·阚骃传》	北凉
程骏	广平曲安	刘昞弟子,对《周易》《老子》《周礼》《春秋》皆有研究。在北凉沮渠牧犍时入选为东宫侍讲。	《魏书·程骏传》	
索敞	敦煌	北凉时为刘昞助教。后入魏,以儒学见拔,为中书博士,并执教太学。著有《丧服要记》《名字论》。	《魏书·索敞传》《北史·索敞传》	
张湛	敦煌	"弱冠知名凉土,好学能属文",与金城宗钦、武威段承根并称"俊才""儒者"。	《魏书·张湛传》《北史·张湛传》	
宗钦	金城	宗敞弟,有儒学之风。北凉时历任中书侍郎、世子洗马,撰《蒙逊记》十卷,《东宫侍臣箴》一文。后入魏,任著作郎。	《魏书·宗钦传》《北史·宗钦传》	
赵柔	金城	北凉沮渠牧犍时为金部郎。后入魏,先后为著作郎、河内太守。"凭立铭赞,颇行于世。"	《魏书·赵柔传》《北史·赵柔传》	
胡叟	安定临泾	"好属文,既善为典雅之词,又工为鄙俗之句",著有诗《示广平程伯达》。	《魏书·胡叟传》《北史·胡叟传》	

说明:张轨、江琼、裴诜、常爽、程骏家族早期由中原入河西,因此籍贯非河西;另外,索敞、张湛、阴仲达、宗钦、程骏、常爽、赵柔等人于北凉亡后由凉入魏,因此有的著述是创作于北魏时期,但由于其生平的主要活动经历或学术思想的形成是在五凉时期,故本表在论述时将其放入五凉儒士范畴加以讨论。

根据上表所列的河西儒士,可以看出五凉时期河西儒学的发展盛况。值得注意的是,表中的许多儒士还教授有大量弟子。例如,郭荷、郭瑀、刘昞曾隐居张掖进行著述和授学,他们三代师徒将这一传统代代相承。郭瑀在张掖临松薤谷隐居时,开凿石窟而居,在弟子刘昞入学时,已有弟子五百余人,包括"通经业者八十余人",后来,他还著有《春秋墨说》和《孝经错纬》,并有"弟子著录者千余人"①;此后,刘昞在隐居时,其受业弟子也有五百余人。② 宋纤在酒泉南山中潜心专研《论语》等儒家经典时,也有"弟子受业三千余人"③;还有祁嘉,他曾"西游海渚,教授门生百余人"④。以上这些儒士自行组织的教学活动,无疑为河西地区培养了大量的学术人才。除此之外,五凉政权统治者还积极吸引儒士参与教学与著述活动,进一步促进了河西儒学的发展。如祁嘉被张重华征聘为儒林祭酒,令"在朝卿士、郡县守令彭和正等,受业独拜床下者二千人";又如北凉沮渠蒙逊任命阚骃为秘书郎考课郎中,"给文吏三十人,典校经籍,刊定诸子三千余卷"⑤;其后,沮渠牧犍又将大儒刘昞尊为国师,"亲自致拜,命官属以下皆北面而受业也"⑥。在这样的情况之下,河西儒士与五凉政权相互支持,河西儒学的官方教育与民间教学得以共同发展,进而极大地推动了五凉时期的河西儒学走向繁荣。故有时人评价说:"凉州虽地居戎域,然自张氏以来,号有华风。"⑦

　　五凉时期河西儒学的发展,使河西地区产生了大量的学术著作,并与江南、西域等周边地区产生了学术文化交流。据史书记载,宋元嘉三年(426),沮渠蒙逊之子沮渠兴国,"遣使奉表,请《周易》及子、集诸书,太祖并赐之,合四百七十五卷",同年,沮渠蒙逊"又就司徒王弘求《搜神记》,弘写与之"⑧。元嘉十四年(437),沮渠牧犍又向刘宋献书:

> 茂虔奉表献方物,并献《周生子》十三卷,《时务论》十二卷,《三国总略》二十卷,《俗问》十一卷,《十三州志》十卷,《文检》六卷,《四科传》四卷,《敦煌实录》十卷,《凉书》十卷,《汉皇德传》二十五卷,《亡典》七卷,

---

① 《晋书》卷94《郭瑀传》,第2454页。
② 《魏书》卷52《刘昞传》,第1160页。
③ 《晋书》卷94《宋纤传》,第2453页。
④ 《晋书》卷94《祈嘉传》,第2456页。
⑤ 《魏书》卷52《阚骃传》,第1159页。
⑥ 《魏书》卷52《刘昞传》,第1160页。
⑦ 《魏书》卷52《胡叟传》,第1150页。
⑧ 《宋书》卷98《氐胡·大且渠蒙逊传》,第2415页。

《魏驳》九卷,《谢艾集》八卷,《古今字》二卷,《乘丘先生》三卷,《周髀》一卷,《皇帝王历三合纪》一卷,《赵䣙传》并《甲寅元历》一卷,《孔子赞》一卷,合一百五十四卷。①

这次献书数量很多,在某种程度上也体现了河西著述成就之高。在上述互赠书籍的过程中,既促进了河西与江南地区之间的文化交流,也推进了河西学术文化的传播与发展。

此外,五凉时期河西还与西域地区保持着较为紧密的联系,尤其是在与河西邻近的高昌地区表现得尤为明显。陈仲安曾指出,高昌在文物制度上"远承汉、魏、晋,近继诸凉"②。在教育上,高昌曾"置学官弟子,以相教授"③,学习内容涵盖了大量中原地区传统文化的内容。在吐鲁番出土的五凉时期文书中,还记载了《毛诗》《论语》《孝经》等儒家经典文献。④ 其中,《西凉建初四年(408)秀才对策文》较为完整地记载了西凉秀才马骘的对策文,马骘引用《诗经》等儒家经典,谈到了历史、人性、周文王、周武王治国教化之道及文字演变、天文星象等内容,⑤从中可见其深厚的学术涵养。以上也反映出包括河西儒学在内的河西学术文化在西域的传播。河西与周边地区的学术文化交流,既是丰富发展河西儒学的重要组成部分,同时也是河西儒学繁荣发展的重要表现。

综上,笔者大致廓清了魏晋时期河西地区儒学的发展脉络。接下来简单分析一下其在历史上产生的影响。

四、魏晋河西儒学的影响

魏晋时期河西儒学发展的影响,主要体现在维护河西社会稳定、保存传

---

① 《宋书》卷98《氐胡·大且渠蒙逊传》,第2416页。
② 陈仲安:《麹氏高昌时期门下诸部考源》,唐长孺主编《敦煌吐鲁番文书初探》,武汉大学出版社,1983年,第26页。
③ 《北史》卷97《西域传》,中华书局,1974年,第3215页。
④ 参见陈国灿《从吐鲁番出土文书看高昌王国》,《兰州大学学报》2003年第4期,第1—9页。
⑤ 参见国家文物局古文献研究室、新疆维吾尔自治区博物馆、武汉大学历史系编《吐鲁番出土文书》第一册,文物出版社,1981年,第116—119页。

承中原传统文化及促进北魏儒学的复兴等方面。

首先,河西儒学的发展为五凉政权培养了大批人才,他们参与五凉朝政,为统治者出谋划策,并利用广泛的人脉关系,联结更多的世家大族参与政治,有助于五凉政权的建设和发展;且在儒学文化的熏陶之下,河西人民比较重视正统性,如此亦有助于统治者取得民心。因此,对于五凉政权来说,河西儒学的发展有助于争取河西世家大族和人民的支持,由此稳固政权统治,并保障了河西境内的社会安宁。

其次,促进了河西文化繁荣与北魏儒学的复兴。在河西儒学风气的影响下,五凉政权注重典籍整理,修国史的观念加强,因而产生了大量的学术著作。同时,他们还对中原避难儒士礼而用之,从而为河西文化发展注入了新的力量。因此,在魏晋时期,河西地区学术文化不但没有走向衰落,反而在两汉曹魏的基础上取得了长足发展,并在西晋灭亡直到北魏中叶的一百多年间,"成了除江南以外的第二个文化中心"[1]。北魏灭北凉后,大量河西儒士被迁往平城、洛阳,如索敞、张湛、赵柔、宗钦、程骏、阴仲达、常爽等,河西儒学随之东传,为北魏儒学复兴及制度建设作出了重要贡献。如索敞到北魏后,担任中书博士,从教十余年,其所教弟子"前后显达至尚书、牧守者数十人";常爽则设置学馆,"教授七百余人"。[2] 他们在教授之余还撰写著作,将河西儒学传播到北魏社会,[3]正如司马光所说,自河西学者入魏后,"由是魏之儒风始振"[4]。

最后,保存传承了中原传统文化,并对后世制度文化产生了深远影响。魏晋河西儒学承前启后,保存了因战乱而在中原地区一度中断的中国传统学术文化。正如陈寅恪所指出:"秦凉诸州西北一隅之地,其文化上续汉、魏、西晋之学风,下开(北)魏、(北)齐、隋、唐之制度,承前启后,继绝扶衰,五百年间延绵一脉,然后始知北朝文化系统之中,其由江左发展变迁输入者之外,尚别有汉、魏、西晋之河西遗传。"[5]河西儒士的后裔,如李冲、李韶等,他

---

[1] 赵以武:《五凉文化述论》,甘肃人民出版社,1989年,第3页。
[2] 《资治通鉴》卷123宋文帝元嘉十六年(439),第3878页。
[3] 柏俊才:《平凉户与北魏儒学的复兴》,《兰州学刊》2010年第10期。
[4] 《资治通鉴》卷123宋文帝元嘉十六年(439),第3878页。
[5] 陈寅恪:《隋唐制度渊源略论稿》,第45页。

们为北魏制定了礼乐、律令制度,并在此后加入隋唐制度文化建设之中,在历史上产生了深远影响。

魏晋时期的河西儒学是河西学术文化的重要组成部分,在历史上有着特殊的地位,是研究魏晋河西学术史的重要起点。当然,魏晋时期除了河西儒学有所发展外,其他学术,如文学、佛教、历史地理、天文历法等也取得了不同程度的发展,并有着各自的发展路径和演变脉络,它们都是值得今后继续深入探讨的问题。

分省与分闱：清代甘肃省域的形成

孙景超

中国社会科学院古代史研究所

甘肃省位于中国西北部，地处中原、蒙古高原、青藏高原和西域地区的中间地带，也是丝绸之路的重要通道。其形势如方志所言："甘省东瞰关中，西控戈壁，南通巴蜀，北枕沙漠，疆域之辽阔，甲于诸行省。"[①]甘肃地域辽阔，民族众多，在中国历史上一直具有极为重要的战略地位。复杂的自然、人文地理状况，对于甘肃作为区域政治与文化地理单元的构建过程产生了重大影响，使得其作为省级政区的发展历程具有不同于其他省区的独特之处，即甘肃省与周边各省都存在着极为复杂的政治、文化分合关系。这一特殊性在清代表现得尤为明显，在此期间，甘肃省经历了与陕西、新疆两次地域上的分省，从政治区域上界定了甘肃省的管辖范围；与之相应，还有两次科举考试中与陕西、新疆的分闱，也为甘肃地域文化的形成奠定了基础。直至民国时期青海、宁夏相继建省后，甘肃与周边地区这种复杂的分合关系方才彻底结束。这一复杂的分合过程，充分体现了甘肃省作为一个政治地理单元，在中国历史上具有极为特殊的地位，值得认真总结其历史发展的经验与教训。但从学界研究来看，对相关问题少有专门研究。本文拟就清代甘肃的分省与分闱展开论述，讨论甘肃省作为特殊政治地理与文化单元的形成过程，以期揭示甘肃在中国历史上之特殊地位。不妥之处，尚祈方家见教。

---

① 光绪《甘肃全省新通志》卷5《舆地志·疆域》。

一、分省——甘肃省政治区域的确定

甘肃地区是中华文明的重要发祥地之一。作为高层政区名称的甘肃，系取自甘州（今张掖）与肃州（今酒泉）之组合。甘州即今张掖，始置于西魏废帝三年（554），其前身即汉代河西四郡之一的张掖郡。肃州即今酒泉，始置于隋仁寿二年（602），其前身是汉河西四郡之一的酒泉郡。"甘肃"这一合称最早见于西夏时期设立的"甘肃监军司"（甘肃军），①治宣化府（甘州，即今张掖）。元代立为"甘肃等处行中书省"，是甘肃作为省名正式出现，"至元元年，置甘肃路总管府。八年，改甘州路总管府。十八年，立行中书省，以控制河西诸郡。户一千五百五十，口二万三千九百八十七……为路七、州二，属州五……"②。其地域范围包括今甘肃省黄河以西部分、宁夏大部、内蒙古河套以西及青海西宁等地，黄河以东部分则归属陕西行省管辖。明代"洪武二年四月置陕西等处行中书省"，今甘肃黄河以东部分为府州县与卫所交叉区域，黄河以西地区则由设立于洪武八年的"陕西行都指挥使司"建立卫所，实施军事管理体制，洪武二十六年（1393），陕西行都指挥使司自庄浪徙至甘州，"领卫十二，守御千户所四，距布政司二千六百四十五里"③。今青海东部的西宁卫等地，也在其管辖范围内。但此时的甘肃，尚不是一个单独的省级单位。明代的这种管辖体制，在进入清代后陆续发生多次重大变革，以下分别述之。

1. 甘肃与陕西分省

清初，随着明代卫所改置为府州县，陕西省所辖地域过大的问题日益突显；④同时随着明清易代后国家整体政治战略的变化，需集中力量应对西部日益强大的漠西蒙古，陕甘分省也被提上日程。康熙二年（1663），陕西布政使司左右分治，右布政使移驻巩昌府，辖临洮、巩昌、平凉、庆阳四府，即今甘

---

① 《元史》卷60《地理志》。
② 《元史》卷60《地理志》。
③ 《明史》卷42《地理三》。
④ 清初对于明代地域范围过大的几个省如江南、湖广、陕西等均划分为两省，显示了国家政治战略的调整。

肃东部地区;康熙五年,布政使移驻兰州,六年,改为甘肃布政使司。与之差相同时,康熙五年(1666),甘肃巡抚移驻兰州,在职官制度上形成了较为完整的甘肃省。① 建省之初的甘肃省,地域范围只有从陕西分出的黄河以东、陇山以西地区,管辖"四府、九州、二十八县",黄河以西地区仍为行都司所辖。康熙、雍正年间不断将卫所改制为府县,"雍正三年,裁行都司及卫所,改增四府,曰甘州、凉州、宁夏、西宁。又分巩昌州县,置直隶州二,曰秦州、阶州。又改肃州为直隶州,改卫所设州县"。其地域范围及所辖州县都不断增加,至乾隆初年,"领府八、直隶州三,又州八、县四十五、卫所八"。② 其后政区又屡有增置,至光绪年间,"全省领府八、直隶州六、同知六、通判四、州六、县四十七"③。其管理体制,则从军民混杂逐步转化为与内地相同的府厅州县序列。

此时的甘肃虽已与陕西并列为省,但两者之间仍有着极为密切的关系。首先两省在名义上尚有一个共同的长官即陕甘总督,按清代官制,其职责除"兼管甘肃巡抚事务"外,还要"节制固原、甘肃、乌噜木齐提督","统辖陕西甘肃"。④ 同时陕甘分省时,科举考试中武科虽也随之分开,但文科未同步分离,管理科举考试的官员仍称"陕甘学政",驻于陕西三原,两省在科举考试时仍作为一个省域单位获得相应的学额与乡试中额。正由于此,两省在清代中期的名称,也显得关系极为密切,乾隆《大清会典》中列举各省名目时载"一陕西西安省,府六、直隶州六、州五、县七十有三……一陕西甘肃省,府八、直隶州三、州八、县四十有四"⑤。

同时,从其管辖范围来看,当时的甘肃省除管辖今甘肃省域之外,尚领有宁夏府、西宁府⑥及新疆东部的镇西府、迪化州、哈密厅、吐鲁番厅等地,地域范围涉及今宁夏、青海及新疆诸省。此时的甘肃省,在政治、军事、文化上

---

① 关于清初陕甘分省的具体时间,学界依布政使、巡抚、总督等官员及驻地调整等产生多种不同说法,但大体上都认同康熙初年分省无疑,详参段伟《清代江南、湖广、陕甘分省标准的异同》,《中国地方志》2013 年第 4 期。
② 乾隆《甘肃通志》卷 3《建置》。
③ 光绪《甘肃全省新通志》卷 4《舆地志·沿革表》。
④ 《(嘉庆)大清会典》卷 37《兵部》。
⑤ 《(乾隆)大清会典》卷 31《户部》。
⑥ 雍正三年设立西宁办事大臣,负责管理青海蒙古、玉树等土司,驻于甘肃西宁府。

仍与周边诸省关系密切。

2. 甘肃与新疆分省

清代中前期武力昌盛,乾隆年间恢复了汉唐以来的"西域旧疆"。对于这一片新地域,清政府设置了复杂的政治体系与管理制度。嘉峪关以西的天山东路地区,管理体制更为复杂。在民事上,既有类同内地的道府州县等政区设置,又有当地回部王公(哈密扎萨克郡王、吐鲁番扎萨克郡王)与各级伯克等所管理的回部民众;在军事上,有乌噜木齐都统、巴里坤领队大臣(后移驻古城)、吐鲁番领队大臣、哈密办事大臣等所辖的八旗驻防,又有隶属陕甘总督的乌噜木齐提督所辖的绿营兵,以上系统管辖的区域与事务互相交错。就政区设置方面而言,清代乾隆年间,已经在天山东部一带设立府州县等政区,镇西府地区,"乾隆三十八年,置镇西府,以巴尔库勒城为府治。三十九年,设宜禾县。四十一年,设奇台县。领县二,宜禾县,奇台县"①。迪化州一带,"(乾隆)三十八年,改设直隶迪化州,于城西三十里建巩宁城,为知州治。三十九年,设昌吉县,四十一年,设阜康县,四十四年,改绥来县隶焉。领县三,昌吉县,阜康县,绥来县"②。二者均列在"甘肃统部"。稍后设置的哈密厅、吐鲁番厅等,分别由镇迪道、安肃道管辖,其官员委任调派、赋税征收等行政事务与内地相同,也在甘肃省的管辖范围内。乾隆皇帝在下令编纂《大清一统志》时明确规定了将新疆东部设立道州府县之地归入甘肃:"至西域新疆,拓地二万余里。除新设之安西一府,及哈密、巴里坤、乌噜木齐,设有道、州、府、县、提督、总兵等官,应即附入甘肃省内。其伊犁、叶尔羌、和阗等处,现有总管、将军及办事大臣驻扎者,亦与内地无殊,应将西域新疆,另纂在甘肃之后"③。这一地区的官员任命调动等事务,亦由乌噜木齐都统与陕甘总督会商。乾隆四十二年(1777),时任乌噜木齐都统索诺木策凌擅自上奏提名迪化州官缺,被认为是"殊属不合"体例,遭到皇帝申斥,"嗣后如有地方官员升迁调补,仍与总督会商具奏,不可自行办理"④。即使在更加遥远的天山西路伊犁将军辖区,亦有在官制上属于陕甘总督辖下的"伊犁理事

---

① 嘉庆《重修大清一统志》卷271《镇西府》。
② 嘉庆《重修大清一统志》卷280《迪化州》。
③ 《高宗实录》"乾隆二十九年十一月上"。
④ 《高宗实录》"乾隆四十二年七月下"。

同知",负责伊犁地区的民事管理,可见两省关系之密切。

晚清西北边疆危机后,疆土日丧,又兼阿古柏入侵之乱,新疆地区原有的体制已无法继续,为加强边疆塞防,新疆建省问题也提上日程。在此期间,左宗棠、谭钟麟、刘锦棠等人先后提出建省方案,考虑到新疆地区的财政、军事及交通等多重要素依赖于甘肃,最终采用了以刘锦棠为主提出的"甘肃新疆"方案,其内容为:"仿照江苏建置大略,添设甘肃巡抚一员,驻扎乌鲁木齐,管辖哈密以西南、北两路各道、厅、州、县,并请赏加兵部尚书衔,俾得统辖全疆官兵,督办边防。并设甘肃关外等处地方布政使一员,随巡抚驻扎。旧有镇迪道员,拟请援照福建台湾之例,赏加按察使衔,令其兼管全疆刑名驿传事务。"①依照这一方案,授刘锦棠为甘肃新疆巡抚,仍以钦差大臣督办新疆事宜。"以甘肃布政使魏光焘为甘肃新疆布政使"②。据《清会典》记载,"光绪十年,设甘肃新疆巡抚一人,驻乌鲁木齐"③。新疆虽单独建省,但两省在官员、交通及经费协济方面,仍有着千丝万缕的联系。

随着甘肃与新疆分省的完成,"勘定后增设新疆行省,玉门关内转成腹地"④。甘肃完全成为一个内陆省份,不再与外国接壤,其所面临的边防压力也大大减轻。甘肃作为单独的政治地理单元也基本形成,为今日之甘肃省奠定了基础。

二、分闱——甘肃省域文化的兴起

科举考试在唐宋以后,成为中国传统社会的"至公之典",从国家层面而言,有利于选贤任能,提高社会阶层流动性与稳定性,对于地方,也起到提升文化水平、加强地方认同与稳定等重要作用。⑤ 从区域文化发展的角度来

---

① 刘锦棠著,杨云辉校点:《刘锦棠奏稿》卷3《新疆各道厅州县请归甘肃为一省折》,岳麓书社,2013年,第92页。
② 《德宗实录》"光绪十年十月上"。
③ 光绪《大清会典》卷23《吏部》。
④ 光绪《甘肃全省新通志》卷3《舆地志》。
⑤ 参阅张希清等主编《中国科举制度通史》(5卷本),上海人民出版社,2015年;刘海峰主编《中国科举通史》(6卷本),人民出版社,2020年。

看,"科举活动的盛衰和中举及第人数的多寡是中国封建社会后期衡量一个地区文化发达水平的最重要、最客观的指标"①。由于各地区经济文化水平发展差异较大,明清时期的科举考试采取了一定的制度措施,以加强公平。如在会试中采取分省取士,以确保各省士子都有登科的机会;在乡试中实行编号制度,分别规定录取名额,以确保偏僻之乡及少数民族子弟有中试者。

甘肃因地理、经济、民族与宗教等原因,文化教育事业较东南诸省落后,"置省以来,诸凡建设,或创或因,于武备尚详,而文治独略"。就科举考试而言,甘肃的学额与乡试录取名额都比较少,如同治十二年(1873)十二月十八日左宗棠奏折所言:"自改建省治以来,甘肃士人经明行修能自淑其乡里者,尚不乏人。至掇科登第,以文章经济取重当世者,概不多见。"②尽管乾隆、嘉庆时曾专门为甘肃部分偏远州县设立特殊字号(聿右、聿左)以增加其录取人数,但数量极为有限。③

制约甘肃科举事业的因素很多,但陕甘合闱也是时人眼中极为重要的原因。其原因即在于陕甘两省地域虽分,却未分闱,两省科举考试一起在西安举行,并从共同的乡试中额中分别录取。在这一方面较为偏僻的甘肃自然落于下风,"陕省中者十之九,甘省中者不及十之一"④。官员奏折之语虽有夸张之处,但在陕甘两省比较稳定的乡试中额(62名)中,甘肃只有道光丁酉(1837)、己亥(1839)和咸丰壬子(1852)三科超过30名,其余时间均远少于陕西。其中虽不乏文化、经济原因,甘肃省域广阔、路途遥远也是重要原因。因此自分省之初,即不断有官员提出两省分闱。

乾隆元年(1736),兰州巡抚许容请分建乡闱,得皇帝朱批:"此历来定例,遵行已久,何须哓哓纷更为哉。"⑤乾隆四年(1739),川陕总督鄂弥达奏请分闱,并提出了具体的名额分配方案,"照湖南、湖北之例,酌额分闱,即以兰

---

① 刘海峰:《科举取才中的南北地域之争》,《中国历史地理论丛》1997年第1辑。
② 左宗棠:《请分甘肃乡闱并分设学政折》,载《左宗棠全集·奏稿五》,岳麓书社,2014年,第511—512页。
③ 姚元之撰,李解民点校:《竹叶亭杂记》,中华书局,1982年,第42页。
④ 《清高宗实录》卷103"乾隆四年十月癸卯"。
⑤ 中国第一历史档案馆朱批奏折,档号:0401380058001。转引自陈尚敏《清代甘肃进士研究》,甘肃人民出版社,2013年,第26页。

城武贡院扩充校试;抑或比照江南分额之例,酌增额数,陕省取中三分之二,甘省取中三分之一,俾知进身有阶,于文风不无裨益"。皇帝批复为"此事尚可缓图"。① 其议遂止,此后很长时间内未再有分闱之议,只是偶尔给予甘肃甘州、西宁、宁夏及武威等边远地区极少量的照顾性名额。②

同治年间左宗棠收复西北平定甘肃后,着手恢复文化教育事业,也将陕甘分闱事列入了重要议程。③ 他在奏折中详细分析了陕甘合闱时各项弊端,"计甘肃府厅州县,距陕近者平庆泾、巩秦阶两道,约八九百里、千里;兰州一道,近者一千三四百里,远者一千六七百里;兰州以西凉州、甘州、西宁,以北宁夏,远或二千余里,或三千里;至肃州安西一道,则三千里或四千里,镇迪一道,更五六千里不等"。着重强调了交通遥远因素对甘肃士子参加科举的影响,"边塞路程悠远,又兼惊沙乱石,足碍驰驱,较中原行路之难,奚翅倍蓰。士人赴陕应试,非月余两月之久不达。所需车驮雇价、饮食刍秣诸费,旅费、卷费,少者数十金,多者百数十金。其赴乡试,盖与东南各省举人赴会试劳费相等。故诸生附府厅县学籍后,竟有毕生不能赴乡试者,穷经皓首,一试无缘,良可慨矣"。④ 由此,他郑重提出两省分闱,分别学额与乡试录取名额。为减少阻力,对于两省的乡试中额分配也作了较为妥当的建议。

依照左宗棠的建议,清政府于光绪元年(1875)正式将陕西、甘肃分闱,"光绪元年,陕西甘肃乡试分闱,另设甘肃学政一员"⑤。分闱以后,甘肃先后设立学政、建立贡院,文教与科举事业迎来新的发展阶段。考虑到战乱时期甘肃士绅捐输政府财政,清政府亦对甘肃省的乡试中额及各府厅州县学额予以增加,甘肃全省学额定为864,虽不及科举发达的直隶、江苏、安徽、浙江等地,也不及陕西的1147,但已经超过了贵州的797。⑥ 而其乡试中额,经过多番争取,最终定为40,均较此前大有提升。⑦

---

① 《清高宗实录》卷103"乾隆四年十月癸卯"。
② 姚元之:《竹叶亭杂记》,第42页。
③ 秦翰才:《左文襄公在西北》,岳麓书社,1984年。
④ 左宗棠:《请分甘肃乡闱并分设学政折》。
⑤ 光绪《大清会典事例》卷367《礼部》。
⑥ 李世愉、胡平:《中国科举制度通史·清代卷》,上海人民出版社,2015年,第796页。
⑦ 详参陈尚敏《清代甘肃进士研究》。

以扩充后的府厅州县学额与乡试中额为基础,自陕甘分闱后的光绪元年科开始,甘肃省在历次科举考试中的进士总人数迅速增长。据统计,仅光绪一朝进士人数就占到整个清朝的三分之一强,平均每科取中人数则从顺治年间的1.0增加到光绪年间的9.0,呈现出爆炸性的增长趋势,并陆续涌现了安维峻、刘尔炘、秦望澜、杨思、范振绪、邓隆、慕寿祺等知名人物。

表1　清代甘肃进士时间分布一览表①

朝　代	顺治	康熙	雍正	乾隆	嘉庆	道光	咸丰	同治	光绪	合计
进士人数	8	22	15	52	40	42	32	22	117	350
开科次数	8	21	5	27	12	15	5	6	13	112
平均每科人数	1.0	1.1	3.0	1.9	3.3	2.8	6.4	3.7	9.0	3.1

陕甘分闱十年后,因新疆建省,原天山东麓隶属于甘肃的镇西、迪化及哈密、吐鲁番等地划归新疆,相应地,两省之间又经历了一次科举分闱。不过此次分闱只是将原隶甘肃各地的学额划拨到新疆而已,未产生争议性问题。总体来看,分闱之后,随着地方文化教育事业的发展,各省的国家认同与地方认同都得到了加强。分省所形成的政治地理单元,与分闱形成的文化地理单元开始高度重合,"甘肃省"与"甘肃人"的观念在地理与文化上得到确认与加强,政治与文化意义上的甘肃省也得以最终确立。

三、讨论:甘肃在中国史上的地位

对于统一的多民族共同体的古代中国,诸多政治地理单元都在历史上经历了多次分合,甘肃省可谓其中的特例。纵观甘肃省的历史发展过程,其作为一个单独的政治地理单元,更多地是与中央政权的政治战略存在密切关系。这在中国历史上兴盛的大一统王朝时期表现得尤为明显。

汉代至武帝时而兴盛,"事征四夷,广威德",其中的重要措施是"表河

---

① 陈尚敏:《清代甘肃进士的地理分布》,《中国历史地理论丛》2009年第4辑。

西,列四郡,开玉门,通西域,以断匈奴右臂,隔绝南羌、月氏",最终击败匈奴,控制西域,这一战略获得了成功,"单于失援,由是远遁,而幕南无王庭"。① 河西四郡作为甘肃最早的政治地理单元形态,正是以此种战略地位登上了中国历史舞台。武帝时期所置十三刺史部中的凉州刺史部,尽管只是监察巡视区,却也正是今天甘肃省最早的雏形。此后历代中原王朝欲沟通控制西域,均不可忽视甘肃。

隋代虽未完全控制西域,但隋炀帝积极开拓,遣裴矩掌互市之事,至张掖、敦煌等地"引至西蕃",并撰《西域图记》。大业五年(609),炀帝西巡,"高昌王、伊吾设等,及西蕃胡二十七国,谒于道左……复令武威、张掖士女盛饰纵观,骑乘填咽,周亘数十里,以示中国之盛"。② 同时以河西为基础,攻灭吐谷浑,拓地数千里。

唐代鼎盛之时,"于边境置节度、经略使,式遏四夷"。在唐玄宗开元年间设立的十个节度使中,有河西、陇右两个节度使位于甘肃河西走廊一带。其中河西节度使的战略定位在于"断隔羌胡",治于凉州(今武威),"管兵七万三千人,马九千四百匹",统有八军三守捉。陇右节度使定位于"以备羌戎",治于鄯州(今青海海东市乐都区),"管兵七万人,马六百匹",统有十军三守捉。通过这两个节度使控制河西陇右,也支持了悬远的安西、北庭两节度。安史之乱后,河西不守,安西、北庭也很快陷落。从其军事设置之重,河西陇右之地在唐代国家战略中之地位可以想见。

元代开始,甘肃开始成为省级政区的正式名称,但其政区设置,仍具有浓厚的军事地理色彩。明代长期退守嘉峪关,对河西地区只能依托长城施以军事控制,隔绝而已,至嘉靖以后,鞑靼土默特部事实上已突破长城防线。清代则以甘肃为重要基地,前期攻伐准噶尔、后期击败阿古柏,两次统一收复新疆,甘肃均发挥了极为重要的作用。

若是单从自然地理、民族等要素出发,甘肃省其实是极为复杂的综合体。从自然地理状况而言,其地域地跨黄河东西,地形、气候复杂多样;从民族要素来看,甘肃五方杂处,历来是各民族共同生活的家园,其风俗、宗教也

---

① 《汉书》卷96《西域传》。
② 《隋书》卷67《裴矩传》。

各不相同。以清末状况为例,"地当西陲冲要,南北界连藩服荒服。汉蒙回番杂处其间,谣俗异宜,习尚各别。汉敦儒术,回习天方,蒙、番崇信佛教"①。从这个意义上来讲,甘肃作为一个省级单位,其成立的原因,从来都不是作为单纯的自然地理或文化地理单元,中央政府的政治与军事战略考量才是最大的影响要素。因此历史上的甘肃省,绝大多数时期都是一个杂糅的政治综合体。只有在国家政治长期稳定的时期,经济、文化、民族等其他要素才能发挥更大的影响。纵观清代甘肃历次的分省与分闱,无不清晰而具体地体现了甘肃省成为单独政治、文化地理单元的独特发展之路。甘肃省的这一发展特点,也正是其在中国历史上独特地位的真实写照。

---

① 左宗棠:《请分甘肃乡闱并分设学政折》。

天一阁藏明史稿《达云传》校读

陈时龙
中国社会科学院古代史研究所

达云,凉州卫人。为人勇悍果敢,饶智略。万历中,嗣世职指挥佥事,以才擢守备。总督郜光先荐为肃州游击将军。十九年,酋杪胡儿率众入犯,偕参将杨濬击败之。[一]

整理记:[一]原墨笔作"为肃州游击将军",记事颇简单,朱笔删,再以朱笔补"嗣世职指挥佥事"至"击败之"。

按:郜光先之荐达云,《明实录》有记载。《明神宗实录》卷一九九:"(万历十六年六月)庚午,兵部题覆陕西总督郜光先、甘肃巡抚曹子登会同巡按御史徐大化题,称罕哈、抄把等酋声言求兵,虏王西行,仇杀瓦剌[刺],道经甘肃边地。夫夷狄相残,中国之利也,若其不近嘉峪,无内窥刁抢之衅,不牧水塘,无恋住惊扰之端,固可置之不问。然而夷情叵测,所称'严我门户,收我人畜,或抚赏,或拒堵'者,诚宜长虑而急为之所也。今镇夷游击来保病,请以守备达云代。如议行。"(第3740—3741页)据此,则达云万历十六年(1588)由守备升游击将军,镇守肃州卫之东的镇夷所。

迁西宁参将。

按:达云之始升参将,在万历十九年(1591)九月,然起初并不是分守西宁,而是永昌。《明神宗实录》卷二四〇:"(万历十九年九月癸亥朔)以甘肃镇游击达云分守永昌参将。"(第4454页)该年,达云除了获得升职之外,还得到了赏银。《明神宗实录》卷二四三:"(万历十九年十二月庚子)参将杨濬升副总兵职衔,仍赏银十五两。达云、查勇各赏银十两。……叙其斩获抄胡儿部落功也。"(第4529页)又,《明神宗实录》卷二五〇:"(万历二十年七月戊午朔)起原任甘肃参将达云为本镇游击将军。"则其因某种原因由永昌参将任上一度离职,再起复为游击将军。至于达云何时迁西宁参将,不清楚,然至少在万历二十三年(1595)西宁南川之役以前。

酋永邵卜者,[一]顺义王俺答从子也,部众强盛,先尝授都督同知,再进龙虎将军。[二]其人反覆狡诈,自以贡市在宣府,而守臣遇己厚,不可逞志,乃随俺答西迎活佛,留据青海,更名瓦剌他卜囊,岁为西宁患,尝诱杀副将李魁,边臣不能报,益有轻中国心。二十三年九月九日,度将士必燕饮,不设备,拥劲骑直入南川。属番先侦知之,以告。云设伏要害,令番人绕出朵尔硤口外,[三]潜扼贼背,[四]而己提精卒二千,直冲其锋。[五]战方合,伏兵急起,贼首尾不相顾。番人又从旁夹击之,贼大败。云手馘贼帅一人,斩首六百八十余级。其走硤外者,又为番人所歼。获驼马戎器无算,为西陲战功第一。[六]所馘把都尔恰,即前杀李魁之人,其地即魁阵亡处,[七]而时又并在九月,边人异之。

整理记:[一]酋,初作"夷酋",朱笔删去"夷"字。[二]"再进龙虎将军"前初有"秩"字,朱笔删。[三]"令番人绕出朵尔硤口外",初无"令"字,朱笔加。[四]"潜扼贼背",初无"潜"字,朱笔加。[五]锋,初作"阵",朱笔改。[六]陲,似抄录时漏,墨笔小字补于侧。[七]其地即魁阵亡处,初作"其地又即魁殒命之所",朱笔改。

按:达云首功,天一阁稿、《明史》416卷本、《明史》均作六百八十余级,而《明神宗实录》则作六百七十余级。《明神宗实录》卷二九〇:"(万历二十三年十月庚子朔)海虏入犯,甘肃参将达云、游击白泽设伏邀击,馘首虏六百七十余级。大学士赵志皋等奏:'今日朔旦,恭遇颁历,方同百官拜领恩赐,迄到阁办事,接得三边督抚李汶、田乐塘报,川海虏酋永邵卜等于九月九日内犯,参将达云、游击白泽等设伏邀击,斩获虏首六百七十余级,皆我皇上神武布昭天威震赫之所致。……谨题知恭贺。'"可见《明神宗实录》所记,乃据时督抚李汶、田乐之塘报。何以后来首功由六百七十余级加至六百八十余级? 则似是后来兵部的奏报已将首功的数量有所修改。《明神宗实录》卷二九四载:"(万历二十四年十二月癸丑)兵部题叙西宁官军获捷功次。……乃永酋怙迷负固,仍逞故态,要挟市赏,纠众内窥,幸督抚道将屡遵庙谟,鼓作番汉严行侦探,虏方横行,直闯匏榨越关,而不知已堕伏中,我攻其内,番攻其外,夹击摧残,首尾不救,几致只蹄不返。头目把都儿恰,即系亲杀李魁之人,地名朵尔峡口,即系李魁殒命之地,且前后两时皆于九月,则又若天道好还之报。前后共计斩首六百八十三颗,而久积不雪之愤庶少快其一二。……达云升署都督同知管事,候大将员缺推用,仍荫一子本卫指挥使,世袭。"(第5465—5466页)此外如正文叙述中起初的"即魁殒命之所"的表述,似亦源自《实录》中"即系李魁殒命之地"。又,《明史》于此段最末之"边人异之"稍加引申,又加入"先是副将李联芳为寇所杀,总兵尤继先生获其仇"一事,而后说"边人以此二事为快"。

　　云既获胜,度贼必复仇,厚集众军以待,逾月贼果连真相、火落赤诸部,先围番酋刺卜尔寨,以诱官军。番不能支,合于贼。遂进逼西川。云督诸军营于康缠沟,贼悉众围之,矢石如雨。云挥众左右冲击,自辰至申,战数十合,贼人马死伤者环垒堑。乃以长枪钩杆,专犯西宁军。西宁军坚不可破,贼始遁,追奔数十里而还。捷闻,帝大喜,遣官告郊庙宣捷,大学士赵志皋以下悉进官,云擢都督同知,荫本卫世指挥使。先是,贼岁掠诸番,番势不敌,则折而入于贼。至是,贼帐远徙。云急下令招番,番相率复业者七千余户。明年,永酋犯明沙,却之。又明年,犯上谷,云并击走之。[一]初,南川奏捷,云已进副总兵。至是,命以总兵官镇守延绥。未几,移甘肃。[二]

　　整理记:[一]自"明年"至"并击走之",初为"二十五年,永贼复纠诸部分犯西宁、凉州,云及诸将力战,并却之,俘斩百七十有奇,诏予实授",继而朱笔改"云及诸将"为"云督诸将",改"并却之"为"大挫之",随即以朱笔整两行删,朱笔在旁改写,又改"明年,永酋犯明沙,却击之"为"明年,永酋犯明沙,却之"。[二]移甘肃,初作"移镇甘肃",朱笔删"镇"字。

　　按:达云之进副总兵,乃在万历二十三年(1595)南川之捷后不久。《明神宗实录》卷二九一载:"(万历二十三年十一月庚午)西宁兵备副使刘敏宽以西宁地势孤危,永酋新遭创衄,势必报复,条陈善后事宜。一曰重将权。西宁距镇城千三百余里,陕西临巩隔远河外,缓急无济,参将达云新建大功,军民倚重,宜加以副将职衔,总理四营事务。……上悉报可。"(第5385页)达云之升署都督同知,则是在西川康缠沟之功后不久,时在万历二十四年

(1596)十二月。《明神宗实录》卷二九四载:"(万历二十四年十二月癸丑)兵部题叙西宁官军获捷功次。……达云升署都督同知管事,候大将员缺推用,仍荫一子本卫指挥使,世袭。"(第5465—5467页)然其正式充任总兵官,则又在万历二十五年(1597)明沙、上谷之功后。《明神宗实录》卷三一〇载:"万历二十五年五月辛卯朔,命分守西宁署都督同知达云以原官挂印,充总兵官,镇守延绥。"(第5791页)实授都督同知之事,经删改之后不再体现,然达云由署都督同知到实授都督同知的时间,在万历二十五年九月。《明神宗实录》卷三一四载:"(万历二十五年九月壬寅)甘镇海虏清永等酋纠众分犯,官军先后擒馘一百七十有奇,叙督巡将道等官功……达云准实授都督同知。"(第5873页)由延绥总兵改甘肃总兵的时间,《实录》未载,但很可能在万历二十五年九月之前。又按,"明年,永酋犯明沙,却之。又明年,犯上谷,云并击走之"一段记载,《明史》416卷本沿袭,而《明史》则径改为"永邵卜连犯明沙、上谷,云并击走之",于其时间记载不甚明晰。

二十六年,[一]永酋犯西宁,[二]参将赵希云等阵没,云坐停俸。

整理记:[一]二十六年,初作"明年",朱笔删改。[二]永酋犯西宁,初作"永酋复犯西宁",朱笔删"复"字。

按:达云被停俸,在万历二十七年初。《明神宗实录》卷三三〇载:"(万历二十七年正月丁未)夺甘肃总兵达云俸四月……先是海虏犯西宁,阵亡参将赵希云等,御史许闻造以闻,乞将达云等轻重议罪,兵部覆议,从之。"(第6109页)

甘、宁之间,有松山,酋宾兔、阿赤兔、宰僧、着力兔等居之,[一]屡为两镇患。巡抚田乐决策恢复。其年九月,云偕副将甘州马应龙、凉州姜河、永昌王铁块等潜师分道袭之,贼大惊远窜,尽拔其巢,攘地五百里。云以功进右都督,荫世指挥佥事。

整理记:[一]"酋宾兔、阿赤兔、宰僧、着力兔等居之",初作"夷酋宾兔居之",朱笔删"夷"字,自旁补阿赤兔等人名。

按:达云进右都督,在万历二十七年(1599)闰四月。《明神宗实录》卷三三四载:"(万历二十七年闰四月己卯朔)录甘镇功,……升达云右都督,荫一子世本卫指挥佥事。"(第6173页)

无何，青海寇纠众分犯河西五道，俱有备，献首功百七十有奇。松山既复，为筑边垣，分屯置戍，戎备甚设。录功，进左都督。而寇恋其故巢，乘官军撤防，潜兵入犯。云督诸将据险设伏邀击之，寇大败，斩首百六十。加云太子少保。寇屡挫不得志，益纠其党入犯镇番。[一]云及诸将葛赖等大破之，斩首三百七十余级，帝为告庙行赏，进云世荫二秩。

整理记：[一]自"无何"至"入犯镇番"，初作"二十八年，贼数犯西宁、凉州、庄浪，并击却之。宾兔屡挫，不得志，遂谋款塞，而别部仍猖獗如故。三十年，入寇镇番"，朱笔删改。

按：达云进左都督，在万历二十九年（1601）二月。《明神宗实录》卷三五六载："（万历二十九年二月）丙子，兵部尚书田乐上言先年恢复松山及创筑松边二事……懋功宜赏，李汶加少傅，贾待问升兵部尚书兼右副都御史，徐三畏升右副都御史，达云加左都督。"（第6651—6652页）达云加太子少保，在万历二十九年七月。《明神宗实录》卷三六一载："（万历二十九年七月）甲子，以甘肃大捷，叙加总督李汶柱国，巡抚徐三畏升兵部右侍郎，各荫一子，总兵达云加太子少保。"（第6750—6751页）达云增世荫二秩，则在万历三十年（1602）七月。《明神宗实录》卷三七四载："（万历三十年七月庚午）论甘肃镇番等处屡捷功，……总兵达云加原荫子指挥佥事二级，俱各赍银币。……总兵葛赖等各升赏有差。"（第7026—7027页）

三十年，[一]贼复入犯，[二]云督兵破走之。[三]是时寇失松山，走据贺兰山，后连青海诸部，寇钞不已，而银定、歹成尤桀骜。三十三年，二酋连营犯镇番，云遣副将柴国柱击之，寇大败去。未几，青海寇复大举入犯，将士分道遮击，生擒其酋沙赖，余贼败奔。云以功增勋荫。[四]

整理记：[一]三十年，初作"未几"，朱笔删改。[二]复，初作"再"。[三]督兵破走之，初作"设伏邀击之，贼大败去"，朱笔删改。[四]自"是时"至"勋荫"，初作"三十四年，青海遗贼复大举入犯，将士分道却之，生擒其酋沙赖台吉，云以功增勋荫"，而后最初想加入"银定、歹成犯镇番，云遣副将柴国柱"的内容，随即朱笔抹去，朱笔在旁小字删改，复墨笔改"歹青"之"青"为"成"。

三十五年，银、歹二酋复连兵犯凉州，云逆战于红崖，大获，斩首百三十有奇。云为将敢先登陷阵,[一]所至未尝挫衄,名震西陲,为一时边将之冠。至是,以秋坊卒于军,赠太子太保。子奇勋,万历末为昌平总兵官。[二]

整理记:[一]自"三十五年"至"云为将敢先登陷阵",初为"云为将敢先登陷阵",乃朱笔删"云为将敢"四字,即其旁小字朱笔添"三十五年,银、歹二酋复连兵犯凉州,云逆战于红崖,大获,斩首百三十有奇。云为将敢"等字。[二]万历末为昌平总兵官,初为"万历末亦为昌平总兵官",墨笔删"亦"字。

按:红崖之捷,在万历三十五年(1607)四月。《明神宗实录》卷四三二载:"(万历三十五年四月)戊戌,银、歹二酋犯河西,凉州副总兵柴国柱破之,斩首虏百二十八级,总兵达云、副总兵官秉忠等又破虏于红崖,斩首虏百三十九级。"(第8161—8162页)达云之卒,在万历三十五年秋,以其年九月其子奇功袭职。《明神宗实录》卷四三八载:"(万历三十五年九月甲午)以甘镇两捷功,加总兵达云子奇功升袭二级,世袭为凉州卫都指挥同知。"(第8294页)其子奇功,生平不可考。又,《明神宗实录》卷四四六载:"(万历三十六年五月丁未)予原任甘肃总兵官太子太傅、左都督达云祭葬如例,仍加祭二坛。"(第8465页)则达云生前已加官太子太傅,而卒后如《明史》言赠太子太保。

郭沫若与甘肃籍学者冯国瑞交游考

李 斌

中国社会科学院古代史研究所（郭沫若纪念馆）

甘肃天水瑞应寺山门上悬挂"麦积山石窟"的匾额为郭沫若所书，二跨山门上高悬的"瑞应寺"大匾则为冯国瑞所书。两位名人的匾额相映成趣，似有默契。他们两位都是著名的史学家，对于他们的交游，目前研究还不够充分，笔者以最近勾稽的几则材料尤其是一封冯国瑞致郭沫若的书信为基础，对此略作探讨。

冯国瑞（1901—1963），甘肃天水人，字仲翔，别号麦积山樵，晚年自号石莲谷人。他长期在甘肃工作和生活，被称为"陇上著名学者，甘肃石窟艺术研究的奠基人"[1]。他在麦积山石窟、炳灵寺石窟的研究、整理等方面做出了开拓性贡献，在历史研究、训诂学、诗词、书法、绘画等方面都有成就。

冯国瑞1924年考入东南大学攻读国学，"得海内外著名学者罗振玉、商承祚、胡小石等的指导，凡金石、龟甲、考据、诗词皆有师承"[2]。1926年，冯国瑞考入清华研究院，1927年从清华研究院毕业。梁启超在给甘肃省省长薛笃弼的推荐书中说："冯君国瑞，西州髦俊，游学两京，已经五稔，今夏在清华研究院以最优等成绩毕业。其学于穷经、解诂为最长，治史亦有特识。文笔尔雅，下笔千言。傍及楷法，浸淫汉魏，俊拔寡俦。此才在今日，求之中原，亦不可多觏。百年以来，甘凉学者，武威张氏二酉堂之外，殆未或能先也。"[3]可谓赏识有加。1929年，冯国瑞被聘为兰州中山大学教师，后来曾担任过马麟、邵力子的私人秘书。

---

[1] 《后记》，《天水文史资料——冯国瑞纪念集》（第15辑），兰州大学出版社，2010年，第331页。

[2] 《序》，《天水文史资料——冯国瑞纪念集》（第15辑），第1页。

[3] 刘雁翔、杨皓：《梁启超致冯国瑞手札及学者题跋》，《民国档案》2012年第3期。

1939年，冯国瑞和郭沫若同时在重庆，两人是否有过交往，现已不可考。但他对郭沫若的学术研究多有关注，在冯国瑞编、1944年由陇南丛书编印社出版的《天水出土秦器汇考》中，冯国瑞不仅收录了郭沫若的《秦公簋韵读》，而且将自己对秦钟年代的考订建立在郭沫若研究的基础上。"郭氏石鼓文研究眉批有云，按秦公钟花纹与齐灵公时叔夷钟全同，知其年代必相近，与齐灵同年代者在秦为景公，则十有二公者，实自襄公起算也。"①

1941年，冯国瑞赴西北师范学院国文系任教，这期间他对麦积山石窟进行了专业考察，获得了大量珍贵的第一手资料。冯国瑞的这次考察活动，"是麦积山石窟开窟一千五百多年来第一次由一批具有专业知识的知识分子对石窟文物进行的具有开创意义的科学考察，对麦积山石窟以后以至未来的研究工作具有极为重要的意义，为1951年和1953年西北文化局和中央文化部的两次大规模勘查奠定了坚实的基础"。在这次考察的基础上，冯国瑞写成了《麦积山石窟志》，这本著作"第一次对石窟文物进行了科学统计和断代研究"，"是国内第一部对麦积山石窟的历史沿革、发展进程、史实史迹、造像风格、壁画艺术、建筑形制、石刻摩崖等内容进行科学考证、翔实介绍、分类论证的专著"。②

1949年后，冯国瑞由兰州大学中文系教授、主任任上调任甘肃省图书馆特藏部主任，1952年任甘肃省文物管理委员会主任，并参加了文化部炳灵寺石窟调查团的工作。冯国瑞的这些工作十分出色，得到了学术界的广泛关注，马衡在1952年4月11日日记载："报载冯国瑞在永靖发现炳灵寺石窟二百余，并引《水经注·河水篇》唐述谷文及《法苑珠林》（五二）记载证为西晋初年所造，是可注意也。冯国瑞疑即青海发现汉赵宽碑者，赵宽碑已毁于火，又发现此窟，可谓巧矣。"③

1953年，冯国瑞被任命为甘肃省政府文化教育委员会委员。同年，文化部组织麦积山石窟考察团，特邀冯国瑞参加。冯国瑞与常任侠、王朝闻担任考察团的研究工作。考察团在甘肃的工作完成以后，冯国瑞随团到北京整

---

① 冯国瑞：《秦公簋器铭考释》，《秦西垂文化论集》，文物出版社，2005年，第460页。
② 胡承祖：《麦积山石窟艺术研究的拓荒者》，《天水文史资料——冯国瑞纪念集》（第15辑），第128、130、129页。
③ 清华大学国学研究院：《马衡文存》，江苏人民出版社，2020年，第467页。

理了两个月资料。

在京期间,冯国瑞遍访京城学者。马衡9月20日日记载:"史树青携冯国瑞来访,冯国瑞以新从西北访得《麦积山沙门法生造像记》见示。"①马衡为冯国瑞携带的这份碑拓题写了两百字左右的跋。10月31日,冯国瑞访问夏鼐。夏鼐当日日记载:"中午冯国瑞君来,与黄文弼一同约之去东安市场午餐。"②

10月,冯国瑞带着《麦积山沙门法生造像记》碑拓题见到了郭沫若,郭沫若为此写道:"麦积山石窟之发见,为中国美术史增添了宝贵资料。窟为'良将'所造成,惜未著其姓名耳。一九五三年十月题魏石像记后记。由仲翔见于麦积山。"③并答应调他到中国科学院工作。这是有确凿史料的郭沫若和冯国瑞的第一次见面。

从北京返回兰州之后,冯国瑞调入政协甘肃省委员会任专职委员。他个人对这一工作有不同意见,但服从了组织的安排。

1956年1月,郭沫若在中国人民政治协商会议第二届全国委员会第二次全体会议上的报告中谈到知识分子使命时,指出了有些知识分子工作安排不合理的现象及解决办法:

> 几年来,由于一时的工作的需要,有一些高级知识分子脱离了自己的专业,担任了行政工作。但是由于用非所学,在行政与业务两方面都没有充分有效地发挥出自己的力量。有的人更因兼职过多,社会活动过多,影响了工作。会议多,临时任务多,也使好些专家不能集中精力和时间从事专业活动。有些人的工作岗位分配得不很适当。有些人工作调动频繁。有些人有岗位而无工作。更有少数的人一直没有工作岗位。
>
> 像这些在使用知识分子上的不合理现象,毫无疑问,对于国家建设事业是一项损失。党和政府已经决定:迅速地改变这些不合理的现象,

---

① 清华大学国学研究院:《马衡文存》,第509页。
② 《夏鼐日记》第5卷,华东师范大学出版社,2011年,第49页。
③ 胡承祖:《麦积山馆藏文物精品》,天水市政协文史资料委员会编《天水石窟文化》,甘肃文化出版社,2014年,第117页。

以便充分动员知识分子发挥自己的专长。特别对于知识分子们不能掌握自己时间的呼吁,党和政府已经作出了这样的决定:要使高级知识分子们今后至少要有六分之五的工作日,即是每周 40 小时,从事专业活动。①

郭沫若在政协会议上指出部分知识分子没有发挥自己的学术专长,这是需要改变的不合理的现象。在一个月后的考古工作会议上,郭沫若具体谈到了国家对考古人才的需要。

1956 年 2 月 21 日,中国科学院和文化部联合召开的全国考古工作会议在北京开幕。郭沫若出席了开幕式,在题为《交流经验,提高考古工作的水平》的报告中指出,这次会议的任务是"适应国家建设的新形势,从考古工作方面来进行全面规划,加强领导,以最紧张的努力,争取在十二年内使我们的考古工作接近世界的先进水平。"郭沫若谈到新中国成立后六年来我国考古工作的成就和面临的问题,涉及考古工作人才的缺乏和水平的亟待提高:"我们所发现的遗迹遗物是有惊人的数量的,然而我们的整理研究工作却做得很少,甚至有好些发掘工作,我们连初步的工作报告都还没有提供出来。机会太多,遗物、遗迹太多,问题太多,而人手却太少,再加上我们大多数同志的业务水平也还并不能说是太高,要应付解放以来突然增加的大量的工作,是有困难的。"为了解决这个问题,"很明显地我们就必须扩大我们的工作队伍,提高我们的业务水平,促进我们的政治觉悟,发挥我们的潜在力量"。②

这次全国考古工作会议宣读了 26 篇考古发掘专题报告,在学术上开展自由争论,并讨论了考古工作的规划、方针和任务。在 2 月 27 日的闭幕式上,中国科学院考古研究所副所长夏鼐和文化部文物局局长王冶秋分别作了考古学术和考古工作安排方面的总结报告。闭幕式当天,郭沫若致信尹达:"考古会议还开得不错。下一次的会议,大家的意思把它延到明年四月,我觉得比较好些。"③

---

① 郭沫若:《在社会主义革命高潮中知识分子的使命》,《人民日报》1956 年 2 月 1 日。
② 郭沫若:《交流经验,提高考古工作的水平》,《人民日报》1956 年 2 月 28 日。
③ 《郭沫若书信编》(下),中国社会科学出版社,1992 年,第 190 页。

受这些讲话的启发,1956年3月19日,冯国瑞给郭沫若写了一封信。此信手稿2017年4月在孔夫子旧书网拍卖,我们对内容进行了释读整理,并在2021年出版的《郭沫若书信中的当代中国》中做了初步考释。兹将全信录入如下:

沫若先生:

五三年在京晋谒后回到兰州,因个人子女上学等问题,对您所面许调配上古史研究所工作未能积极争取,想到在京工作转有不少困难,因此搁置起来。社会主义各项事业的突飞猛进,尤其象我这样未老不老的旧知识分子特别的激动。读到您和周总理的许多文件,启发性日在动荡,打算总要把自己的一些微小的智能力量贡献出来才会甘心。

略谈近况如下。解放后我由兰大中国文学系主任调西北大学图书馆,随着在西北文化部作了几件考古勘察工作,烟云寺、天梯山、麦积山三个石窟。五三年因写麦积山石窟的总结材料在北京住了两个月,由邓宝珊省长的介绍才见到了您及董老,唯一的愿望在您的领导下静候适当的调配。回兰州后不久即调在政协甘肃省委员会作专职委员已经两年了。事实上与半生专力文教工作完全脱节,该会主要委员大多数是青海少数民族起义武职人员,日常随之学习开会,获益很多,而抛弃多年所研究的文教工作,自感可惜。今年在京所开的考古工作会议,您的讲话在报上发表后才读到,更感到特别兴奋。大会决议在五七年要开考古学术会议,只感羡慕而已。无形中自己站在门外了,感到无所适从的苦闷,愿向您提出以下的请求。

1. 科学院西北分院在兰州建立,袁翰青主其事,如有考古研究部门愿参加专职或兼任工作,得用其所学(生活居住上给些照顾)。

2. 北京科学院上古史或考古研究所,能列一兼任职,从事研究工作,多年所积存材料,曾与夏所长黄文弼都谈过的。

3. 兰州大学我有系主任的旧名义,如能归队在校从事研究,词曲、考古、音韵等工作,予以照顾,使生活比较安稳更好。

以上三点要求,请您设法在可能范围内予以帮助。

再略谈一下各种社会关系。1. 郑振铎部长,因考古工作得到他的了解。2. 夏鼐所长、黄文弼先生是多年考古的朋友。3. 向达先生近年帮助我研究西夏文,常有往还。4. 梁思成是任公先生的关系,对我勘察石窟的古建方面鼓励很大。5. 叶恭绰先生对文物中写经刻经旧遗物的搜求研究联系很多,近来有些小发现特感兴趣。6. 邵力子先生关系较深,多得到他的启发教育。7. 黎锦熙先生是抗战时期西北师院同事。8. 清华研究院在京的如赵万里、刘盼遂、王以中,在南开的谢国桢,山大的陆侃如,都经常有联系。

对现在协商会工作并不是不愿干,在学习上,思想改造上,农村视察上,同志团结上,都得到了益处,起了作用。因感旧知识分子的问题,在甘肃,我在极小的研究工作上,算是一个,给您呈述一番是必要的。一下做不到,我想缓缓的总能达到些愿望。以后继续函述一切,当不厌烦,在西北的文物考古等方面不断向您贡献意见。我今年才五十六,精力尚健,子女较多,家庭成分是小地主,出租八亩地,已由天水入社。在兰州租住三间房子,协商待遇较低,生活困难。

此致
敬礼

冯国瑞
五六年三月十九日

郭沫若收到这封信后,随即批示给中国科学院协助他工作的尹达:

尹达同志:
冯国瑞,我觉得是有工作能力的人。信中所提①②两点似可考虑。采取津贴的形式,请他把积存的材料整理出来,似乎也可以。

郭沫若　三、卅一、
有了决定望回他一信。

从这封信来看,冯国瑞显然对自己的工作不大满意。1956年2月份的全国考古工作会议开得比较成功,《人民日报》多次做了报道,这对冯国瑞是一个刺激。故而冯国瑞致信郭沫若,希望从事专业工作。冯国瑞主要提到的是生活方面的要求,他生活贫困,希望有些补贴。郭沫若同意给他补贴。冯国瑞虽然没有提到自己手头积存的资料,但郭沫若对他有关麦积山石窟等方面的研究显然是了解的,所以希望他能够在补贴下将这些材料整理出来。

不幸的是,在这次通信一年之后的1957年,冯国瑞就以"文物大盗"的罪名被划为右派,监督劳动改造。在三年困难时期,冯国瑞除偶尔被调去参加了几次专业工作外,每天参加体力劳动,生计较为困难,身体逐渐垮下去了。1960年,冯国瑞嘱咐儿孙将家中文物全部捐给麦积山文管所。1961年9月,冯国瑞被摘掉右派帽子。据说冯国瑞被摘掉右派帽子是因为郭沫若的建议,①此说待考。同年,麦积山石窟被列为国家一级文物保护单位,冯国瑞多年的呼吁得到实现。

1962年秋,冯国瑞病情加重,"急将所藏13种珍贵文物捐赠中国科学院考古研究所,得表扬信及奖金3 000元"②。不久,郭沫若派人来取走冯国瑞的手稿。关于此事,冯国瑞在1962年11月16日的家书中说:"郭沫若院长派人来兰,专来商谈,已将稿本等五十余种带京,有由专研所出版之望,考古研究所夏所长亦来函。此为我一件最快活之事。此五十几种为一生心血,不料竟有今日。郭、夏先生为一生奇遇也。"③这些稿本,11月上旬即带到北京了。11月8日,夏鼐日记载:"上午郑乃武同志由兰州返所,汇报情况,并携来冯国瑞教授的书信及捐献的敦煌写经等。与黄文弼先生等一同审阅一过,其中有《〈谷梁传〉残卷》《西州都督府开元十三年牒契》《唐三藏圣教序》等,颇为可珍。"④

带回科学院的稿本去向,据考古所王世民回忆:"大约在1963年的某个时候,当时我正在考古研究所学术秘书室工作,具体职责是协助夏鼐所长处理考古所的日常学术行政事务。一天,夏鼐所长交给我一大包资料,说是郭沫若院长那里转来的甘肃冯国瑞先生的手稿,要我转给文化部文物局去处理。时隔三十年,手稿的数量和内容都已模糊,只记得其中有原藏西宁的汉

---

① 马永愒:《天水著名学者冯国瑞》,夏晓虹、吴令华编《清华同学与学术薪传》,生活·读书·新知三联书店,2009年,第291页。
② 张举鹏:《冯国瑞年表》,《天水文史资料——冯国瑞纪念集》(第15辑),第228页。
③ 胡圭如:《冯国瑞著作、文论目录》,《天水文史资料——冯国瑞纪念集》(第15辑),第180页。
④ 《夏鼐日记》第6卷,华东师范大学出版社,2011年,第291页。

代三老赵宽碑拓片和考证。由于夏所长特地告诉我,这块汉碑在解放初期的火灾中被烧毁,原拓相当珍贵,我过去不知道这么回事,所以印象比较深刻。接过这包资料之后,我当即与文物局文物处的谢辰生同志联系,并亲自将材料送到朝内大街原文化部大楼第二层东头的文物局文物处办公室。"①

不到半年之后,冯国瑞在兰州逝世。对于冯国瑞的逝世,中国科学院的学者十分关心。《夏鼐日记》1963年8月1日条载:"陈梦家同志来谈《武威汉简》编后记问题,并云冯国瑞同志已去世。"②

冯国瑞的50多种著作和讲义中,到2010年为止,仅刊行了《麦积山石窟志》与《炳灵寺石窟勘察记》等8种。笔者查阅近年来的出版情况,除再版旧著外,其他稿本还没有被整理出版。

---

① 王世民:《关于冯国瑞先生手稿的回忆》,《天水文史资料——冯国瑞纪念集》(第15辑),第25—26页。
② 《夏鼐日记》第6卷,第355页。

浅探凉州文化的形成
——以地理环境、经济结构为中心

柴多茂

武威市凉州文化研究院

在中华民族璀如群星的地域文化中,凉州文化经漫长历史过程的积淀、整合,并以其所处独特的历史人文区位,显得气象恢宏、厚重博大,成为我国地域文化的重要组成部分。本文拟从区域地理、文化经济等相关理论来分析凉州文化的形成,继而探讨其独特鲜明的特征、风格。

一、凉州文化的历史地理环境

(一)地理环境对凉州文化形成和延续的影响

地处河西走廊的凉州不但拥有 3 万多平方千米的面积,[①]而且地理位置比较优越。它地处中纬度,气候温和,四季分明,年温差大,光热丰富,日照时间长,虽距海遥远,但南部雄伟高峻、常年积雪的祁连山构成了一座巨大的冰川水库,滔滔奔流的冰雪融水注入杂木河、黄羊河、西营河、金塔河等河流,温度和水分条件的配合良好,为凉州农业、畜牧业发展提供了适宜条件。

在新石器时代,凉州气候温和,雨量充沛,适宜作物生长和人类生活。

---

① 本文所指"凉州",即为今武威市。《凉州文化概览》序言《凉州文化 博大厚重》中,卜宪群指出,凉州文化可从广义和狭义上来理解。广义上,虽然历史时期武威、张掖、酒泉、敦煌等地的文化面貌有一定差别,但是河西地区作为一个相对独立的地理单元,其经济、社会、文化的发展具有一体化特质,所以凉州文化的研究可将武威及其周边的文化辐射区包括在内;狭义上,历史时期武威的地位十分重要,中古时期一度成为西北地区经济、政治、军事与文化中心,积淀了丰富而独特的历史文化资源,所以,以武威为中心,重点分析凉州文化的共性与个性,是狭义上的凉州文化。质言之,广义的凉州文化指整个河西地区的文化,狭义的凉州文化指武威地区的文化。

据考古资料证明,生息于凉州最早的人类是马家窑文化居民。那时,先民们已进入定居的农耕生活,开始了最原始的农业生产。他们用石斧砍去荆棘丛生的灌木,用石刀翻开肥沃的黄土,种植粟和稷,还养猪和羊,谷物加工工具有磨盘、石杵等。

继马家窑文化之后,是距今约有4 000年历史的齐家文化。在中华人民共和国成立后的几次考古发掘中,凉州境内的齐家文化遗址有:凉州区金羊镇宋家园村的皇娘娘台遗址和海藏村的海藏寺遗址,出土了大批的石器、玉器、陶器、骨器、铜器等文物。经研究考证,当时凉州的农业、畜牧业和手工业都有相当程度的发展和规模。

文献资料和考古发掘表明,农业和畜牧业在凉州的发展有极悠久的历史和相当大的地域。由于地理环境的原因,凉州南部和西部是林草茂密的祁连山地,同时和东北部的腾格里沙漠边缘形成水草丰美的畜牧区;而中部的走廊平原,地势平坦,渠道纵横,是大片的农业区。这些有利的地理环境为凉州在历史上赢得了"凉州畜牧甲天下"和"凉州不凉米粮川"的美誉。

秦汉以前,凉州是西戎、乌孙、月氏和匈奴等少数民族的活动地区。此时,这里占据压倒优势的是游牧文化。但自公元前121年(汉元狩二年),汉武帝置河西四郡后,生活在凉州农耕区的汉人吸取游牧人从远方带来的异域文化,并以粗犷强劲的游牧文化充作农耕文化的复壮剂和补强剂。西汉时期,游牧文化和农耕文化交汇并存的凉州文化正在迅速塑形,成为一种独特雄奇、气象恢宏的地域文化立于北部中国。

汉末董卓之乱,犹如一股强劲的旋风,使久已摇摇欲坠的汉帝国终于崩溃瓦解。与军阀割据、王室贵族自相残杀相推引,北方游牧民族如洪水般从西北高原横冲直下,同汉人争夺生存空间,一场长达400年的战乱由此展开。尤其是西晋怀帝永嘉中,匈奴、羯人起兵,黄河中下游的广大百姓横遭战争屠杀、蹂躏。这一事件,被外国史学家称为"三世纪危机"。"秦川中,血没腕,惟有凉州倚柱观",这句盛传京师的歌谣让远离战争的凉州成了中原百姓的瞩目地,凉州成了当时北部中国唯一安全的地区。故在锋镝之余,大量中原汉族人口不断从黄河流域迁往凉州。文化上的优势和数量上的多数("中州避乱者,日月相继","散奔凉州者万余人")使这些移民成为凉州农耕区的主体人口,他们所传带的文化也成了凉州文化中的一股新鲜血液。

十六国时期,氐、鲜卑、匈奴等少数民族在凉州引发的割据战争,本质上是胡汉文化的大规模冲突,这也使得魏晋南北朝时凉州文化呈现出多样性和丰富性。在农耕文化和游牧文化的碰撞、融合中,凉州文化得到了多向度的发展和深化。这一时期形成了被史学家称赞为"承前启后、继绝扶衰,五百年间延绵一脉"的"五凉文化",这一强劲而清新的文化精神在中国文化史上大放异彩。①

尽管凉州的自然条件在以往数千年间发生了一定的变化,但总的来说幅度有限,即使是气候的波动也只影响畜牧区和农耕区的界线,而这种影响又很快在三五十年里自动调整,这就为凉州文化的延续提供了稳定的物质基础。

(二)地理环境对凉州文化多样性的影响

凉州土地辽阔,东西长 120 千米,南北宽 90 千米,而历史上的疆域范围更大,其中五凉时期的前凉据境 120 多万平方千米,跨今甘、青、新、宁、内蒙五省区。所以,在凉州内部形成了各种不同的自然地理区域(如高原、平原、雪山、沙漠、戈壁),表现出不同的地理特征。从文化地理区位来看,凉州处于我国古代蒙古文化圈、青藏文化圈的交会地带,也是中原文化、西域文化有效辐射之区域。西出与东进即进入西域文化与中原文化之区域,南上北下分别穿越祁连山和走廊北山山地即步入青藏文化圈和蒙古文化圈腹地。与不同民族文化在地域上的邻近性使凉州文化具有多样性的特征。而多民族文化的不断入居及其生存空间的交互占用,使凉州文化结构趋于多元和开放。

马克思在《资本论》中有这样一段阐述:"资本的祖国不是草木繁茂的热带,而是温带。不是土壤的绝对肥力,而是它的差异性和它的自然产品的多样性,形成社会分工的自然基础,并且通过人所处的自然环境的变化,促使他们自己的需要、能力、劳动资料和劳动方式趋于多样化。"这对于我们认识

---

① 陈寅恪在《隋唐制度渊源略论稿》中有大量论述,初步可归纳为以下几方面:五凉文化是隋唐制度渊源之一,五凉文化承前启后、繁荣浑厚,凉州保存了中原文化,姑臧城的建筑格局影响了北魏及隋唐都城的营建。

地理环境的多样性对凉州文化多样性起到的作用也是非常有益的。

在人类社会的早期，利用和改造自然条件的能力非常有限，一般只能被动地适应自然环境，所以历史上最早出现的是狩猎、养殖、捕捞、采集等谋生活动，以后随着人类自身的发展，又产生了农业、牧业、手工业等多种行业，才形成各地不同的物质基础，与不同的生产方式相适应的社会、政治、行政制度。自西汉始，凉州的农耕区一直处在中原王朝的管理之下（除十六国时期、唐末、西夏），而居住在祁连山区的游牧民族则长期游离于中原政府管辖之下，盛行军事奴隶制或部落联盟（如吐谷浑、党项族）。

多样的地理环境和物质条件，使人们形成了不同的生活方式与思想观念。在衣食住行方面，凉州各地历来就存在很大差别，久而久之就形成了多样的风俗习惯。生活在凉州境内的游牧人住毡帐、食肉、饮乳及马乳酒，衣皮革，过着逐水草而迁徙的生活。而农耕区的汉人则养成了重农、安土的观念和吸收中原先进文化的思想，"凉州女儿高满楼，梳头已学京都样"便是极好的佐证。在两汉时期形成的屯垦文化、商贸文化、佛教文化、器乐文化和魏晋十六国时期的著姓文化、五凉文化、舞蹈文化，以及在唐代形成的边塞文化、和籴文化等这些深受地理环境影响生成的文化样式，成了凉州文化系统的重要组成因子。

总之，强烈的地域特点使凉州文化的多样性非常明显。在凉州文化系统中，至少有15种文化式样。缤纷的凉州文化式样在我国地域文化中是十分罕见的。

二、凉州文化植根的经济基础

（一）农耕民族与游牧民族的长期并存和融合

凉州得天独厚的自然条件和地理环境，孕育了凉州以农耕和游牧经济两者为主体的经济生产形态。这两种生产方式的相互交换，是凉州文化形成过程中规模最大、影响深远的文化交流方式。历史时期，凉州农牧业文化的分布空间代有盈缩，此消彼长，文化空间的相继占用及文化之间的交流与整合，促使农牧业两种生产方式不断发生代际转换。

早在四千年前，凉州的先民们就从狩猎向农耕生产过渡。先民们用石镰、石锄等简单工具开始了较原始的农业生产。当时生产力水平低下,耕种面积较小。在两汉之际,由于诸少数民族与汉族交往、杂居,已出现了由牧业向农业转化的现象,卢水胡即其一例。汉简中即有"秦胡、卢水士民……田作不遣"的字样,表明这些少数民族受农耕民族影响,已从事定居农业生产。

农耕文明日益发展的时候,凉州祁连山地和周边地区正繁衍生存着剽悍善战的游牧民族——西戎、乌孙、月氏、匈奴,他们世代"逐水草迁徙,毋城郭常处耕田之业",依靠畜牧、狩猎为生,流徙不定的游牧生活,使他们常常侵入凉州农耕区。而当某一游牧部落出现具有政治远见和号召力的领袖,游牧民族短暂的经济劫掠便演变为武力征服,建立起混一游牧区和农耕区的割据政权,像乌孙、月氏、匈奴、羌族、鲜卑、氐族等少数民族,他们都曾在凉州建立过政权。

到隋唐时,在凉州境内活动的吐蕃、吐谷浑、突厥等少数民族与汉人和睦相处,出现了"汉耕耘,蕃人畜牧"的和谐图景,各民族互为依靠,各得其所。西夏时,一部分党项人开始经营农业,"岁时以耕稼为事","耕稼之事,略与汉同"。明代是汉文化在凉州的再一次大扩展时期,受汉族农耕文化影响,少数民族由牧转农的趋势更为明显。在清代,随着农耕文化在凉州的深入与巩固,由牧转农更是大面积持续发生着,有些少数民族甚至完全变成了农业户,和汉族一样向国家交纳农业税。就是一些主要从事畜牧业生产的"番民",也加强了与汉族人民的经济文化交流。而一向为游牧区的天祝此时也是"西番住牧,番汉住来,户口鱼鳞,松山滩视同内地矣"。

生活在凉州境内的农耕民族与游牧民族并存,不只是为凉州文化的发展和延伸奠定了一个有异于其他地域文化的独特基础。更重要的是,这两者通过迁徙、聚合、战争、互市等方式为中介,实行经济文化的互补和民族的融合,这些游牧民族虽然在整个社会发展水平上处于较低层次,但他们勇敢善战,粗犷强劲,善于吸收从远方带来的异域文化,成为凉州稳健儒雅的主文化的补强剂。汉唐时期形成于凉州的丝路文化、商贸文化、器乐文化、舞蹈文化、边塞文化都是凉州农耕文明和游牧文明的精妙结晶。

另一方面,社会经济发展水平较为落后的游牧民从中原和凉州汉人那里学习先进的生产方式、政治制度和文化技术,促进其自身社会形态的变化。比如十六国时期,在凉州建立后凉、南凉、北凉政权的氐族、鲜卑、卢水胡族,依汉制置百官,倡儒教,重用汉族知识分子,重视发展汉族文化。杂胡沮渠氏就是其中的代表。470年7月,北凉王沮渠蒙逊和西凉王李歆在蓼泉交战。李歆兵败被杀,西凉国灭亡。沮渠蒙逊在西凉国都城酒泉见到长史宋繇,在其卧室里兴奋地说:"我并不是战胜了李歆而高兴,高兴的是得到了您这位大学者。"此时,就连奴隶制特点比较明显的南凉秃发氏也自觉不自觉地走上了民族融合的道路。在南凉的各级官吏中有大量汉人,特别是在中枢官员中,汉族官吏占一半以上。

农耕与游牧作为凉州两种主要的经济类型,两个彼此不断交流的源泉,在历经数千年的相互融合、互为补充后,汇成了气象恢宏的凉州文化。

(二)农牧经济的持续性和凉州文化的延续力

农牧经济的持续性是凉州文化得以延续的源动力。自三代以来,凉州百姓经历了无数次大大小小的天灾人祸的考验,而循环式的复苏和进步则周而复始,使凉州农牧经济得以长期延续。

秦汉以来,生活在凉州的游牧民族和汉人的摩擦,曾在凉州历史的不同时期掀起悲惨壮烈的一幕。然而,凉州的农牧经济依然向前发展,而建立在这一基础上的凉州文化亦未曾中断,即使是唐代宗广德二年(764)到北宋淳化年间的200多年里,在凉州的统治力量是吐蕃六谷部和党项羌人建立的西夏政权,但浩博的凉州文化只是与中原文化出现了短暂的割裂,自身依然在困境中前进,文化的传承一如既往。《宋会要辑稿·方域二十·西凉府》载:"西凉州也,自唐末陷河西之地,虽为吐蕃所隔,然其地亦自置牧守,或请命于中朝。……凉州郭外数十里,尚有汉民陷末者耕作,余皆吐蕃。"《新五代史·四夷附录》也记载:"其语言少变,而衣服犹不改。"可见,当时吐蕃作为凉州的最高统治势力,掌管着本地区居民的日常生活,但实际上是尊重凉州人民的传统和风俗习惯。

西夏李元昊时期,这位少有"王霸"之志的游牧人,任用汉人为谋士,访宋制,置百官,创造西夏文字,设立蕃汉学校,大量翻译儒、佛经典,推进汉化政策。在经济方面,他也采取了一系列发展生产的措施,推动了凉州农牧业的发展。进而衍生出了一门现代新型的国际学科——西夏学,使得浩博浑厚的凉州文化系统中又多了一个文化因子,即西夏文化。

凉州文化正是这样伴随着农牧经济的长期延续而源远流长,并且经历动乱和割据的洗礼而得到充实升华。

(三) 农牧经济的多元结构与凉州文化的包容性

农牧经济具有一个显著的特点,就是多元成分结构,而这一特点正造就了其文化的包容性格。具体言之,农耕经济与游牧经济并存的凉州,其文化也具有兼收并蓄的包容性。正如一位史家所言,两千多年间生生不息的凉州人,干了四件文化大事,其中之一就是"杂糅"。而这种"杂糅"更生动具体地体现了凉州文化的包容性。

凉州文化不仅善于包容中原地区百家学说和文化精华而日臻博大,而且还长期吸收周边少数民族的优秀文明,使之日趋浑厚灿烂。其中,东汉末年、永嘉年间和十六国时期,中原陷入战乱,而"偏隅之地"的"凉州是当时北中国保存汉族传统文化最多,又是接触西方文化最先的地区"(范文澜《中国通史》)盛唐是凉州最为开放的时代,凉州文化的包容性格发挥得尤为淋漓尽致,"凉州七里十万家,胡人半解弹琵琶","吾闻昔日西凉州,人烟扑地桑柘稠。葡萄酒熟恣行乐,红艳青旗朱粉楼","凉州女儿高满楼,梳头已学京都样",从这些唐诗里,我们可以看出,胡汉文化、本地固有文化和中原儒家文化相互融合的复合文化形态,促进了凉州文化更加丰富多彩、生机勃勃。

即使是对外域文化,凉州人也敞开其博大的胸怀,扬弃吸收。这方面主要表现在佛教和音乐中。佛教自汉代从西域传到河西地区后,至魏晋南北朝隋唐时期形成一个高潮。外来佛教文化在到达中国第一站——凉州后,与凉州固有的儒、道、玄等文化汇通交融后传入内地。

唐代大曲在我国音乐戏曲史上具有非常重要的历史地位。"法曲"是唐代大曲的一个重要品种。唐玄宗时,河西节度使杨敬忠献给朝廷的《霓裳羽衣曲》就是法曲,它是在凉州经过中西音乐的融合并进行创新的作品。现在的唐代大曲中,最重要的就是凉州大曲。"惟有凉州歌舞曲,流传天下乐闲人"(杜牧),"胡部笙歌西殿头,梨园弟子和凉州"(王昌龄),可见凉州大曲对我国音乐发展产生过重大影响。

三、结　　语

　　地域文化与其依附的地理环境、植根的经济基础密不可分。河西走廊多样的地形地貌，以及农业经济、畜牧经济的融合发展，是凉州文化形成的主要原因。"五里不同风、十里不同俗"，多样的地形地貌，造就了凉州文化的多样性特征。

　　在千里河西走廊，农耕民族与游牧民族长期并存、相互融合，为凉州文化的发展和延伸奠定了一个有异于我国其他地域文化的独特基础。更重要的是，生活在河西走廊的农耕民族与游牧民族，通过迁徙、聚合、战争、互市等，实现了经济文化的互补和民族的融合。另外，河西走廊亦农亦牧经济的持续性，也成为凉州文化得以延续的源动力。而农牧经济多元的组成结构，也造就了凉州文化兼收并蓄的包容性。

参考资料：

1. 邹逸麟编著：《中国历史地理概述》，福建人民出版社，1993年。
2. 张岱年、方克立主编：《中国文化概论》，北京师范大学出版社，2004年。
3. 王宝元：《凉城沧桑》，甘肃人民出版社，1992年。
4. 梁新民：《武威史地综述》，兰州大学出版社，1997年。
5. 王其英主编：《武威特色文化述要》，国家开放大学出版社，2018年。
6. 武威市凉州文化研究院编：《凉州文化概览》，宁夏人民教育出版社，2019年。

河西走廊传统牧业社会的现代转型与价值观念变迁[*]

王海飞[1]　马瑞丰[2]

1 兰州大学西北少数民族研究中心，2 西南石油大学法学院

改革开放四十余年，中国经历了广泛而深刻的社会转型，而特定群体在社会转型中表现出的价值观念变迁作为深层动力，推动着社会整体进步和人的全面发展。这一时期，中国传统牧业社会草原产权制度改革深入推进，产权边界不断明晰，现代工业价值观念和理性经济人思想进入，传统牧业社会与外部世界全方位互动持续增强。特别是进入 21 世纪以来，生态文明建设总体目标和脱贫攻坚战进一步推动传统牧业社会转型，传统社会形态随之发生巨大变化。

不同的社会形态、生产方式造就与之相适应的价值观念体系。传统牧业社会生计方式以"游"和"牧"为主要特征，形成"草—畜—人"有机循环系统，其中包含了维持此系统运转的社会组织制度和丰富的文化价值观念。在社会转型过程中，传统牧业生产方式被定居后的舍饲畜牧及农、工、商等多元生计方式取代，"草—畜—人"有机循环系统被逐渐消解。这场深刻的社会转型是对牧区社会、经济、文化、资源、劳动力等要素的重新组合，①推动传统牧业社会价值观念体系的剧烈变迁。价值观念体系不仅仅是社会转型的结果，亦是社会转型的推动力量。作为引导人类行动的重要精神力量，价值观念体系变迁方向对推动社会发展，引领民族、国家解决时代问题，战胜未来挑战具有重要意义。本文以河西走廊牧业社会的现代转型和价值观念

---

[*] 基金项目：国家社会科学基金重点项目"环祁连山各民族交往交流交融的文化基础研究"（21AMZ006）；西部生态安全省部共建协同创新中心开放课题"河西走廊西段民族区域可持续发展路径研究"（2019ZX‑06/lzujbky‑2020‑kb31）。

① 托曼、崔延虎、崔乃然：《游牧、定居与牧区社会发展研究与思考》，《草食家畜》，1996 （S1）：1‑5。

变迁为研究对象，探究在社会转型过程中，传统牧业社会价值观念发生了怎样的变迁，变迁的未来趋势如何等相关问题，由此反思河西走廊传统牧业社会价值观念变迁的当代意义及可能的引导路径。

一、理论基础：社会转型与价值观念变迁研究

关于社会转型与价值观念变迁之间的关系，已有研究大多认同价值观念变迁是社会转型的后果和表现，同时会反向促进社会转型。如郭星华认为社会转型是价值观念变迁的重要原因；[1]兰久富认为价值观念从社会生活中产生，同社会生活具有方向上的内在一致性；[2]辛志勇认为价值观念变迁研究就是从历时性视角检测社会转型在人们头脑或精神中的反映；[3]杨静等以青年价值观变迁为研究对象，认为以经济变革为核心和基础的社会转型与青年价值观的嬗变相互构建、互为因果。[4] 此外，一些重要的价值观念变迁理论分析模型均立足于对社会主要构成方面发生变化的观察而提出，如阿列克斯·英克尔斯和戴维·H.史密斯的"传统价值观—现代价值观"二元模型；[5]罗纳德·英格尔哈特的"物质主义价值观—后物质主义价值观"模型；[6]杨国枢和陆洛从心理学角度，提出社会现代化影响下的华人"双文化自我"模型[7]等。

学界就转型时期中国社会价值观念变迁已有研究涵盖哲学、心理学、社

---

[1] 郭星华：《社会转型与价值观念的变迁——一项北京高校大学生问卷调查引发的思考》，《学术界》，2000(5)：186-195。
[2] 兰久富：《社会转型时期的价值观念》，北京师范大学出版社，1999年，第239页。
[3] 辛志勇：《改革开放以来农民价值取向变迁及现状研究——以山西农民为例》，潘维、廉思《中国社会价值观变迁30年(1978—2008)》，中国社会科学出版社，2008年，第388页。
[4] 杨静、寇清杰：《改革开放40年来青年价值观的转型与嬗变》，《中国青年社会科学》，2018，37(4)：15-22。
[5] 阿列克斯·英克尔斯、戴维·H.史密斯：《从传统人到现代人——六个发展中国家中的个人变化》，顾昕译，中国人民大学出版社，1992年。
[6] 罗纳德·英格尔哈特：《现代化与后现代化：43个国家的文化、经济与政治变迁》，严挺译，社会科学文献出版社，2013年。
[7] 杨国枢、陆洛：《中国人的自我：心理学的分析》，重庆大学出版社，2009年，第180—204页。

会学、教育学、政治学等多学科,产生了丰富的研究成果,理论研究多于实证研究。实证研究方面多以青年、农民、女性、大学生、老年人等某一特定社会群体为研究对象,涉及经济观、政治观、人生观、职业观、婚姻观等,剖析社会价值观迷失、分化、冲突等现象的原因,尝试提出重塑社会价值观念体系的方法和路径。理论研究方面多以历史唯物主义基本原理作为立论基础,如兰久富系统讨论了社会转型时期价值观念变迁的内容、动力和模式;①廖小平指出,改革开放以来我国价值观念变迁的基本特征是一元价值观与多元价值观、整体价值观与个体价值观、理想价值观与世俗价值观、精神价值观与物质价值观各自形成一种张力关系,这些变化与社会结构的变迁和经济体制的转轨、全球化进程中的文化开放和文化碰撞以及主体意识的觉醒等密切相关;②王虎学从马克思主义价值论的角度回答并揭示当代中国社会转型所内蕴的"分化—整合"价值逻辑;③李春玲提出代际社会学是理解中国新生代价值观念的独特视角④等。

面对牧业和狩猎采集等传统社会转型及其文化变迁,学界亦有较多探索。研究者从牧、猎民自"游"到"定"以及由此开始的产业转型入手,考察由生计方式转变导致的群体社会转型或文化变迁,⑤提出定居是一个与群体传统社会文化存在重大差异的再社会化过程,⑥而这一转型变迁过程又进一步造成草原生态环境退化、⑦生计贫困与传统生态文化缺失等问题,⑧由此,研

---

① 兰久富:《社会转型时期的价值观念》,第 210—238 页。
② 廖小平:《改革开放以来我国价值观变迁的基本特征和主要原因》,《科学社会主义》,2006(1):64-67。
③ 王虎学:《社会转型期价值观的分化与整合》,人民出版社,2016 年。
④ 李春玲:《代际社会学:理解中国新生代价值观念和行为模式的独特视角》,《中国青年研究》,2020(11):36-42。
⑤ 何群:《定居化过程:文化碰撞的悲喜剧——1958 年前后的鄂伦春社会》,《满族研究》,2007(3):25-33。张雨男:《鄂伦春族日常生活节奏的变迁与适应》,《民族研究》,2018(3):76-83,125。
⑥ 崔延虎:《游牧民定居的再社会化问题》,《新疆师范大学学报》,2002(4):76-82。
⑦ 罗意:《游牧民定居与草原生态环境变迁——基于新疆吐尔洪盆地的考察》,《民族研究》,2020(5):69-81,140。
⑧ 聂爱文、孙荣垆:《生计困境与草原环境压力下的牧民——来自新疆一个牧业连队的调查》,《中国农业大学学报》,2017,34(2):112-119。

究者开始重新审视传统社会价值观念的当代意义。① 传统牧业社会价值观念形成于人与自然的有机循环互动之中,与生态有较强的"亲和性"。近几年有一种研究路径是从生态观的角度统摄传统牧业社会价值观念,着重从牧民生态观变迁考察传统牧业社会转型问题。例如认为牧民生态观的变迁由社会急剧转型引起,包括向市场经济过渡、草原资源利用主体多元化、游牧生计方式消逝等,②生态观的变化表现在对控制自然的观念和态度的内化、资源价值观的改变和对禁忌的突破三方面,这成为草原生态环境与牧区经济双重边缘化的重要诱因。③ 在对传统生态观展开的反思中,部分学者认为游牧民传统生态观及其指导下的环境行为对于维系游牧民与草原生态的永续发展仍有重要作用,④因此要以生态文明建设为导向,推动传统生态文化的传承发展⑤和草原生态秩序的重建,⑥探索生态文明建设及传统自然观与现代化相适应的实践途径。⑦

总体上,已有成果多为比较分析、理论抽象等宏观和中观层面的规范性研究,为我们的牧业社会转型及其价值观念变迁研究提供了理论借鉴。微观层面的实证研究或将成为未来的重要研究方向,尤其是对畜牧、狩猎等特殊生计群体价值观念实践的经验研究。此外,现有研究思路多是在"传统/现代"二分的线性视域下审视传统社会价值观念变迁,但"'转型'的特质则使其更偏向于现代性展开过程中断裂、相对不稳定以及差异化的

---

① 范可:《狩猎采集社会及其当下意义》,《民族研究》,2018(4):57-70,124-125。
② 崔延虎:《亚洲北部草原地区牧业人口自然观与环境态度调查与分析》,《文化人类学辑刊》第1辑,新疆人民出版社,1994年,第100页。
③ 罗意:《在游牧与农耕之间:新疆定居游牧民自然观与环境态度的变迁》,《西南民族大学学报》,2015,36(5):24-29。
④ 陈祥军:《游牧民的生态观与环境行为研究——以新疆阿勒泰哈萨克为例》,《原生态民族文化学刊》,2012,4(2):83-90。
⑤ 杨曙辉、杨鑫、蒋欣等:《民族地区传统生态文化传承和发展——以新疆传统生态文化为例》,《中南林业科技大学学报》,2020,14(6):18-23。
⑥ 罗意:《文明冲突与阿尔泰山草原生态秩序的重建》,《原生态民族文化学刊》,2016,8(2):7-13。
⑦ 蒋尉:《少数民族传统自然观的现代化适应——基于青海省海西蒙古族藏族自治州TJ县的案例分析》,《民族研究》,2020(5):29-44,139。

另一面"①。其实社会转型可以指称从传统向现代的转变,但实践过程并非持续、稳定、单向,而是充满断裂、不稳定和差异性。价值观念变迁也并非从"传统"到"现代"的二元单向线性发展模式,"传统价值观念"与"现代价值观念"可能并存于转型社会中,甚至"现代价值观念"亦有可能回归"传统价值观念"。此外,牧业社会价值观念体系涵盖精神、心理和日常行为等多个层级,以及宇宙观、生命观、自然观、社会观、经济观、婚姻观、家庭观、职业观、教育观等多种类型,生态观等单向度、扁平化研究仅是考察牧业社会价值观念体系及其变迁的多种视角之一,应推动研究跨越层级和类型,具备整体性特征。基于已有研究基础,我们尝试重新勾画河西走廊传统牧业社会价值观念体系的基本结构,在社会转型的具体语境中,对基本结构下的变迁规律进行深入讨论,分析不同层级和类型的价值观念变迁的差异性、复杂性和双向性,阐释社会转型过程中传统牧业社会价值观念变迁的趋势。

二、河西走廊传统牧业社会价值观念体系

河西走廊南有水草肥美的祁连山草原,北部合黎诸山一带又有平坦无垠的沙碛草原,加上农区的小块草场,约九万平方千米广阔的天然牧场,占河西走廊全区面积的百分之三十五。② 这些区域的各民族群众在特殊生存境遇中承袭了传统牧业生计方式,在长期调节自我与草场、牲畜三者之间关系的过程中,形成维系"生境"平衡的独特价值观念。这种价值观念作为一种"集体表象",生成于传统牧业社会之中,同时规范和形塑社会的生计模式、风俗习惯、宗教信仰以及人们对世界的各种想象。

已有研究提出价值观念体系的二级层带结构,由居于核心地位的价值观念和位于外围的价值观念组成。"核心价值观念约束着外围价值观念,为外围的价值观念提供方向和根据,从而维护价值体系保持稳定和统一……

---

① 文军、王谦:《从发展社会学到转型社会学:发展研究学科范式的新探索》,《江海学刊》,2017(1):96-104,238。
② 张军武:《河西畜牧天下饶》,《兰州学刊》,1986(1):97-98。

保护带中的价值观念越靠近内核,受核心价值观念的影响越大,越靠近外围则灵活性越大。"①其中核心价值观念包括关于生产劳动和关于社会关系的价值观念,具有稳定性、隐蔽性和深刻性。价值观念变迁最开始发生在外围层,逐渐由外而内发生变化,直至核心价值观念发生变迁后,原有整个价值体系彻底坍塌(图1)。

在价值观念二级层带结构理论的基础上,我们通过对河西走廊牧业社会的长期田野观察,提出"核心层—基础层—外显层"三重层级结构的理论。一方面,三重层级结构能充分展示牧业社会价值观念体系层级,利于细致剖析牧业社会价值观念体系变迁的复杂性;另一方面,价值观念变迁并非仅仅由外围到核心的单向运动,在特殊因素作用下,也会发生由核心到外围的变迁(见后文分析),因此"核心层—基础层—外显层"三重层级之间显现多层级双向互动(图2)。

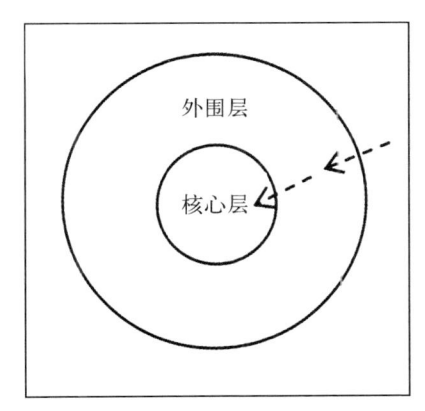

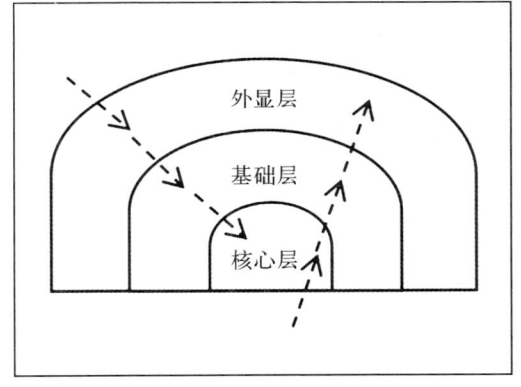

图1 价值观念二级层带结构②　　**图2 价值观念三重层级结构**③

在三重层级价值观念体系结构中,核心层价值观念处于主导地位,潜藏在精神层面,指涉社会生活各个方面,代表价值体系总体特征和本质,社会成员在行动中无明确意识,但通过文化积淀渗透至其思想情感和日常行为中,在不自觉中对其价值取向产生深刻影响,为基础层和外显层的价值观念

---

① 兰久富:《社会转型时期的价值观念》,第69页。
② 箭头指示价值观念变迁方向(参见兰久富《社会转型时期的价值观念》,第69、70页)。
③ 箭头指示价值观念变迁方向。

提供方向和根据，并维护价值观念体系的稳定和统一；基础层价值观念处于次主导地位，属心理层次，社会成员在行动中能够明确意识到，对价值评判和日常行为产生直接影响，指涉政治、经济、文化、生态等领域，既受到核心层价值观念的约束，同时约束外显层价值观念，为外显层价值观念提供方向和根据；外显层价值观念处于日常行为层次，从属于核心层和基础层价值观念，直接体现于社会成员的婚姻、家庭、职业、教育等各种社会行为。整个体系中，核心层稳定程度最高，越靠近核心层，受核心层价值观念影响就越大，越靠近外显层，边界越模糊，易变性越强。

河西走廊传统牧业社会价值观念体系中处于核心层的是宇宙观和生命观。宇宙观是人对外在世界的整体性理解，多指向观念中的宏观精神系统。"万物有灵"是其核心层价值观念的基础，认为世间万物皆有神性，并拥有上为天、下为地、中居人的空间认知，以此作为人类社会的基本秩序表达。河西走廊传统牧业社会普遍留存祭祀鄂博、敖包等祭天仪式，"天"对于牧业社会成员来说是至高无上的神，也是自然和宇宙的规律，代表其精神世界中宇宙观的等级结构。生命观是关于生命从何处来、向何处去的认识。不同民族的生命观有不同指向，但其总体与核心层的宇宙观、基础层的自然观密切关联。牧民一般认为大自然是赋予人和动植物生命的本源，没有大自然的孕育就没有生命的存在。牧业社会中很多民族有"天父地母"观，认为父为天，地为母，子为骏马，[1]把"苍天"当作赋予自然界生命的"父亲"，把"大地"视为人类"母亲"。大地不仅是生命孕育载体，还包容所有生命存在形式，没有大地，生命则无处所。

河西走廊传统牧业社会基础层价值观念包括自然观、社会观、经济观等，其中最重要的是自然观。自然观是人们对人与自然关系的基本态度，作为价值观念中间层，连接了核心层的宇宙观、生命观和基础层的社会观、经济观。传统自然观受"万物有灵"之宇宙观和"天父地母"之生命观的统率与制约，认为人与生活在自然界中的其他生命体地位平等、形异质同，因而要敬畏自然、保护自然。传统牧业社会普遍拥有"神山圣湖"观念，在固定区域

---

[1] 范长风：《从地方性知识到生态文明：青藏边缘文化与生态的人类学调查》，中国发展出版社，2017年，第19页。

严禁狩猎、采药、开垦,在水源处忌洗涤活动,避免污染,否则会遭到"报应"。牧民多生产生活于野生动植物资源丰富区域,但其自然观禁止随意猎杀野生动物,尤其是罕见、奇异动物,认为那是某"山神"的家畜或是灵魂的寄托。传统狩猎生产有季节之分,不打幼崽,只打公的和跑得慢的,注重优胜劣汰。[①] 自然观也会通过"祭鄂博"等集体信仰仪式得以传承和强化,集体祭祀成为一种有效的传统生态道德教育。社会观是对人与社会关系的看法,通过社会组织、结构、制度、习俗体现出来。马克思主义认为社会是人们相互交往的产物,"是一切社会关系的总和"[②],个体的人之所以结成社会,是因为人们必须为生存而生产,进而为生产进行结合。[③] 社会观对推动个体、群体之间的合作与交换,实现社会整合具有重要意义。传统牧业社会由具有血缘关系的几个家庭组成基本生产单位,共同克服移动放牧中的劳动力不足和自然灾害挑战,形成社会集体主义,个体间互助合作意识较为强烈。另外,传统牧业社会对老年人有较强的经验依赖,老年人在社会群体中拥有较高权威,是社会精英的代表和凝聚牧业社会的重要力量,带动敬老社会风气形成。在经济观方面,生计方式决定了牧民群体具有高度流动性,所以只占有最简单的生产生活资料,以及方便实用的交通工具,对自然资源的索取也降至最低。同时仅与外界保持简单的交换关系,经济系统相对封闭,物质消费观念相对淡薄。直至今天,牧民依然以存栏牛羊数量作为财富的标志,宁愿保留大量牲畜也不愿意出售,乡村干部推动现代牧业生产的主要工作是说服牧民加快牲畜出栏率,由此可见其价值观念系统中对财富的态度。

河西走廊传统牧业社会外显层价值观念包括体现在日常行为中的婚姻观、家庭观、职业观、教育观等。婚姻观方面,传统牧业社会的婚姻受大家族影响较多,个人主体性意愿不突出,婚姻结合多作为家族、部落联合的纽带,具有较强社会意义。联姻范围由物理空间决定,遵循血缘外婚和等级内婚,

---

① 摘自对甘肃盐池湾国家级自然保护区工作人员 DB(男,1963 年生,蒙古族,甘肃省肃北蒙古族自治县盐池湾乡人)的访谈资料。
② 《马克思恩格斯全集(第 46 卷上)》,人民出版社,1979 年,第 220 页。
③ 石秀印、许叶萍:《社会核心价值体系的本质特征与社会成员共享的核心价值观》,潘维、廉思《中国社会价值观变迁 30 年(1978—2008)》,第 158 页。

婚配对象以本族为主,跨族、跨地域婚姻较少。家庭观方面,传统牧业社会中男性一般从事放牧、转场、搬家、牲畜买卖的工作,女性则在家完成煮饭、挤奶、制作奶制品、照顾子女等工作。职业观方面,由于内部经济系统对商业依赖较低,传统牧业社会往往重牧轻商,人们较少外出打工或从事其他副业,在传统牧业生产中维系低消费的生产生活方式。教育观方面,在相对封闭的传统牧业社会中,教育内容主要包括传统道德伦理教育和牧业技能教育两部分。因季节性转场放牧,活动范围较大,牧业社会中的学龄儿童接受现代教育程度普遍不高。牧民的传统意识中,在广阔的自然家园中世代游牧是理所应当的选择,长辈对后代的职业期待多是留在家中发展生产,提高家庭收入。当然,这样的职业期待在近几十年来发生了较大转变。

总体而言,我们可以将传统牧业社会价值观念视为一种将人与外在世界融为一体的"赋魅"式观念体系,人与外在世界呈现我中有你、你中有我,互为主体的关系,作为行动基本原则,体现在游牧民族的信仰和日常生活实践中,超越个体生命长期延绵传承。

三、传统牧业社会现代转型背景下的价值观念变迁分析

牧业社会转型推动的牧民定居被认为是实现畜牧业生产现代化、摆脱牧区贫困面貌的重要举措。20 世纪 90 年代,河西走廊开始推进牧民定居工程。进入 21 世纪,特别是近十多年来,国家主导的生态文明建设逐渐深入,草原生态保护工程中的禁牧、休牧和轮牧等,加速引导牧民离开牧区进入城镇定居,实现草原生态恢复和提升牧民物质生活水平的目的。定居带来传统牧业社会生产生活方式的深度变化,产业结构由单一牧业向牧农工商多元产业转变,并推动人口结构分化改组,生计方式由自给自足的自然经济转向商品交换的市场经济,文化教育水平普遍提升,社会服务设施和社会组织形式日益完善,同时,也不可避免地推动价值观念体系变迁。

社会转型时期,各层级价值观念变迁呈现递进原则。一般而言,核心层价值观念是群体心理深层结构,相对稳定,外显层价值观念则较易受到

外部力量的影响,使价值观念体系在外部驱动力下发生由外到内的变迁。当然,价值观念变迁也具有内部驱动力,核心价值观念具有地域原生性和生境依赖性特征,其形成与群体特定的生产关系分不开,当社会内部的生产关系发生变化时,亦会导致核心层价值观念的动摇,进而从内到外引发变迁。

(一) 外显层价值观念的整体解构

外显层价值观念变迁直接体现在牧民的社会行动中。婚姻观方面,随着人口流动加强,牧业社会由相对封闭转为相对开放,传统上同一区域内的族内婚不再成为主要联姻方式,跨族、跨地域婚姻日益增多。婚姻也开始摆脱大家族影响,提倡年轻人自由恋爱,自主选择婚恋对象。家庭观方面,定居后迫于生计压力,同时也得益于社会开放程度的提升,妇女外出工作比例提高,传统男主外女主内的家庭分工被打破,女性家庭经济地位上升。社会转型也影响到职业观的变化,青壮年劳动力外出或就近打工的现象增多,原本"轻商"的牧民群体也开始经营商业,职业选择上由四季草场的世代传承转变为以"走出去"为荣。但在这一过程中,多数牧民的职业转型并不顺利。一方面得到草原奖补资金的牧民无心或无力再就业,另一方面转为农业生产的移民社区中,移民群体对未来有较高期望值,起初可以住"地窝子"、开荒地、积极学习农业技术,当农业收入不理想时,便很快将土地流转出去,转而以四处打工为生。教育观方面,传统道德伦理教育和牧业技能在面对当代社会人才需求时渐显无力,接受现代学校教育成为整个牧业社会的主流。牧民对子女的职业期待不再是回到草场继承牧业生产,而是通过现代教育成为"有文化"的人,进入"体制",当"干部"成为很多牧民认识中非常体面且有保障的职业选择。这样,传统教育观念被现代学校教育观念替代,通过读书走出乡村成为年轻人的目标,导致"读书出去的都想办法都出去发展了,回来的很少"[1]。

---

[1] 摘自对甘肃省肃南裕固族自治县明花乡政府干部 HWG(男,1973 年生,裕固族,肃南县明花乡人)的访谈资料。

（二）基础层价值观念的区间摇摆

基础层价值观念在"传统—现代"两极之间摇摆,其变迁过程既体现于行动层面,也体现在意识层面。随着市场经济影响日益深入,过去认为人与自然"质同形异"的自然观开始松动,在现实利益驱动下,牧民不自觉地将自然工具化,自然万物成为熟悉而又陌生的"他者",人与自然之间变成"利用"与"被利用"的关系。传统自然观强调保护基础上的合理利用,"取之有度,用之有节",而在社会转型时期,牲畜、草场、水源等成为单一获利资源。伴随技术主义的发展,牧民对各种新技术手段高度依赖,通过不断增加牲畜数量,换取单位经济高产出。草原的生产功能被日益强化,流转也从无价到有价,"家园"观念逐渐模糊。高投入的现代牧业为牧民带来极大便利和高效益回报,这无疑对推动地方经济社会发展具有积极意义,但同时也造成了畜产品安全隐患,在更深层次上悄然瓦解牧业社会的传统自然观念,挑战传统牧业底线。几年前的调研中,笔者曾与一位牧民朋友谈起饲料育肥羊的经济效益,当时对方表示对此经营方式极不认同,认为这种做法"坏良心",2020年又见到这位牧民朋友,他却兴致勃勃地谈起饲料育肥羊的创业想法,希望以此增加经济收益。[1] 定居后转向从事农业的牧民,原有的人与环境的关系被改变,传统文化结构被消解,新的人地关系还未形成,本土生态知识在外部工商资本的刺激下被悬置起来,[2]经营性贷款和市场化农业生产将其裹挟进市场中,他们通过自筹资金、农业贷款等方式大规模开发土地,种植西瓜、洋葱等经济作物,还有一些人选择尝试将土地商品化,以期获取更多收益。从牧民到农民的身份转变背后是生计逻辑的转变,传统上具有可持续性的畜牧业自然观念在新的发展情境中被"经济人"逻辑取代。

社会观方面,牧民定居后牧业生产互助组织的影响力式微,因原有的畜群结构被打散,家庭间的协作生产不再必要,跨家庭合作的方式逐渐被家庭独立经营代替。个体化趋势促发了人们对自身权利的关注,有更多自由和

---

[1] 来自对甘肃省阿克塞哈萨克族自治县牧民BLK(男,1977年生,哈萨克族,阿克塞县红柳湾镇人)的多次访谈资料。

[2] 王海飞、马瑞丰：《生态文明视域下河西走廊民族地区工商资本实践与运行逻辑》,《西北民族研究》,2020(3)：78-88。

选择空间，个体牧民之间竞争增加，一定程度上激发了牧业社会的生产活力，提高了牧业社会生产效率。但传统集体主义社会观的消解同时导致个人利益膨胀，原先同舟共济的多层级牧业生产组织变成原子化的个体集合，过去共同遵守的、基于共有而制定的草场利用规范逐渐失去效力，因利益引发的纠纷增多。牧民之间分化加剧，部分草场面积大、获得草原奖补资金多的牧户变成相对富裕户，而草场面积小、获得奖补资金少的无畜户和少畜户则日渐贫困。现代化进程中社会精英的认同标准也在发生变化，传统上"经验型"社会精英的威望逐渐下降，传统游牧知识体系的传承因失去其依存的场域而越来越不被重视。

转型促使传统牧业社会的经济观也发生较大变化。被推向市场的牧民从重义轻利的传统伦理观念中解放出来，开始敢于追求最大限度的经济价值。市场经济也为牧民提供了更多的机遇和可能性，使牧民的价值选择多样化、价值标准相对化。[①] 传统牧业社会中牧民生存空间即是生产空间，生产只需满足基本的衣食住行需求即可。定居以后，人群聚集形成新的社会结构，快速城镇化制造出全新消费空间，引发消费心理、消费类型和消费过程体验等各方面的变化。房屋购置与装修、家庭交通工具升级、各类电器和电子产品普及等极大提高了牧民的生活质量，同时超前消费、注重享受的生活方式在牧民群体，特别是年轻人当中开始变得普遍，牧业社会滋生出"别人有什么我也要有什么"的消费攀比。日常生活中教育、医疗和改善生活等消费支出比例增大，催生牧民群体的贷款热潮，获贷资金又往往用于生活消费，而非扩大再生产。传统价值观念中的"按需索取"转向对财富积累和消耗的循环过程，原本将牲畜作为财产象征转变为将拥有金钱视为富有的标志，个体与家庭的财产边界也不断趋于清晰。

（三）核心层价值观念的交错整合

传统牧业社会中人与草原、牲畜的关系渗透在人们的价值观念系统中。随着牧民离开草原后其生境的变化，人与自然的共生关系被卷入现代化浪潮，传统的集体意识失去作用场域，生计方式转型的同时带来传统价值观念

[①] 郭雄伟：《我国农民价值观念变革浅析》，《山西财经大学学报》，1998(6)：73-75。

的消解。这一阶段中，传统万物有灵的"赋魅"式价值观念受到科学主义"祛魅"式价值观念的挑战，精神世界中"天—地—人"的一体概念开始模糊。面对这一挑战，我们认为牧业社会也并未完全进入科学主义的价值观念体系，而是在内外因素影响下，又部分跌入崇尚资本的"再赋魅"式价值观念体系中。可以观察到，传统牧业社会核心层价值观念在多个方面均有变迁呈现。如上文所述，核心层价值观念的变迁将深刻影响到基础层、外显层价值观念，这体现在将自然工具化的自然观中，体现在被资本所异化的经济观中，体现在日益个体化的社会观中，体现在期待子女"走出去"，而自身无法完成职业转型的职业观中。

价值观念变迁过程中，作为价值观念体系中最稳定的层级，核心层还承担着传统价值观念与新生价值观念之间的整合任务——传统的宇宙观、生命观等核心层价值观念正在与科学主义"祛魅"式价值观念和崇尚资本的"再赋魅"式价值观念之间实现交错整合。在核心层价值观念实现整合之前要经历一段价值冲突过程，当牧民对传统的"赋魅"式价值观念产生不确定和怀疑，又对市场经济下追求经济利益的现实主义价值观念产生关注，甚至定居后有意识地采取适应当下利益需求的行动策略，证明价值观念正处于这一冲突过程之中。直至重构单一价值评判，并不断汇集成新的集体意识，推动价值观念体系的整体变迁。当前，牧民定居后的种种价值实践，以及从自然中被剥离后，面对钢筋水泥构筑的城镇化和全新的生计方式而产生的价值失范，都在催生转型后新价值观念体系的形成。核心层价值观念整合的终极目标应该是引导群体对周遭世界的认知逐渐实现"祛魅"化，在传统牧业社会"赋魅"式价值观念和由资本主导的"再赋魅"式价值观念之间达成平衡，以推动适度、节制、和谐的"草—畜—人"的动态关系链的形成和地方经济的可持续发展。

四、河西走廊牧业社会价值观念变迁趋势

现代化进程打破了传统牧业社会的封闭状态，将其拖拽到一个更加开放自由的环境中。随着牧业社会经济面貌日益改善，个体市场经济观念逐步形成，在实现个人价值和获得物质利益的要求下，牧民的精神世界不断被

解构与再建构,传统牧业社会价值观念的变迁过程日益呈现以下几个趋势。

(一) 变迁进程加速化

随着牧业社会现代化和城镇化进程突飞猛进,在新的生产方式、生产关系、社会交往方式等影响下,牧民价值观念变迁的速度、程度、广度前所未有。"从根本上说,改革开放以来农民价值观念变迁是社会转型最深层的文化转型的体现,是社会转型造成人们的利益关系和利益结构变动引发的观念变革和文化体现,反过来作为内在行为动因影响着农民生产生活方式和农村社会秩序"[1]。同样,牧民价值观念变迁也是传统牧业社会转型引起的社会结构变动在牧民思想观念上的深层反映,并与社会转型相互影响。信息化、网络化时代的到来,市场经济影响不断加深,都在推动传统牧业社会走出单一封闭状态,使之开放程度不断提升,人口流动规模持续增长。在与外界的频繁互动中,价值观念碰撞也在不断地发生,牧民的价值目标、价值标准不断被刷新,社会价值观念变迁的速度也将越来越快。

(二) 变迁过程差异化

在传统牧业社会价值观念整体加速变迁过程中,个体的价值观念并非必然呈现一致的速率与状态,相反,个体价值观念变迁开始的时间有早有晚,变迁速度有快有慢,变迁程度有深有浅。当社会环境在持续不断地快速变化时,可能越早发生价值观念变迁的个体,其变迁的速度会越快,程度会越深。由此传统牧业社会价值观念变迁呈现出差异化趋向,且这一趋向将在社会持续转型中愈加凸显。价值观念变迁的差异化趋势充分体现在牧业社会不同年龄段群体中。调研发现,牧业社会中青年群体由于在外求学,接受现代学校教育,或外出务工、经商等原因,其价值观念较早发生变化,受到科学主义"祛魅"式价值观念和崇尚资本的"再赋魅"式价值观念的影响更深,在自身价值观念基础层甚至核心层均有显现。老年群体则在婚姻观、家庭观、职业观、教育观等观念外显层表现出较为明显的变化,如支持年轻人

---

[1] 林岩:《分化与整合:社会转型下农民价值观变迁及其当代重构》,《学术论坛》,2014,37(11):5-10。

自由婚恋,希望子女能接受学校教育,脱离牧业生产成为政府或企、事业单位工作人员等。但在基础层的自然观、社会观、经济观方面,尤其是在核心层的宇宙观、生命观层面,仍固守传统价值观念。核心层价值观念较为稳定,塑造了"传统的我",外显层价值观念受现实影响较大,塑造了"现状的我"。"当人要改变传统的自我时,会发生传统的'我'与现状的'我'之间的冲突"①,在这一冲突中,不同个体因其身份、境遇等的不同,必然会呈现较大的差异性。

(三) 变迁表现多元化

应该看到,转型中的牧业社会价值观念多元并存。传统"赋魅"式价值观念并未被完全取代,科学主义"祛魅"式价值观念日益在社会生活中扮演重要角色,与此同时,崇尚资本的"再赋魅"式价值观念正在潜移默化中将每个个体裹挟到资本市场中。每种价值观念都有其特定指向,引导人们前进,社会价值观念变迁也因此呈现出由一元向多元转化的基本态势和发展趋向。具体表现在重利轻义、利己主义的价值取向与重义轻利、集体主义价值取向共存;注重物质享受、铺张浪费的价值取向与艰苦朴素、低消费欲望的价值取向共存;将自然工具化、重实用性的价值取向与保护自然、重伦理道德的价值取向共存等。价值观念变迁态势的多元化与行动主体的多维分层紧密相关。不同行动主体的需求和同一行动主体的不同需求使价值观念呈现多元分化的特征。② 牧业社会价值观念变迁的多元化趋势还表现在不同年龄、性别、阶层、职业的群体之间。例如面对禁牧政策,不同年龄段的牧民呈现出较为明显的态度分化。青壮年牧民对禁牧政策持更加积极的态度,大多数认为禁牧补贴的发放使得禁牧既不影响牧民收入,还可以让牧民从繁重的牧业工作中解脱出来,从事其他多种职业;老年群体往往对禁牧的态度较为矛盾,他们一方面认为禁牧有助于草原生态恢复,而且家里缺少从事牧业的青壮年劳动力,国家直接发放禁牧款也不错。但另一方面,定居导致的生活方式变迁让他们难以接受,拥有一定数量的畜群,与畜群为伴是维系

---

① 兰久富:《社会转型时期的价值观念》,第 173 页。
② 杨雄:《第五代青年价值观特点和变化趋势》,《青年研究》,1999(12):1-8。

其传统生活样式与传统文化的重要基础,否则将会导致其产生不安全感。另外,他们也担心传统牧业生计方式的渐行渐远不利于民族文化的传续与发展。

(四) 变迁方向主流化

从社会发展的角度看,牧业社会价值观念差异化、多元化趋向是社会发展活力与动力的源泉,具有积极意义。但倘若没有新的主导价值观念引领,使多元价值观念在主导价值观念统摄下保持必要的合理张力,就极易在价值利益主体多元、价值选择多样的社会中,出现价值迷失或价值失范。社会主义核心价值观是当代中国主流社会价值观念的集中体现,可以看到,牧业社会价值观念整体上都在向这一主流社会价值观念体系靠拢。应该说,价值观念变迁的主流化趋势是广大牧民群体社会实践的结果。

社会主义核心价值观的生成与牧业社会转型发展实践是同步、同向的。社会主义核心价值观既是当前牧业社会众望所归的本位价值,也是预示牧业社会未来发展的本位价值。社会主义核心价值观念从国家、社会、公民三个层次为牧业社会发展提供价值指引,从政治、经济、社会、生态、文化各个领域凝聚牧业社会社会主义意识形态,引领牧业社会精神文明、物质文明、政治文明、社会文明和生态文明发展方向。正是在社会主义核心价值观的引领下,牧业社会市场经济体制逐步建成,法律法规不断完善,各项社会规范和社会政策逐步稳定并推动牧民物质生活水平不断提升,教育、医疗、就业、住房、社会保障等各项民生事业不断改善,人与自然和谐共生的发展愿景不断深入人心。牧区群体切身感受到社会主义核心价值观所蕴含的重要实践价值,从思想和实践上自觉接受社会主义核心价值观,并随着牧业社会高质量发展实践的持续展开而逐渐深化。

五、结 语

有学者提出"游牧文明的核心不是逐水草而牧,而是它的价值观"[1]。实

---

[1] 纳日碧力戈:《游牧文化的共生价值——评邢莉、邢旗著〈内蒙古区域游牧文化的变迁〉》,《民俗研究》,2014(2):154-155。

际上，逐水草而牧与传统牧业社会价值观念是不可分割的整体，是传统牧业社会价值观念形成的基础，传统牧业社会价值观念又为逐水草而牧的生活世界提供了规定性原则。毫无疑问，随着技术进步与时代发展，牧业社会价值观念变迁是社会转型发展的客观趋势和必然进程，也是推动牧业生产方式由传统走向现代的积极力量，具有非常鲜明的当代意义。经过对河西走廊民族地区长时间持续观察，可以发现，畜牧业依然是当地非常重要的经济生产方式，正是在畜牧业现代化转型升级的同时，新旧价值观念的冲突整合催生了新形态的文化系统和复合型生计方式。这一过程对身在其中的群体而言，或许是必须面对的社会"阵痛"，但从更宏观的社会发展视角来看，有利于广泛推动不同特质、不同区域的文化交流，形成更高更广层面的文化认同，使传统价值观念同时趋向理性、多元和主流，契合社会转型要求。

同时，还需要清晰地认识到，在当下社会转型过程中，新的价值观念体系正在生成而尚未完全成熟，具有较高的脆弱性和不稳定性。在我们观察的牧业社会中，传统文化制造的"有意义的网"依然还在，但人们已然不再"悬挂"其上，转而或主动或被动地面对"层累的"文化之外"发展"的需求。社会交往中人与人之间经济联系日益紧密，但在局部也显现人们的情感联系逐渐疏远，社会价值失范的风险也在隐性提高。通过河西走廊牧业社会的个案研究可以证明，价值观念变迁的过程以及趋势有规律可循，并在一定程度上可以实现合理引导。在这个过程中，应持续发挥政府的主体作用，在社会转型中不断完善牧业社会保障系统，坚定不移地明确社会主义核心价值观在社会价值观念体系中所处的核心地位，使其在全面推进乡村振兴的新阶段，引领牧业社会价值观念系统的良性变迁，推动社会向善治、可持续方向获得高质量发展。

甘肃非物质文化遗产与
旅游融合发展研究

魏学宏

甘肃省社会科学院决策咨询研究所

非物质文化遗产(简称非遗)是人类文化的重要组成部分,把非遗作为一种重要的区域旅游资源,适度地开发利用可以使人们了解到非遗自带的文化价值,这在一定程度上能激发人们对非遗的保护意识,从而实现对非遗的保护与传承。而非遗的保护和传承又能促进区域旅游市场蓬勃发展,提升开发层次,从而形成非遗保护与旅游开发的良性互动。所以说,将非遗与旅游不断融合发展,可以使两者相辅相成、共同促进。

一、甘肃省非物质文化遗产基本概况

华夏文明在甘肃历经八千年岁月,众多民族自古以来就在这片热土上交融,多种文化就在这里碰撞,形成了大量的非物质文化遗产。非遗的表现形式也多种多样,既有民间文学、音乐、舞蹈、传统戏剧、曲艺,也有传统体育、游艺与杂技、美术、传统技艺,还有传统医药、民俗等。甘肃非遗蕴含着甘肃各个民族特有的精神价值、文化意识、思维方式和想象力,体现着中华民族的生命情怀和文化精神。

截至 2021 年 6 月,甘肃省先后公布过四批省级非遗名录,省级非遗代表性项目有 493 项,有 83 项非物质文化遗产项目被国务院公布为国家级代表性项目,花儿、环县道情皮影戏、格萨(斯)尔 3 个项目入选联合国教科文组织人类非物质文化遗产代表作名录。全省已认定 68 名国家级、617 名省级非遗代表性传承人,两批共 3 家企业入选国家级非物质文化遗产生产性保护示范基地,临夏砖雕、保安族腰刀锻制技艺等 15 个项目列入第一批国家传统工艺振兴目录。各市(州)共公布非遗代表性项目 2 186 项(市州级),各县(区)共公布非遗代表性项目 5 396 项(县区级);认定市(州)级非遗代表性传承人 3 542 名、县(区)级 8 299 名。如今,全省已形成了比较完整的国家、省、市、县四级非遗名录体系。

二、甘肃非遗与旅游融合发展现状

近年来,甘肃依托丰富的自然资源和深厚的非遗底蕴,已将部分非遗与旅游融合起来,打造特色文化旅游品牌,并取得了比较好的效果,获得了一定的经济和社会效益。

(一)政府主导,推动非遗与旅游融合发展

各级政府充分发挥非遗与旅游融合发展的主导作用,通过多种途径投入大量的人力、物力、财力促进两者融合发展。为实现非物质文化遗产数据的保护与传播,2020 年甘肃省文旅厅与腾讯云合作,开始建设非遗大数据平台。2021 年,中央财政非遗保护专项资金投入 1 773 万,省级财政非遗保护专项资金投入 1 000 万,用于补助我省 22 个国家级非遗项目、13 个省级非遗项目、3 期国家级非遗传承人群研培计划培训班,支持 54 名国家级、452 名省级非遗传承人开展保护传承活动,组织实施国家级、省级非遗代表性传承人记录工程,拍摄制作了甘肃非遗宣传片,结集出版《非物质文化遗产研究论文集》,成功举办基层非遗保护工作者培训班。这些都为非遗与旅游融合提供了坚实资金保障。同时,相关旅游景区与"非遗"传承人建立合作关系,共同开发以"非遗"内容为基础的表演性活动,以此达到吸引社会各界关注、增加"非遗"旅游价值和文化价值的目的。

(二)非遗整体性和生产性保护有序推进,打牢融合基础

甘肃省文旅厅认真推进省级文化生态保护实验区建设工作。2019 年起草并颁布了《甘肃省级文化生态保护区管理办法》,2020 年,指导文县起草了《白马人文化生态保护区规划纲要》,2021 年实地考察评估 6 个县(区)政府创建省级文化生态保护区。此外,省文旅厅还组织实施了黄河流域(甘肃

段)非遗资源调查,启动了第五批省级非遗代表性传承人申报。在抗击新冠疫情时期,积极组织各级非遗项目保护单位及传承人,创作了一批艺术形式多样、水平较高的非遗展演视频和作品,如南梁说唱、花儿、剪纸、泥塑、兰州刻葫芦等,通过"陇上非遗"公众号、"陇非"抖音号、视频号和市(州)县(区)网站及微信公众号进行展播。积极推进非遗助力乡村振兴战略实施。截至2021年初,建成2家国家级非遗扶贫就业工坊,93家省级非遗扶贫就业工坊,线上线下累计培训1 080期、16 492人次,充分体现出了文化和旅游融合、"扶贫"与"扶智""扶志"相结合的成效和作用,非遗助力乡村振兴已成为甘肃省文旅工作的新业态和新亮点。

(三)非遗传播力度持续加大,助推旅游发展

积极开展《非物质文化遗产法》《保护非物质文化遗产公约》《甘肃省非物质文化遗产条例》等一系列法规政策的宣传,增强公众依法依规保护非遗的责任意识。以春节、端午节等传统节日及"国际博物馆日""文化和自然遗产日"等大型活动为载体,全面展示甘肃非遗的独特魅力。2021年,全省740个非遗年俗类系列视频参加首届"文化进万家——视频直播家乡年"活动,借力云端游甘肃,相聚网络过大年;盛夏六月,26个非遗项目、1 000余件非遗展品、1 500件非遗工坊文创产品齐聚兰州老街,完美演绎"甘肃非遗嘉年华";丰收九月,"如意甘肃·多彩非遗"全省非遗展演首次走进兰州音乐厅,近100名非遗传承人轮番亮绝技、展华彩,联袂奉献承载着泥土清香和匠心艺韵的非遗盛宴。此外,省文旅厅整合优秀非遗资源,精彩亮相上海"百年百艺·薪火相传"中国传统工艺邀请展、"云游非遗·影像展"、首届"'一带一路'·长城国际民间文化艺术节"、安徽黄山"第五届中国非物质文化遗产传统技艺大展"。在2022年"文化和自然遗产日"期间,甘肃省非遗中心官方账号通过图文、短视频、海报等形式,提前半个月以视频的形式将参与的30家工坊产品进行集中展播;在张掖主会场,来自全省各地30家非遗工坊的500多件非遗产品以及文创衍生品汇聚一堂进行展示销售,还有多位传承人现场刺绣、剪纸并通过各平台进行直播带货,使线上、线下观众"沉浸式"感受非遗魅力、选购非遗产品。持续推进非遗进校园、进课堂,形式多样、内容丰富的活动不仅让学生感受到了非遗文化的价值和魅力,更在他们的心中播洒下了喜爱非遗的种子。通过"陇上非遗"微信公众号、甘肃省文化厅"非物质文化遗产"栏目、文化甘肃网、甘肃文化产业网等网络资源,讲好甘肃非遗故事,显著提升了优秀非遗的可见度、美誉度和影响力。多种形式、多方面内容的宣传展示,不但提高了广大民众对非遗的认知,而且扩大了非遗与旅游融合的影响力。

(四)"非遗+演艺+景区"模式效果初显

白银市对白银曲子戏、会宁剪纸、景泰滚灯、黄河战鼓等非遗项目进行舞台化创作,经过整理、提高、创编并与旅游相结合,创排《黄河之上·多彩白银》情景歌舞剧,演出赢得了广大游客赞誉。金昌市充分挖掘非遗代表性项目文化内涵,创排了《骊靬神韵》等大型精品舞剧,《万字灯》《节子舞》《王哥放羊》《永昌念卷》《木偶戏》等非遗类节目和民俗文化小品,在广场、景区等游客集散地演出,深受社会各界好评。酒泉市肃州区通过开展春节系列文化活动、"赏祁连雪景、游美丽乡村"文化旅游艺术节等活动,将酒泉地蹦子、福禄车、二鬼打架、赶驴等民俗类非遗项目融入其中,并以非遗项目为基础,创作《酒泉宝卷唱新韵》《娶亲》《肃州弹唱塞上行》《糊锅飘香》等非遗剧目,吸引了大量游客、群众观看,切实提升文化旅游融合发展的文化品位。陇南市举办的白马人民俗文化旅游节、乞巧女儿节等推动文化旅游融合发展。庆阳市深入挖掘民间文学类的陇东红色歌谣,利用传统戏剧类的陇剧、秦腔、环县道情皮影戏、木偶戏,传统音乐类的唢呐艺术、陇东民歌,曲艺类的南梁说唱,舞蹈类的荷花舞、庆城徒手秧歌等资源和元素,对舞蹈、音乐、服饰、节庆、习俗进行再开发,创排出一批思想性、艺术性、观赏性较强的演艺产品,多次赴外进行推介宣传,深入大景区进行宣传演出。平凉市突出本地非遗资源特色、深挖价值内涵,以自然生态、人文景观、农耕民俗、红色文化、农耕体验、红色研学等为切入点,引入崆峒笑谈、崆峒派武术、西王母信俗等进入崆峒山景区、大云寺·西王母景区驻场展演,实现了农民增收、非遗传承保护、旅游产业优质发展的三赢局面。兰州市西固区将省级非遗项目"金花娘娘的传说故事"改编成大型秦腔剧"金花传",并依托省级非遗项目"军傩"新编"陇原傩魂",在河口古镇进行展演。临夏州和政县的花儿(松鸣岩花儿会)、和政咪咪、和政砖雕、竹柳编技艺等非遗项目,通过传统花儿会、花儿演唱、花儿剧表演、咪咪演奏、旅游纪念品等形式进入松鸣岩景区、法台山景区、三岔沟景区；和政秧歌、傩舞傩戏等非遗项目，通过走乡串户表演、举办春节秧歌汇演，深入和政县全境，在全州进行展演；永靖县的傩舞（永靖七月跳会）项目，借助旅游高峰展演、景区建设傩舞展览馆、傩舞面具和道具装饰展示等方式，进入炳灵湖景区、炳灵丹霞国家地质公园，在为广大游客群众提供丰富的文化服务的同时，进一步提升非遗项目的可见度和影响力。

（五）"非遗＋旅游＋特色小镇"建设初步成形

甘南州夏河县的拉卜楞唐卡小镇，采取企业"拎包入住"的方式吸引全县11家唐卡公司进驻，使拉卜楞唐卡小镇形成了展示与创作、传承与培养、体验与销售的产业模式，已有近万人次前来参观和学习。张掖市大力推动民俗非遗等文化资源的旅游化开发，建成并投入运营的丹霞口小镇、喀尔喀小镇，以及城北民俗文化村及西关综合市场、荷兰特色风情小镇、滨河酒文化产业园、丝路花海田园综合体、屋兰古镇文化村等以非遗展示为主要内容的文化小镇已成为张掖文旅部门招商引资、项目建设的重要载体。酒泉市敦煌市依托风情城夜市、敦煌小镇等旅游市场，将敦煌彩塑、敦煌木雕画、敦煌写经等项目引入旅游市场，让广大游客了解非遗的同时购买非遗特色旅游产品。白银市平川区在陶瓷小镇建成集教学、体验、休闲等多功能于一体的DIY陶吧，由专业陶艺师现场指导，游客、陶艺爱好者和儿童根据自己喜好进行拉坯、绘画、成型、烘干、施釉、烧制，体验制陶全过程，已累计接待游客40余万人次。

（六）各地"非遗＋旅游＋饮食"效益显著

酒泉市敦煌市将敦煌驴肉黄面、敦煌杏皮水、敦煌泡儿油糕等一大批民间餐饮类项目引入旅游市场，增强非遗与旅游市场融合发展的吸引力。白银市将东湾驴肉、五佛老豆腐、靖远一窝丝、酸烂肉、靖远油茶、靖远糁饭、四龙清炖鱼、水川长面等传统技艺及具有地域特色的饮食文化等非遗代表性项目引入旅游景区，在景区设立专卖点，满足市民游客"吃非遗"需求。嘉峪关市依托市级非遗项目——嘉峪关烤肉，成立了嘉峪关市农家生态烧烤协会，打造了多处向市民游客提供烧烤服务的户外烧烤活动基地，推动乡村旅游快速发展。金昌市充分挖掘以羊肉垫卷子非遗传统民俗项目为代表的金昌传统美食，开发建设了以地方特色民俗文化为内核的羊肉美食文化街、永昌钟楼小吃城、万祥美食城、边洼里民俗文化村等旅游综合服务项目，引导金川宾馆等企业推出七彩饺子宴等特色美食品牌，各大餐厅推出了以羊肉垫卷子、甜丸子、卜喇子等特色小吃为主的小吃宴和旅游团队餐，逐渐形成金昌特色美食系列产品，并积极举办"四月八"美食节、"吃头节"等旅游美食文化节活动，鼓励支持非遗传承人深入挖掘非遗食品项目的内涵，通过展示和销售，做强地方传统美食文化品牌，使广大游客和市民在金昌美食中流连忘返。庆阳市深入挖掘王录拉板糖制作技艺、马岭黄酒酿造技艺、环县黄酒、正宁老豆腐和荏果子制作技艺、镇原传统筵席习俗、庆城猪血烩豆腐和三角子宴席制作技艺等与美食有关的非遗项目，深入研究其产品及衍生品和相关实物，目前这些非遗产品已进入旅游市场，成为享誉地方、受游客追捧的特色旅游产品。临夏州临夏市河州黄酒酿造技艺、回族宴席曲、临夏发子面肠技艺、三炮台盖碗茶、临夏酿皮制作技艺、临夏麸子醋制造技艺、河州糖瓜制作技艺等非遗项目，以免费开放展馆、现场体验、产品销售、民间艺术展演等模式，进入八坊十三巷、茶马古市步行街、东公馆等景区景点；东乡县的喇嘛川木雕技艺、东乡族油馃、东乡族盆盆羊羔肉、东乡族盖碗茶等非遗项目进入景区宾馆、沿线饭店、休闲茶园等场所。以上活动效果明显，进一步丰富了旅游景区的文化内涵，提升了景区内销售收入。

（七）"非遗＋旅游"创意产品开发有序开展

陇南市文旅部门依托陇南独特的民俗文化，结合秦早期文化、陇南农耕文化及丰富的陇南物产资源设计一批符合陇南文化旅游产业发展的、较为独特的文化旅游产品，先后设计制作了乞巧民俗文化创意服装100余套、西狭颂文化创意旅游产品100余件(套)、白马人民俗文化旅游创意产品100余件(套)、武都黄坪泥塑作品20余件、"成州面塑＋陇南旅游景区"作品60件(套)、藏羌陶艺文化旅游作品24件、武都玉雕木雕作品8件，通过有形产品宣传，提高民族文化自信，较好地实现了"非遗"传承和旅游产业发展的有机结合。嘉峪关市依托本地旅游文化资源和非物质文化遗产资源，扶持和培育有一定条件、规模、技术、实力的文旅工艺品加工企业,向农民教授文化旅游产品制作技能,引导农民参与旅游纪念品的加工与制作,努力实现由无形的文化旅游资源向有形的文化旅游产品的转化,推动非遗项目与旅游经济的融合发展。金昌市积极引导永昌地毯、金川刻字、剪纸、刺绣、制陶等一批非遗传统技艺项目与市场对接,在充分尊重非物质文化遗产文化内涵的基础上,大胆创新,开发适销对路、富有特色的文化产品,永昌地毯、金川刻字、手工制陶等一批非遗项目已初步形成产业化、规模化发展的良好格局。张掖市成立了全市文化消费联盟企业协会,对文化企业研发文化产品和开展文化服务予以补贴,引导和鼓励尧熬尔原生态文化传承有限责任公司、萨尔玛非物质文化遗产有限责任公司、富达民族服饰工艺有限责任公司、高原红文化产业开发有限责任公司、山丹丹美工艺美术公司等一批以非遗文创产品开发为依托的文创企业,将非物质文化遗产元素纳入文创产品之中,设计开发裕固族民族服饰、裕固族刺绣、山丹烙画、剪纸、麦秆画、宫灯挂件、面塑、葫芦雕刻等文创产品。庆阳市以香包、剪纸、皮影等非遗项目为基础,先后与中国美院、西北师范大学、兰州财经大学、兰州文理学院、兰州理工大学等高校联合研发了300多种文创产品,通过传统手工艺与现代创意的结合折射出新的文化温度,受到了广大消费者的追捧。

(八)"非遗+旅游"研学体验稳步推进

2020年10月,在首届中国丹寨非遗周上,由甘肃省文化和旅游厅组织选送的"交响丝路非遗之旅"和"涛涛黄河非遗之旅"2条非遗主题旅游线路同时入选,是全国唯一入选两条线路的省份。敦煌市依托莫高里工匠村非遗传习基地,开展非遗研学游活动,先后接待国内外游客、学者、学生、艺术家团体等上万余人,同时拓展敦煌彩塑、敦煌剪纸等传统技艺类非遗项目在研学过程中开展体验教学,受到游客一致好评;玉门市积极开展非遗进景区活动,将具观赏性和娱乐性的民歌、东乡族花儿和玉门皮影戏等项目推向景区景点,在弘扬中华优秀传统文化的同时,促进非遗与旅游深度融合;瓜州县通过补助非遗传承人,开展非遗进景区展演活动,非遗传承人现场展示技艺制作,吸引游客参与互动,形成初步的展演、游览、购物、旅游服务体系,促进非遗文化融入旅游发展。武威市利用网络世界的传播力和快捷性,让传统文化搭上"互联网+"的快车,引领传统文化的创新与传承,在王哥放羊酒馆邀请凉州贤孝艺人驻场演出,并通过快手等新媒体进行直播,在普康田园综合示范园修建凉州老街小吃广场,将传统饮食入驻小吃广场,让游客们重拾传统记忆,在吃喝玩乐中感受厚重的历史文化底蕴,实现非遗与旅游的深度融合。庆阳市充分利用丰富的红色、民俗、岐黄等文化资源,在华池县南梁设立了红色文化研学基地,在庆城县建立了岐黄文化研学基地,在西峰区建立了民俗文化研学基地,并依托2个国家级传统工艺振兴目录项目、2个国家级非遗生产性保护示范基地和42个市级非遗传习所,探索开展研学活动,吸引省内外的游客来庆阳开展感知非遗文化的旅行,特别是每年寒暑假都会吸引大批游客和中小学生来体验非遗。嘉峪关市以具备一定条件的非遗生产性示范保护基地和文旅企业为基础,通过政府引导支持,文旅部门和相关研究机构配合,从提升文化旅游品牌的角度,打造集非物质文化遗产展示馆、非物质文化遗产体验中心、传承人才培训基地为一体的非物质文化遗产传承体验基地,为延伸文旅产业链条,提升产品附加值,实现文旅融合发展的经济效益、社会效益和文化效益提供坚实保障。兰州市依托省级非遗项目兰州羊皮筏子漂流点,开发集非遗欣赏、非遗研学、非遗体验为一体的综合性非遗主题旅游景点,年接待中外游客超过10万人次;同时,位于兰州市城关区金城关文化博览园的兰州刻葫芦传习所和兰州泥塑传习所,常年开展非遗传习、展示及研学活动,成为兰州地区旅游新的亮点。

三、甘肃非遗与旅游融合发展存在的问题

(一)非遗与旅游融合发展准备不足

当前,全省文旅融合刚刚起步,从理论到实践都准备不足,还有许多需要磨合和探索的地方。要界定好非遗保护和开发的关系,严格控制过度开发对非遗项目造成的危害和负面影响,特别是对《保护非物质文化遗产公约》中关于非遗与旅游的关系问题认识不足,未能充分理解其业务指南中关于"Ⅵ.2.3 旅游业对非物质文化遗产的影响,及非物质文化遗产对旅游业的影响"表述的真实含义。以甘南州拉卜楞寺佛殿音乐道得尔为例,如果只注重旅游开发势必会影响传统音乐原汁原味的传承,如果原汁原味地传承,又

不能最大限度地适应游客的品味。甘肃省现有文县池歌昼、西和乞巧节等民俗类国家级非遗代表性项目10个，还有众多的民俗类省级非遗代表性项目，都面临着在旅游业的发展中如何保持对非遗及对传承人的尊重等问题。

（二）非物质文化遗产保护力度不足

非物质文化遗产保护资金投入不足，抢救性记录工作进展缓慢，大量有历史文化价值的珍贵实物与资料尚未得到有效保护和整理，数字化程度薄弱。部分非生产性非遗项目，特别是特殊人群或以家庭为主要传承方式的非遗项目，传承人老龄化严重、年轻人受现代传媒及市场经济利益观念影响不愿意学习传承、传承人群逐年减少、失传风险居高不下等问题还没有得到有效解决。如以人类非遗代表作名录项目松鸣岩花儿会、莲花山花儿会等为代表的传统音乐类非遗项目，传承基础主要是民间，传承主力是农民，随着乡村城镇化发展，大量青壮年农民进城务工，许多年轻的优秀歌手为了生计，都已外出务工。松鸣岩花儿会、莲花山花儿会都是当地的旅游名片，但近年来优秀花儿歌手减少，盛况已不如当年。整体性保护是非遗与旅游融合发展的基础，目前全省还没有成功设立省级文化生态保护区，整体性保护受机构、人才、经费限制和自然灾害的影响，敦煌文化生态保护区、白马人文化生态保护区等建设工作进展比较缓慢。

（三）非遗旅游融合发展产业基础薄弱

目前全省非遗旅游市场主体小而散，缺乏大型文化企业支撑，规模以上文化旅游企业比较少，总体实力较弱。核心景区收益低，产品体系不够健全，服务配套设施不完善，综合竞争力不强，缺乏体验式、参与式拿得出手的拳头产品，游客逗留时间较短，消费水平较低。特别是受新冠疫情影响，为尽快复工复产，全省各景区都先后组织开展了非遗进景区展演活动，利用当地特色文化来吸引游客，但从开展情况来看，主要做法还是组织当地传承人在景区内进行传统技艺的展示和表演，如漳县从"五一"开始，每周末都组织传承人在贵清山、遮阳山进行演出；岷县为推动夜市经济、地摊经济与文化旅游、非遗文创深度融合，打造了岷州不夜城，组织非遗小分队展示了花儿、巴当舞等项目。这些活动无论是节目的观赏性还是产品的时尚性，都与时代的发展不相适应，真正能打动游客的节目和产品不多，未能真正实现非遗进景区。

（四）非遗与旅游融合人才队伍有待加强

文化旅游产品同质化、文化创意少、项目融资难度较大，对社会资本吸引力不强、非遗资源转化为旅游产品难度较大等问题的背后，实质还是人才问题。随着西部大开发、华夏文明传承创新区建设、新时代甘肃融入"一带一路"建设打造文化制高点、甘肃省推进绿色生态产业发展规划等一系列重点工作的推进，全省文化演艺、导游讲解、文化创意和营销策划人才严重匮乏的局面已经有了很大的改变，省级以上非遗代表性传承人的数量已超过代表性项目20%，但无论是非遗专家和旅游专家队伍，还是文化演艺编导队伍、文化旅游从业人员，都呈现出行业初级阶段的特征，跨非遗和旅游行业的人才队伍还未形成建制，还需采取一系列措施加大培养和引进力度。

四、甘肃非遗与旅游融合发展的对策建议

旅游需求的提高为文旅融合注入了根本动力，旅游资源观的改变助推了文旅的融合。在旅游中体验，在体验中学习，在学习中升华，这就是非遗与旅游融合发展的魅力所在。

（一）积极探索非遗与旅游融合发展的路径

在社会变迁中，一些非遗项目的原有功能可能发生了巨大改变，在制度或物质方面不再对现代人的生产生活产生作用。但我们需要认识到，旅游本身就是满足人的审美需求，所以非遗与旅游融合发展首先要从满足人们审美的需求开始。

1. 注重游客喜欢体验的旅游诉求。甘肃地域狭长，非遗相关社区之间的文化存在显著差异，要提高人们对非遗的关注度，又不能降低旅游质量，一个路径就是注重并满足游客喜欢体验的旅游诉求。例如在吃的方面：岷县点心、静宁烧鸡、陇西腊肉等传统饮食类手工技艺，如能让游客自己动手体验制作的一个环节或整个过程，将会留下更深刻的印象；陇东窑洞营造技

艺可和当前颇受游客欢迎的民宿融合；香包绣制、剪纸、木版窗花年画、民间手工麦秆编结等传统手工艺类非遗可打造文创精品；传统音乐、传统舞蹈、传统戏剧、曲艺类非遗引入旅游活动中，创新慢旅行的方式，提升旅游质量。

2. 利用现代科技推进非遗资源向旅游资源转化。对于非遗项目转化为旅游资源，技术手段的介入是不可或缺的。介入现代科技手段是在保持非遗核心技艺的基础上，对其进行创意和包装，让游客能感受和触摸到非遗的文化内涵，从而丰富旅游产品和服务。如旅游演艺、主题公园等旅游项目都离不开现代科学技术的支持，通过现代科技表现出有体验、有理念的非遗创新设计，非遗必将得到游客的追捧。

3. 走与文化产业融合的道路。实现非遗与旅游的融合发展必须走与文化产业融合的道路。例如，可以将康养旅游产业与非遗传统医药相融合；体育旅游产业和非遗传统体育游艺与杂技相融合；旅游演艺产业与非遗的传统音乐、传统舞蹈相融合；研学旅行与非遗传统美术、传统技艺相融合；动漫、影视旅游产业与非遗民间文学相融合等。当前，"非遗＋扶贫"工作就是通过走非遗与文化产业融合的道路，促进非遗与旅游融合发展。

（二）积极创新非遗与旅游融合发展的模式

1. 开发型融合发展模式。开发型融合发展模式主要通过资源融合的方式，开发非遗公园、博物馆、民俗村，设立文化生态保护区等非遗展示场所，供游客参观。开发型融合发展的模式主要有以下几种：

（1）非遗主题公园模式。这种模式主要是将自然景物、文化景观和非遗项目等利用现代科学技术融合在一起，通过人造景观突出一个或多个主题。非遗主题公园模式有利于人们更多地认识和了解这种非遗项目，能够使此种非遗项目得到广泛的宣传。比如兰州水车博览园，人们可以在闲暇娱乐时感受水车文化、黄河文化的博大精深。非遗主题公园模式主要用于开发民俗旅游，一般以民俗文化为主题，同时具有观光、娱乐、休闲和度假等功能，开发形成的是综合性旅游景区。

（2）博物馆模式。这种模式主要通过搜集、整合、陈列一些与非遗项目有关联的文化、历史、艺术、科技等方面的标本或者文物，向游客展示一个区域或者一个民族的文明，通过参观对人们进行非遗的科普宣传和艺术熏陶。

这种模式主要是针对那些即将或已经濒临消亡,或者是难以继续自身传承,但尚有生存希望的非遗进行转化和保护。如年画博物馆、剪纸博物馆等,通过展示年画、剪纸的各种风情,体现民俗文化的特色,使古老手工艺的文化特色得以有效的保护和传承。

(3)民俗旅游村模式。这种模式主要对那些仍完整保存有传统文化特色并且有相当独特文化研究价值的村落进行开发。非遗的一种特征是"活态性",这种模式展现当地原汁原味的民俗生活实际上就是表现非遗的一种"活态"的生存状态。例如榆中青城古镇就是一个民俗旅游村。这种非遗与旅游的融合发展主要是以当地村民的日常生产生活和村落的自然状态为主要内容进行旅游开发。与此同时,非遗创新发展注重对接乡村振兴,使非遗保护利用与美丽乡村建设有机融合。

(4)文化生态保护区模式。这种模式主要对非遗保存比较完整的区域进行一系列整体性的保护。比如即将建设的文化生态保护区,不但可以给非遗建立一个有效的保护屏障,同时能够比较真实、完整地展示当地民俗文化遗产的风貌,促使旅游者产生一种必须去亲眼观看、亲身体验一下文化遗产的冲动。

2. 体验型融合发展模式。体验型融合发展模式主要利用市场运作,利用非遗项目中诸如民族节庆、现场演艺、民俗体验类的旅游活动,让游客参与其中,从而体验感知非遗。体验型融合发展模式主要有以下几种:

(1)节庆活动模式。一些少数民族的传统节日可以发展旅游业吸引多方来客。如傣族的泼水节、蒙古族的马奶节、苗族的龙舟节等,都是我们比较熟悉的少数民族节日,每年节日期间都吸引了大量游客。甘肃也有很多少数民族节日是非遗项目,如甘南州舟曲县天干吉祥节,是舟曲县曲告纳乡天干村每年农历七月十五日,煨桑祭祀、感谢神灵、祈祝吉祥、盼来五谷丰登的一种祭祀,最终形成了今天的天干吉祥节。再如巴寨朝水节、插箭节等一些节日,很有神秘感也是游客向往的。另外,一些地方的婚嫁祭祀很有特色,此类活动也吸引着游客,如天水太昊伏羲祭典、平凉西王母信俗、庆阳周祖祭典、天祝土族婚俗和华锐藏族婚俗等。一些地方传统戏剧、民间舞蹈也别具风味,如陇西云阳板、崆峒笑谈、永昌木偶戏等。有些表演和仪式由于有固定的时间,不能随时随地表演,但这恰好体现了非遗的珍贵性,使游客更加珍惜、更加向往目睹并参与其中。

（2）旅游现场演艺模式。旅游现场演艺是站在旅游者的角度，依托旅游的景区景点，通过一个富有地域特色、表现地域文化、具有鲜明个性、注重体验性的演艺形式，解读非遗资源内涵、吸引游客的主题商业表演活动。目前做得比较成功的有主题公园模式《清明上河园》、实景模式《印象·刘三姐》、剧场模式《梦回大唐》、演艺＋X 模式《金面王朝》。近两年我国旅游演艺观众人次增幅比较快，旅游演艺市场有较大提升空间。甘肃推出的《又见敦煌》《丝路花雨》《敦煌盛典》实景演出效果空前，甘肃非遗与旅游融合发展需要围绕著名景区景点，结合当地特色资源着力打造旅游实景演出新亮点，努力提升游客观演体验。

（3）特色文化街区建设模式。这种模式主要对一些具有明显特色和丰富文化内涵的文化街区结合历史文化、民俗工艺、休闲娱乐、周边景观等优势资源进行提升改造和综合开发，比如推进的"读者印象"精品文化街区项目建设。特色文化街区建设模式还应当整合文化节、艺术节及一些文化赛事作为载体举行文旅活动，进一步活化一些传统音乐、传统舞蹈、曲艺等，让游客在特色旅游街区不但能时尚娱乐、商旅休闲，还能参与到非遗表演、非遗艺术品制作，在旅游中了解非遗项目、学习非遗技艺、感悟非遗文化内涵。

（4）工业生态园模式。传统手工技艺的非遗项目与旅游融合发展适宜采用工业生态园模式。这种模式以原有工厂车间或者现有工业园为载体进行观光或实践，如黄酒制作、铜铸技艺、陶瓷制作等，游客到现场通过参观厂房、制作过程，可以有效提高非遗可见度，最终形成的是工业与旅游相结合的开发模式。游客通过观光不但可以学习到传统文化知识，企业产品也能得到推销，同时也实现了对非遗的保护，达到多赢的局面。

3. 创新型融合发展模式。创新型融合发展模式是指将非遗的文化元素通过技术融合在特色旅游商品、特色餐饮、民族服饰、民族旅游景区（点）中。创新型融合发展模式主要有以下几种：

（1）旅游商品开发模式。对旅游商品的开发除了赋予商品非遗具体化外壳外，还要十分重视产品的内涵。因此，结合非遗对商品进行开发要在尊重非遗内涵的基础上进行创新，开发出的商品不仅要表现出旅游景区明显的特色，而且要让游客通过旅游商品了解到当地的非遗。深层次的开发要注重品牌的创建,使商品不但独具非遗的地域特色,而且要表现出非遗的文化内涵、非遗的灵魂。如做一张皮影戏件镶嵌在相框中挂在墙上,皮影戏的形与意不但融入了现代生活,而且几千年的珍贵文化与我们时刻相伴。

(2)民族服饰开发模式。甘肃非遗项目中有肃北雪山蒙古族服饰、藏族服饰、阿克塞哈萨克族刺绣、裕固族刺绣等,对于民族服饰的开发要表现出民族服饰的地域性、民族性、传统性、实用性等特点。民族服饰开发可以通过展示、制作体验、购买得以实现。展示主要就是让游客观赏当地特有的民族服饰,展示如果能和自然的或者比较真实的民族实景结合在一起,就更加展现出服饰本身的非遗民族文化价值。制作体验主要是向游客介绍民族服饰产生的背景、发展等,让游客制作体验当地服饰,可以低价让游客把参与制作的成品带走,这样不但能满足游客感官和情感的双重享受,而且让游客留下终生难忘的回忆。购买主要是民族服饰商品的销售。民族服饰开发需要注意的是古朴的棉、麻布料,精美的手工刺绣、挑花一定要把好质量关。

(3)饮食非遗餐饮开发模式。甘肃特色餐饮资源丰富多彩,充分挖掘与开发对甘肃旅游大有裨益。对于饮食类非遗的旅游开发,一是建设饮食类博物馆(展览馆),以静态展示、专题展演、情景体验方式呈现陇原大地饮食中蕴含的思想、习俗、礼仪、技艺等。二是创办特色鲜明的饮食节庆活动。如甘南州举办的香巴拉美食文化节。当前,甘肃还可以在面食、食品工艺、茶文化、糕点等方面尝试文化节庆活动。三是打造美食文化特色小镇。抓住乡村振兴中特色小镇的建设机遇,打造美食风情小镇、饮食文化街区,体现甘肃地域厚重的饮食文化底蕴。四是活态开发饮食类旅游商品。主要是开发一些饮食老字号店铺融入旅游之中,利用现场制作的方式,完整展示饮食类非遗技艺,让旅游者了解甘肃饮食文化的非凡之处。与此同时,我们可以从如何更好发挥功能的角度,构建比较完备的甘肃饮食类非遗旅游产品体系。

甘肃饮食类非遗旅游产品种类开发设想表

产品结构	产品类型	产品内容
品牌产品	陇原美食鉴赏游	走进博物馆或饮食生产基地,参观领略美食制作的技艺和智慧,开展美食品鉴,体验舌尖上的美味

续表

产品结构	产品类型	产品内容
拳头产品	饮食文化研学游	围绕各类博物馆、传统饮食生产作坊,开展研学游,获得审美愉悦,增长知识
	饮食文化休闲游	以玩转河西走廊、黄土高原为主题内容,强调参与体验
	饮食文化观光游	依托美食特色文化小镇,开展文化旅游观光
辅助产品	民俗风情游	依托甘南、临夏少数民族地区民俗及各地风情园,开展旅游,突出文化学习、风情体验
	节庆活动游	以各类节庆为抓手,开展不同时令的饮食节庆活动游,注重节庆的个性,突出趣味和互动
	文博展馆游	参观各类展馆,不断增加各类博物馆(展览馆)动态主题,提高游客满意度
延伸产品	购物游	在饮食老字号、传统生产作坊、历史文化街区开展购物
	城市慢生活体验	饮食文化、地方曲艺、生态宜居感受城市的慢生活
	黄河文化游	饮食文化,黄河旅游,感受黄河文化,品味陇原美食
	乡村体验游	提升乡村文化旅游的内涵,美食品尝与美丽乡村感受结合
	会展游	参加商务会展,会展之余参观和体验饮食文化

4. 功能型融合发展模式。功能型融合发展模式是指将非遗的某些功能通过功能融合手段与旅游业相结合,开发诸如传统医药非遗项目的保健、传统技艺非遗项目的研学等旅游项目,让游客获得某些功能性的体验和收获。

(1) 传统医药非遗项目保健功能开发模式。传统医药是祖先留给我们的宝贵财富,在新时代要实现宝贵财富的"增值",结合旅游开发其保健功能是一条很好的路径,如食疗、按摩等养生保健方法,发挥好维护健康之效。特别是农村地区的中医药治疗和保健方法成本更低,结合乡村旅游,对传统医药非遗项目有重要价值的内容进行开发,让游客获得保健的功能性体验和收获。

（2）传统技艺非遗项目研学开发模式。非遗项目浓缩了传统文化的精华，也是弘扬传统文化、学习古人智慧、培养文化自信的重要教育资源。传统技艺非遗项目的研学开发模式不但把非遗传承发展与旅游紧密结合，实现了非遗主题研学的旅行，也在非遗与青少年群体之间架设了一座亲密接触的桥梁。在非遗主题研学旅行中将教育与娱乐、文化与旅游、观光与体验、认知与创造融于一体，全方面调动青少年的感官和心智，引导青少年走进非遗学习环境中，让他们更深入地了解学习、体验感受非遗特色，通过研学旅行达到对地方文化认同的养成和多元文化间的交流互鉴。

以上四种类型的融合发展模式，在时间和空间两个维度上可以推进非遗与旅游的融合发展。但在非遗与旅游融合的发展实践中，不是单独使用其中一种融合发展模式，而是将上述开发模式整合运用，采取综合型的开发模式，这样既可以传承和传播本区域的非遗，又能满足游客的多元需求。

文旅融合，非遗先行。非遗与旅游融合发展已经是未来文旅事业发展的趋势，因此在如何对其进行合理有效的旅游开发，以及怎样才能使得我国的非遗得到保护、传承和发展等这些问题上，需要我们不断研究和思考。

钩沉多元民族共融的凉州史事

程对山

中共武威市委党史和地方志研究中心

凉州大地上的自然山水、人文遗存中隐藏着多元民族共融的历史宝藏。徜徉于古塔钟楼与长亭断碑之间,流连于戈壁绿洲与黛山秀水之际,就会发现,大量的珍贵文物及遗址中附丽着民族融合的文化印迹,诸多碑志铭文镌刻着民族团结交融的历史盛事,民间艺术里浸透着多元民族融合的文化血脉。即使那些普通的地名、人物及传说里也皆蕴含着民族团结交融的历史渊薮。穿越时光隧道,在深厚的凉州历史中鉴往知来,更好地打牢文化认同基础,传承民族团结传统,让文化民族瑰宝深入大地,根脉苗壮。讲好武威故事,钩沉多元民族共融的凉州史事,引导各族群众深切体会中国各民族休戚相关、命运与共的血肉关系,铸牢中华民族共同体意识,具有极为重要的历史意义和现实意义。

一、珍贵文物及遗址附丽民族团结融合的印迹

古老的丝绸之路是西汉时期张骞"凿空西域"后形成的一条各族人民交往交流的文化通道,凉州是这一通道上的重要"熔炉"。来往于丝路古道上的粟特胡商、西域回纥、吐蕃高僧、蒙古将军及各族吏民汇聚于此,创造了颇具传奇色彩的民族团结进步的凉州故事。散落在凉州大地上的珍贵文物及遗址,无不附丽着多元民族融合的文化印迹。

敦煌曾出土了一批珍贵的"粟特文书",记叙前凉时期粟特人在姑臧经商的往事。他们在"文书"中自称,在姑臧经营生意"安居乐业,生活无虑"[①]。

---

① 冯培红:《敦煌学与五凉史论稿》,浙江大学出版社,2017年,第223页。

"粟特"是中国古籍中记载的西域古老民族,即今塔吉克斯坦和乌兹别克斯坦人的祖先。从东汉开始直至宋代,以长于经商闻名于欧亚大陆。根据粟特文书来看,五凉时期有大量粟特商人经过长途跋涉来到凉州建立大本营,并前往长安和洛阳贸易。唐代诗人岑参在《凉州馆中与诸判官夜集》诗中称"凉州七里十万家,胡人半解弹琵琶"。这里的"胡人"即指寓住凉州的粟特人,他们和凉州汉族人民共同创造了"商业重镇"姑臧的繁荣景象。

天梯山石窟中有三幅北凉壁画,壁画上的菩萨造像有别于中原佛教中菩萨雍容华贵、端庄威严的形象。如第 1 窟中长 32 厘米、宽 24 厘米的菩萨壁画像双手合十,侧身向里做"胡跪"状,束带大圆髻,波浪卷发垂肩,耳佩硕大环状缀饰,具有天竺和西域早期石窟风格特点。第 4 窟中心柱下层龛外右侧壁上高达 0.86 米的立式菩萨,头绾扇圆形发髻,下束帛带,脸型椭圆,双眉修长。双耳亦戴硕大的宝珠耳饰,耳饰与白色宽大的项圈相叠在一起,宛如挂在双肩上的宝镜一般,呈现出匈奴民族的鲜明特色。[①] 可以推定,"北凉菩萨"是凉州石窟开凿营建中佛教文化与民族文化相互吸纳的结果,折射出汉地文化和异域文化相结合的艺术光华。

皇娘台遗址位于凉州西郊,最早称窦融台,始建于东汉初年,是汉光武刘秀为表彰河西大将军窦融功勋而敕建的功德台。东晋十六国时期,西凉亡国。西凉国汉族公主李敬爱和王后尹夫人被押送姑臧囚于窦融台。匈奴首领沮渠蒙逊征得尹夫人同意,让儿子沮渠牧犍迎娶汉族公主李敬爱入宫为太子妃,所以凉州邑民将此台亲切地称为"皇娘娘台"。凉州民间流传着许多关于"西凉皇娘娘"与北凉匈奴贵族联姻、缔结民族团结进步交融的传奇故事。

前凉粟特文书、北凉菩萨壁画、西凉皇娘台遗址,附丽着民族融合的文化印迹,是研究五凉时期汉族与少数民族邑民之间交流融合的重要文化遗存。鉴赏文物,探访遗址,追索民族融合印迹,将会更好地铸牢中华民族共同体意识,奋力实现伟大复兴的中国梦。

---

① 陈晓峰:《武威文物精品图集》,读者出版社,2018 年,第 133 页。

二、碑志铭文镌刻民族团结交融的历史盛事

凉州在中国历史上因其重要的政治军事文化地位,所存碑志铭文在数量、种类、文献价值上均居西北前列。这些碑铭对研究古代凉州的社会生活状况、中西交通、宗教信仰、艺术风格等内容具有重要价值。特别是部分碑志铭文镌刻着民族团结交融的历史盛事,历千百年风雨洗濯磨淬,依然散发着璀璨的文化光芒。

凉州武南镇白塔村有一座古寺塔基,土心砖表结构,土心呈十字折角形,残高5.1米,外部砖饰。基座下有两层方形台基,黄土夯筑,边长26.75米。此后从塔基边上挖出明碑两通及清碑一通,其中一通明碑是宣德五年(1430)的"重修凉州白塔寺碑",碑文称:"原其本乃前元也,□火端生重修,请致帝师撒失加班支答居焉,师后化于本寺。乃建大塔一座、高百余尺,小塔五十余座,周匝殿宇非一。元季兵燹颓毁殆尽,瓦砾仅存。"[1]通过碑文,人们确定此古寺乃蒙元时期"凉州王"阔端和西藏高僧"法王"萨迦班智达在此进行"凉州会盟"的白塔寺。碑文中"火端"即阔端,"撒失加班支答"即萨迦班智达。结合《萨迦世系史》《元史》等史料旁证,此碑镌刻铭记了"凉州会盟"这一重大历史事件。南宋淳祐七年(1247),蒙古汗国皇子、"凉州王"阔端与西藏地方宗教领袖萨迦班智达在凉州议定了西藏诸部归顺蒙古相关事宜,史称"凉州会盟"。西藏遂成元朝中央政府直接治理下的一个行政区域。"凉州会盟"是中国民族关系史、藏族史及藏传佛教发展史上的重大事件,是西藏地方与祖国历史关系发展的一个重要标志。

吐谷浑王后"弘化公主"墓地坐落于南营水库北岸山湾之中。墓地出土了一块墓碑,此碑为正方形,高宽各68厘米,正中篆书"大周故西平公主墓志",碑底高宽各56厘米,文字25行,满行24字,碑志前题为"大唐古弘化大长公主李氏赐姓曰武改封西平大长公主墓志铭并序"[2]。至此,人们才知道一代名人弘化公主竟葬于武威。一段尘封了1300多年的历史,由此进入人

---

[1] 武威地区志编纂委员会:《武威地区志》,方志出版社,2012年,第1704页。
[2] 王其英:《武威金石志》,天津古籍出版社,2020年,第405页。

们的视线。贞观十四年（640），唐朝送"弘化公主"抵青海吐谷浑王国"和亲"，成为可汗慕容诺曷钵王后。二十多年后，吐谷浑兵败吐蕃，国王慕容诺曷钵带着弘化公主和部落族人来到凉州。唐朝将金塔河两岸的大片土地赐为吐谷浑王室封地，他们在这里和各族人民亲和共存、交往交融，共同创建了独特的凉州文化遗迹。

西夏碑全名"重修凉州护国寺感应塔碑"，是西夏博物馆"镇馆之宝"，后世称为"天下绝碑"。碑首呈半圆形，两面正中用汉文和西夏文篆额，两边阴刻对称的伎乐舞女，翩翩起舞，动作优美，吸收了敦煌飞天的艺术特点。碑身正面为西夏文字铭文，背面为汉字。碑刻于西夏天祐民安五年（1094），碑志记载了西夏梁太后和乾顺皇帝莅临武威主持护国寺感通塔重修工程开光盛典。西夏碑是中国最早的关于西夏文与汉文的"双语"学习教材，是党项羌族和汉族人民共同创建的历史文化奇迹。

凉州区永昌镇石碑村立有一块石碑，全称"大元敕赐追封西宁王忻都公神道碑"，简称"西宁王碑"。碑身铭文正面为汉文，背面为回纥文。古老的回纥民族是现在维吾尔族的前身，两种文字的碑铭记载回纥后裔斡栾家族归顺元朝后被安置于"土地沃饶，岁多丰稔"的永昌府，碑志追述回纥族、蒙古族和本地汉民和谐相处，"以为乐土"的往事。西宁王碑是研究元代"永昌路""永昌府"历史渊源的重要史料，是凉州汉地文化和回纥文化融会聚合的珍贵历史文化遗存。

金石者，钟鼎丰碑之称也。因为珍罕、质朴、坚硬，古人才"将功绩镂于金石，琢于盘盂，传遗后世子孙者知之"①。凉州的碑志铭文不仅铭刻了重大史实和人物功勋，而且铭刻了民族团结交融的历史盛事，成为见证凉州民族团结交融的丰厚遗产，显示着沉凝淡定、大音希声般的文化力量。

三、地名文化蕴含民族团结交融的历史渊薮

地名文化记录着人类社会的发展历程、民族变迁与融合、生活环境变革，是重要的民族文化遗产。凉州地名文化深刻反映河西历史文化的变迁

---

① 吴毓江：《墨子校注》，中华书局，2006年，第177页。

轨迹，蕴含民族团结交融的历史渊薮，如达府巷、吴府村、姑臧、六谷等。

凉州南城楼北面有一条向西的街道，名为"达府巷"。因明朝维吾尔族将军、甘肃镇总兵官达云家族的府邸曾坐落于此，故名。《凉州府志备考·达氏家谱自序》载，达云先世名"达里麻答思"，为畏兀城人，因战功"授试百户"，遂与族人驻扎凉州。达府巷见证了维吾尔族人民同汉族人民关系日益融洽、风情习俗亦无两样的生活情状。"达里麻答思"仰慕汉族文化，遂取音译首字"达"为家族后裔姓氏。[1] 达云为其六世孙，勇猛强悍而有谋略，万历中参加"松山滩战役"，因功擢为甘肃总兵官。达云家属亲族辈代代生活在凉州，维吾尔族和汉族人民在达府巷和谐生活，体现了"中华民族一家亲"的优秀历史文化传统。

金沙镇吴府村距凉州中心城区约5千米，因归顺明朝的蒙古族将军吴允诚的府邸所在而得名。《明史》载，吴允诚原名把都帖木儿，属甘肃塞外的蒙古族部落首领。永乐三年(1405)，把都帖木儿率领妻儿以及部落五千、马驼一万六千匹归附明朝。明成祖朱棣赐姓为"吴"，赐名为"允诚"，安置所部族民于凉州游牧，此后世居凉州城北金沙寺一带。[2] 后来，吴允诚随皇帝出征，因功封为"恭顺伯"。当地百姓因为吴允诚守卫边境，"忠心报国"，将吴府称为"蒙古王爷府"。吴允诚所辖蒙古部落族人和当地汉人亲和交往，共同生活，创造了民族团结交融的美好故事。

《资治通鉴》载，贞观六年(632)，吐鲁番盆地的铁勒族首领契苾何力与母亲"率千帐"来到凉州，归顺唐朝。唐太宗封之为"骁卫将军"，封其母为"姑臧夫人"，将其族人安置于莲花山一带。铁勒族民风剽悍，契苾何力英勇善战，武功卓著，唐太宗将宗室女"临洮公主"赐婚给契苾何力。[3] "姑臧"和"临洮"是古老的地名，"姑臧夫人"和"临洮公主"封号，标志着古老的铁勒贵族及其族人离开西域抵凉州生活的历史变化。当契苾何力被朝廷征调至西域攻伐西突厥时，姑臧夫人和临洮公主留驻凉州经营属国畜牧生产事宜，创造了多民族相敬相亲、共存共荣的生产生活佳话。

---

[1] 张澍：《凉州府志备考》，三秦出版社，1988年，第132页。
[2] 《明史》卷一五六，中华书局，1974年，第4269页。
[3] 《资治通鉴》卷一百九十六，中华书局，2007年，第975页。

凉州区境内的祁连山冰川融水渗溢而下，形成石羊河流域上游的六道山水河谷，人们称为"六谷"。安史乱后，吐蕃占领凉州，他们的部落长期屯驻生活于"六谷"，史称"吐蕃六谷部"。史载，"吐蕃六谷部"统辖河西近百年。吐蕃在河西采取"以蕃治汉"政教方略，极力促进各民族交流融合，凉州风情习俗中不可避免地浸染了"吐蕃烙印"。主要表现在游牧文化对河西农耕文化的影响，直到民国年间凉州人民冬天多有头戴毡帽、脚着毡鞋的吐蕃习俗。清代戏曲家李渔在《凉州》一诗中写道"海错满头番女饰，兽皮作屋野人家"[①]。此中"海错满头"指凉州女子仍梳着吐蕃女子发式，"兽皮作屋"写河西居民犹带吐蕃居住风俗。

四、民间艺术携带多元民族共融的文化基因

凉州历来为丝路古道上的民族聚居融会之地，民间艺术体现了多民族交融的文化特点。诞生于凉州大地的西凉乐舞、攻鼓子、狮子舞等民间艺术，不仅承载着凉州独有的社会风貌、时代气质、审美历程和人文精神，也携带着鲜明的多元民族相与交融的文化基因。

《隋书·音乐志》载："（西凉乐舞）起苻氏之末，吕光、沮渠蒙逊等据有凉州，变龟兹声为之，号为秦汉伎。魏太武既平河西，得之，谓之《西凉乐》。至魏周之际，遂谓之国伎。"[②]可见，"凉州乐舞"的前身就是西凉乐舞。后凉"皇帝"吕光在凉州将乐人舞伎和各种乐器编成一组庞大的乐舞演艺团体，并将龟兹乐曲与河西走廊的地方乐舞融合，形成了凉州乐舞。凉州乐舞是凉州大地民族团结融合的文化珍品，唐代时河西节度使杨敬述将凉州乐舞进献朝廷，后经乐师编创为著名的宫廷乐《霓裳羽衣曲》。

凉州区四坝镇一带在西汉时为匈奴休屠王驻地，匈奴祭祀先祖时皆背兽皮制作的腰鼓集体起舞。东汉时羌族繁居于此，《后汉书·西羌传》称，羌族每逢作战必有军士表演出征前的誓师舞蹈。舞者执兵器，击鼙鼓，唱出征之歌。独特的民族风情习俗，涵蓄孕育了国家级非物质文化遗产项目"凉州

---

① 李渔：《闲情偶寄》，上海古籍出版社，1985年，第72页。
② 《隋书》卷十三，中华书局，1974年，第1136页。

攻鼓子"。攻鼓舞中鼓手的穿着打扮、表演形式和舞蹈动作,都带着西北边疆少数民族的风格特征,是游牧民族文化和凉州汉地文化融合发展起来的优秀民间艺术。

凉州狮子舞是一项省级非物质文化遗产项目,最早由西域民族地区传入凉州,发展成为西凉乐伎中的一种独特舞蹈形式。白居易诗云:"西凉伎,西凉伎,假面胡人假狮子。"《中国风土趣话》称,早在隋朝时凉州狮子舞风行民间。此后,盛行于凉州以东的兰州、河州及秦州地区。至隋末唐初又沿丝绸之路东传长安和洛阳,遂风行于大江南北。如同"凉州乐舞"徙入京师情形一样,狮子舞是多民族文化在凉州"熔炉"融会聚合而诞生的一种带有异域文化色彩的艺术类型,具有鲜明的凉州地域属性和边疆文化特征。

文化是一个民族的魂魄,文化认同是民族团结的根脉。历史文化名城武威,因其独特的地理位置和历史渊薮,承载着"中华民族一家亲"的博大文化内涵。民族团结,遗产丰厚;丝路重镇,文化瑰宝。凉州文化博大精深,内涵丰蕴,由此可见一斑。习近平总书记指出,"让收藏在博物馆里的文物、陈列在广阔大地上的遗产、书写在古籍里的文字都活起来"。钩沉、挖掘、研究多元民族共融的凉州史事,引导各族群众寻找中华文化之根,培植民族团结之情,铸牢中华民族共同体意识,具有极为重要的现实价值和时代意义。

河西走廊上的东西交流

贾海鹏

武威市凉州文化研究院

一、关乎国家经略的河西走廊

河西走廊作为中国西部的重要走廊通道,丝绸之路的主要干道,自西汉设置河西四郡后,历经汉、唐、元、明、清等大一统王朝,一直就是勾连中原和西域的重要纽带,在政治、经济、文化、军事、宗教等各领域发挥着重要作用。

1. 两汉时期:汉代通过张骞的两次出使西域"凿空"之举,以及军事上的几次对匈奴用兵,使得"断匈奴之右臂",连接河西走廊东西之"交"和"通"的目的基本达到,河西走廊得以畅通。自此以后,历代统治者都十分重视对河西走廊的经略。汉代在设郡置县、委派官员直接管理的同时,还通过移民屯边、修筑长城的措施巩固新开拓的河西走廊通道。例如元鼎六年(前111)"乃分武威、酒泉地置张掖、敦煌郡,徙民以实之"[1],向河西新开拓之地强制性大规模移民。冷兵器作战时代,修筑长城对阻挡游牧民族的骑兵侵袭,发挥着重要作用。如呼韩邪单于曾请求"愿罢北边吏士屯戍,子孙世世保塞",汉元帝回复"中国四方皆有关梁障塞,非独以备塞外也,亦以防中国奸邪放纵,出为寇害"。[2] 河西地区的汉长城,是先设亭障,再视地势之需要而筑城垣,大体以酒泉和敦煌为界,分为东中西三段,[3]有效阻止了匈奴骑兵的大规模侵扰,减少了沿边地区的冲突,保障了走廊通道的安全。

2. 唐至宋:历经魏晋南北朝我国历史上的又一次大分裂、大动荡时期,

---

[1] (汉)班固撰:《汉书》卷六,中华书局,1962年,第189页。
[2] 《汉书》卷九十四下,第3805页。
[3] 薛长年:《西塞雄风——陇右长城文化》,甘肃教育出版社,2008年,第23页。

虽然战争对社会经济有所破坏,但是河西走廊上的人员迁徙、文化交流和民族融合的力度进一步加大。至唐朝再次实现统一时,在行政上设置河西道,领凉州、沙州、瓜州、甘州、肃州。军事上建有凉州都督府和唐代最早的节度使——河西节度使。这一系列的措施,使得丝绸之路河西走廊段,在前代发展的基础上达到了历史上最繁盛的时期,东西交流频繁,西域贸易昌盛。作为东西贸易基地的河西诸州,尤其是凉州,具有更为重要的意义。① 北宋时期,西夏占据河西,以小制大,游刃于宋辽大国之间,享国近 200 年之久。清代著名学者吴大成《西夏书事》中就对凉州十分赞赏,称武威为天府之国,"德明终能保守灵、夏,岂非凉州之畜牧甲天下,借以养成锐气哉!"②

3. 元明清时期:元朝设置行省制度,河西地区有甘州、肃州、沙州、永昌府四路,此外还有山丹直隶州,西凉州、瓜州两个属州。而且实行宗王分封和出镇制度。阔端系诸王、出伯系诸王较早分封到水草丰茂适宜放牧,既有优越的地理位置、生态环境,又有重要战略地位的河西走廊,确保这条贯通东西交流道路的畅通。至明朝时,设置陕西行都指挥使司,主要管辖河西 12 卫,也推行让藩王出边政策,并在肃州卫、甘州卫屯驻大量兵马。同时,在前代长城的基础上继续修筑边墙长城,构筑起了以河西 12 卫为依托的河西走廊重点防御体系。③ 设置"关西七卫",作为河西走廊与西域往来的重要交通道路延伸,进一步促进各民族之间的人员交往、经济交互、文化交融。至清代康熙平定准格尔,雍正时期对青海罗布藏丹津及晚清左宗棠收复新疆等的对西北用兵,都是为了确保河西走廊东西交通道路的畅通,维护国家西北边疆安全。

清朝顾祖禹在其《读史方舆纪要》中记"然则凉州不特河西之根本,实秦陇之襟要矣"④。史学大家陈寅恪也论述道"河陇区域在北朝区域内本为文

---

① [日]前田正名著,陈俊谋译:《河西历史地理学研究》,中国藏学出版社,1993 年,第 160 页。
② (清)吴大成撰,龚世俊等校证:《西夏书事校证》第六卷,甘肃文化出版社,1995 年,第 89 页。
③ 孙占鳌:《甘肃简史》,兰州大学出版社,2020 年,第 235 页。
④ (清)顾祖禹撰,贺次君、施和金点校:《读史方舆纪要·陕西十二》,中华书局,2005 年,第 2991 页。

化甚高区域,其影响于隋唐制度之全部者……但除文化一端外,其地域在吾国之西北隅,与西北诸外族邻接,历来不独为文化交通之孔道,亦为国防军事之要区"①。可见河西走廊事关国家边疆经略,是连接东西的桥梁纽带,一直备受历朝历代有识之士的关注。

二、河西走廊上的人员交往

人员交往是河西走廊东西交流中最基础、最重要的内容。张骞出使西域,带着汉武帝东西夹击匈奴的战略构想,更重要地是体现在"凿空"之政治意义上。河西走廊打通后,东西人员交往日渐寻常起来。《史记·大宛列传》就记载道:

> 天子好宛马,使者相望于道。诸使外国一辈大者数百,少者百余人,人所赍操大放博望侯时……汉率一岁中使多者十余,少者五六辈,远者八九岁,近者数岁而反。②

在张骞通使西域后,东西往来的官方使团活动增多,人数多的有十多人,少的也有五六人,而且往来时间跨度长的接近十年。历经两汉魏晋南北朝,至隋唐再次实现大一统时,河西地区仍然是西域诸国与中原交通勾连的要道,《隋书》云:"炀帝即位……时西域诸蕃,多至张掖,与中国交市,帝令矩掌其事。"③自宋代以降,随着经济中心的南移和海上丝绸之路的发展,陆上河西走廊通道的作用才渐渐有所降低,但是河西走廊仍然是连接东西方交通的重要通道。

河西走廊上的人员交往,首先是集体的、被动的、带有强制性的人口迁徙,这类人口流动往往是政府官方组织的。如前文所述,汉武帝时期向河西的两次人口迁徙。除了自东向西的,也有自西向东的,如"秋,匈奴昆邪王杀休屠王,并将其众合四万余人来降,置五属国以处之"④,将少数民族迁徙到

---

① 陈寅恪:《隋唐制度渊源略论稿》,商务印书馆,2014年,第161页。
② (汉)司马迁撰:《史记》卷一二三,中华书局,1959年,第3170页。
③ (唐)魏徵、令狐德棻撰:《隋书》卷六七,中华书局,1973年,第1578页。
④ 《汉书》卷六,第176页。

陇西、北地五郡内居住。

其次还有主动的人员交往，比如魏晋南北朝时期，中原长期遭受战乱的影响，大量的流民迁往河西避难，这和"闯关东""走西口""下南洋"等一样，虽然也是大规模人口迁徙流动，但却是主动、自愿的。伴随着人口的流动，中原的传统儒学、文学、艺术、史学、科技等也被带到河西，造就了在中国历史上影响深远的"五凉文化"。

三、河西走廊上的食货交互

通过检索历代正史中有关《西域传》的相关记载，我们可以发现，通过河西走廊通道进行东西方的食货交互非常频繁。

比如西汉武帝时期，西域的珍贵汗血宝马"天马"经河西走廊传入，而且还配套引进了马食用的苜蓿，"宛左右以蒲陶为酒，富人藏酒至万余石，久者数十岁不败。俗嗜酒，马嗜苜蓿。汉使取其实来，于是天子始种苜蓿、蒲陶肥饶地。及天马多，外国使来众，则离宫别观旁尽种蒲萄、苜蓿极望"①。《汉书》也记载"自贰师将军伐大宛之后，西域震惧，多遣使来贡献，汉使西域者益得职。于是自敦煌西至盐泽，往往起亭，而轮台、渠犁皆有田卒数百人，置使者校尉领护，以给使外国者"②。《后汉书·西域传》论曰："自兵威之所肃服，财赂之所怀诱，莫不献方奇，纳爱质，露顶肘行，东向而朝天子……驰命走驿，不绝于时月；商胡贩客，日款于塞下。"③尤为值得注意的是，在政府官方主导下，民间通过商贩的贸易食货流通更加频繁，西域的奇珍异宝经河西走廊络绎不绝地进入中原腹地。

至隋唐时期，通过河西走廊向大唐进贡的西域诸国达到了鼎盛，"唐兴，以次修贡，盖百余，皆冒万里而至，亦已勤矣！……西至波斯、吐蕃、坚昆，视地远近而给费。开元盛时，税西域商胡以供四镇"④。朝廷开始对胡商胡贩征收赋税。

---

① 《史记》卷一二三，第3173—3174页。
② 《汉书》卷九十六上，第3873页。
③ （宋）范晔撰：《后汉书》卷八十八，中华书局，1973年，第2931页。
④ （宋）欧阳修、宋祁撰：《新唐书》卷二二一下，中华书局，1975年，第6264—6265页。

丝绸贸易永远是河西走廊上东西贸易流通的大宗。养蚕织丝是中国的伟大发明，丝绸以及其他丝织品是河西走廊西向输出的最重要物品。罗马是中国丝绸西运的重要集散地，自西汉中叶河西走廊畅通后，中原的丝绸在到达罗马前，途经许多地区和国家，它们大都与中国展开了通商贸易，比如大宛、大月氏、康居、波斯、印度等，河西走廊成为中外商贾云集、丝绸成交、频繁运转的大动脉。例如武威、敦煌，一东一西，是丝绸之路上的重要交通枢纽。

此外，中原比较先进的生产技术，如冶铁、掘井等，还有漆器、铜器、陶器在内的手工业品、手工业技术也源源不断输往西域。当然，贸易的交流是双向的，西域的特产也源源不断地输往中原。如葡萄、苜蓿、胡桃、胡麻、蚕豆、胡椒、石榴、良马、胡萝卜等货物，就是由中亚一带通过河西走廊进入中原的，"牛马车舆，填塞道路"，成为与中原进行交换的大宗商品。而作为奇珍的玉、玛瑙、翡翠、琉璃等也更受中原汉族官僚的青睐，还有很多动物，通过进贡方式经河西走廊进入京畿重地，如明代西域贡狮子、犀牛、西狗等。

四、河西走廊上的思想交汇

人员、食货的东西互流，是最基础的交互，而随着丝绸之路的开通及中西人员、食货交往日益频繁，像两河文化、印度文化、希腊文化等域外文化也随之进入河西走廊，与中原文化交汇。多种文化交融，诞生了具有鲜明地方特色的河西文化，河西走廊在成为东西交通枢纽的同时，也承担起了向东传播西方文化和向西输出东方文化的重任，而且文教思想方面的东西交互更长久、更深远。

首先是乐器及乐舞的传入。"古代西域伊朗系的乐器，输入中国较早的，有箜篌、琵琶、笙箫等乐器。"[1]除此之外还有如毛鼓、鸡娄鼓、贝等，有些乐器早在汉代就已经传入，例如《隋书》卷十五《音乐志》云："今曲项琵琶、竖箜篌之徒，并出自西域。"[2]西方的艺术家们，也倾心羡慕东方的文化，不远万

---

[1] 常任侠：《丝绸之路与西域文化艺术》，商务印书馆，2021年，第35页。
[2] （唐）魏徵等撰：《隋书》卷十五《志第十音乐下》，中华书局，1973年，第378页。

里跋涉穿过河西走廊。特别是在南北朝时期，自龟兹、安国、于阗、疏勒等地来的西域乐舞艺人，更加常见。隋朝大业年间厘定的乐章，从其篇目《西凉》《龟兹》《天竺》《康国》《疏勒》《安国》等来看，很明显有西域烙印，而且占的比重很大。

其次是佛教文化的繁荣。汉武帝击败匈奴以后，佛教逐渐传播到此处。后来经过魏晋南北朝时期，河西一带的佛教有了空前的发展。高僧、译经僧辈出。如释慧皎著《高僧传》收录魏晋时期的高僧257人，其中出生在河西的有36人，与河西五凉政权相关的多达50人，如鸠摩罗什、竺法护、佛图澄、昙无谶、释慧高等，有的还前往西域求取佛经，一时间使得敦煌、武威等地成为佛教文化传播的重镇。

最后是寺庙石窟的东西勾连。在佛教思想传入中国的过程中，犍陀罗佛教造像艺术也随之传入中国。在今天河西走廊的石窟群中，中华文明艺术、古印度佛教艺术及古希腊造像艺术三者同时体现在佛教塑像及壁画之中，更令人赞叹的是，河西走廊地区现存石窟数量非常多，因而给河西走廊冠以"丝路石窟走廊"的称谓实至名归。它们由西向东依次排列在河西长廊内，著名的如敦煌莫高窟、安西榆林窟、酒泉文殊山石窟、张掖马蹄寺石窟、武威天梯山石窟等，这些石窟记载着中国传统文化和宗教文化的发展过程。

五、结　　语

河西走廊作为中国西部的重要屏障和门户，其巨大历史意义正如《河西走廊》这一纪录片的副标题所概括的——"关乎国家经略"，体现在政治、经济、文化、军事、宗教等多方面。在几千年的中华文明发展史上，其长期备受重视。由于晚清的衰败和西学东渐思潮的兴起，人们把目光和注意力投向了经海路取道的欧美，但随着新时代"一带一路"倡议的提出，河西走廊必将再次汇聚起发展的强劲动力，发挥东西桥梁纽带的作用，成为交往、交互、交融的大走廊。

后　　记

2022年8月21日至23日,由中国社会科学院古代史研究所、中共武威市委、武威市人民政府联合主办的"古代河西走廊的地缘与社会"学术研讨会在甘肃省武威市隆重召开。本次会议由中国社会科学院古代史研究所古代社会史研究室、历史地理研究室、古代通史研究室,中共武威市委宣传部、武威市凉州文化研究院等单位承办。来自中国社会科学院古代史研究所、中国社会科学院郭沫若纪念馆、清华大学、浙江大学、兰州大学、云南大学、厦门大学、西北师范大学、青海师范大学、武威市长城文化保护研究院、武威市博物馆、河西学院、甘肃省社会科学院、中共武威市委党史和地方志研究中心等科研院所、高校的专家学者40余人参加研讨会并提交学术论文,进行了热烈的讨论。

受疫情影响,本次会议无论是筹备还是举办,都遇到了诸多困难。但会议得到了中国社会科学院古代史研究所、中共武威市委、武威市人民政府的高度重视,也得到了全国专家学者的热情支持。最终,在各方的共同努力下,此次"古代河西走廊的地缘与社会"学术研讨会成功举办,并取得丰硕成果。

本次会议主题鲜明,内容丰富。河西走廊地区重要的地理位置和丰富的社会变迁内容,引起了全国学界的高度关注,各地学者纷纷提交论文并进行讨论。会议共收到50余篇高质量的学术论文,这些文章紧紧围绕会议主题,从不同断代、研究方向乃至学科,对古代河西走廊地区的地缘、环境、交通、水利建设、舆图绘制、社会变迁、人口发展等广阔而丰富的内容,进行了深入而广泛的研究。会议论文视野宏大,自文明肇始至21世纪,既探讨了国家起源、地理与历史的关系、地缘变迁、传统社会转型等重大历史问题,又对小区域的环境、水利、人口等具体问题进行了深入细致的考索。令人印象深刻的是,本次会议论文大量运用了简牍、舆图、墓志、西夏文书、壁画、书法等多种新史料,体现了当前历史学的研究前沿。而且,论文大多密切关注河西走廊作为丝绸之路咽喉要道的地缘区位,对东西方文化交流进行了广泛的探讨。会议论文考证精审,新见迭出,对河西走廊历史研究的深入开展,对武威历史文化资源的深入挖掘,将会起到有力的推动作用。

  本次会议得以成功举办,得益于多方的努力。中国社会科学院古代史研究所科研处、中共武威市委宣传部全面统筹,协调各方面工作,推动了会议工作的全面有序开展。中国社会科学院古代史研究所古代社会史研究室、历史地理研究室、古代通史研究室、中共武威市委宣传部、武威市凉州文化研究院等单位担负起具体承办工作,每一个环节,都切实努力落实完成,为会议的顺利召开和宣传推广付出了辛勤的汗水。由于受疫情的影响以及会议规模较大,此次会议的筹备工作非常繁重。但筹备组的同志们以高度的使命感、昂扬的工作热情和细致踏实的作风,给与会学者留下了深刻的印象。会议结束后,武威市凉州文化研究院和会议论文集出版方中西书局的各位同仁,为保证这部论文集的学术质量,进行了认真细致的编校工作。

  在论文集即将出版之际,我作为会议筹备组中的一员,遵嘱撰写这篇后记,也是对此次会议的全部过程与工作做一次不尽全面的回顾。如果没有各位领导的重视与关注,没有全国各地专家学者的鼎力支持,没有各单位同志的辛勤工作,是无法保证此次会议顺利召开和论文集出版的。我的回顾中一定也有遗漏,在此一并致以衷心的感谢。

孙靖国

2023 年 10 月